曾国藩全集

文集

上卷

[清] 曾国藩 著

河北人民出版社

图书在版编目（CIP）数据

曾国藩全集. 文集/(清) 曾国藩著. -- 石家庄：河北人民出版社, 2016.9（2023.6 重印）
ISBN 978-7-202-11184-0

Ⅰ.①曾… Ⅱ.①曾… Ⅲ.①曾国藩（1811～1872）—全集 Ⅳ.① Z425.2

中国版本图书馆 CIP 数据核字 (2016) 第 074320 号

书　　名	曾国藩全集　文集 ZENGGUOFAN QUANJI　WENJI
著　　者	[清]曾国藩
责任编辑	马　丽　张静中
美术编辑	李　欣
责任校对	付敬华
版式设计	俊书装
封面设计	Dh2o
出版发行	河北人民出版社　（石家庄市友谊北大街 330 号）
印　　刷	文畅阁印刷有限公司
开　　本	787 毫米 ×1092 毫米　1/16
印　　张	31
字　　数	413 000
版　　次	2016 年 9 月第 1 版　　2023 年 6 月第 3 次印刷
印　　数	8 001-11 000
书　　号	ISBN 978-7-202-11184-0
定　　价	64.00 元

版权所有　　翻印必究

目录

文　稿

卷一 ··· 3
 顺性命之理论 ·· 4
 烹阿封即墨论 ·· 4
 五箴序 ··· 5
 立志箴 ··· 5
 居敬箴 ··· 6
 主静箴 ··· 6
 谨言箴 ··· 6
 有恒箴 ··· 6
 钞朱子《小学》书后 ··· 6
 书归震川文集后 ·· 7
 祭汤海秋文 ··· 8
 召诲 ·· 9
 求阙斋记 ·· 9
 送郭筠仙南归序 ·· 10
 送谢吉人之官江左序 ·· 11

1

书扁鹊仓公传 12
送周荇农南归序 13
送陈岱云出守吉安序 14
书学案小识后 15
送唐先生南归序 17
送江小帆同年视学湖北序 18

卷二 21
君子慎独论 22
原才 22
广东嘉应州知州刘君事状 23
武会试录序 25
送刘君椒云南归序 26
钱港舣先生制艺序 27
新宁县增修城垣记 27
黄仙峤前辈诗序 28
祭韩公祠文 29
汉阳刘君家传 30
槐阴书屋图记 32
岁暮设奠告王考文 32
谢子湘文集序 33
正月八日王考生辰告文 34
书王雁汀前辈勃海图说后 34
养晦堂记 35
朱慎甫遗书序 35
书周忠介公手札后 36

卷三 37

讨粤匪檄 38
葛寅轩先生家传 39
湘乡县宾兴堂记 41
母弟温甫哀词 42
欧阳生文集序 44
圣哲画像记 45
孙芝房侍讲刍论序 49
湖口县楚军水师昭忠祠记 50
经史百家杂钞题语 52
经史百家简编序 52
箴言书院记 53
湖北按察使赵君神道碑 54
欧阳氏姑妇节孝家传 55
修治金陵城垣缺口碑记 57
鸣原堂论文序 57
王船山遗书序 57
衡阳彭氏谱序 59
大潜山房诗题语 60

卷四 61

金陵军营官绅昭忠祠记 62
丁卯四月求降雨泽告辞 63
灵谷龙神庙碑记 64
金陵湘军陆师昭忠祠记 65
书仪礼释官后 67

湘乡昭忠祠记 …………………………………………………… 68
日慎斋诗草序 …………………………………………………… 69
国朝先正事略序 ………………………………………………… 70
重刻茗柯文编序 ………………………………………………… 72
金陵楚军水师昭忠祠记 ………………………………………… 72
湖南文征序 ……………………………………………………… 74
江宁府学记 ……………………………………………………… 75
书何母陈恭人事 ………………………………………………… 76

杂　著

卷一 ……………………………………………………………… 81
　　如石投水赋 ………………………………………………… 82
　　远佞赋 ……………………………………………………… 82
　　钱选制艺序 ………………………………………………… 83
　　云粱山人诗序 ……………………………………………… 84
　　课程十二条 ………………………………………………… 85
　　补侍讲缺呈请谢恩状 ……………………………………… 86
　　保守平安歌三首 …………………………………………… 87
　　查拿浏阳征义堂余匪示 …………………………………… 88
　　禁止城中赛会告示 ………………………………………… 89
　　禁讹传遏粜告示 …………………………………………… 90
　　催完钱粮告示 ……………………………………………… 90
　　晓谕新募乡勇 ……………………………………………… 91

水师得胜歌并序 93

陆军得胜歌 94

谕贼目林启容 96

先大夫置祭费记 97

初定营规二十二条 101

爱民歌 103

卷二 105

礼 106

赦 106

世泽 106

悔吝 107

儒缓 108

名望 108

居业 108

英雄诫子弟 109

气节·傲 110

砀 111

陵、京、阜、坟、冢、丘 112

格、枝、柴、梗 113

乾、白、素、坐 115

畴人、等人、内人、何人 116

家人、白衣、齐民、平民 116

文 117

敛侈、伸缩 119

《古文辞类纂》正误 119

甲乙 …………………………………………… 120

　　成败无定 ………………………………………… 121

　　勉强 …………………………………………… 121

　　功效 …………………………………………… 122

　　君子小人 ………………………………………… 123

　　越寨攻敌 ………………………………………… 124

　　兵 ……………………………………………… 127

　　克勤小物 ………………………………………… 128

　　干盾挡牌 ………………………………………… 129

　　营制 …………………………………………… 131

　　营规 …………………………………………… 134

卷三 ……………………………………………… 139

　　马队营制 ………………………………………… 140

　　谕巡捕门印签押三条 ……………………………… 141

　　解散歌 …………………………………………… 142

　　格言四幅书赠李芋仙 ……………………………… 143

　　劝诫浅语十六条 …………………………………… 144

　　淮盐运行西岸章程 ………………………………… 148

　　淮盐运行皖岸章程 ………………………………… 151

　　淮盐运行楚岸章程 ………………………………… 152

　　淮北票盐章程 ……………………………………… 155

　　金陵房产告示八条 ………………………………… 157

　　剿捻告示 ………………………………………… 159

　　剿捻告示四条 ……………………………………… 159

　　马勇章程五条 ……………………………………… 161

徽宁池三府属,洋庄茶引捐厘章程十条	162
书赠仲弟六则	163
劝学篇示直隶士子	165
直隶清讼事宜十条	167
直隶清讼限期功过章程	173
禁止私押告示式	176
谕天津士民	177
照复洋人	178
笔记十二篇	179
日课四条	183

鸣原堂论文

卷一	189
匡衡《戒妃匹劝经学威仪之则疏》	190
贾谊《陈政事疏》	191
刘向《极谏外家封事》	200
刘向《论起昌陵疏》	201
刘向《论甘延寿疏》	203
谷永《救陈汤疏》	205
耿育《讼陈汤书》	205
刘安《谏伐闽越书》	206
贾捐之《罢珠厓对》	209
诸葛亮《出师表》	211

陆贽《奉天请罢琼林大盈二库状》…………………………………… 212
卷二 …………………………………………………………………………… 215
　　苏轼《代张方平谏用兵书》…………………………………………… 216
　　苏轼《上皇帝书》……………………………………………………… 219
　　朱熹《戊申封事》……………………………………………………… 230
　　王守仁《申明赏罚以厉人心疏》……………………………………… 244
　　方苞《请矫除积习兴起人材札子》…………………………………… 248
　　孙嘉淦《三习一弊疏》………………………………………………… 253

孟子要略

卷一 …………………………………………………………………………… 261
　　人性本善,欲存心养性,以复其初 …………………………………… 262
卷二 …………………………………………………………………………… 271
　　论孝悌之道 ……………………………………………………………… 272
卷三 …………………………………………………………………………… 277
　　严义利之辨 ……………………………………………………………… 278
卷四 …………………………………………………………………………… 285
　　辨王霸之方,明治道之要 ……………………………………………… 286
卷五 …………………………………………………………………………… 291
　　孟子尚论古人,而自言其为学要领 …………………………………… 292

文稿

文稿

卷一

顺性命之理论

尝谓性不虚悬，丽乎吾身而有宰；命非外铄，原乎太极以成名。是故皇降之衷，有物斯以有则；圣贤之学，惟危惕以惟微。盖自乾坤奠定以来，立天之道曰阴与阳，静专动直之妙，皆性命所弥纶。立地之道曰柔与刚，静翕动辟之机，悉性命所默运。是故其在人也，絪缊化醇，必无以解乎造物之吹嘘。真与精相凝，而性即寓于肢体之中。含生负气，必有以得乎乾道之变化。理与气相丽，而命实宰乎赋畀之始。以身之所具言，则有视、听、言、动，即有肃、乂、哲、谋。其必以肃、乂、哲、谋为范者，性也；其所以主宰乎五事者，命也。以身之所接言，则有君、臣、父、子，即有仁、敬、孝、慈。其必以仁、敬、孝、慈为则者，性也。其所以纲维乎五伦者，命也。此其中有理焉，亦期于顺焉而已矣。

请申论之：性浑沦而难名，按之曰理。则仁、义、礼、智、德之赖乎扩充者，在吾心已有条不紊也。命于穆而不已，求之于理，则元、亨、利、贞，诚之贯乎通复者，在吾心且时出不穷也。有条不紊，则践形无亏，可以尽己性，即可以尽人物之性，此顺乎理者之率其自然也。时出不穷，则泛应曲当，有以立吾命，即有以立万物之命。此顺乎理者之还其本然也。彼乎持矫揉之说者，譬杞柳以为杯棬，不知性命，必致戕贼仁义，是理以逆施而不顺矣。高虚无之见者，若浮萍遇于江湖，空谈性命，不复求诸形色，是理以惝恍而不顺矣。惟察之以精，私意不自蔽，私欲不自挠，惺惺常存，斯随时见其顺焉。守之以一，以不贰自惕，以不已自循，栗栗惟惧，斯终身无不顺焉。此圣人尽性立命之极，亦即中人复性知命之功也夫！

立地之道曰柔曰刚。

守之以一，以不贰自惕。

烹阿封即墨论

夫人君者，不能遍知天下事，则不能不委任贤大夫。大夫之贤否，又不能遍知，则不能不信诸左右。然而左右之所誉，或未必遂为荩臣；左右之所毁，或未必遂非良吏。是则耳目不可寄于人，予夺尤须操于上也。

左右所誉，未必荩臣。

昔者，齐威王尝因左右之言，而烹阿大夫，封即墨大夫矣。其事可略而论也。自古庸臣在位，其才莅事则不足，固宠则有余。《易》讥覆餗，《诗》赓鹈梁，言不称也。彼既自惭素餐，而又重以贪鄙，则不得不媚事君之左右。左右亦乐其附己也，而从而誉之。誉之日久，君心亦移，而位日固，而政日非。已则自矜，人必效尤；此阿大夫之所为可烹者也。

若夫贤臣在职，往往有介介之节，无赫赫之名。不立异以徇物，不违道以干时。招之而不来，麾之而不去。在君侧者，虽欲极誉之，而有所不得。其或不合，则不免毁之。毁之而听，甚者削黜，轻者督责；于贤臣无损也。其不听，君之明也，社稷之福也，于贤臣无益也。然而贤臣之因毁而罢者，常也。贤臣之必不阿事左右，以求取容者，又常也。此即墨大夫之所为可封者也。

不立异以徇物，不违道以干时。

夫惟圣人赏一人而天下劝，刑一人而天下惩。固不废左右之言，而昧兼听之聪；亦不尽信左右之言，而失独照之明。夫是以刑赏悉归于忠厚，而用舍一本于公明也夫。

不废左右之言，而昧兼听之聪。

五箴序

少不自立，荏苒遂洎今兹。盖古人学成之年，而吾碌碌尚如斯也，不其戚矣！继是以往，人事日纷，德慧日损，下流之赴，抑又可知。夫疢疾所以益智，逸豫所以亡身。仆以中才，而履安顺，将欲刻苦而自振拔，谅哉，其难之欤！作五箴以自创云。

立志箴

煌煌先哲，彼不犹人。藐焉小子，亦父母之身。聪明福禄，予我者厚哉！弃天而佚，是及凶灾。积悔累千，其终也已！往者不可追，请从今始。荷道以躬，舆之以言！一息尚存，永矢弗谖!

居敬箴

天地定位，二五胚胎。鼎焉作配，实曰三才。俨恪斋明，以凝女命。女之不庄，伐生戕性。谁人可慢？何事可弛？弛事者无成，慢人者反尔。纵彼不反，亦长吾骄。人则下女，天罚昭昭！

> 弛事者无成。

主静箴

斋宿日观，天鸡一鸣。万籁俱息，但闻钟声。后有毒蛇，前有猛虎。神定不慑，谁敢予侮？岂伊避人，日对三军。我虑则一，彼纷不纷。驰骛半生，曾不自主。今其老矣，殆扰扰以终古。

谨言箴

巧语悦人，自扰其身。闲言送日，亦搅女神。解人不夸，夸者不解。道听途说，智笑愚骇。骇者终明，谓女贾欺。笑者鄙女，虽矢犹疑。尤悔既丛，铭以自攻。铭而复蹈，嗟女既耄。

> 解人不夸，夸者不解。

有恒箴

自吾识字，百历及兹。二十有八载，则无一知。曩者所忻，阅时而鄙。故者既抛，新者旋徙。德业之不常，日为物迁。尔之再食，曾未闻或愆。黍黍之增，久乃盈斗。天君司命，敢告马走。

> 故者既抛，新者旋徙。

钞朱子《小学》书后

右《小学》三卷，世传朱子辑。观朱子癸卯与刘子澄书，则是编子澄所诠次也。其义例不无可訾。然古圣立教之意，蒙养之规，差具于是。

　　盖先生之治人，尤重于品节。其自能言以后，凡夫洒扫、应对、饮食、衣服，无不示以仪则。因其本而利道，节其性而不使纵，规矩方圆之至也。既已固其筋骸，剂其血气，则礼乐之器盖由之矣，特未知焉耳。十五而入太学，乃进之以格物，行之而著焉，习矣而察焉。因其已明而扩焉，故达也。班固《艺文志》所载小学类，皆训诂文字之书。后代史氏，率仍其义。幼仪之繁，阙焉不讲。三代以下，舍占毕之外，乃别无所谓学。则训诂文字要矣。若揆古者三物之教，则训诂文字者，亦犹其次焉者乎。仲尼曰："行有余力，则以学文。"绘事后素，不其然哉。余故录此编于进德门之首，使昆弟子姓知幼仪之为重，而所谓训诂文字，别录之。居业门中，童子知识未梏，言有刑，动有法，而蹈非彝者鲜矣。

　　是编旧分内外，内编尚有《稽古》一卷，外编《嘉言》《善行》二卷。采掇颇浅近，亦不录云。

书归震川文集后

　　近世缀文之士，颇称述熙甫，以为可继曾南丰、王半山之为之。自我观之，不同日而语矣。或又与方苞氏并举，抑非其伦也。盖古之知道者，不妄加毁誉于人，非特好直也。内之无以立诚，外之不足以信，后世君子耻焉！自周《诗》有《崧高》《烝民》诸篇，汉有"河梁"之咏。沿及六朝，饯别之诗，动累卷帙，于是有为之序者。昌黎韩氏为此体特繁，至或无诗而独有序，骈拇枝指，于义为已侈矣。熙甫则不必饯别而赠人以序。有所谓贺序者，谢序者，寿序者，此何说也？又彼所为，抑扬吞吐，情韵不匮者，苟裁以义，或皆可以不陈。浮芥舟以纵送于蹄涔之水，不复忆天下有曰海涛者也。神乎！味乎！徒词费耳。然当时颇崇苗轧之习，假齐梁之雕琢，号为力追周秦者，往往而有。熙甫一切奔去，不事涂饰，而选言有序，不刻画而足以昭物

治人，尤重于品节。

不妄加毁誉于人。

情，与古作者合符，而后来者取则焉！不可谓不智已。人能宏道，无如命何？借熙甫早置身高明之地，闻见广而情志阔，得师友以辅翼，所诣固不竟此哉。

祭汤海秋文

赫赫汤君，倏焉已陈！一呷之药，椓我天民。岂不有命，药则何罪？死而死耳，知君不悔。道光初载，君贡京朝。狂名一鼓，万口嚣嚣。春官名揭，如纛斯标。奇文骤布，句鹜字枭。群儿苦诵，自暝达朝。上公好士，维汪与曹。大风嘘口，吹女羽毛。舐笔枢府，有铦如刀。侪辈力逐，一虎众猱。曹司一终，稍迁御史。一鸣惊天，堕落泥滓。坎坎郎官，复归其始。群雀款门，昨鼋之市。穷鬼喷沫，婢叹奴耻。维君不羞，复乃不求。天脱桎梏，放此诗囚。伐肝荡肺，与命为仇。披发四顾，有棘在喉。匪屈匪阮，畴可与投？忽焉狂走，东下江南。秦淮夜醉，笙吹喃喃。是时淮海，战鼓殷酣。猺夷所蹢，肉阜血潭。出入贼中，百忧内惔。寅岁还朝，左抱娇娥。示我百篇，儿女兵戈。三更大叫，君泗佘哦。忽瞠两眸，曰余乃颇。沥胆相要，斧门掊锁。嗟余不媚，动与时左。非君谬寻，谁云逮我？王城海大，尘雾舀滔。惟余谐子，有隙辄遭。联车酒肆，袒肩载号。煮鱼大嚼，宇内两饕。授我《浮邱》，九十其训。韩悍庄夸，孙卿之酝。麋义斗文，百合逾奋。俯视符充，其言犹粪。我时讥评，君曾不愠。我行西川，来归君迓。一语不能，君乃狂骂。我实无辜，讵敢相下。骨肉寇仇，朋游所讶。见豕负途，或张之弧。群疑之积，众痏生肤。君不能释，我不肯输。一日参商，万古长诀。吾实负心，其又何说！凡今之人，善调其舌。君则不然，喙刚如铁。锋棱所值，人谁女容？直者弃好，巧者兴戎。昔余痛谏，君嘉我忠。曾是不察，而丁我躬。伤心往事，泪堕如縻！以君毅魄，岂曰无知？鬼神森列，吾言敢欺？酹子一滴，庶摅我悲！

直者弃好，巧者兴戎。

召诲

贤与不肖之等奚判乎？视乎改过之勇怯以为差而已矣。日月有食，星有离次。其在于人，言有尤，行有悔，虽圣者不免。改过什于人者，贤亦什于人；改过伯于人者，贤亦伯于人。尤贤者，尤光明焉！尤不肖者，怙终焉而已。

> 言有尤，行有悔，虽圣者不免。

人之生，气质不甚相远也。习而之善，既君子矣。其有过，则其友直谏以匡之。又有友焉，巽言以挽之。退有挞，进有旌。其相率而上达也，奚御焉？习而之不善，既小人矣。其有过，则多方文之。为之友者，疏之则心非而面谀，戚之则依阿苟同，惮于以正伤恩。其相率而下达也，奚御焉？兹贤者所以愈贤，而不肖者愈不肖也。

吾之友有某君者，毖余曰："子与某相好不终，是子之失德，子盍慎诸！"又有某君毖余曰："闻子之试于有司，则尝以私干人，是大不可。"二子者之言，卒闻之，若不逊于吾志。徐而绎之，彼无求而进逆耳之言，诚敬我也。既又自省：吾之过，其大者视此或倍蓰，而其多或不可枚数。二子者，盖举一隅也，人苦不自知耳。先王之道不明，士大夫相与为一切苟且之行，往往陷于大戾，而僚友无出片言相质确者，而其人自视恬然，可幸无过。且以仲尼之贤，犹待学《易》以寡过。而今日无过，欺人乎？自欺乎？自知有过，而因护一时之失，展转盖藏，至蹈滔天之奸而不悔，斯则小人之不可近者已。为人友而隐忍和同，长人之恶，是又谐臣媚子之亚也？《书》曰："有言逆于女心，必求诸道；有言逊于女志，必求诸非道。"余故笔之于册，以备观省，且示吾友能为逆心之言者。

求阙斋记

国藩读《易》，至《临》而喟然叹曰：刚侵而长矣！至于八月有凶，消亦不久也，可畏也哉。天地之气，阳至矣，则退而生阴；阴至矣，则进而生阳。一损一益者，自然之理也。

物生而有耆欲，好盈而忘阙。是故体安车驾，则金舆鏓衡不足于乘。目辨五色，则黼黻文章不足于服。由是八音繁会不足于耳，庶羞珍膳不足于味。穷巷瓮牖之夫，骤膺金紫，物以移其体，习以荡其志，向所搤捥而不得者，渐乃厌鄙而不屑御。旁观者以为固然，不足訾议。故曰："位不期骄，禄不期侈"，"彼为象箸，必为玉杯。"积渐之势然也。而好奇之士，巧取曲营，不逐众之所争，独汲汲于所谓名者，道不同，不相为谋。或贵富以饱其欲，或声誉以厌其情，其于志盈一也。

夫名者，先王所以驱一世于轨物也。中人以下，蹈道不实，于是爵禄以显驱之，名以阴驱之，使之践其迹，不必明其意。若君子人者，深知乎道德之意，方惧名之既加，则得于内者日浮，将耻之矣。而浅者，孜然骛之，不亦悲乎！

国藩不肖，备员东宫之末。世之所谓清秩，家承余荫，自王父母以下，并康强安顺。孟子称"父母俱存，兄弟无故"，抑又过之。《洪范》曰："凡厥庶民，有猷，有为，有守；不协于极，不罹于咎，女则赐之福。"若国藩者，无为，无猷，而多罹于咎。而或锡之福，所谓不称其服者欤。于是名其所居曰"求阙斋"。凡外至之荣，耳目百体之耆，皆使留其缺陷，礼主减，而乐主盈，乐不可极。以礼节之庶以制吾性焉，防吾淫焉。若夫令问广誉，尤造物所靳予者，实至而归之，所取已贪矣，况以无实者攘之乎？行非圣人，而有完名者，殆不能无所矜饰于其间也！吾亦将守吾阙者焉。

送郭筠仙南归序

凡物之骤为之而遽成焉者，其器小也。物之一览而易尽者，其中无有也。郭君筠仙，与余友九年矣。即之也温，挹之常不尽。道光甲辰、乙巳两试于礼部。留京师，主于余。促膝而语者四百余日，乃得尽窥其藏。甚哉！人不易知也。将别，于是为道其深，附于回路赠言之义，而以吾之忠效焉。

盖天生之材，或相千万，要于成器以适世用而已。材之小者，视尤小者则优矣！苟尤小者，琢之成器。而小者不利于用，则君子取其尤小者焉。材之大者，视尤大者则绌矣！苟尤大者不利于用，而大者琢之成器，则君子取其大者焉。天赋大始，人作成物。《传》曰："人不天不因，天不人不成。"不极扩充追琢之能，虽有周公之才，终弃而已矣。余所友天下贤士，或以德称，或以艺显，类有以自成者。而若筠仙，躬绝异之姿，退然深贬。语其德，若无可名。学古人之文章，入焉既深，而其外犹若龃龉而不安。其无所成者与？匠石斫方寸之木，斤之削之，不移瞬而成物矣。及乎裁径尺之材，以为榱桷，不阅日而成矣。及至伐连抱之梗枏，为天子营总章太室之梁栋，经旬累月而不得成焉。其器愈大，就之愈艰。浅者欲以一概律之，难矣。且所号为贤者，谓其绝拘挛之见，旷观于广大之区，而不以尺寸绳人者也。若夫逢世之技，智足以与时物相发，力足以与机势相会；此则众人之所共睹者矣。君子则不然，赴势甚钝，取道甚迂。德不苟成，业不苟名。艰勤错迕，迟久而后进，铢而积，寸而累。既其纯熟，则圣人之徒，其力造焉，而无扞格，则亦不失于令名。造之不力，歧出无范，虽有瑰质，终亦无用。孟子曰："五谷不熟，不如荑稗。"诚哉斯言也！筠仙勖哉！去其所谓扞格者，以蕲至于纯熟，则几矣。人亦病不为耳。若夫自揣既熟，而或不达于时轨，是则非余之所敢知也。

送谢吉人之官江左序

吾湘乡当乾隆时，人才殷盛。邓笔山为云南布政使，罗九峰为礼部侍郎，而谢芗泉先生为御史，三人者皆起家翰林，而御史君名震天下。是时和珅柄国，声张势厉。家奴乘高车，横行都市无所惮。御史君巡城遇焉，捽之出而鞭之，火其车于衢。世所称"烧车御史"者也。其后二十余年，御史君之子果堂，以河南县令卓荐召见。上从容问曰："汝即'烧车御史'之子乎？"不数月迁四川知府。又十余年，而谢吉人邦鉴，复以进士出为江南县令。吉人，御史君之孙，而知府郡之弟之子也。将之官，其常所酬酢者，或为诗送之。吉人乃索予为序，而乞言以纠其不逮。于是拜手告曰："子今长人矣。四封之内，尊无与二。堂上颐指，堂下趋者百人。所识穷乏，仰而待命，设馆以延宾友，貌敬而情离。即有不善，彼所谓趋者，待命者，貌敬者，或知之而不谏，或谏焉而不力。吾以其身巍然处于众人之上，而聪明识量，又诚越而倍之。前有唯后有诺，于是予圣自雄之习，嚣然起矣。而左右之人，又多其术以饴我。内之傲者日胜，外之欺者日众，兹其所以舛也。昔者宓子贱治单父，孔子曰：'子何施而众悦？'对曰：'此地民有贤于不齐者五人，不齐事之而禀度焉，皆教不齐所以治人之道。'孔子叹曰：'其大者乃于此乎有矣。'鲁使乐正子为政。孟子曰：'好善优于天下。'东汉庞参为汉阳太守，先候隐居任棠。棠不与言，但以薤一大本，水一盂，置户屏前，抱儿孙伏户下。参会其意，曰：'水者，欲吾清也；拔大本薤，欲吾击强宗也；抱儿当户，欲吾开门恤孤也。'故古人之学，莫大乎求贤以自辅。小智之夫，矜己而贬物，以为众人卑卑，无足益我。夫不及求诸己，而一切掩他人之长而蔑视之，何其易与？《诗》曰：'国虽靡止，或圣或否；民虽靡膴，或哲或谋，或肃或乂。'谓求贤而终不能得者，非笃论也。今震泽宰左君青崿，吾湘乡之贤者也。任侠而不矜，谙事而不计利害。子往试求之，必有所以益子者，友仁以砺德，利器以善事；既以上绳祖武，又以绍诸乡先辈之徽。'无弃尔辅，员于尔辐'。青崿，子之辅也。抑吾闻江南为仕宦鳞萃之邦，或因青崿而得尽交其贤士大夫，是尤余所望也。"

任侠而不矜，谙事而不计利害。

书扁鹊仓公传

司马迁叙述扁鹊、仓公，具详病者主名，及诊脉之法，药济之宜，繁称数十事，累牍不休。余尝求之，非有义也。《周官·医师》："食医、疾医、疡医、兽医之属，隶于冢宰。"愆阳伏阴，

节宣补救，亦宰世者之所有事。为良医立传，无所不可。要以略著大指，明小道之不可废，与日者龟策诸传相附，摭一二事以为类，足矣，繁称奚为者？夫执技以事上，名一能以济人，此小人之事也。大人者，德足以育物，智足以役众，彼诚有所择，不宜于此津津也。若迁实通方术，而借以自矜其多能，斯又浅者徒也。

> 德足以育物，智足以役众。

送周荇农南归序

天地之数，以奇而生，以偶而成。一则生两，两则还归于一。一奇一偶，互为其用，是以无息焉。物无独，必有对。太极生两仪，倍之为四象，重之为八卦。此一生两之说也。两之所该，分而为三，淆而为万，万则几于息矣。物不可以终息，故还归于一。天地絪缊，万物化醇；男女构精，万物化生。此两而致于一之说也。一者，阳之变；两者，阴之化。故曰：一奇一偶者，天地之用也。

> 物无独，必有对。

文字之道，何独不然？六籍尚已。自汉以来，为文者莫善于司马迁。迁之文其积句也皆奇，而义必相辅。气不孤伸，彼有偶焉者存焉。其他善者，班固则毗于用偶，韩愈则毗于用奇，蔡邕、范蔚宗以下，如潘、陆、沈、任等比者，皆师班氏者也。茅坤所称八家，皆师韩氏者也。传相祖述，源远而流益分，判然若白黑之不类。于是刺议互兴，尊丹者非素。而六朝隋唐以来，骈偶之文亦已久王而将厌。宋代诸子，乃承其敝，而倡为韩氏之文。而苏轼遂称曰"文起八代之衰"。非直其才之足以相胜，"物穷则变"，理固然也。豪杰之士所见类不甚远。韩氏有言："孔子必用墨子，墨子必用孔子，不相用，不足为孔墨。"由是言之，彼其于班氏相师而不相非明矣。耳食者不察，遂附此而抹杀一切。又其言多根《六经》，颇为知道者所取。故古文之名独尊，而骈偶之文乃屏而不得与于其列，数百千年无敢易其说者，所从来远矣。国家承平奕祀，列圣修礼右文。硕学鸿儒，往往多有。康熙、雍正之间，魏禧、汪琬、姜宸英、方苞之属，号为古文专

> 物穷则变。

> 天下翕然，为浩博稽核之学。

家，而方氏最为无颣。纯皇帝武功文德，壹迈古初。征鸿博以考艺，开四库馆以招延贤俊。天下翕然，为浩博稽核之学。薄先辈之空言，为文务闳丽。胡天游、邵齐焘、孔广森、洪亮吉之徒蔚然四起。是时郎中姚鼐，息影金陵，私淑方氏，如硕果之不食，可谓自得者也。沿及今日，方姚之流风稍稍兴起，求如天游、齐焘辈闳丽之文，阒然无复有存者矣。间者，吾乡人凌君玉垣，孙君鼎臣，周君寿昌，乃颇从事于此。而周君为之尤可喜。其才雅赡有余地，而奇趣迭生，盖几于能者。夫适王都者，或道晋，或道齐，要于达而已。司马迁文家之王都也，如周君之所道，进而不已，则且达于班氏，而不为韩氏所非。又不已，则王都矣。

周君以道光乙巳成进士，选翰林院庶吉士。值皇太后万寿，天子大孝，锡类臣下，得荣其亲。将奉诰命以归觐。出所为文示余，余乃略述文家原委，明奇偶互用之道，假赠言之义，以为同志者劝。嗟乎！区区而以文字相讨论，是则余之陋而不贤者，识小之类也。

送陈岱云出守吉安序

道光二十五年十一月日长至，翰林编修茶陵陈君，奉命出守吉安。明日入谢，上曰："礼官章上，汝妻与请旌表有诸？"即顿首敬谢："臣源兖妻，蒙恩旌表孝行。其可旌奈何？"则隐约情事，具对十一。上嘉叹，所以尉敕良厚。陈君出，涕泣告人："天子乃能省源兖家事，源兖何以报？"

先是陈君尝大病，妻易安人倾死力营救，最后刲臂和药饮君。君病瘳而安人遘疾。又数月而生子，子生弥月而安人卒。余昔铭其墓，所称"忧劳积剧，焉可支者"也。既归丧，陈君之母语其亲戚曰："是善事我，又有功陈氏先祖。"语乡人亦如之。乡人上其行，有司以达于礼官。礼官章上，不数日，而陈君有吉安之命。于是陈君亦不自克。且曰："吾有君亲殊恩，妻又贳我死，吾负三不报，其何以酬？"向人辄吁叹，日夜嗛然内疚。亡何，将出国门，国藩乃进而称，曰："子之方寸几矣！抑未知所持也。

夫忠孝者，每事而迹之，则日不胜。要惟行吾心之不得已者，斯可矣。民之初，盖皆不忍于其所生。先生制为事亲之礼，温清而定省。疾则尝药，谏则号泣，因人之情，而为文达之，其为事君也亦然。父母者，育我；天者，先父母而生我；君者，后天而成我者也。有不忍忘本于父母者，而后爱身以及子姓；有不忍忘本于天者，而后爱吾君，以及人民庶物。故入而供弟子之职，出而力王家，勤民事。非直好为观美，内有所激发，不得已而为之者也。先王之教既熄，人不能自道于道，乃始慕名号而从事，其中则漠无所动。潞潴以养亲，而非必中有所爱；跛踖以觐君，而非必中有所敬。及其居官，朝令曰编保甲，夕令曰兴水利、复常平，择名号尤美者而张之，漫不省其所以然。外之标识如彼，内而璅坏如此。故名目者，所以丧人之良心而堕凡事也。仲尼曰：'人而不仁如礼何？'言本心既亡，不堪以文为涂附之也。贤者思以易之，独宜求诸心之不得已者耳。盗贼公行，不得已而立保甲；旱涝饥馑，不得已而兴水利、常平；行之不合，不得已而思亟。思亟问必尽善而后已。锲而不舍，靡物不断。古有刲臂疗病而立应者，彼迫于无可如何，其神固已深入金石矣。今或浮慕奇行，而以号于众曰：'吾将效刲肉故事。'要名之念炽于中，责效之情流于外，则临事必不为，为之且不应。然则子欲上不负君亲，下不愧令妻，可以知所从事矣。吾辱相知重，他无可言者。至离合之故，则别系以诗。"

> 锲而不舍，靡物不断。

书学案小识后

唐先生撰辑《国朝学案》，命国藩校字付梓。既毕役，乃谨书其后，曰：

天生斯民，予以健顺五常之性，岂以自淑而已，将使育民淑世，而弥缝天地之缺憾。其于天下之物，无所不当究，二仪之奠，日月星辰之纪，氓庶之生成，鬼神之情状，草木鸟兽之咸若，洒扫应对进退之琐，皆吾性分之所有事。故曰："万物皆备于我。"人者，天地之心也。圣人者，其智足以周知庶物，其才能时措而咸宜。然不敢纵心以自用，必求权度而絜之。以舜之睿哲，犹且好问好察；周公思有不合，则夜以继日。孔子，圣之盛也，而有事乎好古敏求。颜渊、孟子之贤，亦曰"博文"，曰"集义"。盖欲完吾性分之一源，则当明凡物万殊之等；欲悉万殊之等，则莫若即物而穷理。即物穷理云者，古昔贤圣共由之轨，非朱子一家之创解也。

> 不敢纵心以自用，必求权度而絜之。

自陆象山氏以本心为训，而明之余姚王氏乃颇遥承其绪。其说主于良知，谓："吾心自有天，则不当支离而求诸事物。"夫天则诚是也。目巧所至，不继之以规矩准绳，遂可据乎？且以舜、周公、孔子、颜、孟之知如彼，而犹好问好察，夜以继日，好古敏求，博文而集义之勤如此，况以中人之质，而重物欲之累，而谓念念不过乎？则其能无少诬耶！自是以后，沿其流者百辈。间有豪杰之士，思有以救其偏，变一说则生一蔽，高景逸，顾泾阳氏之学，以静坐为主，所重仍在知觉。此变而蔽者也。

近世乾嘉之间，诸儒务为浩博。惠定宇、戴东原之流，钩研诂训，本河间献王实事求是之旨，薄宋贤为空疏。夫所谓事者，非物乎？是者，非理乎？实事求是，非即朱子所称即物穷理者乎？名目自高，诋毁日月，亦变而蔽者也。别有颜习斋、李恕谷氏之学，忍嗜欲，苦筋骨，力勤于见迹，等于许行之并耕，病宋贤为无用。又一蔽也。排王氏而不塞其源，是五十步笑百步之类矣。由后之二蔽，矫王氏而过于正，是因噎废食之类矣。

我朝崇儒一道，正学畲兴。平湖陆子，桐乡张子，辟诐辞而反经，确乎其不可拔。陆桴亭、顾亭林之徒，博大精微，体用兼赅。其他巨公硕学，项领相望。二百年来，大小醇疵，区以别矣。唐先生于是辑为此编，大率居敬其不偏于静，格物而不病于琐，力行而不迫于隘。三者交修，采择名言，略依此例。其或守王氏之故辙，与变王氏而邻于前三者之蔽，则皆厘而剔之，岂好辩哉？去古日远，百家各以其意自鸣。是丹非素，无术相胜。虽其尤近理者，亦不能餍人人之心而无异辞。道不同不相为谋，则亦已矣。若其有嗜于此而取途焉，则且多其识，去其矜，无以闻道自标，无以方隅自囿，不惟口耳之求，而求自得焉。是则君子

> 是丹非素，无术相胜。

者已。是唐先生与人为善之志也。

送唐先生南归序

古者道一化行，自卿大夫之弟子，与凡民之秀，皆上之人置师以教之。于乡有州长、党正之俦，于国有师氏、保氏。天于既兼君师之任，其所择，大抵皆道艺两优，教尊而礼严。弟午抠衣趋隅，进退必慎。内以有所惮而生其敬，外缉业以兴其材。故曰"师道立，而善人多"，此之谓也。周衰，教泽不下流。仲尼干诸侯不见用，退而讲学于洙泗之间，从之游者如市。师门之盛，振古无俦。然自是人伦之中，别有所谓先生、徒众者，非长民者所得与闻矣。仲尼既没，徒人分布四方，转相流衍。吾家宗圣公传之子思、孟子，号为正宗。其他或离道而专趋于艺，商瞿授《易》于馯臂子弓，五传而为汉之田何。子夏之《诗》五传而至孙卿，其后为鲁申培。左氏受《春秋》八传而至张苍。是以两汉经生，各有渊源。源远流歧，所得渐纤，道亦少裂焉。有宋程子、朱子出，绍孔氏之绝学，门徒之繁，拟于邹鲁。反之，躬行实践，以究群经要旨，博求万物之理，以尊闻而行知，数百千人粲乎彬彬。故言艺则汉师为勤，言道则宋师为大，其说允已。元明及我朝之初，流风未坠。每一先生出，则有徒党影附，虽不必束修自上，亦循循隅坐，应唯敬对。若金、许、薛、胡、陆稼书，张念芝之俦，论乎其德则暗然，讽乎其言则犁然。而当理考乎其从游之徒，则践规蹈矩，仪型乡国。盖先王之教泽，得以仅仅不斩。顽夫有所忌，而发其廉耻者，未始非诸先生讲学，与群从附和之力也？《诗》曰："风雨如晦，鸡鸣不已。"诚珍之也！今之世，自乡试、礼部试、举主而外，无复所谓师者。间有一二高才之士，钩稽故训，动称汉京，闻老成倡为义理之学者，则骂讥唾侮。后生欲从事于此，进无师友之援，退犯万众之嘲，亦遂却焉。

吾乡善化唐先生，三十而志洛闽之学。特立独行，诟讥而不

> 论乎其德则暗然，讽乎其言则犁然。

悔。岁庚子，以方伯内召为太常卿。吾党之士三数人者，日就而考德问业。虽以国藩之不才，亦且为义理所薰蒸，而确然知大闲之不可逾。未知于古之求益者何如？然以视夫世之貌敬举主，与厌薄老成，而沾沾一得自矜者，吾知免矣。丙午二月，先生致仕得请，将归老于湖湘之间。故作《师说》一首，以识年来向道之由，且以告吾乡之人。苟有志于强立，未有不严于事长之礼，而可以成德者也。

送江小帆同年视学湖北序

今天下郡县牧民之吏，大抵以刑强齐之耳。任蚩蚩者自为啄息喜怒，一不顾问。至其犯法，小者桎梏，大者弃市，豪强者漏网，弱者靡烂。苟以掩耳目而止，原国家所以立法之意，岂尔尔哉！盖亦欲守土者，日教民以孝悌仁义之经，不率而后刑之。其率教而有文者，则以进于学使者，而登之庠序。既登之矣，则以授于校官，而常饬之。故古者，饮射读法，在今日，则守令之职。而今之学政也者，不过因文艺以别群士之优劣。因士之优劣，以知守令教民之勤惰。故巡抚者，天子所使，以察守土者养民之善与否也。学政者，天子所使，以察守土者教民之善与否也。承平既久，法意浸失。郡县有司，不知三物为何事，而教民之任，独以责之学政与校官。而所谓校官者，类多衰疾晚暮之徒。其禄不足自赡，往往与学宫弟子争锥刀之末。不特不克助宣教化，或转恬言以蔽学政之耳目。彼学政者，孤悬客寄于一行省之中，守土者皆貌敬而神拒之。日愈精于文字，而角机智于千百诡弊之场，而欲以余力教民以仁义孝悌之经，其不亦难矣哉！然则如之何而可弊之除也？先其甚者，利之兴也；先其易者，其可矣！自功利之说，中于膏肓，学者求速化之方，束发而弊精于制艺，穷老而不休；《六经》至不能举其篇目，何有于他书？今欲稍返积习，莫若使之姑置制艺，而从事经史，奖一二博通之士，以讽其余。于覆名扃试之外，别求旁搜广采之术。凡郡县莫不有书院，大率廪给其才者，而绌其不能者。名曰"膏火"，所以济学校之不及也。学政下车之始，则牒各县令曰："明年吾视某县学，当以某经试士，能背诵否？某史试士，能言否？其为我播告，偏隅咸使知之！"牒校官曰："吾按临之始，每县当选诸生廿人说书，有不至惟汝罚！"及其按郡，招诸生来前，果使背诵某经，说某史某卷，大旨能诵说者，予以书院之廪资；尤能者倍之、三之；尤能者，牒送省会之书院，亦倍其廪资。其不能者，廪生削其饩，附生惩辱之。每县试以三四人，则余者惧矣。自六经外，如《史》《汉》《庄》《骚》《说文》《水经》《文选》宋五子，及杜、韩、欧、苏、曾、王、专集之属，每县使习一部焉。岁试使习者，科试则易之。覆名试以制艺，以彰朝廷之公令；面试说书，以鸣使者之私好。二者并行而不悖。皆善矣，则拔而贡之成均。使彼邦之人，晓然知吾好博通之才，庶几由文以溯本，举一以劝百。然后孝悌仁义之教，可以渐而兴也。乘传所经之地，有书院焉。则人而诏诸生以大义。彼邦有缙绅多闻者，则礼而荐之为郡县书院之长。于是其亦可以树之风声矣。

尤能者，亦倍其廪资。

同年友江君小帆之视湖北学也，所以讲求职思者甚备。余乃别思一搜采之术，无启弊之窦，而有补教之旌者，于是以戋戋之说进焉。

思一搜采之术，无启弊之窦。

文稿 卷二

君子慎独论

尝谓独也者,君子与小人共焉者也。小人以其为独,而生一念之妄,积妄生肆,而欺人之事成。君子懔其为独,而生一念之诚,积诚为慎,而自慊之功密。其间离合几微之端,可得而论矣。盖《大学》自格致以后,前言往行,既资其扩充;日用细故,亦深其阅历。心之际乎事者,已能剖析乎公私;心之丽于理者,又足精研其得失。则夫善之当为,不善之宜去,早画然其灼见矣。而彼小人者,乃不能实有所见,而行其所知。于是一善当前,幸人之莫我察也,则趋焉而不决。一不善当前,幸人之莫或伺也,则去之而不力。幽独之中,情伪斯出,所谓欺也。惟夫君子者,惧一善之不力,则冥冥者有堕行;一不善之不去,则涓涓者无已时。屋漏而懔如帝天,方寸而坚如金石。独知之地,慎之又慎,此圣经之要领,而后贤所切究者也。自世儒以格致为外求,而专力于知善知恶,则慎独之旨晦。自世儒以独体为内照,而反昧乎即事、即理,则慎独之旨愈晦。要之明宜先乎诚,非格致则慎亦失当。心必丽于实,非事物则独将失守。此入德之方,不可不辨者也。

原才

风俗之厚薄奚自乎?自乎一二人之心之所向而已。民之生,庸弱者,戢戢皆是也。有一二贤且智者,则众人君之而受命焉,尤智者所君尤众焉。此一二人者之心向义,则众人与之赴义;一二人者之心向利,则众人与之赴利。众人所趋,势之所归,虽有大力,莫之敢逆!故曰:"挠万物者,莫疾乎风。"风俗之于人之心,始乎微,而终乎不可御者也。先王之治天下,使贤者皆当路在势,其风民也皆以义,故道一而俗同。世教既衰,所谓一二人者,不尽在位,彼其心之所向,势不能不腾为口说,而播为声气。而众人者,势不能不听命,而蒸为习尚。于是乎,徒党蔚起,而一时之人才出焉。有以仁义倡者,其徒党亦死仁义而不顾;有以功利倡者,其徒党亦死功利而不返。水流湿,火就燥,无感不雠,所从来久矣。今之君子之在势者,辄曰:"天下无才。"彼自尸于高明之地,不克以己之所向,转移习俗,而陶铸一世之人。而翻谢曰"无才",谓之不诬,可乎?否也。十室之邑,有好义之士,其智足以移十人者,必能拔十人中之尤者而材之,其智足以移百人者,必能拔百人中之尤者而材之。然则转移习俗,而陶铸一世之人,非特处高明之地者然也;凡一命以上,皆与有责焉者也。有国家者,得吾说而存之,则将慎择与共天位之人;士大夫得吾说而存之,则将惴惴乎谨其心之所响,恐一不当,而坏风俗,而贼人才。循是为之,数十年之后,万有一收其效者乎?非所逆睹已。

恐一不当,而坏风俗。

广东嘉应州知州刘君事状

曾祖永昌,皇赠武功将军。祖开泰,康熙甲午科举人,皇赠武功将军。父文灿,雍正甲辰科武进士,山东兖沂镇总兵。君讳廷楠,字让木,河间献县人,县学廪生。乾隆四十五年举于乡,五十二年丁未成进士。时大学士和珅当国,有中贵人与君同里同姓,来告曰:"相国知子,欲一燕见。能往,吾导子,词曹可致也。"君谢不能,卒以知县归班候选。嘉庆二年谒选,得广东信宜县。明年之官。五年摄惠州河源县事。河源蓝阿和,博罗陈烂屐四,永安曾鬼六,聚徒煽乱。君至县三月,即擒阿和。且请于惠州知府伊秉绶,及总督吉庆,曰:"陈曾不靖,时日久矣。今阿和就擒,剪其左翼。贼所负恃,以罗浮山为窟耳。若裹粮入山,穷力四捕,陈曾可弋也。"不听。后二年,遂有陈烂屐四、曾鬼六之乱。总督饮鸩死,知府拟遣戍,而君以前请得不坐。六年,量移潮州揭阳县。揭亦剧邑也,莠民何阿常、李阿七倡为天地会,联八十余乡,分为两股,各二万人。君单骑赴贼中,以编查保甲为名,暗图其山川形势,出入门户。夜宿贼巢,示以不疑。八年正月二日,率兵讨阿常。贼徒七千人,屯于赤岩头。我兵裁五百，去贼五里而营。夜闻吹螺四面，众哗曰："贼至矣。"君令曰："敢动者死！"于衾中设子母炮，佐以鸟枪，近则发击之。翳人与火，阒无声影。贼不知虚实，竟引去。旦日率所部登山，适会他军亦至，乘胜追奔，焚贼三巢。阿常投首。阿七闻之，益纠余孽谋再举。君从健卒六十余人，四昼夜驰行九百里，追及长乐，擒之。其年八月，又擒海盗姚阿麻。于是有送部引见之命矣。大抵岭以南，物产蕃阜，风气殊于中土。诸洋互市，瑰货日至，奸民逐利，起徒手至百万者，往往而有。奇技妖物，旁出不穷。乾嘉之间，淫侈亡等矣。犹有不逞之徒，乃为盗贼以自恣。小者劫夺，大者叛乱，穷则人海亡命。为吏者莫敢谁何，苟以讳饰偷安，群盗无惮，日以充斥。故君官广东，所至以缉捕为先，而大吏亦倚君如左右手。引见之命既下，大吏以捕务孔棘，留不得行。又二岁，剿获朝阳郑阿明，陆丰李崇玉，乃行。阿明会匪众号四万人，崇玉海盗号二万也。入见，以功升知州归，复任揭阳。十四年，徙知南海县。是时，两广总督百公龄，治尚威猛，惩刈奸宄。夜半，召君入密室，告曰："吾欲有所缚，子能之乎？"君曰："何也？"百公曰："洋商吴阿三。"阿三者，大猾，资积巨万，多干国纪。君归，夤夜部勒胥役，不告所之，曰："从余行！余曰'取'，取之！曰'斩'，斩之。"至，破门擒阿三。比还，署关税者数辈赂金三万，至鸡鸣增五万，平明十万。不可，卒致阿三于法。张保之寇海也，自嘉庆初年始也。后与其党郭学显内噬。学显来降，保亦思归义，首鼠进退。百公欲遣使纳降，君请行。百公曰："多与尔卫。"辞曰："彼真降，使者无害；其伪也，虽卫何益？"从二仆，棹小舟，径至海口。贼数百艘，交刃成列。保出，众叱曰："跪吾王。"曰："吾天子命吏，岂屈若曹？且编民之不得，何王也？"即睨保曰："吾以女为海上豪杰，乃效匹夫，怒目恐人！刘某畏死者，不来此矣。"保立起，揖。君即屏左右，因语之曰："十年来，粤中巨寇若蓝阿和、何阿常、郑阿明之属，海盗若姚阿麻、李崇玉，今有存焉者乎？"保默然曰："亡有。然今且奈何？崇玉以杀掠平民之故，尚伏天诛；况保纵横海上十余年，杀二总兵、一参将、三游击，罪在不追。今弃众内首，则鱼肉耳。"曰："汝何虑之浅也。朝廷并包海外，荒颣萌生，削逆育顺，以劝来者，犹惧不继。若革面自效，不訾之庆也。学显贷死，有明征矣。且知莫大于知几，行莫亏于食言，祸莫酷于杀已降。女视刘某岂诱人徼功者哉？吉之与凶，在此须臾。"保再拜谢曰："谨受教！"乃泣送君归。七日，而张保降。十九年，补嘉应州知州，嘘枯养瘠，相濡以泽。二十四年，摄廉州知府，简法阜施，一如嘉应。君子于是知君之为政，又能视地强弱，以时其威爱也。嘉庆二十五年，年六十八以卒。子六人，曰"凤翩"，曰"一士"，曰"凤翼"，曰"书年"，今官翰林院编修。曰"逢年"，曰"其年"，今官翰林院庶吉士。谨具历官行义，牒付史馆，俾传循吏者采览焉。

> 知莫大于知几，行莫亏于食言。

武会试录序

道光二十有七年秋九月，武会试。外围既毕事，兵部臣以内场考官。请上命臣国藩，偕臣王庆云，司其事。伏念臣楚南下士，至陋极愚。仰荷圣慈，逾格由翰林洊陟卿陪。负乘之占，夙夜兢惕。复膺简命，承乏于兹，益用懔懔，如不克胜。谨偕臣庆云悉心核阅，取士如额，恭缮试录，进呈御览。臣例得飏言简端。臣闻宋臣张舜民之言曰："自古守边选将，未必专以攻战为要，要在精神折冲而已。"臣尝深绎其言，若廉蔺在赵，强秦不敢加兵，魏尚守云中，匈奴不敢南牧。及夫卫霍三明之徒，亦威棱四际，所在立功。彼其名将之精神，足以震慑万里之外。而人主之求将，亦以精神感而召之，所谓战胜庙堂者也。自唐宋以后，招致将才，不可必得，乃按图而索骥。于是有武举之科，有武学之额，有赐"及第""出身"之目。宋庆皇间，定武举以策为去留，弓马为高下。禄利之途一开，爪牙之士稍稍骧首。元明以来，循是不废。然上以名求，下之人因袭是名而巧弋之。其以弓马得者，不过挽强引重，市井之粗材；而以策试中者，亦皆记录章句，琐琐无用之学。故论者谓人才之兴，不尽由于科目，理固然也。我朝定鼎以来，威焯无外。自虎贲宿卫，八旗禁旅，往

> 招致将才，乃按图而索骥。

往有熊罴不二心之臣,肩比而鳞萃。而各行省,山泽猛士,又罗之以科举,所以储采干城之选。至周且当。顾循行既久,向之所谓市井挽强、记录无用者,多亦儳乎其中。而臣之所职,又惟校此默写孙吴之数行,无由观其内志外体,与其进退翔舞之节。而欲使韬钤之材之必入于此,不遗于彼,臣诚不敢以自信。独念圣天子神武震烁,臣等凭藉宠光,亦足增长刚气。而以精神与多士相感召,庶几廉蔺魏尚之辈,或出于此,区区之忱,不胜至愿。《传》曰:"同明相照,同气相求。"虽不能必,志之而已。

送刘君椒云南归序

圣人之异于众人者,安在乎?耳目口鼻心,知百体皆得其职而已矣。天之生夫人也,耳职听,而目职视,口体职言动,心职思。非所听而滥焉,非所视而淫焉,于官为不法。可以视穷者,而吾弗能尽焉。可以听达者,而吾弗能尽焉,于官为不称。其于口体心思也,亦然。不称者才绌,不法者知而奸之,罪又甚焉。圣人者,不轨,不耳,不度,不目。其自一室之米盐,推而极于天下之大,鬼神之幽,离于人伦,淆于万事。凡视听所宜晰无不晰,凡言动所宜审无不审,凡心思所宜条理,无不条而理之。使夫一身得职,而天地万物,各安其分,以位以育,以效吾之官司,所谓践形者也。周公之所以为周公,孔子之所以为孔子,其不以此也哉?今之君子之为学者,吾惑焉。耳无真受,众耳之所倾亦倾之;目无真悦,众目之所注亦注之。奸视而回听,言不道而动不端,无过而非焉者,曹好所在,而不之趋焉,则不相宾,异矣。为考据之说者曰:"古之人,古之人,如此则几,彼则否。"为词章之说者曰:"古之人,古之人,如此则几,彼则否。"起一强有力者之手口,群数十百人蚁而附之。朝记而暮诵,课迹而责音,竭己之耳目心思,以承奉人之意气。曾不数纪,风会一变,荡然渐灭。又将有他说者,出为群意气之所会,则又焦神悴力而趋之。钧是五官百骸也,不践圣人之形,而逐众人之好,疲一世以奔命于庸夫之毁誉,竟死而不悔,可谓大愚不灵者也。汉

> 不称者才绌,不法者知而奸之,罪又甚焉。

> 疲一世以奔命于庸夫之毁誉。

阳刘君椒云,湛深而敦厚,非其视不视,非其听不听,内志外体,一准于法矣。而所以扩充官骸之用,又将推极知识,博综百氏,以求竟乎其量。余犹惧其敝身心以役于众好也,于其别也,书是以贞之。然余固亦颇涉前二说者之流,而奔命于众好之场者,又因以自砭焉。

钱港舣先生制艺序

自吾有知识以来,见乡之老成夙学,笃于文律者,恒困顿无以自拔,或终身不得当于行省有司之试。而其所教之子若弟,往往分沾余技,飞腾速化以去。及吾来京师,究询四方魁桀特达之士,其先世多亦不遇。始谓不闷、不亨、不诎、不信,理则然矣。既深求其故,抑匪直尔也。制艺试士既久,陈篇旧句,盗袭相仍。有司者,无以发覆而钩奇,则巧为命题以困之。乖割乎经文,釽析乎片语。由是为文者,有钩联之法,有补斡之方,有仰逼俯侵之患。名目既繁,科条日密。虽过百人之智,穷十年之力,犹不能洞悉其窾郄。及其彻于心,而调于手,而齿已日长,少时英光锐气,稍稍衰减矣。而子若弟之濡染焉者,自其未冠,已别开简易于纤仄曲径之中,使其才得以自骋。故前者难而因者易,势固为之也。予与乌程钱君仑仙同举进士,同出江阴季公之门。官词曹也,同居于僧舍;使蜀中也,先后同持文柄。间出其尊甫港舣先生遗稿示予,又知两家庭训,所历之艰苦曲折,同者十得八九,而不合者,盖寡焉。予之蒙陋,于家大人之学,百不承一。即仑仙文鸣一时,视先生之孤诣覃思,要亦不无少逊焉。故叙先生之文,而发其例于此,庶使有衡文之责者,知所措意也夫!

新宁县增修城垣记

道光二十有七年秋八月,袱人李世德、雷再诰为乱于湖南之新宁。有司檄远近,有能擒贼,予白金五百两。于是吾友江忠源岷樵应募，部乡兵缚贼送官司，取所谓五百金者，归献堂上，为太公寿。太公曰："长吏以赏罚驱民，矫而不受，是堕上之信也；资人之力，而专其刹，是刉己之廉也。信堕无以驭众，廉刉无以立身。二者有一，将必不可。吾邑城垣倾圮久矣，若捐此金以兴修，官必嘉之，众必和之。众与而功易集，城完而民得安枕，此十世之勋也！"岷樵从太公言，乃归金于官而上其议，长宝道兵备使者杨公闻之大悦，亦输助五百金。知宝庆府事某公，知新宁县事某公，各捐若干金以助役。邑之士夫耆长，亦鼓舞输财，争先辇运。兵事之后，刻日兴工。人人如惊鸟之愿治其巢也。大抵天下行省所隶，各有边区，与他省所隶相际，去会垣动以千里。往往万山丛薄，歧径百出。奸人亡命，啸聚其中，伺隙而为变。捕之此，则逃之彼；鸟鼠奔窜，不可穷诘。或攻破山城，据为窟穴。辄以号召叛徒，声生势长相望也。若郧阳际陕西湖广之交，南赣际江西福建之交，以前明原杰王守仁之才，经略数年，仅而得安。而南山老林，际三省之交。嘉庆教匪之役，丧师縻饷，乃至不可胜计。新宁，亦山国也，实处湖南广西之交，匪人煽结，卵育其间。瞰蕞尔之山城，而欲据而有之，屡屡矣。往在道光十六年，蓝正樽以一亡赖，揭竿窃发，几欲堕城而杀守吏。曾不一纪，李世德、雷再浩，踵而逆命。岂不以下邑孤远，城郭不完，有以诲盗，而启乱萌哉？如又不从而修葺之，数岁以后，余孽复滋，将思一逞于我。此垣墉之卑窳者，可长恃之以为晏然乎？于是岷樵以二十八年二月举工，先治城之四门。有楼跂然而高，有阖俨然而坚。赤白焕然，而改其旧。遂次第兴筑，雉高于前者几尺，培而厚者几尺。补缺垣若干支，增睥睨若干。都计土工几千几百，石工几千几百，金木之工几千，费钱几百万。以二十九年某月毕役。自是有可守之险，寇贼不敢规以为利矣。岷樵之来京师也，嘱余叙其颠末，俾后之守土者，不时缮治，无苟毁成功云。

黄仙峤前辈诗序

古之君子所以自拔于人人者，岂有他哉？亦其器识有不可量度而已矣。试之以富贵贫贱，而漫焉不加喜戚；临之以大忧大辱，而不易其常。器之谓也。智足以析天下之微芒，明足以破一隅之固，识之谓也。器与识及之矣，而施诸事业有不逮，君子不深讥焉。器识之不及，而求小成于事业，末矣。事业之不及，而求有当于语言文字，抑又末矣。故语言文字者，古之君子所偶一涉焉，而不齿诸有亡者也。昔者，尝怪杜甫氏，以彼其志量，而劳一世，以事诗篇，追章琢句，笃老而不休，何其不自重惜若此！及观昌黎、韩氏称之，则曰："流落人间者，太乙一毫芒。"而苏氏亦曰："此老诗外，大有事在。"吾乃知杜氏之文字蕴于胸而未发者，殆十倍于世之所传。而器识之深远，其可敬慕又十倍于文字也。今之君子，秋毫之荣华，而以为喜；秋毫之摧挫，而以为愠。举一而遗二，见寸而昧尺；器识之不讲，事业之不问；独沾沾以从事于所谓诗者。兴旦而缀一字，抵暮而不安。毁齿而鉤研声病，头童而不息。以咿嚘謇浅之语，而视为钟彝不朽之盛业，亦见其惑已。

松滋黄仙峤先生质直而洞豁，泊然声利之外。观察于滇南，吏剔其奸，民宣其隐。于古人所谓器识事业者，亦既近而有之。间以其余，发为诗章。又能弃故揽新，约言丰义。而先生曾不以自鸣，退然若无以与于古者。人之度量相越，为闳，为隘，为谦，为盈，不可一二计也。国藩既受而卒读，因为择其尤善者，得若干首，俾录而存之。世有终其身以治诗自名，而志趣或未广者，观先生此编，亦将内惭而有以自扩也夫。

祭韩公祠文

维年月日具，官某，谨以清酒庶羞，致祭于先儒昌黎韩子之神！维先生之明德，宜祀百世。文人学子，皆所喻愿。而礼典所载，独配享先师孔子西庑，他无特祀。国藩前官翰林院、詹事府，皆有先生祠堂。今承乏礼部，亦祀先生于官署之西北隅，而皆称曰"土地祠"。国藩履任之日，敬谨展谒，乃神象之旁，有先师孔子之木主，俨然在焉。窃以土地之称，非经非训。古者，惟天子得祭天地，诸侯则社以祭土，大夫以下，成群立社。多者二千五百家，或百家以上，小者二十五家。盖土爰稼穑，民生所赖。凡食毛践土者，皆得祭以报功。义固然也。自唐以下有城隍之祀。世传张说所为祭文，及李阳冰碑记，旧已。今天下由京都以至行省郡县，皆立朝以妥城隍。原《易》有"城复于隍"之占，礼有八蜡水庸之祭。高垒深池，以捍民患。推社之义，而为之立祀，理亦宜之。独土地之祀，不可究其从始。国藩所居之乡，或家立一神，或村置一庙，大抵与古之里社相类。而京师官署，尤多有土地祠，往往取先代有名德者祀之。先生之生，未尝莅官礼部。今殁已千年，所谓神在天上，如水之在地中，无所不际。而谓仅妥侑于一署之内，丈室之中，如古所称社公云者，亦以黩慢甚矣。若先师孔子，则先生所诵法终身者也。先生尝羡颜氏得圣人以为依归，若深自叹恨不得与于弟子之列，而无知者，乃位孔子于尊容之旁，先生而果陟降在兹，其必蹙然不安也。国藩瞻礼之余，询诸胥吏，举不辨其由来。旧例，春秋以萧芗奉祀先生，国藩亦且循沿习之常，以致吾钦向之私。惟于孔子之位措置失宜，则不敢须臾蹈故，惧干大戾。谨奉木主，爇香焚之。既敬告所以，因为之诗歌，使工歌以人声，冀先生之神安休于此。不腆之诚，庶为歆鉴！诗曰：

皇颉造文，万物咸秩。尼山纂经，悬于星日。衰周道溺，踵以秦灰。继世文士，莫究根荄。炎刘之兴，炳有扬马。沿魏及隋，无与绍者。天不丧文，蔚起巨唐。诞降先生，掩薄三光。非经不效，非孔不研。一字之惬，通于皇天。上起八代，下垂千纪。民到于今，恭循成轨。予末小子，少知服膺。朗诵遗集，尊灵式凭。滥厕秩宗，载瞻祠宇。师保如临，进退维伛。位之不当，宣圣在旁。大祀跻僖，前哲所匡。我来庚止，神其安怙！敬奠椒浆，式告来叶。

非经不效，非孔不研。

汉阳刘君家传

余既铭刘君椒云之墓，其兄子世墀复寓书抵余："季公之行义，蒙甄叙大凡。其为学之次第，不幸遗书未成。世塈之愚，不可骤晓。其孤世圭尤幼。即他日长大，终无以窥寻先人甘苦。季父执友，莫笃先生。先生若哀吾昆弟，即别为家传，镌诸家牒。所以不死季父，而贶我刘宗益厚无已。"盖椒云之学之自得于中者，有不可襮诸文字者矣。其致功之迹，国藩实亲见之，而亲讨之。称述以诏其诸子，吾之职也。始椒云尝治方舆家言，以尺纸图一行省所隶之地，墨围界画，仅若牛毛。县以圆围，府以叉牙，交错成围，不为细字识别。晨起指诵曰："此某县也，于汉为某县；此某府、某州也，于汉为某郡国。"凡三四日，而熟一纸，易他行省，亦如之。其于字书、音韵及古文家之说，亦皆刺得大指。其后益及天官、推算，日夜欲求明彻，锐甚！适会丧妇，劳忧致疾，乃稍稍自惜，慨然有反本务要之思矣。窃尝究观夫圣人之道，如此其大也。而历世令辟，与知言之君子，必奉程朱氏为归，岂私好相承以然哉？彼其躬行良不可及，而其释经之书，合乎天下之公，而近于仲尼之本旨者，亦且独多。诚不能违人心之同然，遽易一说，以排之也。自乾隆中叶以来，世有所谓汉学云者，起自一二博闻之士，稽核名物，颇拾先贤之遗而补其阙。久之，风气日敝，学者渐以非毁宋儒为能，至取孔孟书中心性仁义之字，一切变更旧训，以与朱子相攻难。附和者，既不一察，而矫之者恶其恣睢。因并蔑其稽核之长，而授人以诟病之柄。皆有识者所深悯也。椒云初从事于考据，即已洞知二者之弊。既更忧患之余，尤自敛抑，退然若无以辨于学术也者，默识而已矣。于是以道光二十八年二月，弃其所官之国子监学正，决然归去，以从政于门内。积其谨以严父母之事，以达于凡事无所不严。积其诚，以推及父母之所爱，若所不爱，无不感悦。其又不合，则考之《礼经》，核之当世之《会典》，以权度乎吾心自然之则，必三善焉而后已。病中为日记一编，记日日之细故，自责绝痛。将卒，又为遗令处分无憾。盖用汉学家之能，综核于伦常日用之地，以求一得当于朱子。后之览者可以谓之笃志之君子邪？抑犹未邪？国藩为发其择术之意，既告其诸子，亦与异世承学者质证焉。

积其谨，以达于凡事无所不严。

槐阴书屋图记

吾师江阴季先生自名其寓舍，曰"槐阴补读之室"，而嘱人为之图。图成于道光癸卯之夏，时先生方官内阁学士，职思简易。曰"补读"云者，以为绩学不夙，仕优而后补之，谦退之词也。是年冬，先生视学安徽，三年还朝，则已掌吏部，或摄户部。又督漕于潞河，厘监于天津，荡涤田赋积亏于两浙。庶政倥偬，刻无暇晷，间遂有巡抚山西之命。于是先生手图而告国藩曰："吾昔名吾居室而图之也，将以读吾书也。今五六年间，腐精于案牍，敝形神于车尘马足。曩之不逮，竟不克补。则令之悔，又果可补于后日乎？子为我记之，志吾疚焉。"国藩尝览古昔多闻之君子，其从事文学，多不在朝班，而在仕宦远州之时。虽苏轼黄庭坚之于诗，论者谓其汴京之作少逊，不敌其在外者之殊绝。盖屏居外郡，罕与接对，则其志专而其神能孤往横绝于无人之域。若处京师浩穰之中，视听旁午，甚嚣而已矣，尚何精诣之有哉？我朝大儒林兴，号为迈古。然如睢州汤公、仪封张公、江阴杨公、高安朱公、临桂陈公、台河孙公数贤人者，大抵为外吏之日多，宦京朝之日少。即在京朝，其任职也专，其守法也简，亦常日有余光，人有余力。今六部科条之繁，既三倍于百年以前。而先生之所历，或一身而兼数职，一岁而更数役。每夕丑初趋离宫，待漏尽午而后返。曹官白事、判牍，莫夜不休。又以其间，宾接生徒，宴会寮友，伺隙以求终一卷焉而不可得。视数贤人者之处京朝时，势固不侔矣。此先生所用为忾然也。今者先生持节山西，政成而神暇，尽发遗编，以朴素愿。盖将与数贤人者角其实而争其光。而国藩忝窃高位，乃适蹈先生之所疚。往者不可偿，来者不可必。故略述时事，令异世官朝籍者有考焉。

岁暮设奠告王考文

呜呼！维我王考，神驭徂宾。赴音来止，今越五旬。嗟我王考，令德渊烁。体秉纯刚，内含贞淑。往在戌岁，小子南旋。扶依欢戏，左右盂盘。亥年归朝，载违色笑。行履过差，辟呼无诏。十年京国，官系私牵。转蓬浮徙，莫傍本根。吾皇锡类，褒封父祖。志养则亏，虚荣奚补？三载寝疾，侍药不躬，遂沦慈照，允蹈鞠凶。我父我母，潜焉在疚。小子虽顽，不惩罪悔。畴昔提耳，彝训犹存。十堕一守，痛惧难论。岁将更始，时物迁变。敬存庶羞，祗希僾见。尚飨！

谢子湘文集序

呜呼！士生今世，欲有所撰述，以庶几古作者之义，岂不难哉！自束发受书，则有事举子帖括之业。有司者，割截圣人之经语，以试其能。偏全、虚实、断续、钩联之际，铢有律，黍有程。而又杂试以诗赋、经义、策论。其为品目，固已不胜其繁矣。而一二才桀之士，既挟群艺，以应有司之求，又别进慕乎古之能文者，以降其兼胜无已之心。于是乎，目欲并视，耳欲四听，敝精而费日，终不能达于古人之庭者，比比而是也。古之为文者，其神专有所之。无有俗说庞言，肴其意趣。自有明以来，制艺家之治古文，往往取左氏、司马迁、班固、韩愈之书，绳以举业之法，为之点，为之圆围，以赏异之；为之乙，为之钁围，以识别之；为之评注，以显之。读者囿于其中，不复知点围、评乙之外，别有所谓属文之法也者。虽勤剧一世，犹不能以自拔。故仆尝谓末世学古之士，一厄于试艺之繁多，再厄于俗本评点之书，此天下之公患也。将不然哉？将不然哉？南丰谢君子湘，与予同岁举于乡，又同登于礼部。其群艺见采于有司者，固已趋绝与人人异。自君之生，予尝见闻而内敬之矣。既殁，而其弟出君所为古文示予，又知其志之可敬也。盖以流俗之堕于所谓一再厄者，而以君之所得较之，其为逾越可胜量哉！于是为序而归之。因道其通患，以慨夫末世承学之难焉。

> 古之为文者，其神专有所之。

正月八日王考生辰告文

呜呼！王考弃养，三月有奇。音容缅邈，岂复可追？畴昔笑声，千山震裂。今则无闻，厚地藏热。游子远宦，万里关山。葬不执绋，殓不凭棺。期服去位，古有行者。窃禄不归，拘牵苟且。上春初吉，敬遇诞辰。敢蠲嘉旨，用荐苾芬。爰循国典，遂释齐衰。在天灵爽，倪获惠来。尚飨！

书王雁汀前辈勃海图说后

《书》孔氏疏云："尧时青州，当越海而有辽东。"杜氏《通典》云："青州之界，越海分辽东、乐浪、三韩之地，西抵辽水。"而胡氏渭曰："汉武所开乐浪、元菟二郡，乃古嵎夷之地。嵎夷，羲和所宅，朝鲜箕子所封，皆应在青州域内，不仅辽东而已。"据此数说，则禹时青州，逾海而兼营州之地。理若可信。齐召南氏所谓"势固自然"者也。前明辽东郡指挥使，隶于山东布政司。明初，辽东士子尚附山东乡试。厥后，以渡海之艰，改附顺天。而辽东各州卫隶于山东，则终明之世不改。盖亦犹上古之青州，兼辖营州云尔。我朝定宅燕京，与明代同。而辽左为陪都重地，则与前明之二州二十五卫，视同羁縻者，轻重迥别。故勃海之襟带，旅顺之门户，视前世犹加慎焉！雁汀先生之意，欲于隍城、石岛之间，驻水师将领一员，登州、金州，南北兼巡。内以防盗匪之狙伏，外以慑夷人之闯入，可谓谋虑老成，操之有要者已。道光二十九年，御史赵东昕，建登州设立水师之议。宣宗成皇帝下其事，令兵部军机处会议。当事者以迹近更张，格而不行。国藩时承乏兵部，颇知旅顺要隘，宜别置严镇。而不知康熙年间有嵩祝请登州水师巡哨金州、铁山之说。亦遂附和，未遑他议。今观先生《图说》所载实录各条，知国家机务尤大者，列圣庙谟，皆已筹及之。苟能推行而变通，则收功不可纪极也。故述前说以互证，亦以志余不学之耻焉。

旅顺之门户，视前世犹加慎焉。

苟能推行而变通，则收功不可纪极也。

养晦堂记

凡民有血气之性，则翘然而思有以上人。恶卑而就高，恶贫而觊富，恶寂寂而思赫赫之名，此世人之恒情。而凡民之中，有君子人者，率常终身幽默，黯然退藏，彼岂与人异性？诚见乎其大，而知众人所争者之不足深较也。

盖《论语》载："齐景公有马千驷，曾不得与首阳饿莩絜论短长矣。"余尝即其说推之，自秦汉以来，迄于今日，达官贵人，何可胜数。当其高据势要，雍容进止，自以为材智加人万万。及夫身没观之，彼与当日之厮役贱卒，污行贾竖，营营而生，草草而死者，无以异也。然则今日之处高位而获浮名者，自谓辞晦而居显，先气足以自振矣。曾不知其与眼前之厮役、贱卒、污行贾竖之营营者，行将同归于澌尽，而毫毛无以少异，岂不哀哉！吾友刘君孟容，湛默而严恭，好道而寡欲。自其壮岁，则已泊然而外富贵矣。既而察物观变，又能外乎名誉。于是名其所居曰"养晦堂"，而以书抵国藩为之记。昔周之末世，庄生闵天下之士湛于势利，泊于毁誉，故为书戒人以暗默自藏，如所称董梧、宜僚、壶子之伦，三致意焉。而扬雄亦称："炎炎者灭，隆隆者绝！高明之家，鬼瞰其室。"君子之道，自得于中，而外无所求。饥冻不足，于事畜而无怨，举世不见，是而无闷。自以为晦天下之至光明也。若夫奔命于烜赫之途，一旦势尽意索，求如寻常穷约之人而不可得，乌睹所谓焜燿者哉？余为备陈所以，盖坚孟容之志。后之君子，亦观省焉。

> 既而察物观变，又能外乎名誉。

朱慎甫遗书序

浏阳朱君文烌所为书，曰《易图正旨》者一卷，曰《五子见心录》者二卷，曰《从学杂记》一卷，《文集》一卷。嘉道之际，学者承乾隆季年之流风，袭为一种破碎之学。辨物析名，梳文栉字，刺经典一二字，解说或至数千万言。繁称杂引，游衍而不得所归。张己伐物，专抵古人之隙。或取孔孟书中，心性仁义之文,一切变更故训,而别创一义,群流和附,坚不可易。有宋诸儒周、程、张、朱之书,为世大诟。间有涉于其说者,则举世相与笑讥唾辱,以为彼博闻之不能,亦逃之性理空虚之域,以自盖其鄙陋不肖者而已矣。朱君自弱冠志学,则已弃举子业,而惟有宋五子之求,断绝众源,归命于一。自《六经》之奥,百氏杂家有用之言,无不究索其终,折衷于五子。家贫负母渡湖,招徒授学,取其人以为养。养则独腆,身有饥色。或劝以稍易其途,从事于时世所谓辨物、梳文、栉字之学者,足以倾骇耳目,植朋广誉。君笑曰:"吾于科目且弃而背之矣,其又屑觊彼邪?"卒以不顾。日抱遗训,以自镌其躬,绳过无小,克敬以裕。黯然至死而不悔。呜呼!君之于学,其可谓笃志而不牵于众好者矣。惜其多有放佚,如《大易粹言》《春秋本义》《三传备说》诸篇,今都不可见。其仅存者,又或阙残,难令完整。其《易图正旨》推阐九图之义,与德清胡渭、宝应王懋竑氏之论不合。山居僻左,不及尽睹当世通人成说,小有歧异,未为类也。予既受读终篇,因颇为论定,以诒乡人知观感焉。

书周忠介公手札后

往余读《史忠正公集》,见其乙酉四月十九日遗书五通,又廿一日绝笔一纸。其言至深痛不可终读。盖视杨忠愍公狱中家书,犹或过之。乾隆四十二年,我高宗皇帝命摹勒史公绝笔于扬州梅花岭祠壁。而杨公手书亦于迩岁摹刻于京师松筠庵祠中。忠臣、志士或郁屈于一时,其精光终将大显于世,不可得而阏也。门人潘生伯寅,顷以周忠介公被逮时手札视余,乃与前杨后史,若出一辙,虽号为三仁,殆无愧色。世多疑明代诛锄搢绅,而怪后来气节之盛,以为养士实厚使然。余谓气节者,亦一二贤臣倡之,渐乃成为风会,不尽关国家养士之薄厚也。当忠介公吴中就逮之时,其骈首殉难之五人者,颜佩韦等皆市人,周文元则与隶耳。彼岂尝邀朝廷一日之豢养,而且慷慨赴义如彼,况乎大夫有纲常风教之责者哉?

文稿 卷三

讨粤匪檄

逆贼荼毒生灵。

为传檄事。逆贼洪秀全、杨秀清称乱以来，于今五年矣。荼毒生灵数百余万，蹂躏州县五千余里。所过之境，船只无论大小，人民无论贫富，一概抢掠罄尽，寸草不留。其掳入贼中者，剥取衣服，搜刮银钱。银满五两而不献贼者，即行斩首。男子日给米一合，驱之临阵向前，驱之筑城浚壕。妇人日给米一合，驱之登陴守夜，驱之运米挑煤；妇女而不肯解脚者，则立斩其足以示众妇。船户而阴谋逃归者，则倒抬其尸，以示众船。粤匪自处于安富尊荣，而视我两湖三江被胁之人，曾犬豕牛马之不若。此其残忍惨酷，凡有血气者，未有闻之而不痛憾者也！

自唐虞三代以来，历世圣人，扶持名教，敦叙人伦，君臣父子，上下尊卑，秩然如冠履之不可倒置。粤匪窃外夷之绪，崇天主之教，自其伪君伪相，下逮兵卒贱役，皆以兄弟称之。谓惟天可称父。此外，凡民之父，皆兄弟也，凡民之母，皆姊妹也。农不能自耕以纳赋，而谓田皆天王之田；商不能自贾以取息，而谓货皆天王之货；士不能诵孔子之经，而别有所谓耶稣之说，《新约》之书。举中国数千年礼义、人伦、诗书、典则，一旦扫地荡尽。此岂独我大清之变，乃开辟以来名教之奇变。我孔子、孟子之所痛哭于九原，凡读书识字者，又乌可袖手安坐，不思一为之所也？

王道治明，神道治幽。

自古生有功德，没则为神。王道治明，神道治幽。虽乱臣贼子穷凶极丑，亦往往敬畏神祇。李自成至曲阜，不犯圣庙；张献忠至梓潼，亦祭文昌。粤匪焚郴州之学宫，毁宣圣之木主，十哲两庑，狼藉满地。嗣是所过郡县，先毁庙宇。即忠臣义士，如关帝岳王之凛凛，亦皆污其宫室，残其身首。以至佛寺、道院、城隍、社坛，无庙不焚，无像不灭。斯又鬼神所共愤怒，欲一雪此憾于冥冥之中者也。

本部堂奉天子命，统师二万，水陆并进。誓将卧薪尝胆，殄此凶逆，救我被掳之船只，拔出被胁之民人。不特纾君父宵旰之勤劳，而且慰孔孟人伦之隐痛；不特为百万生灵报枉杀之仇，而且为上下神祇雪被辱之憾。是用传檄远近，咸使闻知：倘有血性男子，号召义旅，助我征剿者，本部堂引为心腹，酌给口粮。倘有抱道君子，痛天主教之横行中原，赫然奋怒，以卫吾道者，本部堂礼之幕府，待以宾师。倘有仗义仁人，捐银助饷者，千金以内，给予实收部照；千金以上，专折奏请优叙。倘有久陷贼中，自拔来归，杀其头目，以城来降者，本部堂收之帐下，奏授官爵。倘有被胁经年，发长数寸，临阵弃械，徒手归诚者，一概免死，资遣回籍。在昔汉唐元明之末，群盗如毛，皆由主昏政乱，莫能削平。今天子忧勤惕厉，敬天恤民，田不加赋，户不抽丁。以列圣深厚之仁，讨暴虐无赖之贼。无论迟速，终归灭亡，不待智者而明矣。若尔被胁之人，甘心从逆，抗拒天诛，大兵一压，玉石俱焚，亦不能更为分别也。

本部堂德薄能鲜，独仗"忠信"二字为行军之本。上有日月，下有鬼神。明有浩浩长江之水，幽有前此殉难各忠臣烈士之魂。实鉴吾心，咸听吾言。檄到如律令！无忽！

葛寅轩先生家传

先生讳大宾，字兴森，号寅轩，葛姓。先世自苏州徙居湖南，遂为湘乡人。曾祖世珍，祖生霞，父长添，世有隐德。先生幼而端重，动止异于常儿。长而益自检制，终日危坐，言笑不妄，盛暑不袒。焚香把卷，默识恬吟。性耐剧饮，虽醉不乱。或久无酒，终亦不索，怡然若有以自得也。乾隆之末，海内文人以靡丽辩博相高。昆明钱南园侍御沣，独以刚方立朝。视学湖南，以正谊笃行风楚之人，所取率多端士。先生既受知于钱公，补县学生员，益折节自绳，跬步必衷于古训。学徒游其门，则先教之以忠孝大节，下至饮食、起居、出处、语默、取与，毫厘各有法式。从则贞吉，违则耻辱，至不得齿于人，听者往往汗下。常称钱公及其师湘潭朱声越之学行，以勉其门人弟子。弟子高第者，我先大夫竹亭公及陈君道著籍最早。晚岁又得黄君星平，邹君鲁

独以刚方立朝。

道，皆登甲科，知名于时。各秉师说，以教授乡里，传嬗赓续，笃守矩矱。吾乡风气淳古，士人循循，不敢背越礼法，以自放其亡等之欲。论者以为渊源一本于先生。彼南面民上，司政教之柄，其流风余韵，得比于一诸生，被人之深且久如此者，曾几人哉？

先生四岁丧父，哀毁若成人。年十三，值父忌日，出主以祭。主动仆地，粉面剥落，脱去"葛"字，微露"周"字，盖木工饰周姓废主为之者也。先生痛哭引咎，告墓易主，卜日乃祭。事寡母左孺人也，巨细必躬，疾必尝药。生徒有馈，必归以献。尝隆冬独坐，心动，急自馆所驰归，入门数呼母。母方与仲兄负暄后院，闻声趋出，而屋后山忽颓，压坐席破碎。里之人以谓先生诚孝之所感也。母殁，勺饮不入口者五日。既葬，衰服终其身，腰以下无复存寸缕。服阕，每祭必泣尽哀，以为常。兄弟五人，既分居矣，逋负累累，无以自存。先生则请于母，复同居如初。即有所入，丝发不以自私。兄弟没，则庇其丧。无子，为之立后。群从诸妇，各受职业，室以大和。

道光二年，朝廷开孝廉方正之科，有司举先生应诏，或劝之一诣京师谒选。先生曰："是可以躁求耶？"十二年壬辰十月二十九日，卒于家，春秋七十有一。配左氏，前卒，时先生年才三十有奇，终身不更娶。子二：长荣荫，早没；次荣馆。孙三：封泰，先晋，封梁。孙女二人，其一归吾弟国华。曾孙镇堡，镇岩。先晋，县学生员，后其世父荣荫，先生命也，笃慎而好学。积善之报，殆将于是乎在。

前史官曾国藩曰：人之品类，至不齐也。唐代设科取士，名目繁多。宋司马光请开十科以求贤，其目至为赅简。今世官人专出于进士之一途，盖有科而无目矣。会典所著，特科有三，曰"博学鸿词"，曰"经学"，曰"孝廉方正"。鸿博科再开，经学科一开，当时皆称得人。孝廉方正之科，诏开六七次，而由之以践历显仕者特少，或举天下而无一人赴部应试者，则何也？岂朝廷所以旌别此科，其法有未善与？抑有司者漫不矜慎，举非其人与？以湘乡言之，道光初元举先生，咸丰初元举罗君泽南，未可

笃慎而好学。

谓都非其人也。夫诚得其人，在上者固当思所以致之耳。彼膺斯举者，岂汲汲哉？

湘乡县宾兴堂记

自古开国之主，以武功戡定祸乱，而继体蒙业之君，恒以文德治太平。如汉，如魏，如宋，如陈，如拓拔魏，如高齐，如唐，如明，其第二世嗣为帝者，皆谥曰"文"。我朝龙兴辽沈，太祖以神武肇基，其制造国书、右文布化，郊庙斋戒诸大典，多成于太宗文皇帝之世。盖武以开之，文以守之。干戈方兴，未遑雅教；非其志有不逮，亦其时会有不得兼者也。

咸丰二年，粤贼洪、杨之徒，既已逾岭而北，由湖湘而犯江汉，长驱东下，入金陵而据之。遂北寇河朔，东蹂瀛碣，西扰汾晋，中原糜沸。我湘乡实始兴义旅转战于两湖、江西、广西、广东、河南、安徽诸行省，所在破敌克城，声威烜然，号曰"湘勇"。"湘勇"之名闻天下。一时宿将，如罗忠节公、王壮武公、李君续宾兄弟、萧君启江、刘君腾鸿、赵君焕联、蒋君益澧，及余弟国荃辈，皆以仁勇为士卒所亲附，历久而不渝。盖武功之懋，非他州县所可望而及。秦汉称山西出将，考之安定、天水、陇西诸郡，曾不能敌今日之一县，可谓盛哉！其官斯土者，则有朱侯孙诒、唐侯逢辰、黄侯醇熙、赖侯史直，又皆一时贤俊，有循良之绩。与邦人士讲求吏治将略，互相称美。䜣合无间，同明相照，同气相求，何其翕应者与！咸丰癸丑唐侯临莅兹邑，倡捐助饷，练勇防堵。越二年，申详大宪，奏请增广文武学额，圣恩加增，永为定额。人争颂唐侯之功不衰。是年，天下士会试于礼部，湘乡独无人赴部应试，唐侯喟然曰："湘乡之武，非无文也。今或无一士与于春官之试，岂余之不德，不足以兴文教欤？抑军兴久而生事绌，公车之欲北者，不足于资欤？"于是捐金若干，买七都田六十三亩，为宾兴公费。又劝谕士民，捐买田宅若干。以子、午、卯、酉年租入为会试旅费。寅、申、巳、亥年租入为乡试途费。辰、戌、丑、未年租入为岁科试卷费。置宾兴堂，择

恒以文德治太平。

抑军兴久而事绌。

廉正者经纪之。立条明约,既简既坚,以期久远。自唐世长吏设宾主,陈俎豆,备管弦,行乡饮酒礼,歌《鹿鸣》之诗以饯士,差具前古兴贤之义,今犹略存其法,独不得与计吏偕。士或起白屋,无所资藉,则刓廉捐义,媮为一切。苟以集事,无匮乏,枉吾尺以求一日之直,彼有所迫而然也。

湘乡山邑,多狷介自守之士。唐侯礼贤惠众,所以爱士者甚重。则士之所以自待者,愈不得轻。入无仰事俯蓄之累,出无金尽裘敝可怜之色,抟心一志,以道于君子之道,而委蛇以隐射乎?有司者之程度,境裕而神暇,事半而功倍。然犹有失焉者,盖什而不能以一二耳。方今大难削平,弓矢载櫜,湘中子弟,忠义之气,雄毅不可遏抑之风,郁而发之于文。道德之宏,文章之富,将必有震耀寰区,称乎今日之武功,而又将倍焉蓰焉者。余虽衰钝,尚庶几操左券于此,请以右券责之。

母弟温甫哀词

咸丰五年十月,贼目伪翼王石达开,引其党自湖北通城窜入江西。别有广东匪徒曰周培春、葛耀明、关志江者,自湖南茶陵州窜入,与石逆相聚于新昌县。周培春等投归石逆部下,愿为前驱。石逆授之伪职将军、总制、军师、旅帅之类。两逆党者,合并为一,江西乱民从之如归。赣水以西,望风瓦解。十一月初十日,攻陷瑞州府,明日陷临江。晦日袁州继陷。遂围吉安,明年正月二十五日,陷之。余檄副将周凤山,率九江之师入援。二月十八日,军败于樟树镇,而抚州、建昌两府,以是月之季,相踵沦没。国藩躬率水陆诸军,自湖口入援,而南康又没于贼矣。九江自为贼据如故。凡江西土地弃之贼中者,为府八,为州若县若厅五十有奇。天动地岌,人心惶惶。讹言一夕数惊,或奔走夺门相践死。楚军困于江西,道闭不得通乡书。则募死士,蜡丸隐语,乞援于楚。贼亦益布金钱,购民间捕索楚人致密书者,杀而榜诸衢。前后死者百辈,无得脱免。

吾弟国华、温甫自湘中间关走武昌乞师,以拯江西。于是与刘腾鸿峙衡，吴坤修竹庄，普承尧钦堂，率五千人以行。而巡抚胡公奏请以温甫统领军事，出入贼地，盛暑鏖兵。凡攻克咸宁、蒲圻、崇阳、通城、新昌、上高六县。以六月三十日，锐师翔于瑞州，由是江西、湖南始得通问。而温甫亦积劳致疾矣。七月十六日，棹小舟舁疾至南昌。兄弟相见，深夜惝惝，喜极而悲，涕泣如雨。弟疾寝剧，治之多方不效。至九月乃痊，复还瑞州营次。

瑞州故有南北两城，蜀水贯其中。刘腾鸿军其南，温甫与普承尧军其西北。贼于东隅通外援，市易如故。七年正月，予率吴坤修之师，自奉新至东路，始合长围。掘堑周三十里。温甫则大喜："吾攻此城，久不举。今兹事其集乎！"不幸遭先君子大故，兄弟匍匐奔丧。入里门，宗族、乡党争来相吊，亦颇相庆慰。国藩得拔其不肖之躯，复有生还之一日，温甫力也。温甫既出嗣叔父，以咸丰八年二月降服期满，复出抵李君续宾迪庵军中。李君与温甫为婚姻，益相与讲求戎政，晨夕咨议。是时，九江新破，强悍深根之寇，一扫刮绝。李君威名闻天下。又克麻城，蹴黄安，喋血皖中。连下太湖、潜山、桐城、舒城四县。席全盛之势，人人自以无前，师锐甚。温甫独以为常胜之家，气将竭矣，难可深恃。时时与李君深语悚切，以警其下；亦以书告予旴上。竟以十月十日军败，从李君殉难庐江之三河镇。呜呼痛哉！曩吾弟以新集之师，千里赴援，摧江西十万之贼，而无所顿。今以皖北百胜之军，萃良将劲卒，四海所仰望者而壹覆之，而吾弟适丁其厄，岂所谓命耶？常胜之不足深恃，吾弟之智，既及之矣，而不肯退师以图全。营垒以十三夜被陷，而吾弟与李君以初十之夕并命同殉。又不肯少待，以图脱免。岂所谓知命者耶？遂缀词哭之。词曰：

觥觥我祖，山立绝伦。有蓄不施，笃生哲人。我君为长，鲁国一儒。仲父早世，有季不孤。恭惟先德，稼穑诗书。小子无状，席此庆余。粲粲诸弟，雁行以随。吾诗有云："午君最奇！"挟艺干人，百不一售。彼粗秽者，乃居吾右。抑塞不伸，发狂大叫。杂以嘲诙，万花齐笑。世不吾与，吾不世许。自谓吾虎，世弃如鼠。相舛相背,逝将去女。一朝奋发,仗剑东行。提师五千,往从阿兄。何坚不破?何劲不摧?跃入章门,无害无灾。坰篪鼓角,号令风雷。昊天不吊,鲜民衔哀!见星西奔,三子归来。弟后季父,降服以礼。匝岁告阕,靡念苞杞。出陪戎幄,匪辛伊李。既克浔阳,雄师北迈。划潜剸桐,群舒是喢。岂谓一蹶,震惊两戒。李既山颓,弟乃梁坏。覆我湘人,君子六千。命耶数耶?何辜于天!我奉简书,驰驱岭峤。江北江南,梦魂环绕。卯恸抵昏,酉悲达晓。莽莽舒庐,群凶所窟。积骸成岳,孰辨弟骨?骨不可收,魂不可招。峥嵘废垒,雪渍风飘。生也何雄,死也何苦,我实负弟,茹恨终古。

欧阳生文集序

乾隆之末,桐城姚姬传先生鼐,善为古文辞。慕效其乡先辈方望溪侍郎之所为,而受法于刘君大櫆及其世父编修君范。三子既通儒硕望,姚先生治其术益精。历城周永年书昌,为之语曰:"天下之文章,其在桐城乎!"由是学者多归向桐城,号"桐城派"。犹前世所称"江西诗派"者也。

姚先生晚而主钟山书院讲席,门下著籍者,上元有管同异之,梅曾亮伯言,桐城有方东树植之,姚莹石甫。四人者,称为高第弟子,各以所得,传授徒友,往往不绝。在桐城者,有戴钧衡存庄,事植之久,尤精力过绝人。自以为守其邑先正之法,禋之后进,义无所让也。其不列弟子籍,同时服膺,有新城鲁仕骥絜非、宜兴吴德旋仲伦。絜非之甥为陈用光硕士。硕士既师其舅,又亲受业姚先生之门。乡人化之,多好文章。硕士之群从,有陈学受艺叔、陈溥广敷。而南丰又有吴嘉宾子序,皆承絜非之风,私淑于姚先生。由是江西建昌有桐城之学。

仲伦与永福吕璜月沧交友。月沧之乡人,有临桂朱琦伯韩,龙启瑞翰臣,马平王锡振定甫,皆步趋吴氏、吕氏,而益求广其术于梅伯言。由是桐城宗派,流衍于广西矣。

昔者,国藩尝怪姚先生典试湖南,而吾乡出其门者,未闻相从以学文为事。既而得巴陵吴敏树南屏，称述其术，笃好而不厌。而武陵杨彝珍性农，善化孙鼎臣芝房，湘阴郭嵩焘伯琛，溆浦舒焘伯鲁，亦以姚氏文家正轨，违此则又何求？最后得湘潭欧阳生。生，吾友欧阳兆熊小岑之子，而受法于巴陵吴君，湘阴郭君，亦师事新城二陈。其渐染者多，其志趋嗜好，举天下之美，无以易乎桐城姚氏者也。

当乾隆中叶，海内魁儒畸士，崇尚鸿博，繁称旁证，考核一字，累数千言不能休。别立帜志，名曰"汉学"。深摈有宋诸子义理之说，以为不足复存。其为文尤芜杂寡要。姚先生独排众议，以为义理、考据、词章三者不可偏废。必义理为质，而后文有所附，考据有所归。一编之内，惟此尤兢兢。当时孤立无助，传之五六十年，近世学子，稍稍诵其文，承用其说。道之废兴，亦各有时，其命也欤哉！自洪杨倡乱，东南荼毒。钟山石城，昔时姚先生撰杖都讲之所，今为犬羊窟宅，深固而不可拔。桐城沦为异域，既克而复失。戴钧衡全家殉难，身亦呕血死矣。

余来建昌，问新城、南丰，兵燹之余，百物荡尽，田荒不治，蓬蒿没人。一二文士转徙无所。而广西用兵九载，群盗犹汹汹，骤不可爬梳。龙君翰臣又物故。独吾乡少安，二三君子尚得优游文学，曲折以求合桐城之辙。而舒焘前卒，欧阳生亦以瘵死。老者牵于人事，或遭乱不得竟其学；少者或中道夭殂。四方多故，求如姚先生之聪明早达，太平寿考，从容以跻于古之作者，卒不可得。然则业之成否，又得谓之非命也耶？

欧阳生，名勋，字子和。没于咸丰五年三月，年二十有几。其文若诗，清缜喜往复，亦时有乱离之慨。庄周云："逃空虚者，闻人足音跫然而喜。"而况昆弟亲戚之謦欬其侧者乎？余之不闻桐城诸老之謦欬也久矣！观生之为，则岂直足音而已！故为之序，以塞小岑之悲，亦以见文章与世变相因，俾后之人得以考览焉。

圣哲画像记

国藩志学不早，中岁侧身朝列，窃窥陈编，稍涉先圣昔贤魁儒长者之绪。驽缓多病，百无一成。军旅驰驱，益以芜废。丧乱未平，而吾年将五十矣。往者，吾读班固《艺文志》及马氏《经籍考》，见其所列书目，丛杂猥多，作者姓氏，至于不可胜数，或昭昭于日月，或湮没而无闻。及为文渊阁直阁校理，每岁二月，侍从宣宗皇帝入阁，得观《四库全书》，其富过于前代所藏远甚。而存目之书数十万卷，尚不在此列。呜呼！何其多也！虽有生知之资，累世不能竟其业，况其下焉者乎！故书籍之浩浩，著述者之众，若江海然，非一人之腹所能尽饮也。要在慎择焉而已。余既自度其不逮，乃择古今圣哲三十余人，命儿子纪泽图其遗像，都为一卷，藏之家塾。后嗣有志读书，取足于此，不必广心博骛，而斯文之传，莫大乎是矣！昔在汉世，若武梁祠鲁灵光殿，皆图画伟人事迹。而《列女传》亦有画像，感发兴起，由来已旧。习其器矣，进而索其神，通其微，合其莫。心诚求之，仁远乎哉！国藩记。

> 书籍之浩浩，非一人之腹所能尽饮。

尧舜禹汤，史臣记言而已。至文王拘幽，始立文字，演《周易》，周孔代兴，六经炳著，师道备矣。秦汉以来，孟子盖与庄荀并称。至唐，韩氏独尊异之。而宋之贤者，以为可跻之尼山之次，崇其书以配《论语》。后之论者，莫之能易也。兹以亚于三圣人后云。

左氏传经，多述二周典礼。而好称引奇诞，文辞烂然，浮于质矣。

太史公称庄子之书皆寓言。吾观子长所为《史记》，寓言亦居十之六七。班氏闳识孤怀，不逮子长远甚。然经世之典，六艺之旨，文字之源，幽明之情状，粲然大备。岂与夫斗筲者争得失于一先生之前，姝姝而自悦者哉！

诸葛公当扰攘之世，被服儒者，从容中道。陆敬舆事多疑之主，驭难驯之将，烛之以至明，将之以至诚，譬若御驽马，登峻坂，纵横险阻而不失其驰，何其神也！范希文，司马君实，遭时差隆，然坚卓诚信，各有孤诣。其以道自持，蔚成风俗，意量亦远矣。昔刘向称董仲舒王佐之才，伊吕无以加，管晏之属，殆不能及。而刘歆以为董子师友所渐，曾不能几乎游夏。以予观四贤者，虽未逮乎伊吕，固将贤于董子。惜乎不得如刘向父子而论定耳。

自朱子表章周子、二程子、张子，以为上接孔孟之传。后世君相师儒，笃守其说，莫之或易。乾隆中，闳儒辈起，训诂博辨，度越昔贤，别立徽志，号曰"汉学"。摈有宋五子之术，以谓不得独尊。而笃信五子者，亦屏弃汉学，以为破碎害道，断断焉而未有已。吾观五子立言，其大者多合于洙泗，何可议也？其训释诸经，小有不当，固当取近世经说以辅翼之，又可屏弃群言，以自隘乎？斯二者亦俱讥焉。

西汉文章，如子云、相如之雄伟，此天地遒劲之气，得于阳与刚之美者也。此天地之义气也。刘向、匡衡之渊懿，此天地温厚之气，得于阴与柔之美者也！此天地之仁气也。东汉以还，淹雅无惭于古，而风骨少隤矣。韩柳有作，尽取扬马之雄奇万变，而内之于薄物小篇之中，岂不诡哉！欧阳氏、曾氏皆法韩公，而体质于匡刘为近。文章之变，莫可穷诘。要之，不出此二途，虽百世可知也。

余抄古今诗，自魏晋至国朝，得十九家。盖诗之为道广矣。嗜好趋向，各视其性之所近。犹庶羞百味，罗列鼎俎，但取适吾口者，哜之得饱而已。必穷尽天下之佳肴，辩尝而后供一馔，是大惑也。必强天下之舌，尽效吾之所嗜，是大愚也。庄子有言："大惑者，终身不解；大愚者，终身不灵。"余于十九家中，又笃守夫四人者焉：唐之李杜，宋之苏黄，好之者十有七八，非之者亦且二三。余惧蹈庄子不解不灵之讥，则取足于是，终身焉已耳。

司马子长，网罗旧闻，贯串三古而八书，颇病其略。班氏《志》较详矣，而断代为书，无以观其会通。欲周览经世之大法，必自杜氏《通典》始矣。马端临《通考》，杜氏伯仲之间，郑《志》非其伦也。百年以来，学者讲求形声故训，专治《说文》。多宗许郑，少谈杜马，吾以许郑考先王制作之源，杜马辨后世因革之要。其于实事求是一也。

先王之道，所谓修己治人，经纬万汇者，何归乎？亦曰礼而已矣。秦灭书籍，汉代诸儒之所掇拾，郑康成之所以卓绝，皆以礼也。杜君卿《通典》，言礼者十居其六，其识已跨越八代矣。有宋张子、朱子之所讨论，马贵与王伯厚之所纂辑，莫不以礼为兢兢。我朝学者，以顾亭林为宗，国史《儒林传》褎然冠首。吾读其书，言及礼俗教化，则毅然有"守先待后，舍我其谁"之志，何其壮也！厥后，张蒿庵作《中庸论》及江慎修、戴东原辈尤以礼为先务。而秦尚书蕙田遂纂《五礼通考》，举天下古今幽明万事，而一经之以礼，可谓体大而思精矣。吾图画国朝先正遗像，首顾先生，次秦文恭公，亦岂无微旨哉！桐城姚鼐姬传，高邮王念孙怀祖，其学皆不纯于礼。然姚先生持论闳通，国藩之粗解文章，由姚先生启之也。王氏父子集小学训诂之大成，夐乎不可几已。故以殿焉。

姚姬传氏，言学问之途有三：曰"义理"；曰"词章"；曰"考据"。戴东原氏亦以为言。如文周孔孟之圣，左庄马班之才，诚不可以一方体论矣。至若葛陆范马，在圣门则以德行而兼政事也；周程张朱，在圣门则德行之科也，皆义理也。韩柳欧曾李杜苏黄，在圣门则言语之科也，所谓词章者也。许郑杜马顾秦姚王，在圣门则文学之科也。顾秦于杜马为近，姚王于许郑为近，皆考据也。此三十二子者，师其一人，读其一书，终身用之，有不能尽。若又有陋于此，而求益于外。譬若掘井九仞而不及泉，则以一井为隘，而必广掘数十百井，身老力疲，而卒无见泉之一日。其庸有当乎？

自浮屠氏言因果祸福，而为善获报之说，深中于人心，牢固而不可破。士方其占毕呫唔，则期报于科第禄仕。或少读古书，窥著作之林，则责报于遐迩之誉，后世之名。纂述未及终编，辄冀得一二有力之口，腾播人人之耳，以偿吾劳也。朝耕而暮获，一施而十报，譬若沽酒市脯，喧聒以责之贷者，又取倍称之息焉。禄利之不遂，则侥幸于没世不可知之名。甚者，至谓孔子生不得位，没而俎豆之报，隆于尧舜。郁郁者以相证慰，何其陋欤！今夫三家之市，利析锱铢，或百钱逋负，怨及孙子。若通阛贸易，瑰货山积，动逾千金，则百钱之有无，有不暇计较者矣。

商富大贾,黄金百万,公私流衍,则数十百缗之费,有不暇计较者矣。均是人也,所操者大,犹有不暇计其小者;况天之所操尤大,而于世人毫末之善,口耳分寸之学,而一一谋所以报之,不亦劳哉!商之货殖同,时同,而或赢或绌;射策者之所业同,而或中或罢;为学著书之深浅同,而或传或否,或名或不名,亦皆有命焉,非可强而几也。古之君子,盖无日不忧,无日不乐。道之不明,己之不免为乡人,一息之或懈,忧也;居易以俟命,下学而上达,仰不愧而俯不怍,乐也。自文王、周、孔三圣人以下,至于王氏,莫不忧以终身,乐以终身,无所于祈,何所为报?己则自晦,何有于名?惟庄周、司马迁、柳宗元三人者,伤悼不遇,怨悱形于简册,其于圣贤自得之乐,稍违异矣。然彼自惜不世之才,非夫无实而汲汲时名者比也。苟汲汲于名,则去三十二子也远矣。将适燕晋而南其辕,其于术不益疏哉!

文周孔孟,班马左庄,葛陆范马,周程朱张,韩柳欧曾,李杜苏黄,许郑杜马,顾秦姚王,三十二人,俎豆馨香。临之在上,质之在旁。

孙芝房侍讲刍论序

咸丰八年九月,善化孙芝房侍讲鼎臣,以书抵余建昌军中,寄所为《刍论》,属为裁定。凡二十五篇,曰论治者六,论盐者三,论漕者三,论币者二,论兵者三,通论唐以来大政者七,论明赋饷者一。其首章追溯今日之乱源,深咎近世汉学家言,用私意分别门户,其语绝痛。明年四月,复得芝房书,则疾革告别之词,而芝房以三月死矣。既为位而哭,且以书告仁和邵君懿辰。于是为叙诸简首,而归诸其孤。

盖古之学者,无所谓经世之术也,学礼焉而已。《周礼》一经,自体国经野,以至酒浆廛市、巫卜、缮囊、夭鸟、蛊虫,各有专官,察及纤悉。吾读杜元凯《春秋释例》叹丘明之发凡,仲尼之权衡万变,大率秉周之旧典。故曰:"周礼尽在鲁矣。"自司马氏作史,猥以《礼书》与《封禅》《平准》并列。班、范而下,

古之学者,学礼焉而已。

相沿不察。唐杜佑纂《通典》，言礼者居其泰半，始得先生经世之遗意。有宋张子、朱子，益崇阐之。圣清膺命，巨儒辈出。顾亭林氏著书，以扶植礼教为己任。江慎修氏纂《礼书纲目》，洪纤毕举。而秦树澧氏遂修《五礼通考》，自天文、地理、军政、官制，都萃其中。旁综九流，细破无内。国藩私独宗之，惜其食货稍缺，尝欲集盐漕赋税，国用之经，别为一编，傅于秦书之次。非徒广己于不可畔岸之域。先圣制礼之体之无所不赅，固如是也。以世之多故，握椠之不可以苟，未及事事，而齿发固已衰矣。

往者汉阳刘传莹茮云，实究心汉学者之说，而疾其单辞碎义，轻笙宋贤。间尝语余："学以反求诸心而已，泛博胡为？至有事于身与家与国，则当一一详核焉而求其是。考诸室而市可行，验诸独而众可从。"又曰："礼非考据不明，学非心得不成。"国藩则大魇之，以为知言者徒也。未几，茮云即世。临绝为遗令处分后事，壹秉古礼。国藩既铭其墓，又为家传，粗道汉学得失、主客之宜，藏诸刘氏之祐。

君子之言也，平则致和，激则召争；辞气之轻重，积久则移易世风，党仇讼争而不知所止。曩者良知之说，诚非无蔽；必谓其酿晚明之祸，则少过矣。近者汉学之说，诚非无蔽；必谓其致粤贼之乱，则少过矣。《刍论》所考诸大政，盖与顾氏、江氏、秦氏之指为近。彼数子者，固汉学家所奉以为归者也。而芝房首篇，讥之已甚。其果有剖及毫厘千里者耶？抑将愤夫一二巨人长德，曲学阿世，激极而一鸣耶？芝房之志，大而锐进也，与茮云同。其卒也，寄书抵余，以告永诀，亦与茮云同。其自《刍论》外，别有诗十卷，文十一卷，《河防纪略》四卷。著书之多，与茮云异，而其博观而慎取则同。其嫉夫以汉学标揭也亦同，而立言少异。余故稍附诤论，以明不忍死友之义，亦以见二子者之不竟其志，非仅余之私痛也。

湖口县楚军水师昭忠祠记

咸丰八年七月，国藩将有事于浙江，道出湖口。广东惠潮嘉道彭君雪琴，方庀局鸠工，建昭忠祠于石钟山，祀楚军水师之死事者，告余具疏上闻。八月疏入，报可。明年七月，国藩将有事于四川，再过湖口。则祠工已毕，祀营官萧节憨公捷三以下若干人，后楹祀勇丁若干人。其东为"浣香别墅"，前曰"听涛""眺雨"之轩，后曰"芸芍斋"。斋后傅以小亭，曰"且闲亭"。亭下有小池，度梁而南。穿石洞东出，曰"梅坞"，迆西少陟山，曰"锁江亭"。其西绝高，曰"观音阁"，阁外曰"魁星楼"，僧徒居之。又西曰"坡仙楼"，刻苏氏《石钟山记》其上。凭高望远，吐纳万景。一草一石，焕然增新矣。

当楚军水师之初立也，造舟始于衡阳，大战始于湘潭。其后克岳州，下武昌，大破田家镇。今福建提督杨君厚庵，与雪琴暨诸君子，喋血于狂风巨浪之中，燔逆舟以万计，转战无前，可谓至顺。其后官军深入彭蠡之内，贼乘水涸，大塞湖口，遏我舟使不得出。于是水师有外江内湖之分。内者守江西，外者援湖北，骎然若割肝胆，而判为楚越，终古不得合并。至咸丰七年九月，攻克湖口，两军复合。盖相持三年之久，死伤数千人之多，仅乃举之。

方其战争之际，炮震肉飞，血瀑石壁。士饥将困，窘若拘囚。群疑众侮，积泪涨江。以求夺此一关而不可得，何其苦也！及夫祠成之后，裸荐鼓钟，士女瞻拜。名花异卉，旖旎啾玲。江色湖光，呼吸万里。旷然若不复知兵革之未息者，又何乐也？时乎安乐，虽贤者不能作无事之颦蹙；时乎困苦，虽达者不能作违众之欢欣。人心之喜戚，夫岂不以境哉！吾因是而思夫豪杰用兵，或敝一生之力，掷千万人之性命，以争尺寸之土，不得则郁郁以死者，宁皆忧斯民哉！亦将以境有所迫，而势有所劫者然也。若夫喜戚一主于己，不迁于境，虽处富贵贱贫，死生成败，而不少移易，非君子人者，而能庶几乎？余昔久困彭蠡之内，盖几几不能自克。感彭君新构此祠，有登临览观之美，粗为发其凡焉。

经史百家杂钞题语

姚姬传氏之纂《古文辞》，分为十三类。余稍更易为十一类：曰论著，曰词赋，曰序跋，曰诏令，曰奏议，曰书牍，曰哀祭，曰传志，曰杂记，九者余与姚氏同焉者也。曰赠序，姚氏所有，而余无焉者也。曰叙记，曰典志，余所有，而姚氏无焉者也。曰颂赞，曰箴铭，姚氏所有，余以附入词赋之下编。曰碑志，姚氏所有，余以附入传志之下编。论次微有异同，大体不甚相远，后之君子，以参观焉。

村塾古文有选《左传》者，识者或讥之。近世一二知文之士，纂录古文，不复上及六经，以云尊经也。然溯古文所以立名之始，乃由屏弃六朝骈俪之文，而返之于三代两汉。今舍经而降以相求，是犹言孝者，敬其父祖而忘其高曾。言忠者曰："我家臣耳，焉敢知国？"将可乎哉？余钞纂此编，每类必以六经冠其端。涓涓之水，以海为归，无所于让也。

姚姬传氏撰次古文，不载史传。其说以为"史多，不可胜录也"。然吾观其奏议类中，录《汉书》至三十八首，诏令类中，录《汉书》三十四首，果能屏诸史而不录乎？余今所论次，采辑史传稍多。命之曰《经史百家杂钞》云。

经史百家简编序

自六籍燔于秦火，汉世掇拾残遗，征诸儒能通其读者，支分节解，于是有章句之学。刘向父子，勘书秘阁，刊正脱误，稽合同异，于是有校雠之学。梁世刘勰、钟嵘之徒，品藻诗文，褒贬前哲，其后或以丹黄识别高下，于是有评点之学。三者皆文人所有事也。前明以四书、经艺取士；我朝因之，科场有勾股点句之例，盖犹古者章句之遗意。试官评定甲乙，用朱墨旌别其旁，名曰"圈点"。后人不察，辄仿其法以涂抹古书，大圈密点，狼藉行间。故章句者，古人治经之盛业也，而今专以施之时文圈点者，科场时文之陋习也，而今反以施之古书。末流之迁变，何可胜道！惟校雠之学，我朝独为卓绝。乾嘉间巨儒辈出，讲求音声故训校勘，疑误冰解的破，度越前世矣。

咸丰十年，余选经史百家之文，都为一集。又择其尤者四十八首，录为简本，以诒余弟沅甫。沅甫重写一册，请余勘定。乃稍以己意分别节次，句绝而章乙之。间亦厘正其谬误，评骘其精华，雅与郑并奏，而得与失参见。将使一家昆弟子侄，启发证明，不复要途人而强同也。

末流之迁变，何可胜道。

箴言书院记

国藩以道光戊戌通籍于朝，湘人官京师者，多同时辈流。其射策先朝，耆年宿望，凋散略尽。而少詹事益阳胡云阁先生，独为老师祭酒。乡之人，就而考德稽疑，如幽得烛，众以无颣，而哲嗣润之，亦以编修趾美名父，回翔馆阁。今兵部侍郎、湖北巡抚，海内称为宫保胡公者是也。少詹君晚而纂《弟子箴言》十四卷，国藩实尝受而读之。自洒扫应对，以暨天地经纶，百家学术，靡不毕具。甄录古人嘉言，衷以己意，辞浅而指深，要使学者自幼而端所习，随其材之小大，董劝渐摩，徐底于成而已。

窃尝究观夫天之生斯人也，上智者不常，下愚者亦不常，扰扰万众，大率皆中材耳。中材者，导之东而东，导之西而西，习于善而善，习于恶而恶。其始瞳焉无所知识，未几而骋耆欲，逐众好。渐长渐贯，而成自然，由一二人以达于通都，渐流渐广，而成风俗。风之为物，控之若无有，鳣之若易靡。及其既成，发大木，拔大屋，一动而万里应，穷天人之力，而莫之能御。先王鉴于此，欲民生夤慎所习，于是设为学校以教之，琴瑟鼓钟以习其耳，俎豆登降以习其目，诗书讽诵以习其口，射御投壶以习其筋力，书升以作其能，而郊遂以作其耻。故其高材，则道足济天下，而智周万汇。其次亦不失为圭璧自饬之士。贾生有言："习与正人居之，不能毋正，犹生长于齐，不能不齐言也。"其不然欤！

习于善而善，习于恶而恶。

53

> 以移风易俗为己任。

> 宽其涂辙，而严其教条。

侍郎自开府湖北以来，即以移风易俗为己任。自部曲之长，郡县之吏，暨百执事，片善微长，不敢自襮，而褒许随之，曰："尔之发见者微，而善端宏大，不可量也。"或有过差，方图盖覆，谴亦及之，曰："此犹小眚，过是，诛罚重矣。"与其新，不苛其旧；表其独，不遗其同。上下兢兢，日有课，月有举。当世推湖北人才极盛，侍郎则曰："吾先人箴言中，育才之法如此，吾讵能继述直什一耳？"咸丰十年，侍郎治鄂六载矣，功成而化洽。又以"一湖之隔，吾教成于北，而反遗吾父母之邦，其谓我何？"于是建箴言书院，将萃益阳之士而大淑之。置良田以廪生徒，储典籍以馈孤陋。宽其涂辙，而严其教条。崇实而黜华，贱通而尚介。循是不废，岂惟一邑之幸！即汉之十三家法，宋之洛闽渊源，于是乎在。后有名世者出，观于胡氏父子，仍世育才，肫肫之意，与余小子慎其所习之说，可以兴矣。

湖北按察使赵君神道碑

君讳仁基，字厚子，号悔庐，武进赵氏。五世祖恭毅公申乔，户部尚书，清正有大节，为世名臣。恭毅次子凤诏，官太原知府者，君高祖也。曾祖讳枚，廪膳生员，举孝廉方正。祖汇增，监生。考钟书，举人，丰县训导。两世皆以君贵，赠朝议大夫。妣杨氏，恽氏，皆赠恭人。

君少而端视矩行，恒言无诳。年十三，居王考之丧，哀礼周至，父老惊叹。毗陵故文献之邦，名儒相望。君出而从训导君于丰县，趋庭问业；归而造请里巷耆宿，若李君兆洛、陆君继辂、吴君育、周君仪晖辈，咸从捧手，稽经讲艺，穆然如笙磬之克谐。其学既大进，誉望亦翕翕日隆。以试于有司，则连蹇而不得一当。久之，嘉庆丙子，乃北上应顺天乡试，未归而遭母恽恭人之丧。又五年，再试顺天，未归而又遭父训导君之丧。君性笃孝，两丁大故，不克亲视含敛，平生以为至痛。又以壮年丧元配高淑人，复丧继配钱淑人，复丧其长子铸。客游湖北，孑身浮寄，块然若委枯枝于大泽，废兴不复厝意。盖自道光五年，举于乡，六年，以进士官知县，而君年且近四十。人世纷华之念，洗除尽矣。

初仕为江西宜春县，旋补崇仁县知县，调安徽泾县知县。既又署怀宁县事。所至，判决滞狱，感格凶顽。斋祷于深室，而四境时雨立应。道光十三年，捕获桃源掘河奸民陈端。优诏褒勉，赏戴花翎，以直隶州升用。明年，补滁州知州，召见便殿，宣宗嘉之。归任滁州、六安州。甫历数月，即升平阳府知府。在晋数月，又升江西南赣兵备道。君感荷恩知，益思有以自靖。名捕椎埋盗铸，盐枭大猾，躬追而擒治之。禁止鸦片，约坚条明。是时天子方申严诏，拒绝西洋。而英吉利窥天津，陷定海，割香港，寇广东省城。君综理南安粮台，晨夜忧劳，自伤无裨于时，而海氛日棘。往往被酒泣下，或力疾绕室彷徨。适奏升湖北按察使之命，阅十八日而卒，实道光二十一年六月十九日也。春秋五十有三。

君既再失偶，最后娶方淑人。子熙文，某官，烈文，某官。女三人：适增生李岳生，候选主事周腾虎，乌程县知县陈钟英。孙六人。咸丰六年七月，某甲子，葬于荆溪之东山。所著书，有《江水论》一卷，杂文一卷。歌诗曰《幽栖集》《登楼集》等者凡七卷。《和陶诗》一卷，词一卷。君中怀淡定，中岁频遭忧戚，泊然不知穷通得丧之于己何与。自诗篇外，若无一足关其虑；自奖诱后进外，若无一堪自愉乐者。论者疑其超旷忘世。及海上事起，乃独郁郁不能终日。岂有大志者，常颓然不易测耶？抑中年悲感，晚节一触而不自克耶？匪可详已。铭曰：

达人离垢，遗弃万事。圣人忘身，不忘拯世。迹若相反，义乃相成。赵公落落，衷道而行。积困始亨，将大厥施。方驾而税，谁实尸之？有子克家，志亢行俯。天右劳臣，永锡来许。

圣人忘身，不忘拯世。

欧阳氏姑妇节孝家传

节母蔡氏生十三岁而室于欧阳，事玉光府君，家微也。姑刘孺人，端严匡敕。无所假借，节一朝之食，分之二日；并三人之事，责之一手。举家事精粗剧易，壹委节母，不以何问他人。节母则先鸡鸣而兴，豫其未至；后斗转而息，补其阙遗。箕拘无尘，井汲无濡。半米寸薪，必珍必戒。诸娣姒次第入门，节母躬其难者，让其易者。自亲舍及众私室，衣垢则浣之，绽裂则补缀。初不问其所自来。群从子女，寒则衣之，饥则慈以甘糍。就湢浴为之洁除。群从或忘其母而母节母，节母亦忘其非己出也。

乾隆三十年乙酉，舅席珍府君卒。明年，玉光以毁死，刘孺人大戚。节母于时年二十有八。长子惟本，甫三岁，少者成材未期耳。入则泣血柴立，茹蘖自盟；出则抱子奉姑，怡声亹亹。益屏去华饰，先姑意之未发而从事。约其口与体，以及其孤子女，无所不约；勤其力以率其姒娣与其子姓，佣奴各有专职。土无寸旷，人无晷暇；俯拾仰取，宾祭有经；猪鸡肥硕，蔬果怒生。方节母事姑之初，岁入谷二十石；逮姑之暮年，谷近千石。惟本读书属文，试于郡县有声矣，年二十七岁而卒；妇蔡氏亦以节著。

节妇蔡氏，少归欧阳惟本，节母之冢妇也。乾隆四十三年戊戌，岁大饥。节妇将嫁，其父辅世，贫不能具礼。宗族或助之结缡之资，凡得钱三千有奇，父为装遣之。节妇阴返其钱，置秆荐中而系钥匙其端。父归而室无见粮，引钥则钱在焉。泣曰："孝哉吾女！留此以活我也。"惟本没时，节妇亦二十八岁。由是捐弃万事，壹从节母求所以事祖姑刘孺人之法。黎明，刘孺人兴，节母执筴侍左，节妇自右约之。及盥，节母奉水，节妇奉槃。及食，妇具馔，母侑之。及寝，三世联床，听于无声。刘孺人即怒，节母负墙竦惧，节妇从容改为，以适厥指。即疾病，妇煮药，母尝而后进。夜则番宿递侍，衣不解带。一夕，节母起，堕床，折胁二骨。节妇号泣，就援之。母戒屏息，无令刘孺人得闻知也。刘孺人晚而丧明，手足痿痹，挽筱舆，日游庭中。节母肩前，节妇肩后。其后刘孺人九十而终，节母且六十矣，二胁骨者竟无恙。其后二十余年，盗入室劫母衣，刃伤节妇指及肘。创甚，亦不医，而竟无恙。论者以为孝征，神或相之云。道光九年，节母没，实年九十有六。二十三年，节妇没，实八十有三。其前五年，岁在己亥，均旌表节孝如例。

土无寸旷，人无晷暇。

前吏官曾国藩曰：节妇之孙女子四人，次二者归于我外舅福田先生，笃行君子也，数为余诵述两世事状。余昔官礼部，见各行省题旌妇女，凡烈妇殉夫者，别具一疏。高宗皇帝常下诏非之，不予旌表，以为行不贵苟难也。然末俗士论，往往以矫激卓绝之行为难。观欧阳姑妇之节，亦似庸行无殊绝者。而纯孝兢兢，事姑至六十年、五十年之久而不渝，天下之至难，孰逾是哉！

修治金陵城垣缺口碑记

道光三十年，广西贼首洪秀全等作乱。咸丰三年二月十日，陷我金陵，据为伪都。官军围攻，八年不克。十年闰三月，师溃。贼势益张，有众三百万，扰乱十有六省。同治元年五月，浙江巡抚臣曾国荃，率师进攻金陵。三年六月十六日，于钟山之麓，用地道克之。是岁十月，修治缺口工竣，镌石以识其处。铭曰：

穷天下力，复此金汤。苦哉将士！来者勿忘！

鸣原堂论文序

《棠棣》为燕兄弟之诗，《小宛》为兄弟相戒以免祸之诗，而皆以脊令起兴。盖脊令之性最急，其用情最切。故《棠棣》以喻急难之谊；而《小宛》以喻征迈努力之忱。余久困兵间，温甫、沅浦两弟之从军，其初皆因急难而来。沅浦坚忍果挚，遂成大功，余用是获免于戾。因与沅弟常以暇逸相诫，期于夙兴夜寐，无忝所生。爰取两诗脊令之旨，名其堂曰"鸣原堂"云。

王船山遗书序

《王船山先生遗书》，同治四年十月刻竣，凡三百二十二卷。国藩校阅者，《礼记章句》四十九卷，《张子正蒙注》九卷，《读通鉴论》三十卷,《宋论》十五卷,《四书》《易》《诗》《春秋》诸经稗疏考异十四卷,订正讹脱百七十余事。军中鲜暇,不克细紃全编,乃为序曰:

昔仲尼好语求仁,而雅言执礼;孟氏亦仁礼并称。盖圣王所以平物我之情,而息天下之争,内之莫大于仁,外之莫急于礼。自孔孟在时,老庄已鄙弃礼教。杨墨之指不同,而同于贼仁。厥后众流歧出,载籍焚烧,微言中绝,人纪紊焉。汉儒掇拾遗经,小戴氏乃作记,以存礼于什一。又千余年,宋儒远承坠绪,横渠张氏乃作《正蒙》,以讨论为仁之方。船山先生注《正蒙》数万言,注《礼记》数十万言,幽以究民物之同原,显以纲维万事,弭世乱于未形。其于古昔明体达用、盈科后进之旨,往往近之。

先生名夫之,字而农,以崇祯十五年举于乡。目睹是时朝政刻核无亲,而士大夫又驰骛声气,东林、复社之徒,树党伐仇,颓俗日蔽。故其书中黜申韩之术,嫉朋党之风,长言三叹而未有已。既一仕桂藩,为行人司。知事终不可为,乃匿迹永、郴、衡、邵之间,终老于湘西之石船山。

圣清大定,访求隐逸,鸿博之士,次第登进。虽顾亭林、李二曲辈之艰贞,征聘尚不绝于庐。独先生深闳固藏,邈焉无与。平生痛诋党人标榜之习,不欲身隐而文著,来反唇之讪笑。用是,其身长遁,其名寂寂,其学亦竟不显于世。荒山敝榻,终岁孳孳,以求所谓育物之仁,经邦之礼。穷探极论,千变而不离其宗;旷百世不见知,而无所于悔。先生没后,巨儒迭兴,或攻良知捷获之说,或辨易图之凿,或详考名物、训诂、音韵,正《诗集传》之疏,或修补三礼时享之仪,号为卓绝。先生皆已发之于前,与后贤若合符契。虽其著述太繁,醇驳互见,然固可谓博文约礼,命世独立之君子已。

道光十九年,先生裔孙世全始刊刻百五十卷。新化邓显鹤湘皋实主其事。湘潭欧阳兆熊晓晴赞成之。咸丰四年,寇犯湘潭,板毁于火。同治初元,吾弟国荃乃谋重刻,而增益百七十二卷,仍以欧阳君董其役。南汇张文虎啸山、仪征刘毓崧伯山等,分任校雠。庀局于安庆,蒇事于金陵。先生之书,于是粗备。后之学

> 内之莫大于仁,外之莫急于礼。

> 穷探极论,千变而不离其宗。

者，有能秉心敬恕，综贯本末，将亦不释乎此也。

衡阳彭氏谱序

吾少时读家谱，曾子十五世孙据，以关内侯避王莽之乱，南迁为南州诸曾之祖。私怪据事迹不见于他书，旧谱于何取征？后读《欧阳文忠公集》，见其《答曾子固书》，亦以关内侯据为疑，引史例以讽之，乃知吾曾氏本据为始迁之祖，相沿且千岁，由来旧矣。欧阳公谱牒之学，号为精审。然其所著唐宰相世系表，于巨族既推其本源出于某帝某王，又历叙汉世名贤。如琅邪王氏，已称出周灵王子晋之后，而又叙王吉、王骏之系。兰陵萧氏，已称出帝喾之后，而又叙萧何、望之之系。相承不绝，如屈伸指而数庭树，略无参稽犹豫之辞。公尝讥司马迁不能阙疑，后人又讥欧阳氏不善阙疑，所谓目能见千里，而不能自见其睫也。君子慎度身世，信诸心则蒙大难，决大计而不惧；未信诸心，则虽坦途而不肯轻试。其于临文亦若是焉可耳。

衡阳彭雪琴侍郎，以诸生从戎，十有三载，肃清长江，克名城以百计，殪巨憝于金陵。当其提挈饥军，出入锋镝，誓不与此贼同戴三光，天下称为烈士。及夫勋劳日著，朝廷授为安徽巡抚，授为漕运总督，皆屡疏固辞不拜。退然若漆雕之内不自信，卒不轻于一试，又何慎也。

同治四五年间，东南大定。侍郎与其宗长老，修订彭氏家谱。彭氏本贯江西之泰和，至明世，有曰声扬者，始迁于衡。其后八传，曰步南者，肇修谱牒。我朝康熙中，再修之。道光十三年，侍郎之考赠光禄君，三修之。及是四次修撰。族之材俊子弟，奋迹师中，积功累伐，珥貂相望，簪绂云兴，皆著于录。彭氏日益光大矣！其系表，断自声扬公。凡前世达人，暨同姓异望之显者，别为一编，不与本宗相淆。盖凛凛乎阙疑之谊云。国藩之先世，亦自江西迁居衡阳，至明季更迁湘乡。而祠庙今尚在衡，与彭氏击柝相闻，墟烟相接。曩者不揆愚陋，尝慨然欲重订家谱，述其可知者；而差其可疑者，区为别录。不求尽合于欧曾

君子慎度身世，决大计而不惧。

大儒，但求慊于吾心。久困兵间，未遑执简。感侍郎急于先务，故为之序，以答其请，因抒余之夙怀。

大潜山房诗题语

山谷学杜公七律，专以单行之气，运于偶句之中。东坡学太白，则以长古之气运于律句之中。樊川七律，亦有一种单行票姚之气。余尝谓小杜、苏黄，皆豪士而有侠客之风者。省三所为七律，亦往往以单行之气，差于牧之为近，盖得之天事者多。若能就斯途而益辟之，参以山谷之倔强，而去其生涩，虽不足以悦时目，然固诗中不可不历之境也。

省三用兵，亦能横厉捷出，不主故常。二十从戎，三十而拥疆寄，声施烂然，为时名将。惟所向有功，未遭挫折，蔑视此房之意多，临事而惧之念少。若加以悚惕戒慎，豪侠而具敛退气象，尤可贵耳！余览其诗卷既毕，因题数语以勖勉之。

文稿 卷四

金陵军营官绅昭忠祠记

呜呼！军兴以来，死事者多矣，而金陵尤为忠义之所萃云。咸丰二年十二月，贼陷武昌、汉阳，掠取巨舟万数。三年正月，蔽江东下，连陷九江、安庆、芜湖各城，遂毁金陵，据为伪都。城中官绅与驻防之军民，并及于难。当是时，天子已命向荣为钦差大臣，自湖北逐贼而东，至则城陷已逾旬日。又继陷镇江、扬州两府。而都统琦善，亦以钦差大臣由河南进至扬州。自是，后广西元从诸军驻金陵者，号为江南大营；北来新集诸军驻扬州者，号为江北大营。镇江别屯一军，则金陵分兵驻之，与扬州之师相为犄角。未几，扬州之贼，分支北窜河南、直隶。金陵之贼分支西窜江西、湖北，而镇江之贼，破我营垒。别有粤人为乱，攻陷上海。其冬，北军克复扬州、仪征，群贼移据瓜洲。四年，督师琦公卒，托明阿接统北军。五年，江苏巡抚吉尔杭阿克复上海，移师围攻镇江。六年春，南路贼陷宁国，北路贼复陷扬州。托明阿罢职，德兴阿接统北军，旋克扬州。其夏，巡抚吉公战没于高资，金陵大营亦陷。督师向公退守丹阳，已而病卒。朝廷命和春为钦差大臣，而命张国樑为总统。七年冬，南军克复镇江，北军同日克瓜洲。八年，南军筑长围，以困金陵之贼。北军大挫于浦口，贼陷江浦、天长、仪征、扬州、六合。张国樑北援扬州，克之。九年，德兴阿劾罢，江北不复置帅，以江南大帅兼辖。十年正月，张国樑克九洑洲。二月，皖南群贼攻陷杭州，江南遣张玉良援杭，克之。三月，贼破建平、东坝、溧阳，群萃金陵，击陷大营。我师溃奔，常州、苏州继陷。是后，冯子材等坚守镇江，都兴阿等坚守扬州，数年无恙。盖自咸丰癸丑以迄庚申，耳目众著之事、大略如此。其余南军攻取旁近郡县，若太平、芜湖、丹阳、溧水、溧阳、高淳、句容，屡克屡陷，不常其得失。或北援扬州、江浦，警报朝闻，南师夕渡。而城外贼垒、滨江要隘，亦无月不事攻战。掷千百性命，以争尺寸之土。当时中外盛称江南劲旅，声威出北军上远甚。诸路告急，金陵往往分

掷千百性命，以争尺寸之土。

兵四出援剿，其致败亦终以此。始至之秋，即遣虎嵩林驰援上海，既又遣和春赴援庐州。宁国失守，则遣邓绍良自浙援之。数年，邓君战亡，又遣郑魁士继之。贼围衢州，则遣周天受等援浙；贼入延建，又济师以援闽。近者数百里，远者二三千里，孤军转斗，累月不归。馈饷乖时，忍饥赴敌，膏涂原野，莫相收恤。而金陵之贼见我军远征者多，居守者少，营垒空虚，炊烟日减，昼夜谋所以覆我者。咸丰六年，大营失陷，正坐垒阔兵单之故。最后十年之役，则长围已成，汛地愈广。我军分兵救浙，不能遽返。而自浙回窜之贼，皖南江北之贼十道并进，乃一发而不可御。将士方冀合围之后，犁穴擒渠策勋有期。不意仓皇溃败，有如沙飞河决，荡析南奔，死亡不可胜数，其仅有存者，张玉良收集余烬，以攻嘉兴，以守杭州。至明年，杭城再陷，而金陵大营八万人者，荡然无复留遗矣。当诸将屯驻秣陵，向公荣，张公国樑，最负重望。其余智者竭谋，勇者殚力，亦岂不切齿图功，思得当以报国。事会未至，穷天下之力，而无如何。彼六七伪王者，各挟数十万之众，代兴迭盛，横行一时。而上游沿江千里，亦足转输盗粮。及贼势将衰，诸酋次第僵毙，而广封骁竖，至百余王之多，权分而势益散。长江既清，贼粮渐匮。厥后楚军围金陵，两载而告克。非前者果拙而后者果工也。时未可为，则圣哲亦终无成；时可为，则事半而功倍也。皆天也。既克三载，同治六年之冬，乃建昭忠祠于莲花第五桥，祀先后死事者。同堂而异室。其中一室，祀三年二月，江宁初陷时，守城殉难之员。其东一室，祀三年至十年，城外大营伤亡之员。其西一室，祀城内及江宁七属绅士。而外郡绅士死于此者，亦与焉。又东一室，祀金陵将领出援各路，死于宁国及浙江等处者。又西一室，祀镇江及扬州死事之员；镇江本金陵所分之军，扬州亦与金陵一体，其后又归南军兼辖故也。工既竣，粗为记其梗概。至于历年战争，良将猛士之劳，攻牢保危之策，将具于国史，兹不复备述云。

非前者果拙而后者果工。

丁卯四月求降雨泽告辞

自客岁之仲秋，历冬春而孟夏。阅八月而不雨，嗟群生之凋谢。哀江南之黎庶,困兵燹以十霜。邑何民而不莩,野何土而不荒。庆中兴于甲子,甫得脱乎兵戎。悉敝赋而北伐,又杼柚之屡空。逮丙寅之夏末,高邮罹乎灾凶。运堤怆其溃决,没六县于波中。涨泗沂与淮湖,潴千里为泽国。饱人肉于蛟鱼,乌鸢下而争食。嗟赤子其何辜,实百官之不职。曾水患之未平,又旱灾之相逼。麦有秋而失望,稻有种而不入。千村聚而皇皇,老幼环而悲泣。痛虫虫者无罪,罪乃在于疆臣。羌无德而窃位,上干怒乎百神。或屋漏之隐慝,或秕政之不仁。将举错之失当,抑冤狱之未申。宜躬被乎酷罚,胡移祸于吾民?爰致斋而惕厉,叩苍昊而陈词。审余身之有咎,甘百死而不辞!为斯民而请命,冀岁事之无亏。沛甘霖而溥降,膏百谷以蕃滋。万类蔚而回春,农民忻而相告。今不虑乎旱饥,后无伤乎秋涝。感神惠之孔时,终倾诚而图报。

灵谷龙神庙碑记

龙于古不列祀典。国有大水,智者不禜。或有旱暵,圭璧祈禳,亦不及之。汉世儒者,以龙能兴云致雨,乃别四时方色为象,土禺缯缋,有祷辄应。其后五龙、九龙之堂浸作,祀事兴矣。国家褒崇龙祀,祭式祝号,一准王仪。自京师黑龙潭暨各行省,皆立庙虔奉。甘泽时降,人蒙其麻。金陵省治之东,有泉曰"八功德水",出于钟山之阳,灵谷之寺。旧有龙神祠,屡获嘉应。洎兵兴祠毁,坛宇荡然无存。同治六年,自春徂夏,数月不雨。禜祷之术既穷,国藩乃与布政司李君宗义、督粮道王君大经、盐巡道庞君际云,先后求诸灵谷之神。四祈而四效,旋叩而立应。最后,甘霖滂沛,坏壤膏流,槁苗勃兴,嘉蔬翁蔚,陂泽旁汇,鱼鳖灌泳。岁仍有秋,民用康乐。于是乃相与重构斯庙,以报赛而妥灵。梦撩坚致,黝垩无华,取足严祼献之仪,酌质文之衷而已。盖金陵自六代以来,号为名都,梵宇琳宫,震耀今古。勋戚甲第,涌殿飞甍,往往数千百年,遗构尚存。独至粤贼洪杨之乱,扫地划除,无复一椽片瓦之留遗。即灵谷寺屡兴屡废，亦无似此次之澌尽者。今龙神庙粗立基绪，而全寺之踵修，名迹之兴复，不知更待何年。《易》称龙为乾德，万物资始，厥施甚普。自今以往，意者百工云兴，日新月盛，将尽还承平之旧乎？斯固守土之吏所痌瘝诚求者也。

金陵湘军陆师昭忠祠记

同治三年六月既望，大军克复金陵。国藩至自安庆，犒劳士卒。见吾弟国荃面颜憔悴，诸将枯瘠，神色非人。盖盛暑攻战，昼夜暴露城下，半月而未息。余既惊痛而抚慰之，乃遍行营垒，周视所开地道，览战争之遗迹。彭君毓橘，刘君连捷，萧君孚泗，朱君南桂，相与前导，而指示曰："某所某将尽命处也；某所贼困我之地也。"诸君所不备述，吾弟又太息而缕述之。弟之言曰："自吾围此城，壮士多以攻坚而死。贼于城外，环筑坚垒数十。大者略与城埒，攒以小营，障以长坞，甃石如铁，掘堑如川，牢不可拔。我军以元年五月之初，始克江宁镇、三汊河、大胜关各垒。二年五月，李臣典等克雨花台及南门各垒，刘连捷等会同水师，克九洑洲、中关、下关各垒。其江东桥之垒，则陈湜等于八月克之。上方门、高桥门、七瓮桥、土山、方山各垒，则萧庆衍、萧孚泗等于九月克之。是时，朱南桂亦克博望镇，赵三元等亦克中和桥、秣陵关。至十月，克解溪、隆都、湖墅，而东南划削略尽。三年正月，彭毓橘、黄润昌等乃克钟山高垒。贼所署为天保城者也。每破一垒，将士须臾陨命，率常数百人，回首有余恫焉。其穿地道以图大城者，凡南门一穴，朝阳至钟阜门三十三穴，篝火而入地，崖崩而窟塞，则纵横聚葬于其中。贼或穿隧以迎我，薰以毒烟，灌以沸汤，则趫者幸脱，而惫者就歼。最后神策门之役，城陷矣而功不成；龙膊之役，功成矣而死伤亦多。于是叹攻坚之难、而逝者之可悯也。"毓橘之言曰："我军薄雨花台，未几疾疫大行，兄病而弟染，朝笑而夕僵，十幕而五不常爨。一夫暴毙，数人送葬，比其反而半殪于途。近县之药既罄，乃巨舰连樯，征药于皖鄂诸省。当是时也，群医旁午，而伪

趫者幸脱，而惫者就歼。

王李秀成等大至。援贼三十万，围我营者数重。我军力疾御之。一夕，筑小垒无数，障粮道以属之。江贼益番休迭进，蚁傅环攻。累箱实土以作橹楯，挟西洋开化炮自空下击，子落则石裂铁飞，多掘地道，屡陷营壁。凡苦守四十五日，至冬初而围解，军士物故殆五千人。会有天幸，九帅独免于病，目不交睫者月余，而勤劬如故。虽枪伤辅颊，血渍重襟，犹能裹创巡营。用是转危而为安。靖毅公则病后过劳，竟以不起。""九帅"者，军中旧呼国荃之称。"靖毅"者，吾季弟贞斡谥也。连捷之言曰："李酉解围去后，率众渡江，连陷江浦、和州、含山、巢县，皆我军新取之城，得而复失。九帅乃分兵守西梁山，遣连捷与彭毓橘辈救援江北，既解石涧埠之围，破运漕、铜城闸之贼，途偕水师连收四城，江北大定，剧贼益衰。然我众死者，亦不可胜数也。"南桂之言曰："方金陵官军围困之际，同时鲍超之军亦困于宁国，水师亦因于金柱关。金柱关者，水阳江及群湖所自出，芜湖之藩卫也。九帅乃分兵守东梁山，而遣南桂与朱洪章、罗洪元辈，力扼此关，夹河而与之上下，乱流而相攻。卯而战，酉而不休。水营捷，陆营或挫。一夕数起，一餐屡辍，凡七阅月而事稍定。百里内外，白骨相望。时闻私祭夜泣之声，天下之至惨也。"于是国荃与诸将并进称曰："此军经营安庆，剪伐沿江诸城，凋丧尚少。独至金陵而死于攻，死于守，死于疾疫，死于北援巢、和，南援芜湖、太平，乃筹计而不能终。今存者，幸荷国恩，封赏进秩。而没者抱憾无穷。鸡鸣山下有贼造府第一区，若奏建昭忠祠，春秋致祭，庶以慰忠魂，而塞吾悲耳。"国藩具疏上闻，制曰："可。"黄君润昌，爰董其事，取有册可稽者，造神主一万一千六百三十有奇，无册者姑阙焉。甫历三载，楹栋柱桡，墙宇敧隙。同治六年，省中僚友集议，廓而新之。基扃固护，笾豆有严。国藩乃追叙所闻于诸君者，而系以诗章，用备乐歌。诗曰：

人无贵贱，夭寿贤愚，终归于死，万古同途。死而得所，身珍魂愉。六朝旧京，逆竖所都。濯征十载，莫竟天诛！嗟我湘人，锐师东讨；非秘非奇，忠义是宝。下誓同袍，上盟有昊。昊天藐藐，成务实难。祚我百顺，陒我千艰。狂寇所噬，刈人如

勤劬如故。

忠义是宝。

营。洊厉乘之，积骽若山。伟哉多士，夷险一节，万死靡他，心坚屈铁。鉴彼巧偷，守兹贞拙。缕血所藏，后土长热。卒收名城，获丑擒王。宠赍冥漠，千禩馨香。新庙孔赫，彝罍将将。天子之锡，烈士之光。

书仪礼释官后

侍郎胡君季临，重刻其曾祖王父朴斋先生所著《仪礼释官》寄示国藩，属为识于简端。余尝从《皇清经解》中得读此书，粗识崖略。先生治礼，崇信郑氏，而于郑说之歧误者，亦不苟为附和。如《燕礼》宜以"膳宰"为主人，而辨注释为"宰夫"者之非。"司宫"即《周礼》之宫人，而指注比于"小宰"者之失。左右正，即仆从之官，若《书》之"左右携仆"，《诗》之"膳夫左右"。而证注中称乐正、仆人正者之谬。《特牲》士有私臣而叹，注谓士无臣者之疏，其说既允矣。至于曲证旁通，往往即一事而洞见本原。先王之制礼也，因人之爱而为之文饰，以达其仁。因人之敬，而立之等威，以昭其义。虽百变而不越此两端。先生以为《士丧》《既夕》二篇所言甸人、管人、夏祝、商祝、冢人、卜人、隶人，遂匠之属，皆公家之臣来执事者也。又以为诸侯之官，其爵必降等于天子。圣人别嫌明微之意，寓乎其间。使周之诸侯遵而守之，何至有僭越而置六卿，称县公者。由前之说，则臣下之丧，君既临其小殓，又遣官助其百役。有若家人骨肉，怆恻缠绵。由后之说，则侯国之百职庶司，不敢毫发僭拟于天王，恩谊之笃如彼，名分之严若此。此皆礼之精意，祖仁本义，又非仅考核详审而已。《仪礼》一经，前明以来，几成绝学。我朝巨儒辈出，精诣鸿编，迭相映蔚。而徽州一郡尤盛。自婺源江氏永崛起为礼经大师，而同邑汪氏绂，休宁戴氏震，亦皆博洽，为世所宗。其后歙县金氏榜、凌氏廷堪，并有撰述，无惭前修。先生世居绩溪，与诸儒地相比，时相接，其入国史《儒林传》，列于江氏汪氏之次。而哲孙培翚，又能绍其家学，著《仪礼正义》荟萃群言，衷于至当。徽州为朱子父母之邦，典章文

曲证旁通，往往即一事而洞见本原。

物，固宜非他郡所敢望。而胡氏世传礼教，故家文献，绵延无替，亦足使笃古之士，低回而兴慕也。

湘乡昭忠祠记

咸丰二年十月，粤贼围攻湖南省城。既解严，巡抚张公亮基檄调湘乡团丁千人至长沙，备防守。罗忠节公泽南、王壮武公鑫等，以诸生率千人者以往。维时国藩方以母忧归里，奉命治团练于长沙。因奏言团练保卫乡里，法当由本固醵金养之，不食于官，缓急终不可恃。不若募团丁为官勇，粮饷取诸公家。请就现调之千人，略仿戚元敬氏成法，束伍练技，以备不时之卫。由是吾邑团卒号曰"湘勇"。三年春，平土寇于衡山，破逆党于桂东。其夏，粤贼围江西省城。国藩募湘勇二千，楚勇千人，罗忠节公辈率之东援。初战失利，营官谢邦翰、易良斡等殉难。湘勇之越境剿贼，将领之力战捐躯，实始于此。余闻而悼之，议立忠义祠于县城，祀湘人与于南昌之难者。其冬，余奉命筹备舟师，乃募湘勇水陆万人。明年，率之东讨。岳州之役，陆兵败挫。虽旋有湘潭之捷，而湘士中熸。既而整军再出，罗公暨李忠武公续宾率湘勇以从。于是大隽于岳州，克武汉，下蕲黄，破田家镇，复江西弋阳、信州、宁州。又以其间由江还鄂，扫荡枝县，再克武昌省会。咸丰五六年间，罗李湘勇之名震天下，而王壮武公与刘武烈公腾鸿，萧壮果公启江，暨巡抚蒋公益澧，皆提湘勇征战湖北、江西、广西、广东等省，所在有声。然罗公、王公、刘公遂以六七年间，先后殂谢，而将士伤亡者滋益多。前所议建之忠义祠，规制隘陋，不足以严典祀。咸丰八年秋，国藩乃与李公具疏会奏，请立昭忠祠于湘乡，令有司春秋致祭。天子许之。吾邑军士，没有余荣已！未几而舒城、三河之难作，李公殉节，部下死者殆六千人。国藩私忧，以谓湘中士气恐不复振。其后李公之弟勇毅公续宜，重辑部曲，转战皖北。张忠毅公运兰及唐总戎义训辈之师，转战皖南。而吾弟国荃遂以湘士克复安庆、金陵两省。蒋公暨杨公昌浚，亦用湘人平浙江，伐福建。张忠毅公亦战没于

缓急终不可恃。

闽。东南数省,莫不有湘军之旌旗,中外皆叹异焉!其西北诸道,则提督刘君松山追逐捻匪于河南、山东、直隶,征叛回于陕西、甘肃,而按察使陈君湜防守山西。其西南请道,则萧壮果公率师入蜀,而巡抚刘公蓉屡平蜀寇,总督刘公岳昭,暨诸湘军,又自蜀而南入黔,西入滇。一县之人,征伐遍于十八行省,近古未尝有也。当其负羽远征,乖离骨肉,或苦战而授命,或邂逅而戕生。残骸暴于荒原,凶问迟而不审。老母寡妇,望祭宵哭,可谓极人世之至悲。然而前者覆亡,后者继往,蹈百死而不辞,困厄无所遇而不悔者,何哉?岂皆迫于生事,逐风尘而不返与?亦由前此死义数君子者为之倡,忠诚所感,气机鼓动,而不能自已也。君子之道,莫大乎以忠诚为天下倡。世之乱也,上下纵于亡等之欲,奸伪相吞,变诈相角,自图其安而予人以至危,畏难避害,曾不肯捐丝粟之力以拯天下。得忠诚者,起而矫之,克己而爱人,去伪而崇拙,躬履诸艰,而不责人以同患,浩然捐生,如远游之还乡,而无所顾悸。由是众人效其所为,亦皆以苟活为羞,以避事为耻。呜呼!吾乡数君子所以鼓舞群伦,历九州而戡大乱,非拙且诚者之效与?亦岂始事时所及料哉!今海宇粗安,昭忠祠落成有年,而邑中壮士效命疆场者,尚不乏人。能常葆此拙且诚者,出而济世,人而表里,群材之兴也,不可量矣,又岂仅以武节彪炳寰区也乎?

> 前者覆亡,后者继往。

> 克己而爱人。

日慎斋诗草序

李生春甫,余癸卯典试蜀中所得士也。时生方少,貌玉立。文似韩慕庐,翛然尘埃之表。心赏之,勖以读书希古而别。而生侍老亲疾,累年不应礼部试。丁未为《百韵诗》贻余,余赋诗报之,曰:"不见李生今四载,我有情怀浩如海。"又曰:"女曹报国好身手,似我嗟跎已老丑。"思之,抑勖之也。庚戌春正月,生入都来见,遂成进士,官翰林。余大喜。壬子夏,散馆改官刑部,余重惜之,生悒悒不自得。予持节江西,生以诗送行,有惘然若失意。既闻以同知之任滇中。会天下多故,久不得生消息。

不数年，闻生官知府，奉使征饷，遇贼不屈，死矣。余大恸，泪如雨下。其门人韩西舫孝廉以生《滇中诗集》并毁于贼，搜罗散佚，得十之五，由吴春海太史寄余，属为序。余何言？乌呼！天赋生以颖异之资，复予生以清华之选。其待生不可谓不厚，乃乍予之而乍夺之，使之郁伊无谬，激而为一官万里之行。夫以生之才，中外皆可自效。使天益其年，以富其学，其建树当可想见。即其诗之所诣，当不仅若此。然死者人所不免，犯敌捐躯与老死牖下，其轻重固自有别，而绝不意生之死之惨毒如是。且并其诗殉之，亦零落无存，而仅仅掇拾于风霜兵燹之余也。悲夫！回忆癸卯识生后，以诗倡酬，而今已矣。庄叟曰："身非女有，此天地之委形也。"生既浩然长往矣，何有于身后之名？然则余为生悲，关悲及生之诗，亦达士之所笑也。虽然，庄论达矣，而亦未尽也。如生忠魂英魄，历劫不化，当如睢阳为厉以杀贼，非泯泯以没者。况夫朝廷恤之，门人思之；有增秩之文，有延世之赏，有遗集之刻，以永其传。均有身尽而我不与之俱尽者，在生亦可以含笑九泉也夫！

国朝先正事略序

余尝以大清达人杰士超越古初，而记述阙如，用为叹憾。道光之末，闻嘉兴钱衍石给事仪吉，仿明焦竑《献征录》为国朝《征献录》，因属给事从子应溥写其目录，得将相、大臣、循良、忠节、儒林、文苑等凡八百余人，积二三百卷。借名人之碑传，存名人之事迹。自别京师，久从征役，而此目录册者不可复睹。同治初，又得鄢陵苏源生文集，具述其师钱给事于《征献录》之外，复节录名臣，为《先正事略》。于是知钱氏颇有造述，不仅抄撰诸家之文矣。又二年，而得吾乡李元度次青所著《先正事略》，命名乃适与钱氏相合。前此二百余年，未有成书。近三十年中，钱氏编摩于汴水，次青成业于湖湘，斯足征通儒意趣之同，抑地下达人杰士，其灵爽不可终閟也。自古英哲非常之君，往往得人鼎盛。若汉之武帝，唐之文皇，宋之仁宗，元之世祖，明之孝宗，其时皆异材勃起，俊彦云屯，焜耀简编。然考其流风所被，率不过数十年而止。惟周之文王，暨我圣祖仁皇帝，乃阅数百载而风流未沬。周自后稷十五世，集大成于文王。而成康以洎东周，多士济济，皆若秉文王之德。我朝六祖一宗，集大成于康熙。而雍乾以后，英贤辈出，皆若沐圣祖之教，此在愚氓亦似知之。其所以然者，虽大智莫能名也。圣祖尝自言：年十七八时读书过劳，至于咯血而不肯少休，老耄而手不释卷。临摹名家手卷，多至万余；写寺庙扁榜，多至千余。盖虽寒峻，不能方其专。北征度漠，南巡治河，虽卒役不能逾其劳。祈雨祷疾，步行天坛，并醯酱、䴰盐而不御。年逾六十犹扶病而力行之。凡前圣所称至德纯行，殆无一而不备。上而天象、地舆、历算、音乐、考礼、行师、刑律、农政，下至射御、医药、奇门、壬遁、满蒙、西域、外洋之文书字母，殆无一而不通，且无一不创立新法，别启津途。后来高才绝艺，终莫能出其范围。然则雍、乾、嘉、道累叶之才，虽谓皆圣祖教育而成，谁曰不然。今上皇帝嗣位，大统中兴。虽去康熙时益远矣，而将帅之乘运会立勋名者，多出一时章句之儒。则亦未始非圣祖余泽陶冶于无穷也。如次青者，盖亦章句之儒，从事戎行。咸丰甲寅、乙卯之际，与国藩患难相依，备尝艰险。厥后自领一队，转战数年，军每失利，辄以公义纠劾罢职。论者或咎国藩执法过当，亦颇咎次青在军偏好文学，夺治兵之日力，有如庄生所讥挟策而亡羊者。久之，中外大臣数荐次青缓急可倚。国藩亦草疏密陈："李元度下笔千言，兼人之才。臣昔弹劾太严，至今内疚。惟朝廷量予褒省。"当时虽为吏议所格，天子终右之，起家，复任黔南军事。师比有功，超拜云南按察使。而是书亦于黔中告成。圣祖有言曰："学贵初有决定不移之志，中有勇猛精进之心，末有坚贞永固之力。"次青提兵四省，屡蹶仍振，所谓贞固者非邪？发愤著书，鸿篇立就，亦云勇猛矣。愿益以贞固之道持之，寻访钱氏遗书，参订修补，矜练岁年。慎褒贬于锱铢，酌群言而取衷，终成圣清巨典，上跻周家雅颂誓诰之林，不尤足壮矣哉！

臣昔弹劾太严，至今内疚。

重刻茗柯文编序

　　武进张大令式曾,将重刻其曾祖王父皋闻先生《茗柯文集》,而以写本示余,属为之序。盖文章之变多矣。高才者,好异不已,往往造为瑰玮奇丽之辞,仿效汉人赋颂,繁声僻字,号为复古。曾无才力气势以驱使之,有若附赘悬疣,施胶漆于深衣之上,但觉其不类耳。叙述朋旧,状其事迹,动称卓绝,若合古来名德至行备于一身,譬之画师写真,众美毕具,伟则伟矣,而于其所图之人固不肖也。吾尝执此以衡近世之文,能免于二者之讥实鲜,蹈之者多矣。皋闻先生编次七十家赋,评量殿最,不失铢黍,自为赋亦恢闳绝丽。至其他文,则空明澄澈,不复以博奥自高。平生师友多超特不世之才,而下笔称述,适如其量。若帝天神鬼之监临,褒讥不敢少溢,何其慎欤!自考据家之道既昌,说经者专宗汉儒,厌薄宋世义理心性等语,甚者诋毁洛闽,披索疵瑕。枝之蒐而忘其本,流之逐而遗其源。临文则繁征博引,考一字,辨一物,累数千万言不能休,名曰汉学。前者自矜创获,后者附和偏波而不知返,君子病之。先生求阴阳消息于《易》虞氏,求前圣制作于《礼》郑氏,辨《说文》之谐声,剖晰毫芒,固亦循汉学之轨辙。而虚衷研究,绝无陵驾先贤之意萌于至隐;文辞温润,亦无考证辨驳之风。尽取古人之长,而退然若无一长可恃。意其蕴蓄者厚,遏而蔽之。能焉而不伐,敛焉而愈光。殆天下之神勇,古之所谓大雅者欤!张氏之先,两世贤母抚孤课读。一日不能再食,举家习为故常。孝友艰苦,远近叹慕。自粤贼纵横,东南糜烂,常润等郡,室庐荡然。张氏之穷约,殆有甚于畴昔。书籍刻板,皆摧烧不复可诘矣。余昔读张氏诸书,既钦其笃行,兹重览《茗柯文编》,乐其复显于世也,乃忘其陋而序之。

> 尽取古人之长。

金陵楚军水师昭忠祠记

　　咸丰九年,今侍郎彭公玉麟建水师昭忠祠于湖口,既刻石叙述战事，又属余为之记。维时湖口以下，长江千里，皆贼地也。其明年，金陵官军溃败，苏浙沦陷。国藩奉命总制两江，乃议设淮扬水师一军，以黄君翼升统之。又二年，议设太湖水师一军，以李君朝斌统之。厥后两君者，皆沿江遵海，以达于苏松、常州诸内河，而上游吴楚之交，惟彭公与总督杨公岳斌之师，罗列如故。咸丰十一年，克复安庆；同治元年，下芜湖、金柱关及东西梁山；二年，克九洑洲；三年，遂克金陵；而苏州省会及所属郡县以次廓清，水师皆有力焉。余悯死事者之多，于是又奏建昭忠祠于金陵，以妥将士之灵。盖自湖口而下，贼中无复大队炮船与我角逐水上。然我众临敌授命者，往往不绝。若乃高城巨垒，千炮狙伏，陆军进攻，水师和之，一堞未攀，骈尸山积。或连朝环击，卒不能下，或创残满目，仅收一栅。甚者如九洑洲之役，攻剿三四日，凋耗二千人，唱凯于公庭，饮泣于私舍。又或支河小港，扼守要隘，贼以短兵枪弹，迫我舟师。前者屡僵，后者坚拒，终不得少移尺寸。又或仓卒赴援，内洋行师，如福山之役，轻舟颠簸于海涛飓风之中，须臾沉溺以数百计，此皆耳目昭著。其余邂逅捐躯，夷伤而不振者，不可胜数也。今东南大定，已逾五年。长江别立经制，水师将士新故更代，优游无事。欲问数年前战争之迹，已罕能言其状者，况更溯十载以前！若杨公之纵横江上，出入锋镝，以摧方张之寇。彭公之芒鞋徒步，以赴江西之急，又孰能道其仿佛？安乐之时，不复好闻危苦之言，人情大抵然与。君子之存心也，不敢造次忘艰苦之境，尤不敢狃于所习，自谓无虞。礼俗政教，邦有常典，前贤犹因时适变，不相沿袭，况乎用兵之道，随地形贼势而变焉者也，岂有可泥之法，不敝之制？今之水师，盖因粤贼之势立一时之法，幸底于成耳。异日时易世殊，寇乱或兴，若必狃于前事，谓可平粤贼者，即可概平天下无穷之变，此非智者所敢任也。惟夫忠臣谋国，百折不回，勇士赴敌，视死如归，斯则常胜之理，万古不变耳。其他器械、财用、选卒、校技，凡可得而变革者，正赖后贤相时制宜，因应无方，弥缝前世之失，俾日新而月盛。又乌取夫颛己守常，姝姝焉自悦其故迹，终古而不化哉？今朝廷开方略之馆，战功将著于信

用兵之道，随地形贼势而变。

史，不复备述。粗述殉难者之惨，使来者怵然起敬。又因推论兵家之变化无常，用破吾党，自是之见，庶久而知所儆畏云。

湖南文征序

吾友湘潭罗君研生，以所编撰《湖南文征》百九十卷示余，而属为序其端。国藩陋甚，齿又益衰，奚足以语文事？窃闻古之文，初无所谓法也。《易》《书》《诗》《仪礼》《春秋》诸经，其体势声色，曾无一字相袭。即周秦诸子，亦各自成体，持此衡彼，画然若金玉与卉木之不同类，是乌有所谓法者。后人本不能文，强取古人所造而摹拟之，于是有合有离，而法不法名焉。若其不俟摹拟，人心各具自然之文，约有二端：曰理，曰情。二者人人之所固有。就吾所知之理，而笔诸书而传诸世，称吾爱恶悲愉之情，而缀辞以达之，若剖肺肝而陈简策。斯皆自然之文，性情敦厚者，类能为之。而浅深工拙，则相去十百千万，而未始有极。自群经而外，百家著述，率有偏胜。以理胜者，多阐幽造极之语，而其弊或激宕失中；以情胜者，多悱恻感人之言，而其弊常丰缛而寡实。自东汉至隋，文人秀士，大抵义不孤行，辞多俪语。即议大政，考大礼，亦每缀以排比之句，间以婀娜之声，历唐代而不改。虽韩李锐志复古，而不能革举世骈体之风。此皆习于情韵者类也。宋兴既久，欧苏、曾王之徒，崇奉韩公，以为不迁之宗。适会其时，大儒迭起，相与上探邹鲁，研讨微言。群士慕效，类皆法韩氏之气体，以阐明性道。自元明至圣朝康雍之间，风会略同，非是不足与于斯文之末。此皆习于义理者类也。乾隆以来，鸿生硕彦，稍厌旧闻，别启途轨，远搜汉儒之学，因有所谓考据之文。一字之音训，一物之制度，辨论动至数千言。曩所称义理之文，淡远简朴者，或屏弃之，以为空疏不足道。此又习俗趋向之一变已。湖南之为邦，北枕大江，南薄五岭，西接黔蜀，群苗所萃，盖亦山国荒僻之亚。然周之末，屈原出于其间，《离骚》诸篇为后世言情韵者所祖。逮乎宋世，周子复生于斯，作《太极图说》《通书》，为后世言义理者所祖。两贤者，皆

（旁注：自然之文，性情敦厚者，类能为之。）

前无师承，创立高文。上与《诗经》《周易》同风，下而百代逸才举莫能越其范围。而况湖湘后进，沾被流风者乎？兹编所录，精于理者，盖十之六，善言情者，约十之四；而骈体亦颇有甄采，不言法而法未始或紊。惟考据之文搜集极少。前哲之倡导不宏，后世之欣慕亦寡。研生之学，稽《说文》以究达诂；笺《禹贡》以晰地志，固亦深明考据家之说。而论文但崇体要，不尚繁称博引，取其长而不溺其偏，其犹君子慎于择术之道欤！

前哲之倡导不宏，后世之欣慕亦寡。

江宁府学记

同治四年，今相国合肥李公鸿章改建江宁府学，作孔子庙于冶城山，正殿门庑，规制粗备。六年，国藩重至金陵。明年，菏泽马公新贻继督两江，赓续成之。凿泮池，建崇圣祀、尊经阁及学官之廨宇。八年七月工竣。董其役者，为候补道桂嵩庆，暨知县廖纶，参将叶圻。既敕既周，初终无懈。冶城山巅杨、吴、宋、元皆为道观，名曰"朝天宫"，盖道士祀老子之所也。道家者流，其初但尚清静无为；其后乃称上通天帝。自汉初不能革秦时诸畤，而渭阳五帝之庙，甘泉泰一之坛，帝皆亲往郊见。由是圣王祀天之大典，不掌于天子之祠官，而方士夺而领之。道家称天，侵乱礼经，实始于此。其他炼丹烧汞、采药飞升、符箓禁咒、征召百神、捕使鬼物诸异术，大率依托天帝。故其徒所居之宫，名曰"朝天"，亦犹称"上清""紫极"之类也。嘉庆道光中，宫观犹盛，黄冠数百人，连房栉比，鼓舞甿庶。咸丰三年，粤贼洪秀全等盗据金陵，窃泰西诸国绪余，燔烧诸庙，群祀在典与不在典，一切毁弃，独有事于其所谓"天"者，每食必祝。道士及浮屠弟子，并见摧灭。金陵文物之邦，沦为豺豕窟宅。三纲九法，扫地尽矣。原夫方士称天以侵礼官，乃老子所不及料。迨粤贼称"天"以恫群神而毒四海，则又道士辈所不及料也。圣皇震怒，分遣将帅，诛殪凶渠，削平诸路。而金陵亦以时戡定，乃得就道家旧区，廓起宏规，崇祀至圣暨先贤先儒。将欲黜邪慝而反经，果操何道哉？夫亦曰：隆礼而已矣。先王之制礼也，人人

> 在职，三物以兴贤，八政以防淫。

> 人无不出于学，学无不衷于礼也。

纳于轨范之中。自其弱齿，已立制防，洒扫沃盥有常仪，羹食肴胾有定位，绥缨绅佩有恒度。既长，则教之冠礼，以责成人之道。教之昏礼，以明厚别之义。教之丧祭，以笃终而报本。其出而应世，则有士相见以讲让，朝觐以劝忠。其在职，则有三物以兴贤，八政以防淫。其深远者，则教之乐舞，以养和顺之气，备文武之容；教之《大学》，以达于本末终始之序，治国平天下之术；教之《中庸》，以尽性而达天。故其材之成，则足以辅世长民。其次，亦循循绳矩。三代之士，无或敢遁于奇邪者，人无不出于学，学无不衷于礼也。老子之初，固亦精于礼经。孔子告曾子、子夏，述老聃言礼之说至矣。其后恶末世之苛细，逐华而背本，斫自然之和。于是矫枉过正，至讥礼者忠信之薄而乱之首，盖亦有所激而云然耳。圣人非不知浮文末节，无当于精义，特以礼之本于太一，起于微眇者，不能尽人而语之。则莫若就民生日用之常事为之制，修焉而为教，习焉而成俗。俗之既成，则圣人虽没，而鲁中诸儒，犹肄乡饮大射礼于冢旁，至数百年不绝。又乌有窈冥诞妄之说，淆乱民听者乎？吾观江宁士大夫，材智虽有短长，而皆不屑诡随以徇物。其于清静无为之旨，帝天祷祀之事，固已峻拒而不惑。孟子言："无礼无学，贼民斯兴。"今兵革已息，学校新立，更相与讲明此义，上以佐圣朝匡直之教，下以辟异端而迪吉士。盖廪廪乎企向圣贤之域，岂仅人文彬蔚，鸣盛东南已哉！

书何母陈恭人事

> 刻励俭勤，终身不御纨绮。

恭人陈氏，道州何文安公之第三子妇，吾友子敬同年绍祺之配也。文安公家训谨严，内外执业，各有常程。箕帚槃盂，皆有定位。闺门之内，肃若朝廷。廖夫人刻励俭勤，终身不御纨绮，恒豆之奉，觳薄等于寒门。凡醯醢、菹脯、酒饵、浆醴之属，皆率妇辈躬自治之，手营而口授，不征诸市，不假诸仆妇。然诸妇或出外州华族，往往不中程度。独陈恭人道州旧姻，椎髻布裙，为之益勤，其德益善。舅姑亦益愉怿，以谓巨室而不失儒士之风,即家之祥也。道光二十三年,子敬以举人就职知县,援例选云南广通县。旋改江苏同知。又以知府调归浙江,补台州府,保升道员,署粮储道。咸丰十年二月,粤贼入浙,围杭州。子敬时方奉使至江苏,眷属寓清泰门。先是,恭人生子辄不育,有女子子三人。子敬既以仲兄子庆治为嗣,诸妾又生子庆铨、庆熙、庆全。城破,恭人乃属家人而诏之曰:"主人远出,吾遭此变,何氏名门,男女长幼,义不可为贼辱。"遂先缚二子沉于池,外孙女二岁,扼吭毙之。旋引一绳,与外姻朱孺人同时自经。无几何,援兵四至,贼众惊遁。老仆柳春自外归,见庆治脑后被斫六创,其妻邢氏被割两耳,而皆未死。诸妾避人民舍得免。所沉二子庆铨庆熙者,池中水浅,亦俱无恙。两自经者,朱孺人气绝,而恭人解救得生。盖缢二时许而不死。自言有两红灯前导,忽见天日而醒,略无所苦。由是远近叹异。或曰:"恭人半生长斋,诵经礼佛,兹其效也。"或曰:"孝友之门,祸将撄而常解。坚确之德,遌物不憎。庄生所谓'骨节与人同,而犯害与人异'其神全也。"杭州寇退,子敬返自江苏。外而征缮以佐军府,内有补苴以宁穉弱。旦而劬,宵而不休。夏而疾,秋而瘳。于是引病投劾,挈家还湘,卜居于长沙之东乡。艺稻而豢鱼,善邻而训子。恭人亦菲食敝衣,相与拮据以保迟暮。子敬既逝,恭人则兼综内外宾祭之供,耕读之业。囊箧锱铢之故,造次纷乘而不眩,齿逾七十,而不知疲。乡之人以是服其恪也。同治十年九月,无疾而终。去杭州城陷之时,十有二年矣。军兴以来,横死者多矣,临难而幸脱者,亦恒有之。独何氏一门慷慨就义,而俱获生全,陈恭人事尤近于神异。恭人之夫之兄,子贞先生告余以状,因为述其梗概。其他懿行不备论云。

子敬既逝,恭人则兼综内外。

杂著

雜著

卷一

如石投水赋

（以"陈善闭邪谓之敬"为韵。）

昔者，张良之佐汉也，扫屠楚，除暴秦，八纮既奠，六合更新。于是主知弥笃，臣志斯申。有言皆入，无契不真。龙方兴而云郁郁，鱼欲纵而水鳞鳞。綮进谟于阙下，譬投石于江滨。论古谊，则上方伊傅；比时英，则直压韩陈。夫其累叶簪缨，一朝兵燹。再纳履而能甘，一击椎而幸免。亦谓藏器之虽良，终虞怀才之莫展。岂知杖策而遇异人，借箸而伸大辩。风云效其驰驱，草木生其婉娈。将有策其必从，夫何谋之不善？爰乃度訏谟，筹大计，权韬钤，画形势。销印趣于一时，奠鼎规以五岁。王三齐以驭淮阴，招四皓以存孝惠。发策无虚，运谋必谛。汉主亦启其缄，祛其蔽。信从善之如流，乃用人以作砺。本声入以心通，岂固拒而深闭？尔乃昌言以辅德，纳诲以闲邪。惟旧防之有礼，庶磨砥其无暇。臣称天授，君曰汝嘉。孟方斯肖，针引无差。表臣遇于黄石之上，盟臣心于白水之涯。洵启心沃心之无愧，讵以水济水之足夸。且夫西汉之兴，名臣莆蔚。萧曹则隆栋之支，樊郦亦拔茅之汇。或持钓而王，或贩缯而贵。莫不依日月之光，协云雷之气。勋名则誓以砺山，知遇则媲乎璜渭。虽足当汝为汝翼之称，要尚非一德一心之谓。惟良也，进忠有术，握算无遗。言者蹑足，听者解颐。明于照烛，快于转规。量如海而同大，功补天而争奇。系万钧于一语，涵千顷于片辞。他山可借，虚谷能卑。固臣志不可转也，抑君德实能容之。然孰若着我皇上，天纵神明，日跻圣敬。盛业则磐石金瓯，澄怀则止水明镜。方且山垤常藏，冰渊时儆。悬韬而访谋猷，折槛以旌谏净。彼汉祖之恢宏，曾何足以方虞廷之明盛。

远佞赋

（以"清问下民常厥德"为韵。）

有言皆入，无契不真。

稽古皇之立极,实令范之是程。贤汇征而必择,奸旁烛而皆明。虞圣谗言而化洽,周除侧媚而道亨。繄垂箴于孔氏,等去佞于郑声。盖将屏人于闲远,而熙上治于穆清。溯往牒之立防,本经邦而不紊。秦诗以媚子成吟,皋谟以孔壬为训。所赖特识旁参,神威独奋。杜厥几微,严其名分。俾国柄非宵小所干,朝纲非弄臣所偾。庶去恶即以优贤,而察言成其好问。胡末叶之陵迟,乃群邪之宽假。伊戾覆乎宋邦,无极倾乎楚社。椒兰怨于《离骚》,萋菲讥于《小雅》。邓氏贡其善柔,息夫雄其侈哆。朝鲜神羊,国多害马。利剑罔请于上方,屈轶莫生于庭下。遂乃蔽英主,排谊臣,贱陵贵,疏间亲。氛占衾舌,巧戒批鳞。蝇樊营营而罔极,虎圈喋喋以前陈。求系援而通宦竖,假钩党以陷搢绅。既交讧于四国,终肆虐于万民。且夫佞人之为厉,非特季世之难防。即泰交之方卜,亦比匪之恐伤。是故借闳孺萌于盛汉,许敬宗厕于初唐。抑或朝推耆硕,众仰刚方。蹈中庸于胡广,饰经术于孔光。固希荣之多术,亦变态其何常。故贤君之远之也,识烛于无疆,几沈于未发。指南则先示之型,投北则后严其罚。弃谀士而黜华,进直言而补阙。奖汲黯之忠,崇周昌之讷。盖必穷寄译而屏之,庶以保子孙而贻厥。我皇上,明烛九垓,恩周八极。久已野靡遗贤,世销群慝。然犹惩贝锦之歌,耀干旄之色。妩媚效于魏征,吁咈闻于益稷。夫足以励亮直之风,而益懋高深之德。

> 察言成其好问。

> 蹈中庸于胡广,饰经术于孔光。

钱选制艺序

乘椎轮于金根玉辂之旁,夫人以为陋矣;服草衣卉服于衮冕绣裳之朝,夫人以为悖矣。甚哉!时之不可已也。泥橇而山以樏,夏葛而冬裘,适时则贵,失时则损。昔冯唐终身不遇,而曰:"文帝好老,而臣尚少;武帝好少,而臣已老。"岂曰非材?如不遇时何!矧夫习制艺,以弋取科名,而有不附声比貌,求合时宜者乎?虽然,趋时之道,岂一端哉?天下之事,其始盖有一二巧者，标新领异，以骇群听。其次则能者慕效之，又其次则拙者剽窃之。慕而效之，是谓风气；剽而窃之，是谓流弊。不数十年，而昔之新且异者将厌弃矣，则又有巧者移易之。又数十年，而亦厌弃矣。人情贱同而思异。物穷则变，自古然也。故善趋时者，贵先时，不贵后时。场屋之文，何独不然？国家以制艺取士，二百年来，为体屡迁。乾隆嘉庆之际，学者研鍊经义，负声振采，酝郁葩华。道光初年，稍患文胜，词丰而义寡，桅蜡其外而涂泥其中者，往往而有。于是有志者，慨然思以易之。刊其支蔓，矫以清真。当其始出，若拨雾而见山，厌肥腻而饮太羹也。而今已二十年矣。谚曰："城中好高髻，四方高一尺；城中好广眉，四方成半额。"自往者，标为清真之目，近乃颇事佻巧，抛弃诗书。或一挑半剔以为显，排句叠调以为劲。抑之无实，扬之无声。所谓历久而厌弃者，其不然乎？所谓物穷则变者，其将在兹乎？善趋时者，当以此时振翱翔之骨，发铿訇之响，熔经史而铸伟词。揆以好异之人情，验以将变之风气，吾知必有合也。仆不敏，尝欲采近科墨汇为一帙，以为趋时者先声之导。人事滋剧，卒鲜休暇。同年钱君崙仙顷出兹编见示。拣新汰敝，先得我心。苟有能者慕效，则风气从此移易。钱君其巧者与？抑吾又有说焉。风气者，必变者也；而规矩者，不变者也。今夫斫木为舆，轸方以象地，盖圆以象天，可规可萬，可水可县，可量可权，而后出而合辙。深衣之制，袂圆以应规，曲袷如矩以应方，兼以应直应平，而后非奇邪之服。制艺之有规矩，先辈盖详言之。钱君此选，奇正浓淡，不名一能。要其引绳削墨，其有悖于前人之程式者，鲜矣！苟舍是而别求先时之巧，是犹行远者，有说辐之占，制锦者之不得要领也。将可乎哉？

云桨山人诗序
代季师作

自韩愈氏有言，"欢愉之词难工，穷苦之音易好"，欧阳公效之，亦称"诗必穷而后工"。后之论者，大率祖述其说，以谓宫音和温，难于耸听；商音凄厉，易以感人。故盛世之巨公，其诗歌往往不及衰世之孤臣逐客；而庙堂卿相，例不能与穷巷憔悴专一之士角文艺之短长。数十年来，人人相与持是说而不变，所从来久已。芝昌尝究观诗教之终始，窃独以为未必然也。郑氏所撰三百篇谱，大抵成周盛时贤人有位之作为多。东迁以降，王迹既熄，诗亦替矣。西汉苏李，东汉班张，号为能诗，亦当两京全盛之日。李唐之世，词人百辈，累迹而兴。然世所称为"四唐"者，虽愚者亦知有初、盛而贬中晚。盖声音之道与政相通。国家鼎隆之日，太和充塞，庶物恬愉，故文人之气盈，而声亦上腾。反是，则其气歉，而声亦从而下杀。达者之气盈矣，而志能敛而之内，则其声可以薄无际而感鬼神；穷者之气既歉，而志不克划然而自申，则瓮牖穷老，而不得一篇之工，亦常有之。然则谓盛世之诗，不敌衰季，卿相不敌穷巷之士，是二者，殆皆未为笃论已。吾师长白宫保相国光，辅圣主二十余年，智深而量远，果决而闲定。暇日以所为诗二册见示，芝昌受而读之，简肃清夷，不名一能。篇帙不繁，而行役之作，扈从之章，生平政绩，略备于斯，抑有诗史之遗意。其于六朝唐宋诸家，若合众金以融一冶，而铸为重器。观者但知器之良，而忘其所采谁氏之金也。于时皇清承平已二百祀，重熙累洽，遐迩褆安。跂行喙息之伦，莫不茹仁践义，时会可谓极隆。而吾师人总百揆，出领三辅，门生故吏，吐哺延接。天宪出内，曹司百事，手批口答，日以百计。而乃从容挥斥，时从事于吟咏，若行所无事者。才分之优绌，什百千万，如此其远也。观吾师所际之时，与夫诗之所诣，而后知曩之宗韩欧之说者，亦所谓察其一，未观其二者哉！读既竟，因附陈微义，识于简端，用质知言者焉。道光二十有七年九月某日，门人季芝昌谨序。

课程十二条
道光二十二年在京日记

一、敬。整齐严肃，无时不惧。无事时，心在腔子里，应事时，专一不杂。清明在躬，如日之升。

二、静坐。每日不拘何时，静坐四刻，体验来复之仁心。正位凝命，如鼎之镇。

三、早起。黎明即起，醒后勿沾恋。

四、读书不二。一书未完，不看他书。东翻西阅，徒务外为人。

五、读史。丙申年，购《廿三史》。大人曰："尔借钱买书，吾不惜极力为尔弥缝，尔能圈点一遍，则不负我矣。"嗣后每日圈点十页，间断不孝。

六、谨言。刻刻留心，第一工夫。

七、养气。气藏丹田。无不可对人言之事。

八、保身。十二月奉大人手谕曰："节劳，节欲，节饮食。"时时当作养病。

九、日知所亡。每日读书记录心得语，有求深意是徇人。

十、月无亡所能。每月作诗文数首，以验积理之多寡，养气之盛否。不可一味耽著，最易溺心丧志。

十一、作字。饭后写字半时。凡笔墨应酬，当作自己课程。凡事不可待明日，愈积愈难清。

十二、夜不出门。旷功疲神，切戒！切戒！

不可一味耽著，最易溺心丧志。

补侍讲缺呈请谢恩状
癸卯八月初四日

新补翰林院侍讲，充四川正考官曾国藩为呈请代奏，恭谢天恩事：八月初三日，接到知会，转准吏部咨称：七月十五日奉旨："曾国藩准其补授翰林院侍讲，钦此！"窃国藩楚省菲材，山乡下士。西清待漏，暂四术之多疏；东观校书，尤三长之有忝。本年三月初十日廷试翰詹，猥以芜词，上邀藻鉴，列置优等，授翰林院侍讲。沐殊宠之逾恒，俾迁阶以不次。旋于六月二十二日，奉命充四川乡试正官考。温纶再捧，寸衷之惶悚弥深；使节初持，万里而驰驱未已。乃复荷高深之宠，俾真居侍从之班。愧

猥以芜词，上邀藻鉴。

屡沐夫鸿施，曾无坠露轻尘之报；惟勉勤乎蛾术，益凛临深履薄之思。所有国藩感激下忱，理合呈请代奏，叩谢天恩。谨呈。

保守平安歌三首
咸丰二年在湖南湘乡本籍作

第一　莫逃走

众人谣言虽满口，我境切莫乱逃走。我境僻处万山中，四方大路皆不通。我走天下一大半，惟有此处可避乱。走尽九州并四海，惟有此处最自在。别处纷纷多扰动，此处却是桃源洞。若嫌此地不安静，别处更难逃性命。只怕你们太胆小，一闻谣言便慌了。一人仓忙四山逃，一家大小泣嗷嗷。男子纵然逃得脱，妇女难免受煎熬。壮丁纵然逃得脱，老幼难免哭号咷。文契纵然带着走，钱财不能带分毫。衣服纵然带着走，猪牛难带一根毛。走出门来无屋住，躲在山中北风号。夜无被铺床板凳，日无锅甑切菜刀。受尽辛苦破尽财，其实贼匪并未来。只因谣言自惊慌，惹起土匪吵一场。茶陵道州遭土匪，皆因惊慌先徙走。其余各县逃走人，多因谣言吓断魂。我境大家要保全，切记不可听谣言。任凭谣言风浪起，我们稳坐钓鱼船。一家安稳不吃惊，十家太平不躲兵。一人当事不害怕，百人心中有柄把。本乡本土总不离，立定主意不改移。地方公事齐心办，大家吃碗安乐饭。

立定主意不改移。

第二　要齐心

我境本是安乐乡，只要齐心不可当。一人不敌二人智，一家不及十家强。你家有事我助你，我家有事你来帮。若是人人来帮助，扶起篱笆便是墙。只怕私心各不同，你向西来我向东。富者但愿自己好，贫者却愿大家穷。富者狠心不怜贫，不肯周济半毫分。贫者居心更难说，但愿世界遭抢劫。各怀私心说长短，彼此有事不相管。纵然亲戚与本家，也是丢开不管他。这等风俗实不好，城隍土地都烦恼。万一邻境土匪来，不分好歹一笔扫。富者钱米被人抢，贫者饭碗也难保。我们如今定主意，大家齐心共努力。一家有事闻锣声，家家向前作救兵。你救我来我救你，各种人情各还礼。纵然平日有仇隙，此时也要解开结。纵然平日打官方，此时也要和一场。大家吃杯团圆酒，都是亲戚与朋友。百家合成一条心，千人合做一双手。贫家饥寒实可怜，富家量力略周旋。邻境土匪不怕他，恶龙难斗地头蛇。个个齐心约伙伴，关帝庙前立誓愿。若有一人心不诚，举头三尺有神明。

第三　操武艺

要保一方好土地，大家学些好武艺。武艺果然学得精，纵然有事不受惊。石头要打二十丈，石灰罐子也一样。木板只要五寸宽，箭箭要中靶子上。石头灰罐破得阵，叉钯锚子一齐进。靶子也立一块板，板上先凿四个眼。眼内安个小木球，戳在锚子尖上留。只要枝枝戳得准，保守地方总安稳。火器虽然是个宝，鸟铳却要铸得好。火药也要办得真，不然炸裂反伤人。铳手若是不到家，不如操演不用他。惟有一种竹将军，装得火药大半斤。三股麻绳紧紧缠，一炮响动半边天。件件武艺皆无损，石头锚子更要紧。石头不花一文钱，锚子耍出一道圈。若是两个习得久，打尽天下无敌手。读书子弟莫骄奢，学习武艺也保家。耕田人家图安静，学习武艺也不差。匠人若能学武艺，出门也有防身计。商贾若能学武艺，店中大胆做生意。雇工若能武艺全，又有声名又赚钱。白日无闲不能学，夜里学习也快乐。临到场上看大操，个个显出手段高。各有义胆与忠肝，家家户户保平安。

查拿浏阳征义堂余匪示

今欲为搜查余匪事。照得征义堂匪徒，虽经大兵剿灭，而首犯尚有未获，余匪亦多未净。前因各乡团查拿匪党，间有报复仇怨、讹索银钱之事。本部堂出示严禁妄拿，非谓匪党可以不捕。不株累无辜之平民，乃所以致严于真正之堂匪也。近闻古港之局绅，各乡之团总，畏缩不前，查拿日懈。因本部堂有妄拿之禁，而遂谓真匪亦可以不拿，是犹病者因用药之误，而遂谓凡病皆可以不药。殊失我分别良莠之苦心也。重加整顿，再为诛除。差役下乡，则恐闾阎之被累；兵勇临境，又恐玉石之俱焚。再四思维,仍当责成古港之局绅,各乡之团总,令其同心踩缉,协力搜查。庶几耳目既真,擒拿亦易。为此示仰局绅、团总人等知悉。尔等涤虑洗心,立盟设誓。务期明可以质天地,幽可以质鬼神;上可以对祖宗,下可以对孙子。傥其妄拿一人,妄牵一家,不特不能逃国法之森严,亦难逃神明之诛殛。不特不能逃乡里之控告,亦断难逃本部堂之访闻。若其真正之堂匪,著名之要犯,自应穷搜力捕,不留余孽。虽逃往他县,亦宜越境追之。虽藏匿深山,亦宜设法捕之。其有两次赏格俱未列名,而实系堂内要犯者,准其一体擒拿。其有赏格虽经列名,而实未入堂为匪者,许该绅等公同取保,永不查拿。凡人之心迹,愈久愈明。果是匪党,虽父兄不能曲护;果非匪党,虽仇人不能栽诬。其有曾经入堂而并不为匪者,宜开一线之恩,予以自新之路。取户族之保结,为良民之实据。其有经官保释,及各团保释未拿者,各宜改过而俊非,毋得怙恶而取戾。若有负固不服,借口报复与局绅为仇,与团众为敌,拒捕战斗,情同叛逆,立即奔告本部堂行辕。寅时来告,卯时发兵,痛加剿洗,诛及妻孥。是彼之自外生成,非我之好行杀戮也。本部堂刻有乡团执照,族团执照,尔浏阳各乡选举公正廉明之人前来具领。清查户口,稽察匪类。细加剖别,大彰公道。领此照者,准其搜拿堂匪;未领照者,不许妄拿。尔士民等,体我苦衷,慎之又慎,于除恶务尽之中,寓生道杀人之意。一年之内,不可松懈;一犯之疑,不可疏忽。无贻后日之悔,永保百年之安。本部堂有厚望焉!心之曲折,笔不能达。兢兢业业,千万千万,毋违特示。

> 明可以质天地,幽可以质鬼神。

> 宜开一线之恩,予以自新之路。

禁止城中赛会告示

为禁止赛会事照得湖南被贼以后,疮痍未复。官民上下,各宜儆戒。节俭以惜物力,恐惧以迓天和,庶几挽回于万一。所有向来迎神赛会、淫乐奢靡之风,应即严行禁止。为此示仰军民人等知悉,如有赛会之议,立即遵照停止。倘敢故违,定将倡首承办之人严拿究办,决不宽贷。各宜凛遵,无违。特示。

> 节俭以惜物力。

禁讹传遏籴告示

为晓谕事。照得设兵所以卫民，足兵尤贵足食，三者相辅而行，不容稍有偏废。曩因金陵城外贼船回窜上游，长沙为水陆交冲之地，适遇青黄不接之时。守御固应加严，日食尤关紧要。是以调集各路兵勇，保我黎民。严禁出城米盐，以实储备，作未雨绸缪之计。实欲藉以卫民，非欲以累民。今值大兵云集，新谷将登，正当筹备军糈吃紧之际，访闻城厢内外，因有谷米不准出城之示，讹传不准贩运入城，以致商运不至，兵食维艰。并恐惟利是视之奸民，借此欺骗无知之花户，短价贩运，接济盗粮，关系非轻。合亟示谕。为此示仰商民人等知悉。嗣后尔等仍各贩运谷米入城，照常交易，不得轻听浮言，自误生理。其在城各米，如实系乡民买食，二三石亦准照旧疏通出城。但不准卖给贼船，致干查究。本部院谆谆告诫，无非念切民生。尔等共各懔遵，共图保卫。毋违。特示。

> 作未雨绸缪之计。

催完钱粮告示

为严催早完国课事。照得粤匪称乱以来，糜费国帑四千余万。皇上省宫中之服用，发内府之帑项，不惜罄其所藏，冀为生民除害。即王公大臣、文武官员，无一人不裁减廉俸，无一人不捐助军饷。而独于百姓格外体恤，田不加赋，户不抽丁。不特不加赋已也，水旱偏灾之县，又有蠲缓之条；贼匪经过之区，复有宽免之典。不特不抽丁已也，被胁之良民，免其罪而资遣之；被兵之难民，悯其穷而抚恤之。凡在百姓，想亦共闻之而共知之矣。自古以来，治日常少，乱日常多。或十余年而一遇兵戈，或数十年而一逢劫数。独至我朝，二百余年同享升平之福。高曾祖父，未曾见干戈锋镝之场；老弱壮丁，未曾经转徙流离之苦。雍正、乾隆年间，普免天下钱粮四次。嘉庆、道光年间，豁免民间积欠六次。咸丰元年正月，亦豁免民间积欠钱粮。合计十八省州

> 田不加赋，户不抽丁。

县之赋，共免三千万积欠之银。上考秦汉，下至前明，孰有如我朝之国泰民安，孰有如我朝之深仁厚泽乎？百姓欲报天家之德，必须早完维正之供。乃近闻民间完纳国课，每多迟延抗玩。或下忙已过，而上忙未输；或前年积欠，而今年犹展。或藉口于旱涝之微灾，而以为可缓；或藉口于书差之浮收，而以为可减。或贿差役，不使带人入城，以免追比之苦；或诡换册名，不使粮户之有着，以免追呼之烦。种种抗延，殊堪深恨。尤有可为痛恨者，一种无赖之游民，滋事之痞棍，聚集村市，三五成群。动称世界已乱，不必完钱粮。愚民无知，将信将疑。亦或将应完之课，故为迟延，不可不严行谕禁。为此示谕，仰我省绅民人等知悉。务当互相督劝，早完钱粮。族长戒其一族，团总催其一团。无因书差稍有浮收，遂并本分而不交；无因家资稍觉艰难，遂并正供而不纳。子贫而断父母之养膳者，必非孝子；民贫而欠皇家之钱漕者，必非良民。本部堂既以好言诰诫于前，即以刑法惩责于后。如有不赶紧完纳者，饬各州县三日一比，严刑重责。幽之囹圄之中，治以军流之罪。如有游民、痞棍倡为莠言，谓世界已乱，不必完粮者，一经拿获，即行正法。非本部堂之过严也，造此言者，即从贼之乱民也。尔绅民人等，敬听余言，互相传述。圣朝之恩，断不可负；抗欠之罪，断不少宽。凛之，慎之，无违。特示。

抗欠之罪，断不少宽。

晓谕新募乡勇

为晓谕事。照得本部堂招你们来充当乡勇，替国家出力。每日给你们的口粮，养活你们，均是皇上的国帑。原是要你们学些武艺，好去与贼人打仗、拚命。你们平日如不早将武艺学得精熟，将来遇贼打仗，你不能杀他，他便杀你；你若退缩，又难逃国法。可见学的武艺，原是保护你们自己性命的。若是学得武艺精熟，大胆上前，未必即死；一经退后，断不得生。此理甚明，况人之生死，有命存焉。你若不该死时，虽千万人将你围住，自有神明护佑，断不得死；你若该死，就坐在家中，也是要死。可

人之生死，有命存焉。

见与贼打仗，是怕不得的，也可不必害怕。于今要你们学习拳棍，是操练你们的筋力。要你们学习枪法，是操练你们的手脚。要你们跑坡跳坑，是操练你们的步履。要你们学习刀矛钯叉，是操练你们的技艺。要你们看旗帜，听号令，是操练你们的耳目。要你们每日演阵，住则同住，行则同行。要快大家快，要慢大家慢。要上前，大家上前，要退后，大家退后，是操练你们的行伍，要你们齐心。你们若是操得筋力强健，手足伶俐，步履便捷，技艺纯熟，耳目精明，而又大家齐心，胆便大了。一遇贼匪，放炮的放炮，放枪的放枪，刀矛钯叉。一齐上前，见一个杀一个，见十个杀十个。那怕他千军万马，不难一战成功。你们得官的得官，得赏的得赏，上不负皇上深仁厚泽，下即可慰本部堂一片苦心。本部堂于尔等有厚望焉。

今将操练日期，开列于后：

——每逢三、六、九日午前，本部堂下教场，看试技艺，演阵法。

——每逢一、四、七日午前，著本管官下教场演阵，并看抬枪、鸟铳打靶。

——每逢二、八、日午前，著本管官带领，赴城外近处跑坡、抢旗、跳坑。

——每逢五、逢十午前，即在营中演连环枪法。

——每日午后，即在本营演习拳棒、刀矛、钯叉，一日不可间断。

——临阵有能杀贼一名者，功赏银十两，并赏八品军功。

——杀贼二名者，功赏银二十两，并赏六品军功。

——杀贼三名以上者，除功赏银三十两外，随即奏请发营，以千把总补用。

——拿获长发贼，每名赏银二十两；短发贼，每名赏银十五两。

——拿获贼马一匹，即以其马充赏。如不愿要马，将马缴呈，赏银十两。

——抢获火药，每桶赏银五两。

——抢获铅子，每桶赏银三两。

——抢获大炮一尊，赏银十两；小炮一尊，五两。

——抢获鸟铳一杆，赏银三两。

——抢获刀矛、旗帜，每件赏银二两。

——打仗奋勇当先，虽未得功，亦随时酌给赏号，落后者不赏。如以已物诈功冒赏者，查出捆责四十棍，革除。临阵退缩者斩杀。假冒功者，枭首示众。 奋勇当先。

——打仗阵亡者，照营制，赐恤银五十两，烧埋银十两。

——伤分三等：头等，赏银三十两；二等，赏银二十两；三等，赏银十两。

——临阵回身，伤在背者，不赏。

——诈伤冒功者，查出捆责四十棍，革除。

水师得胜歌并序
咸丰五年江西南康水营作

咸丰三年十一月，余初造战船，办水师。楚中不知战船为何物，工匠亦无能为役。因思两湖旧俗，五日龙舟竞渡，最为迅捷。短桡长桨，如虬之足，如鸟之飞。此人力可以为主者，不尽关乎风力水力也。遂决计仿竞渡之舟，以为战船。时守备成名标，自长沙来衡州，始告余以广东快蟹船式，舢板船式。同知褚汝航自桂林来衡州，告余以长龙船式。于是纠集衡州、永州工匠，又分厂于湘潭，共造快蟹四十号，长龙四十号，舢板八十号。快蟹配四十五人，摇桨者廿八人，橹八人。长龙配廿四人，摇桨者十六人，橹四人。舢板配十四人，摇桨者十人。每船舵工一人，头工一人，炮手数人。四年五月，每船添立管驾者一人，名曰"哨官"。五年十月，每船于众桨手中，置火弹手数人。于是规模略备。行之三年，而未尝更易。惟舢板船小，不能置炉造饭，不能容十余人寝宿其中。常另雇一民船为坐船，终非可久之道。若长江大湖，设立水师，而用吾之法行之，则舢板之坐船在所当变者也。

余既于癸丑冬创造战船，设立水师十营。甲寅三月廿八日，以五营击湘潭之贼，连获大捷。以五营击靖港之贼，军士败溃。五月以后，在长沙复修船只，重整规模。六月，克复岳州。七月、闰七月扫荡岳鄂之间江面七百余里，搜剿黄盖、斧头等湖。八月，克复武昌、汉阳。于是水师之规制略定，将卒亦略谙水战之法。遂制为《水师得胜歌》，令士卒歌诵，口相习以熟，冀娴其大略。而其临阵之神明变化，则有不能及也。歌曰：

> 口相习以熟，冀娴其大略。

三军听我苦口说，教你水战真秘诀。第一船上要洁净，全仗神灵保性命。早晚烧香扫灰尘，敬奉江神与炮神。第二湾船要稀松，时时防火又防风。打仗也要去得稀，切莫拥挤吃大亏。第三军器要整齐，船板莫沾半点泥。牛皮圈子桂桨桩，打湿水絮封药箱。群子包包要缠紧，大子个个要合膛。抬枪磨得干干净，大炮洗得溜溜光。第四军中要肃静，大喊大叫须严禁。半夜惊营莫急躁，探听贼情莫乱报。切莫乱打锣和鼓，亦莫乱放枪和炮。第五打仗不要慌，老手心中有主张。新手放炮总不准，看来也是打得蠢。远远放炮不进当，看来本事也平常。若是好汉打得进，越近贼船越有劲。第六水师要演操，兼习长矛并短刀。荡桨要快舵要稳，打炮总要习个准。斜斜排个一字阵，不慌不忙听号令。出队走得一线穿，收队排得一络连。慢的切莫丢在后，快的切莫走在前。第七不可抢贼赃，怕他来杀回马枪。又怕暗中藏火药，未曾得财先受伤。第八水师莫上岸，止许一人当买办。其余个个要守船，不可半步走河沿。平时上岸打百板，临阵上岸就要斩。八条句句值千金，你们牢牢记在心。我待将官如兄弟，我待兵勇如子侄。你们随我也久长，人人晓得我心肠。愿尔将官莫懈怠，愿尔兵勇莫学坏。未曾算去光算回，未曾算胜先算败。各人努力各谨慎，自然万事都平顺。仔细听我《得胜歌》，升官发财笑呵呵！

> 各人努力各谨慎，自然万事都平顺。

陆军得胜歌
咸丰六年在江西南昌省城作

三军听我苦口说，教你陆战真秘诀。第一扎营要端详，营盘选个好山冈。不要低洼潮湿地，不要一坦大平洋。后有退步前有进，一半见面一半藏。看定地方插标记，插起竹竿牵绳墙。绳子围出三道圈，内圈略窄外圈宽。六尺墙脚八尺壕，壕要筑紧墙要牢。正墙高要七尺满，子墙只有一半高。烂泥碎石不坚固，雨后倒塌一缸槽。一营只开两道门，门外驱逐闲杂人。周围挖些好茅厕，免得热天臭气薰。三里以外把个卡，日日守卡夜夜巡。第二打仗要细思，出队要分三大支。中间一支且扎住，左右两支先出去。另把一支打接应，再要一支埋伏定。队伍排在山坡上，营官四处好瞭望。看他那边是来路，看他那边是去向。看他那路有伏兵，看他那路有强将。那处来的真贼头，那边做的假模样。件件看清件件说，说得人人都胆壮。他呐喊来我不喊，他放枪来我不放。他若扑来我不动，待他疲了再接仗。起手要阴后要阳，出队要弱收队强。初交手时如老鼠，越打越强如老虎。打散贼匪四山逃，追贼专从两边抄。逢屋逢山搜埋伏，队伍切莫乱分毫。第三行路要分班，各营队伍莫乱参。四六队伍走前后，锅帐担子走中间。不许争先太拥挤，不许落后太孤单。选个探马向前探，要选明白真好汉。每日先走二十里，一步一步仔细看。遇著树林探村庄，遇著河水探桥梁。遇著岔路探埋伏，左边右边都要防。遇著贼匪来迎敌，飞马回报不要忙。看定地势并虚实，迟报一刻也不妨。前有探马走前站，后有将官押尾帮。过了尾帮落后边，插他耳箭打一千。第四规矩要肃静，有礼有法有号令。哨官管兵莫太宽，营官也要严哨官。出营归营要告假，朔日望日要请安。若有公事穿衣服，大家出来站个班。营门摆设杖和枷，闲人进来便锁拿。不许吸烟并赌博，不许高声大喧哗。奸淫掳掠定要斩，巡更传令都要查。起更各哨就安排，传齐夫勇点名来。营官三夜点一次，哨官每夜点一回。任凭客到文书到，营门一闭总不开。衣服装扮要料峭，莫穿红绿惹人笑。哨官不许穿长衣，兵勇不许穿软料。脚上草鞋紧紧穿，身上腰带紧紧缠。头上包巾紧紧扎，英雄样子都齐全。第五军器要整齐，各人制件好东西。杂木杆子溜溜圆，又光又硬又发绵。常常在手摸得久，越摸越熟越值钱。锚头只要六寸长，要出杨家梨花枪。大刀要轻腰刀重，快如闪电白如

看定地势并虚实。

霜。枪炮钻洗要干净，铅子个个要合膛。生漆皮桶盛火药，勤翻勤晒见太阳。锄锹镢子要粗大，斧头要嵌三分钢。火球都要亲手制，六分净硝四分磺。旗帜三月换一次，红的印心白的镶。统领八面营官四，队长一面哨官双。树树摇出如龙虎，对对走出似鸳鸯。第六兵勇要演操，清清静静莫号嘈。早习大刀并锚子，晚习扒墙并跳壕。壕沟要跳八尺宽，墙子要爬七尺高。树个靶子十丈远，火球石子手中抛。闲时寻个宽地方，又演跑队又演枪。鸟枪手劲习个稳，抬枪眼力习个准。灌起铅子习打靶，翻山过水习跑马。事事操习事事精，百战百胜有名声。者个六条句句好，人人唱熟是秘宝。兵勇甘苦我尽知，生怕你们吃了亏。仔细唱我《得胜歌》，保你福多又寿多。

谕贼目林启容

盖闻知几为哲人，识时为俊杰；时危势去，而不觉悟，则为下愚，徒为智者之所鄙笑也。自洪秀全、杨秀清倡乱以来，蔓延十省，掳船数万，自以为横行无敌。乃渡黄河者，数十万人，屠戮殆尽，片甲不返，匹马不归，而贼势顿衰。本部堂办理水师，分布湖北、江西，烧毁逆舟，截其粮源，而贼势更衰。洎今年七月，韦昌辉诛杀杨秀清，凡东嗣君、西嗣君及杨氏宗族官属，斩刈无遗。石达开自武昌归去，几不免于杀害。金陵内变，而贼势于是乎大衰。思尔林启容亦深知之而深恨之，痛哭而无可如何也。本部堂前年在九江时，统率水陆，环攻浔城。林启容兵单粮少，坚守不屈。本部堂嘉尔有强固之志。官军拔营以后，尔未尝屠杀百姓，本部堂嘉尔无殃民之罪。尔在贼党中，可谓杰出矣。昔之统理贼党，慑服众心者，杨秀清也。能知尔能用尔者，杨秀清也。今杨氏既诛，谁能统理而服众乎？谁能知尔而用尔乎？尔与石达开皆杨氏之党，韦昌辉必思所以除之。韦与石不两立，非韦杀石，即石杀韦。纵使石能胜韦，而韦氏宗族甚多，兵卒甚强，冤冤相报，岂有已时？尔等终不免为韦党所害，此尔目前之大患也。江西各府，广东新附之贼居多，外虽归顺，心实猜忌。

如周邓汪卢诸人,甚不愿受尔等之约束。杨秀清未死,彼尚畏尔之强;杨秀清既诛,彼已毫无畏惮。一旦反颜相向,广西金田之老贼,必为广东新贼所仇杀,此亦尔将来之大患也。官兵攻剿,尔尚有可防守。惟广东之贼叛尔,韦氏之党仇尔,则防之不胜其防。念尔林启容不死于官兵,则死于广东之贼;不死于东贼,则死于韦氏之党。万无幸全之理。岂不哀哉!本部堂嘉尔有一节之可取,特谕招降。尔能剃发投诚,立功赎罪,奏明皇上,当以待张家强之例待之。可以保身首,可以获官爵;并可诛戮韦党,以快私仇。一举而三善备,计之上也。若执迷不悟,抗违天诛,韦石为鹬蚌之持,官兵收渔人之利。杨氏若在,尔死犹有薄名;杨氏既灭,尔死不值一钱。为祸为福,在尔一心决之。熟思吾言,无遗后悔。或愿或否,速行禀复。此谕。

> 一举而三善备,计之上也。

先大夫置祭费记

古者大夫之制,别子为祖,继别者为大宗,得立太祖之庙。继祢继祖,继高曾者,为小宗,得立四亲之庙。后世封建不行,别子久废,无复太祖立庙之称。而宗法既堕,即祖、祢、高、曾,亦不复有区别,而立亲庙者。时异势殊,古法不可施于今久矣。金匮秦尚书蕙田有言:"后世天下一家,仕宦迁徙。其有子孙繁衍而成族者,则始至之人,宜为始迁之祖,与古之别子无异。"今直省名家巨族,皆有祠堂,祀其初迁者为始祖,大率皆比附秦尚书之议而然也。或富贵好礼,分建支祠,亦犹古者小宗亲庙之遗意。国藩不肖,托先人之余荫,窃禄朝右,承乏六官。遭逢今天子登极,宣宗成皇帝升配大典,覃恩锡类,累封先考、王考、曾祖王考皆为光禄大夫,妣皆封一品夫人。而春秋荐享,曾无庙宇,以妥宗祏。筮日无门,丽牲乏碑,其奚以宣鬯皇恩,宏昭世德,永敕后嗣子若孙,而作其肃敬之心。咸丰八年四月,吾兄弟居先考之丧,盖十有四月矣。节序不居,将变而之吉。祭庙之不修,器皿之不备;无财不可为悦,实用大惧。于是各具白金若干两,积为竹亭府君公资,备他日祠庙祭田之需。当明之

> 时异势殊,古法不可施于今久矣。

季,圣清之初,吾曾氏始自衡阳迁居湘乡。家微也,力田不足以自给。嘉庆十九年,我王考星冈府君倡建宗祠于衡。道光二十八年,季父高轩创建支祠于湘,奉元吉府君为祖。迁湘之始祖,本自孟学府君。而支祠祖元吉府君者,以其创业始大也。元吉府君六子。咸丰七年,六公者之裔,各以其祖主祔于元吉公祠。其仲曰"辅臣"府君。于国藩为高祖王考。是生竟希府君,为我曾祖王考。是生星冈府君,为我王考。辅臣府君既已升祔支祠矣。竟希府君,星冈府君,皆仅积公赀,以供祭具,庙祔之典阙焉。今兹为竹亭府君积植公赀,异时合三代之蓄,而共建一庙,事其庶易举乎!戴氏记《王制》:大夫三庙,一昭一穆,与太祖之庙而三。说者,以谓昭穆仅有祖祢,而无高曾二庙。程子始辨之,以为自天子以至庶人,皆当祭及高祖,马贵与推阐其说。至我朝宿儒万斯大氏之伦出,博稽经传,而大夫士得庙祭高、曾、祖、祢四代,乃确然而不可易。今国藩仅立三亲庙,而不言高祖。盖辅臣府君业已上祔支祠,而竟希府君以下三代,皆膺封诰。抑所以表国恩也。其或因事致祭,而上祀辅臣府君,无吉府君,则援《礼经》"干祫及其高祖"之例。即不应经,而礼缘义起,但求当乎孝子慈孙之心之公且安者而已矣。若夫田产、钱币存积之法,天家赐物、宗器弃庋之宜、祭器、供具、图尽贵重之物,凡应藏于庙者,皆书于册,立为科条,其别如左:

田　产

把戏湾田十六亩,屋宇、池塘、园土。咸丰七年九月十六日,承当王葛氏及男水九之产,去钱二百六十千文。下塘湾田三十亩,屋宇、山塘、园土。咸丰六年十二月二十六日,承当罗道源之产,去钱二百九十六千文。以上二处,每年共纳租四十四百二斗,定议:置仓贮之,公同封锁。次年粜出,其钱亦封贮于仓,以是为常。不许私粜,不许外借。

银　钱

国藩出银百两,国华出银百两,国荃出银百两,国潢、国葆共出银百两,定议交国潢经管。满二年,再移交他手。其银每年秋间籴谷,置仓于永丰贮之。次年粜出,其钱换银,归贮于家内之仓，或存钱永丰亦可。秋间仍籴谷贮仓，明年粜出，亦如之。以是为常，不许私支私粜，不许外借。

赐　物

道光三十年二月初二日，奉内赐宣宗成皇帝遗念衣一件，玉佩一事。咸丰元年八月初六日，奉内赐御制诗石刻横幅一帧。咸丰四年十二月二十五日，奉内赐狐皮黄马褂一件，小刀、火镰、搬指、荷包四事。是夕，贼匪偷营，将此四事遗失。咸丰四年腊月三十日，奉内赐"福"字一幅，荷包三对。咸丰六年正月十六日，奉内赐"福"字一幅，荷包三对。咸丰七年正月十三日，奉内赐"福"字一幅，荷包三对。咸丰七年三月十一日，奉赐经理丧事银四百两。谨按：以上各物，惟四年腊月二十五夜遗失之四事，谨当由京师照样买补。其日同受赐者，塔忠武公亦有四事，可以为式也。候买到后。与各件皆当敬谨尊藏于家庙。其七年赐银，业经用去。当另封四十两藏之庙内，以志颁赙非常之恩。道光二十五年十月初十日，孝和睿皇后七十万寿，覃恩诰封竹亭公为中宪大夫，妣为恭人。貤封星冈公为中宪大夫，妣为恭人。诰命二轴。道光三十年正月二十六日，今天子登极，覃恩加一级，诰封三代，诰命四轴。（三代及叔父）。三月十二日，孝和睿皇后升祔，覃恩不加级，诰封本身妻室，诰命一轴。四月十二日，宣宗成皇帝升配，覃恩加二级，诰封三代，诰命四轴。（三代及叔父）。谨按：以上各诰轴，宜酌量分贮白玉堂老屋，黄金堂新宅，及将来修立之庙内。

以志颁赙非常之恩。

宗　器

竹亭府君砚池徒一个、红青缎袱。手抄四书文二本、红青缎袱。谨按先大夫课徒二十余年，皆于此砚，以黑漆为合盖，无当久矣。国藩昔侍亲侧，见先大夫逢三八课日，则晨起洗砚，谓效法邑中耆宿彭薄墅先生之所为也。手抄文二本，亦肄业双峰书院，师事薄墅先生时之所抄。咸丰七年，余兄弟奔丧归来，始珍弄此二物，以为手泽，各为之袱。驼色缎锦袍一件，佛青缎锦褂一件。道光二十七年五月，国藩以大考二等，蒙恩赏大卷缎二件，遂制袍褂二付，一以奉星冈府君，一以奉竹亭府君。星冈府君以为殓服；竹亭府君之衣尚存。它日祭祀，或陈裳衣，此其一也。《文选》一部，竹亭府君曾手批者。

祭　器

锡五事，咸丰七年置。银爵三，其二在京师带回，其一系塔忠武公谒师所献。锡水碗八件，咸丰七年俞刺史所赠。锡碗一席，磁碗一席，纪泽之元配贺安人所置。临没时，请捐为祭器。

供　具

漆桌二十张。漆橙六十条。漆椅十六张。茶几十二张。椆木香几一张。香亭二座。蓝呢桌围八个。蓝呢彩五疋。锡提炉四个。镜灯四对。纱布灯九对。以上各件，皆咸丰七年治丧事时所置。大镜屏一架。狮鹿笔一张，并几垫。钱柜一个，柜一个。以上各件皆家中往年所置。

谨按：蓝呢桌围及彩，仅足为忌日祭祀之供具。其他祀典，皆吉礼也。宜另制红桌围、戏绦、红伞之类。其钱柜及柜，极不足珍。本无与于有无之数，以其向在先大夫卧房之内，睹物生慕，故留为祠庙之供具，亦犹宗器之义云尔。

图　书

《皇清经解》三十六套，三百六十册，陈岱云太守所赠，国荃装钉成籍。《廿二史》一部，赵玉班太守赠国荃者。计汲古阁十七史，以宏简录代宋辽金元等史，又配以明史。咸丰八年正月国荃自吉安营中寄回。淳化本前后《汉书》各一部，各六函。汪刻前后《汉书》各一部，各四函。袁漱六太守所赠。国藩许以淳化本《后汉书》、汪刻前《汉书》赠刘君霞仙。其淳化本前《汉书》、汪刻《后汉书》则留藏家庙。此善本，不可多得者也。宋板《庄子》一部，亦漱六太守所送，皆咸丰七年十二月寄到。《五礼通考》《读礼通考》一部，共十二函，百二十册。《文献通考》一部，共八函，一百册，吴竹庄观察所赠，咸丰七年十月送到。德化万刻《五经》六函，四十册。万刻《十三经古注》八函，八十四册。万刻《文章轨范》一函，二册。崇仁谢刻《通典》一部，四函，四十册。《汉魏六朝百三家》一部，八函，八十册。《方舆纪要》一部，八函，四十八册。胡刻《通鉴》一部，

本无与于有无之数。

八匣，百二十八册。胡刻《文选》一部，一匣，二十四册。《日知录》一部，十二册。《三国志》一部，八册。施注苏诗一部，八册。前《汉书》一部，三十册。《长恩书室丛书》一部，八册。《四书》一部，六册。以上皆自江西营中带归之书。《通鉴》系国藩奔丧时自行带回。咸丰七年，用朱笔校读一过。余系陈季牧张小山先后带归。《古文辞类纂》一部，十二册。《十八家诗钞》一部，八册。《汉书》一部，十册。《庄子》一部，二册。《南河编年纪要》一部，三册。朱刻《说文》一部，三册。以上皆咸丰二年自京带回之书。朱子《纲目》一部，十二函，百二十册。《皇朝经世文编》一部，八函，八十册。王刻《十子全书》四函，三十册。《史汉评林》二部，共四十册。王白田《朱子年谱》一函，四册。殿板《周易折中》十二册。殿板《性理精义》五册。《湖海诗传》《文传》二部，共十八册。浙刻《东莱博义》一部。《朱子全集》一部。《十三经注疏》一部。以上皆家中旧有之书，多系国华国荃所置，或有自京师带归者。

初定营规二十二条

扎营六条：

扎营要在山冈，不可在低湿之处，不可在四面平旷毫无遮护之处。

看营盘者，插竿牵绳，周围牵一绳墙。长夫到时，即照绳墙筑立营盘。

正墙脚宽六尺，子墙脚在内。顶宽一尺五寸，子墙顶宽二尺，正墙高七尺，子墙高三尺五寸。

外壕宽六尺，深八尺。内壕宽三尺，深三尺。凡挖壕之时，每隔一丈留横路一道。挖毕之时，内壕仍留横路，外壕概行挖去。

凡一营只开二门，不许太多。门外筑一湾墙，营内支帐房两层。外层向墙开门，内层向中开门，各留大路，以便出队。

营外每百人挖茅厕一个，三箭之外牵绳墙一道。凡买卖闲人概不许入绳墙之内。

开仗五条：

出队要分三大支，临时再多分几小支。凡有房屋之处，须分一支，以防埋伏。小山之后，须分一支。树林之中，须分一支。

队伍要占住山坡，排立不动。营官要四处往来，登高瞭望。

打仗要打个稳字。贼呐喊我不呐喊。贼开枪我不开枪。贼来冲扑时，扑一次，我也站立不动；扑两次，我也站立不动。稳到两个时辰，自然是大胜仗。

前队用好手五百以备冲锋，后队要好手五百以备救败。中间大队略弱些也不妨。前队若小挫，后队好手出去救败；前队若得胜，后队好手不动，专等收队时在梢尾行走。

刀矛对杀之时，要让贼先动手，我后动手。头一下已过，第二下未来之时，我拨他头一下，正好杀他。

行路三条：

六成队伍走头一段，四成队伍走尾一段。锅帐担子走中一段。头次探马，带七八人先走二十里；二次探马，先走十里。如遇贼来，头探先行回报，二探再去看明虚实续报。如左右有岔路，头探遣人分路去。如有两三条岔路，遣两三起人去探明。看定营盘，头探插竿牵绳。

大军行毕五里之后，派一将官押尾，不许有一人落尾旗之后。途中不许有一人进店吃饭。

守夜三条：

扎营之处，凡有来路，派人于五里之外守卡。四五更时，另派亲信人查卡。

每棚派两人守上半夜，派两人守下半夜。不许打更，止许走筹。传令者大声，接令者低声。每夜派哨官四人巡更。从二更起，每哨官巡一更。周围巡查，查本哨兼查别哨之勇。

起更即关营门，无论客来、文书来，均不许开营门。贼来不许出队，不许点灯，不许呐喊。说话悄悄静静。预备枪炮、火球，看准再打。

军器五条：

打仗要打个稳字。

枪炮要试过三十次方免炸裂。群子要包紧合膛。

矛杆要树的不要竹的；要整树直纹，不要横纹。

锄要八寸长，三寸宽。锹要八寸长，六寸宽。挑土用四方布袋，盛子药用生漆皮桶。

旗帜要一色，不宜混杂。

刀矛要常磨，火药要常晒，火球要亲手自制。

爱民歌
咸丰八年在江西建昌大营作

三军个个仔细听，行军先要爱百姓。贼匪害了百姓们，全靠官兵来救人。百姓被贼吃了苦，全靠官兵来作主。第一扎营不贪懒，莫走人家取门板。莫拆民房搬砖石，莫踹禾苗坏田产。莫打民间鸭和鸡，莫借民间锅和碗。莫派民夫来挖壕，莫到民家去打馆。筑墙莫拦街前路，砍柴莫砍坟上树。挑水莫挑有鱼塘，凡事都要让一步。第二行路要端详，夜夜总要支帐房。莫进城市占铺店，莫向乡间借村庄。人有小事莫喧哗，人不躲路莫挤他。无钱莫扯道边菜，无钱莫吃便宜茶。更有一句紧要书，切莫掳人当长夫。一人被掳挑担去，一家号哭不安居。娘哭子来眼也肿，妻哭夫来泪也枯。从中地保又讹钱，分派各团并各都。有夫派夫无派钱，牵了骡马又牵猪。鸡飞狗走都吓倒，塘里吓死几条鱼。第三号令要严明，兵勇不许乱出营。走出营来就学坏，总是百姓来受害。或走大家讹钱文，或走小家调妇人。邀些地痞做伙计，买些烧酒同喝醉。逢着百姓就要打，遇着店家就发气。可怜百姓打出血，吃了大亏不敢说。生怕老将不自在，还要出钱去陪罪。要得百姓稍安静，先要兵勇听号令。陆军不许乱出营，水军不许岸上行。在家皆是做良民，出来当兵也是人。官兵贼匪本不同，官兵是人贼是禽。官兵不抢贼匪抢，官兵不淫贼匪淫。若是官兵也淫抢，便同贼匪一条心。官兵与贼不分明，到处传出丑声名。百姓听得就心酸，上司听得皱眉尖。上司不肯发粮饷，百姓不肯卖米盐。爱民之军处处喜，扰民之军处处嫌。我的军士跟我早，多年

凡事都要让一步。

爱民之军处处喜，扰民之军处处嫌。

在外名声好。如今百姓更穷困，愿我军士听教训。军士与民如一家，千记不可欺负他。日日熟唱爱民歌，天和地和又人和。

雜著

卷二

礼

古之君子之所以尽其心，养其性者，不可得而见，其修身、齐家、治国、平天下，则一秉乎礼。自内焉者言之，舍礼无所谓道德；自外焉者言之，舍礼无所谓政事。故六官经制大备，而以《周礼》名书。春秋之世，士大夫知礼善说辞者，常足以服人而强国。战国以后，以仪文之琐为礼，是女叔齐之所讥也。荀卿、张载，兢兢以礼为务，可谓知本好古，不逐乎流俗。近世张尔岐氏作《中庸论》，凌廷堪氏作《复礼论》，亦有以窥见先王之大原。秦蕙田氏辑《五礼通考》以天文、算学录入为观象授时门；以地理、州郡录入为体国经野门。于著书之义例，则或驳而不精；其于古者经世之礼之无所不该，则未为失也。

> 修身、齐家、治国、平天下，则一秉乎礼。

赦

牧马者，去其害马者而已；牧羊者，去其乱群者而已。牧民之道，何独不然。诸葛武侯治蜀，有言公惜赦者。答曰："治世以大德，不以小惠。故匡衡、吴汉不愿为赦。先帝亦言：'吾周旋陈元方、郑康成间，每见启告治乱之道悉矣，曾不语赦也。若刘景升季玉父子，岁岁赦宥，何益于治？'"蜀人称亮之贤。厥后费祎秉政，大赦。河南孟光责祎曰："夫赦者，偏枯之物，非明世所宜有也。"国藩尝见家有不肖之子，其父曲宥其过，众子相率而口流于不肖。又见军士有失律者，主者鞭责不及数，又故轻贳之。厥后众士傲慢，常戏侮其管辖之官。故知小仁者，大仁之贼。多赦不可以治民，溺爱不可以治家，宽纵不可以治军。

> 治世以大德，不以小惠。

> 宽纵不可以治军。

世泽

士大夫之志趣，学术果有异于人者，则修之于身，式之于家，必将有流风余韵，传之子孙，化行乡里，所谓君子之泽也。

就其最善者，约有三端，曰诗书之泽，礼让之泽，稼穑之泽。诗书之泽，如韦玄成议礼，王吉传经，虞魏之昆，顾陆之裔，代有名家，不可殚述。我朝如桐城张氏，自文端公而下，巨卿硕学，世济其美。宣城梅氏，自定九徵君以下，世精算学。其六世孙梅伯言郎中曾亮，自谓莫绍先绪，而所为古文诗篇，一时推为祭酒。高邮王氏，自文肃公安国以下，世为名儒。而怀祖先生训诂之学，实集古今之大成。国藩于此三家者，常低徊叹仰，以为不可及。礼让之泽，如万石君之廉谨，富平侯之敬慎；唐之河东柳氏，宋之蓝田吕氏。门庭之内，彬彬焉有君子之风。余所见近时缙绅，未有崇礼法而不兴，习傲慢而不败者。稼穑之泽，惟周家开国，豳风陈业，述生理之艰难，导民风于淳厚，有味乎其言之。近世张敦复之恒产琐言，张杨园之农书，用意至为深远。国藩窃以为稼穑之泽，视诗书礼让之泽，尤为可大可久。吾祖光禄大夫星冈公尝有言曰："吾子孙虽至大官，家中不可废农圃旧业。"懿哉至训，可为万世法已。

未有崇礼法而不兴。

悔吝

吉凶悔吝，四者相为循环。吉，非有祥瑞之可言，但行事措之咸宜，无有人非鬼责，是即谓之吉。过是则为吝矣。天道忌满，鬼神害盈，日中则昃，月盈则亏，《易》爻多言贞吝。易之道，当随时变易，以处中当变；而守此不变，则贞而吝矣。凡行之而过，无论其非义也。即尽善之举，盛德之事，稍过，则吝随之。余官京师，自名所居之室，曰"求阙斋"，恐以满盈致吝也。人无贤愚，遇凶皆知自悔，悔则可免于灾戾。故曰"震无咎者，存乎悔"。动心忍性，斯大任之基。侧身修行，乃中兴之本。自古成大业者，未有不自困心横虑，觉悟知非而来者也。吝则驯致于凶，悔则渐趋于吉。故大易之道，莫善于悔，莫不善于吝。吾家子弟，将欲自修，而免于愆，尤有二语焉，曰"无好快意之事，常存省过之心。"

日中则昃，月盈则亏。

莫善于悔，莫不善于吝。

儒缓

《论语》两称"敏则有功"。敏,有得之天事者,才艺赡给,裁决如流,此不数数觏也。有得之人事者,人十己千,习勤不辍,中材以下,皆可勉焉而几。余性鲁钝,他人目下二三行,余或疾读不能终一行。他人顷刻立办者,余或沉吟数时不能了。友人阳湖周弢甫(腾虎),尝谓余儒缓不及事。余亦深以舒缓自愧。《左传》:齐人责鲁君不答稽首,因歌之曰:"鲁人之皋,数年不觉,使我高蹈,惟其儒书。以为二国忧。"言鲁人好儒术,而失之皋缓。故二国兴师来问也。《汉书·朱博传》:齐部舒缓养名博,奋髯抵几曰:"观齐儿欲以此为俗邪?"皆斥罢诸吏。门下掾赣遂,耆老大儒,拜起舒迟。博谓赣'老生不习吏礼,令主簿教之。拜起闲习。'又以功曹官属,多襃衣大裑,不中节度;敕令掾史衣皆去地二寸。此亦恶儒术之舒缓,不足了事也。《通鉴》:"凉骠骑大将军宋混曰:'臣弟澄政事愈于臣,但恐儒缓机事不称耳。'"胡三省注曰:"凡儒者多务为舒缓,而不能应机以趋事赴功。"大低儒术非病,儒而失之疏缓,则从政多积滞之事,治军少可趁之功。

<small>恶儒术之舒缓,不足了事。</small>

名望

知识愈高,则天之所以责之者愈厚;名望愈重,则鬼神之所以伺察者愈严。故君子之自处,不肯与众人絜量长短。以为己之素所自期者大,不肯自欺其知识以欺天也;己之名望素尊,不肯更以鄙小之见贻讥于神明也。

<small>知识愈高,天之所以责之者愈厚。</small>

居业

古者英雄立事,必有基业。如高祖之关中,光武之河内,魏之兖州,唐之晋阳。皆先据此为基,然后进可以战,退可以守。

<small>古者英雄立事,必有基业。</small>

君子之学道也，亦必有所谓基业者。大抵以规模宏大、言辞诚信为本。如居室然，宏大则所宅者广，托庇者众。诚信则置址甚固，结构甚牢。《易》曰："宽以居之。"谓宏大也。"修辞立其诚，所以居业"，谓诚信也。大程子曰："道之浩浩，何处下手？惟立诚才有可居之处。诚便是忠信，修省言辞，便是要立得这忠信。若口不择言，逢事便说，则忠信亦被汩没，动荡立不住了。"国藩按：立得住，即所谓居业也，今世俗言"兴家立业"是也。子张曰："执德不宏，信道不笃，焉能为有？焉能为亡？"亦谓苟不能宏大诚信，则在我之知识浮泛动荡，指为我之所有也不可，指为我之所无也亦不可。是则终身无可居之业。程子所谓立不住者耳。

> 诚信则置址甚固。

英雄诫子弟

古之英雄，意量恢拓，规模宏远。而其训诫子弟，恒有恭谨敛退之象。刘先主临终敕太子曰："勉之，勉之！勿以恶小而为之，勿以善小而不为。惟贤惟德，可以服人。汝父德薄，不足效也。汝与丞相从事，事之如父。"西凉李暠手令戒诸子，以为"从政者，当审慎赏罚，勿任爱憎。近忠正，远佞谀，勿使左右窃弄威福。毁誉之来，当研核真伪。听讼折狱，必和颜任理，慎勿逆诈亿必，轻加声色，务广咨询，勿自专用。吾莅事五年，虽未能息民，然含垢匿暇，朝为寇仇，夕委心膂，粗无负于新旧。事任公平，坦然无类，初不容怀有所损益。计近则如不足，经远乃为有余，庶亦无愧前人也。"宋文帝以弟江夏王义恭都督荆湘等八州诸军事，为书诫之曰："天下艰难，国家事重。虽曰守成，实亦未易。隆替安危，在吾曹耳，岂可不感寻王业，大惧负荷！汝性褊急，志之所滞，其欲必行；意所不存，从物回改，此最弊事，宜念裁抑。卫青遇士大夫以礼，与小人有恩，西门安于矫性齐美，关羽、张飞任偏同弊。行己举事，深宜鉴此。若事异今日，嗣子幼蒙，司徒当周公之事，汝不可不尽只顺之理。尔时天下安危，决汝二人耳。汝一月自用钱不可过三十万，若能省此益

> 惟贤惟德，可以服人。

> 不可专意自决。

美。西楚府舍，略所谙究，计当不须改作，日求新异。凡讯狱多决，当时难可逆虑，此实为难。至讯日，虚怀博尽，慎无以喜怒加人。能择善者而从之，美自归已；不可专意自决，以矜独断之明也。名器深宜慎惜，不可妄以假人，昵近爵赐，尤应裁量。吾于左右，虽为少恩，如闻外论，不以为非也。以贵凌物，物不服；以威加人，人不厌。此易达事耳。声乐嬉游，不宜令过。蒲酒渔猎，一切勿为。供用奉身，皆有节度。奇服异器，不宜兴长。又宜数引见佐史，相见不数，则彼我不亲。不亲，无因得尽人情。人情不尽，复何由知众事也？"数君者，皆雄才大略，有经营四海之志，而其教诫子弟，则约旨卑思，敛抑已甚。伏波将军马援，亦旷代英杰。而其诫兄子书曰："吾欲汝曹闻人过失，如闻父母之名，耳可得闻，口不可得言也。好议论人长短，妄是非政法，此吾所大恶也。宁死不愿子孙有此行也。龙伯高敦厚周慎，口无择言，谦约节俭，廉公有威。吾爱之，重之，愿汝曹效之。杜季良豪侠好义，忧人之忧，乐人之乐，父丧致客，数郡毕至。吾爱之，重之，不愿汝曹效也。效伯高不得，犹为谨敕之士，所谓刻鹄不成，尚类鹜者也。效季良不得，陷为天下轻薄子，所谓画虎不成反类狗者也。"此亦谦谨自将，

> 敛其高远之怀，即于卑迩之道。

敛其高远之怀，即于卑迩之道。盖不如是，则不足以自致于久大。藏之不密，则放之不准。苏轼诗"始知真放本精微"即此义也。

气节·傲

自好之士，多讲气节。讲之不精，则流于傲而不自觉。风节守于己者也，傲则加于人者也。汉萧望之初见霍大将军光，不肯露索挟持。王仲翁讥之。望之曰："各从其志。"魏孙资刘放用事，辛毗不与往来。子敞谏之，毗正色曰："吾立身自有本末，就与孙刘不平。不过令吾不作三公而已。"宋顾恺之不肯降意于戴法兴等，蔡兴宗嫌其风节太峻。觊之曰："辛毗有言：'孙刘不过使我不为三公耳。'人禀命有定分，非智力可移。"因命弟子原著《定命论》以释之。此三事者，皆风节之守于己者也。若汲黯

不下张汤，宋璟不礼王毛仲，此自位高望尊，得行其志已，不得以风节目之矣，然犹不可谓之傲也。以傲加人者，若盖宽饶之于许伯，孔融之于曹操，此傲在言词者也。嵇康之于钟会，谢灵运之于孟𫖮，此傲在神理者也。殷仲文之于何无忌，王僧达之于路琼之，此傲在仪节者也。息夫躬历低诸公，暨艳弹射百寮，此傲在奏议者也。此数人者，皆不得令终。大抵人道害盈，鬼神福谦。傲者内恃其才，外溢其气，其心已不固矣。如盖孔嵇谢殷王等仅以加诸一二人，犹且无德不报，有毒必发。若息夫躬暨艳之褊忤同列，安有幸全之理哉？

裴子野曰："夫有逸群之才，必思冲天之据。"盖俗之量，则偾常均之下。其能守之以道，将之以礼，殆为鲜乎。大抵怀材负奇，恒冀人以异眼相看。若一概以平等视之，非所愿也。韩信含羞于哙等，彭宠积望于无异。彼其素所挟持者高，诚不欲与庸庸者齐耳。君子之道，莫善于能下人，莫不善于矜。以齐桓公之盛业，葵丘之会微有振矜，而叛者九国。以关公之忠勇，一念之矜，则身败于徐晃，地丧于吕蒙。以大禹之圣，而伯益赞之，以满招损，谦受益。以郑伯之弱，而楚庄王曰："其君能下人，必能信用其民矣。"不自恃者，虽危而得安；自恃者，虽安而易危。自古国家，往往然也。故挟贵、挟长、挟贤、挟故勋劳，皆孟子之所不答；而怙宠、怙侈、怙非、怙乱，皆春秋士大夫之所深讥尔。

> 君子之道，莫善于能下人，莫不善于矜。

> 自恃者，虽安而易危。

砀

《庄子·庚桑楚》："夫函车之兽，介而离山，则不免于罔罟之患。吞舟之鱼，砀而失水，则蚁能苦之。"国藩按："砀"，水中石，水涸而见。沙石不得津润，失所凭依之象。《通鉴》客谓靖郭君曰："君不闻海大鱼乎？网不能止，钩不能牵，荡而失水，则蝼蚁制焉。"以荡为砀，失其义矣。王介甫《和王微之高斋三首》："萧条中原砀无主，崛强又此凭江淮。"俗本误作"荡无主"，亦为失之。

陵、京、阜、坟、冢、丘

古人于"陵""京""阜""坟""冢""丘"等字，皆取"山阜高大厚实"之义，以象凡物之高大厚实，大抵皆称美之词。《天保》诗"如山如阜，如冈如陵"，是善颂善祷之证也。《左传》"有肉如陵"，谓大而实也。《荀子·致仕篇》"节奏欲陵"，《注》"陵，峻也"。峻，即高也。《礼记·檀弓》"丧事虽遽不陵节"，《学记》"不陵节而施"。陵，越也。《西京赋》"陵重巘"，《注》"陵，升也"。皆升高之义也。《诗传》"京，高丘也"。又曰"大阜也"。《左传》"莫之与京"，言莫与比高也。《西京赋》"燎京薪"，谓积薪极高也。《左传》"收晋尸以为京观"，谓积尸极高也。汉曰"京兆"，后世曰"京师"，兆，众也；师，亦众也。京则大也。《释名》"土山曰阜"，言高厚也。《诗》"驷铁孔阜"，以阜比马之大也。"火烈具阜"，以阜比火之盛也。"尔殽既阜"，以阜比殽之多也。古歌"可以阜吾民之财"，《西京赋》"百物殷阜"，以阜比财物之富也。土之高且大者，谓之"坟"。《诗》"牂羊坟首"，言其首极大也。《周礼》"司烜氏共坟烛庭燎"，言其烛极大也。《三坟》《五典》言三皇之书其义极大也。《列子·天瑞篇》"坟，如也"，亦形容其大也。冢子、冢适，皆谓长子、太子也。冢妇，大妇也。冢卿、冢宰，谓六官之长太宰也。友邦冢君，言大君也。乃立冢土，言大社也。《汉书·楚元王传》"丘嫂"，谓长嫂，大嫂也。《易》"颠颐拂经于丘颐，征凶"，谓于高处求颐养也。以丘为高也。《孟子》"得乎丘民为天子"，谓成聚之民也。以丘为大也。推此以论，凡物之高大厚实者，皆可以陵、京、阜、坟、冢、丘等字，拟议而形容之。末世缀文之士，但知阜字有高大富实之义，而不知坟、冢等字与之同类而并称。又或以陵为帝王所藏，京为帝王所居，谓二字有"崇高"之义，而于坟、冢、丘、垄等字，指为不祥之文，盖古字、古义之不讲久矣。

格、枝、柴、梗

《说文》"格，木长貌"。国藩按：凡木之两枝相交，而午错者，谓之格。以其枝条交互，故格字有相交之义焉。以其两枝禁架，故格字有相拒之义焉。以其长条直畅，疏密成理，故格字又有规制整齐之义焉。是三者，皆从本义引伸之者也。朋友曰交游，男女曰交媾，商贾相通曰交易，阴阳相合曰交孚。木之枝格，两相交际，亦犹是也。《论语》"有耻且格"，谓民之心与上相交孚也。《大学》"致知在格物"，谓吾心之知，必与事物相丽相交，不可离物以求知也。《书》曰"格于上下，格于皇天"，《诗》曰"神之格思"，皆训至也，皆交孚之义也。《书》曰"格汝舜，格汝众"，《诗》曰"神保是格"，皆训来也，皆引之来相交接也。舟与舟相触，则必忤；枝与枝相拒，则不入。《素问》"阴厥且格"，《注》"格，拒也"。《周书》"穷寇不格"，《注》"格，斗也"。《荀子·议兵篇》"格者不舍"，《注》"格，谓相扞拒者"。《后汉书·刘盆子传注》"相拒而杀之，曰格"，《通鉴》"王贲攻齐，莫敢格者。驱群羊而攻猛虎，不格，明矣"。皆谓莫能拒御也。凡曰"扞格不胜"，曰"格格不入"，曰"废格不行"，曰"沮格不进"，皆相拒之义也。至于枝格相交，长短合度，疏密停匀，俨然若有规矩。木工为窗格，有曰"冰梅格"，有曰"卍字格"者，即取象于树条之格也。曰"体格"，曰"风格"，曰"格律"，曰"格式"，皆从此而引伸之也。《孟子》"惟大人为能格君心之非"，《注》"格，正也"。《家语》"口不吐训格之言"，《注》"格，法也"。《礼·缁》"衣言有物而行有格"。《注》"格，旧法也"。《后汉·傅燮传注》"格，犹标准也"。凡皆规格之义也。《书·冏命》"格其非心"，是亦取格正为义。而孔《疏》曰"格，谓检括"，斯则望文生训，有乖古意矣。《论语》"有耻且格"，当以交孚为确义。《集解》曰"正也"。亦不免望文生训之弊。至《大学》"格物"之说，聚讼千年，迄无定论。国藩以为人心当丽事物以求知，不可舍事物而言知。朱子曰

不可离物以求知。

> 至事物之理，格字求之太深，反多一障。

"至也"是也。其曰穷至事物之理，欲其极处无不到。则于格字求之太深，反多一障耳。

《说文》"枝，木别生十也。"国藩按：干直而专，枝分而杂，有歧杂之义焉。凡木之枝，斜挺旁出，如相扶倚，有撑持之义焉。权伢森布，猝不可近，有拒御之义焉。周秦古书，凡用枝字，大抵不出此三义。《易》曰"中心疑者其辞枝"，《荀子·解蔽篇》曰"心枝则无知"，此歧杂之义也。《汉书》叔孙通等传曰"廊庙之材，非一木之枝"。《庄子》"师旷之枝，策也"，《灵光殿赋》"漂峣峴而枝柱。"此撑持之义也。《史记·项羽本纪》"诸将詟服，莫敢枝梧"，《鲁仲连传》"枝桓公之心于坛坫之上"，此拒御之义也。《汉书·地理志》"汉中淫泆枝柱，与巴蜀同俗"，《注》"言意相节却，不顺从也"，亦拒御之义也。歧杂者，枝字之本每疑枝义。撑持与拒御者，枝字引伸之义。后人不知引伸之义，当作支，盖古训文不明也。

> 古训文不明也。

《说文》"柴，小木，散材"，《楚辞注》"枯木为柴"。国藩按：小木，枯枝，杂缚一束，谓之柴，世俗之通称也。由柴字而引申之，有枯槁阻塞之义焉。《庄子》"柴立其中央"。柴立，犹枯坐也，所谓形如枯木也。《外物篇》"柴生乎守"。柴，谓梗塞也，言所以闭塞不通者，由于拘守太过也。《天地篇》"趣舍声色，以柴其内"，谓梗塞于胸中也。凡《庄子》篇中柴字，皆取枯槁阻塞之义。《通鉴·汉纪》"收杨震太尉印绶，震于是柴门谢宾客"。胡身之注曰："柴，塞其门也。"又《魏纪》"朱桓言于吴王曰：'曹休战必败，败必走，走必由夹石、挂车，此两道皆险厄。若以万兵柴路，则彼众可尽休，可生虏。'"胡身之注曰："柴路，谓以柴塞路也。"国藩按：柴，即塞也。以兵阻塞此路，非更以柴塞之也。胡氏于《汉纪》注近之，于《魏纪》注失之。

《方言》"凡草木刺人，自关以东，或渭之梗。"国藩按：凡木之粗枝，无碎枝零叶者，世俗通谓之梗。在树而生者，谓之枝，斫伐在地而枯者，则谓之梗、谓之柴矣。梗字有粗直之义，又有阻塞之义，《尔雅·释诂》"梗，直也"，《方言》"梗，略也"，《吴都赋注》"梗概，粗言也"，《东京赋注》"梗概，不纤密也"。此粗直之义也。《周礼》"女祝掌以时招梗，袚祉之事。"郑注："梗，御未至也。谓未至之凶灾，先梗而御之。"此阻塞之义也。诗曰"谁生厉阶？至今为梗！"此谓荡荡王道，而政化不能流行，忽致梗塞也。《毛传》"梗，病也"。杜注《左传》曰："病也"。《广雅》亦曰"病也"。此承《毛传》而误者也。格、枝、柴、梗四字，在后世以为死字，在古人常引伸其义，而活用之，苟明乎死字活用之法，而周秦古书故训之不可通者，寡矣。

乾、白、素、坐

《史记·张汤传》"始为小吏，乾没"，《晋书·潘岳传》"汝当知足，而乾没不已乎。"服虔曰："乾没射成败也。"如淳曰："豫居物以待之，得利为乾，失利为没。"国藩按：服如二说，皆望文生训，非本义也。没者，谓没入人之财物也。凡财物入官者，曰"籍没入官"，子女入官者，曰"没入为奴婢"，或曰"没入奚官"。乾没者，谓无故而没入人财物。《潘岳传》之乾没，谓无故而取高爵厚禄，当知足止也。韩愈诗"千愁万斛漫自解"，谓无故而自愁也。"千死穷山竟何俟"，谓无故而枉死也。又有曰"白"者，与千字义略相等。《通鉴》"晋刘毅上疏曰：'徒结白论，而品状相妨。'"胡氏注曰："白，素也。白论，犹空言也。"又，陈頵遗王导书曰："先白望而后实事。"胡注："白望，犹空名也。"国藩按：无故而获誉望也。又世俗谚曰"白说"，谓无故而空说，曰"白饶"，谓空饶，此一语也。又有曰"素"者，与"千"字"白"字义略相等。《诗》"不素餐兮"。《注》"素，空也。谓无故而空餐也。"《史记》"命曰素封"，《注》"素，空也。"谓无故而自得比于封爵也。又有曰"坐"者与"乾"字"白"字"素"字义亦相等。《通鉴·后出师表》"使孙策坐大，遂并江东"，此谓无故而自致强大也。《芜城赋》"惊沙坐飞"，此谓无故而自飞也。此四字，注家多失之。

又刘裕有"白直队"，杜佑曰："白直，无月给之数。"又"元魏尔朱荣乞追赠亡者，白民赠郡镇"，胡注："身无官爵，谓

> 荡荡王道，政化不能流行，忽致梗塞也。

> 此四字，注家多失之。

之'白民'"，犹言白丁也。

畴人、等人、内人、何人

古者随其所指，皆称曰"人"。以职言，则如《周礼》之"牛人""犬人""鸡人""龟人""酒人""浆人""醯人""盐人"是已。以地言，则如《春秋》之"鲁人""齐人""晋人""楚人""卫人""宋人""王人""周人"是已。名之美者，则曰"圣人""神人""至人""天人""完人""全人"。（见《庄子》）"美人"名之恶者，则曰"小人""匪人""谗人""佞人""憸人""奸人""敝人""乱人"。（见《庄子·徐无鬼》）又有随事而命名者，曰"亡人"，曰"义人"，曰"叛人"，曰"降人"，曰"官人"，曰"军人"。又有承上文而称之者，《史记·历书》曰"畴人子弟"，此承上文言明于历算之人也。《通鉴·魏纪》曰"典韦谓等人曰：'虏来，十步乃白之'。等人曰：'十步矣。又曰五步乃白'，等人惧。"此承上文言应募陷阵之人也。《汉书·隽不疑传》"廷尉验治，何人，竟得奸诈？"此承上文言诈称戾太子之人也。《通鉴·宋纪》曰："内人皆化，弘微之让，一无所争。弘微曰'内人尚能无言，岂可导之使争乎？'"此承上文以妻妹及伯母两姑为内人也。凡此皆临文立义，非有一定之主名也。今世俗以内人专指妻妾，盖失其义。又或以畴人专指明于历算者言之，亦为失考。阮芸台相国作《畴人传》，殆袭讹而承谬耳。

凡此皆临文立义，非有一定之主名。

家人、白衣、齐民、平民

家人白衣，皆知称庶人也。《汉书·汲黯传》曰"家人失火，屋比延烧。"师古曰："家人，犹言庶人家也。"《冯唐传》"夫士卒尽家人子，起田中从军。"师古曰："家人子，谓庶人家之子也。"《高祖本纪》"不事家人生产作业"，《光武纪》"刘縯不事家人居业"，皆谓不学庶人家之操作也。《外戚传》"一旦人主意有所移，虽欲为家人亦不可得。"师古曰："家人，言凡庶匹夫。"《游侠传》"子独不见家人寡妇邪"，亦谓庶人家之寡妇也。《通鉴》刘向曰："家人尚不欲绝种祠。"《注》："家人，谓庶人之家也。"《汉书》："董贤欲求萧咸女为妇，咸曰：'此岂家人子所能堪邪？'"师古曰："家人，犹言庶人也。"《通鉴》"吴人多言祥瑞。"韦昭曰："此家人筐箧中物耳。"谓寻常人家皆有言祥瑞之书也。《通鉴》魏文帝："祀太祖于洛阳建始殿，如家人礼。"亦谓以庶人之礼祭之也。柳宗元文："且家人父子，尚不能以此自克，况号为君臣者邪？"国藩按：此亦谓凡民父子，犹贾谊之言"布衣昆弟"也。《书·康诰》曰"亦惟君惟长，不能厥家人。"窃谓亦当指庶人百姓言之。各传注皆训不能齐家，失其义矣。
　　白衣，犹言布衣，即齐民也。《风俗通》"舜禹本以白衣砥行显名，并为天子"，《史记》"公孙弘以春秋白衣为天子三公"，皆谓以齐民而为天子之三公也。《后汉书·崔骃传》"宪谏以为不宜，与白衣会。"《孔融传》"与白衣祢衡跌荡放言。"《晋书·阎缵传》"荐白衣南安朱冲，可为师傅。"皆谓"布衣无职"者也。《晋书·胡奋传》"宣帝伐辽东，以白衣侍从左右。"《通鉴》"薛讷以滦河之役免官，以白衣为防御使，破吐蕃。""刘仁轨以征辽免官，以白衣从军，平百济。""五代南唐宋齐邱归第，白衣待罪"，皆谓落职之后，与庶人无异也。《汉书·两龚传》"闻之白衣。"师古曰："白衣给官府趋走贱人，若今亭长、掌固之属。"此亦望文生训，非通义也。《三国志·吕蒙传》"白衣摇橹，作商贾人服。"此亦谓齐民，不著兵卒衣也。《通鉴》"山阳曹伟，白衣，与吴王交书求赂，帝闻而诛之。"《续晋阳秋》"陶潜九月九日，望见白衣人送酒。"皆谓平民也。欧阳公《送田画序》曰"反衣，白衣"。顾宁人《日知录》，引李泌"衣白"，及《赵世家》"愿得黑衣之缺"，若别有所谓"白色之衣"者，皆非确义。

各传注皆训不能齐家，失其义。

文

　　文字者，以代语言，记事物名数而已。其流别，大率十有一类。著作敷陈，发明吾心之所欲言者，其为类有二：无韵者曰著作，辩论之类；有韵者曰词赋，敷陈之类。人有所著，吾以意从而阐明之者，其为类一，曰叙述注释之类。以言告于人者，其为类有三：自上告下，曰诏诰檄令之类；自下告上，曰奏议献策之类；友朋相告，曰书问笺牍之类。以言告于鬼神者，其为类一，曰祝祭哀吊之类。记载事实，以传示于后世者，其为类有四：记名人，曰纪传碑表之类；记事迹，曰叙述书事之类；记大纲，曰大政典礼之类；记小物，曰小事杂记之类。凡此十一类，古今文字之用，尽于此矣。其九类者，占毕小儒，夫人而能为之。至词赋敷陈之类，大政典礼之类，非博学通识殆庶之才，乌足以涉其藩篱哉？

<small>造句约有二端：一雄奇，一惬适。</small>

　　造句约有二端：一曰雄奇；一曰惬适。雄奇者，瑰玮俊迈，以扬马为最；诙诡恣肆，以庄生为最；兼擅瑰玮诙诡之胜者，则莫盛于韩子。惬适者，汉之匡刘，宋之欧曾，均能细意熨贴，朴属微至。雄奇者，得之天事，非人力所可强企。惬适者，诗书酝酿，岁月磨练，皆可日起而有功。惬适未必能兼雄奇之长，雄奇则未有不惬适者。学者之识，当仰窥于瑰玮俊迈、诙诡恣肆之域，以期日进于高明。若施手之处，则端从平实惬适始。

　　友人钱唐戴醇士熙，尝为余言："李伯时画七十二贤像，其妙全在鼻端一笔，面目精神，四肢百体，衣褶靴纹，皆与其鼻端相准相肖。或端拱而凝思，或欹斜以取势，或若列仙古佛之殊形，或若鳞身蛇躯之诡趣；皆自其鼻端一笔以生变化，而卒不离其宗。"国藩以谓斯言也，可通于古文之道。夫古文亦自有气焉，有体焉。今使有人于此，足反居上，首顾居下。一胫之大几如要，一指之大几如股，则见者谓之不成人。又或颐隐于齐，肩高于顶，五管在上，两髀为肋，则见者亦必反而却走。为文者，或无所专注，无所归宿，漫衍而不知所裁，气不能举其体，则谓之不成文。故虽长篇巨制，其精神意趣之所在，必有所谓鼻端之一笔者。譬若水之有干流，山之有主峰，画龙者之有睛。物不能两大，人不能两首，文之主意亦不能两重。专重一处，而四体停匀，乃始成章矣。

知道者，时时有忧危之意。其临文也亦然。仲尼称："《易》之兴也，其于中古乎！作《易》者其有忧患乎？"又曰："于稽其类，其衰世之意邪？"盖深有见于前圣之危心远虑，而揭其不得已而有言之故。即夫子之释《咸》四、《困》三、《解》上等十一卦之爻辞，抑何其惕厉而深至也。盖饱经乎世变之多端，则常有跋前疐后之惧。博识乎义理之无尽，则不敢为臆断专决之辞。自孟子好为直截俊拔之语，已不能如仲尼之谦谨，而况其下焉者乎？后世如诸葛武侯之书牍，纡余简远，差明此义。而曾子固亦有宛转思深之处，外此则辞与意俱尽，尚何谦谨之有？或辞之所至，而此心初未尝置虑于其间，又乌知所谓忧危者哉？

> 知道者，时时有忧危之意。临文也亦然。

敛侈、伸缩

凡为文，用意宜敛多而侈少，行气宜缩多而伸少。推之孟子不如孔子处，亦不过辞昌语快，用意稍侈耳。后人为文，但求其气之伸。古人为文，但求其气之缩。气恒缩，则词句多涩，然深于文者，固当从这里过。

> 古人为文，但求其气之缩。

《古文辞类纂》正误

桐城姚姬传郎中鼐所选《古文辞类纂》，嘉道以来，知言君子，群相推服。谓学古文者，求诸是而足矣。国藩服膺有年，窃见其中亦小有谬误，兹摘举如左：

司马迁《自序》中，述其父太史公谈《论六家要指》，诸家互有得失，而终以道家为本。此自司马氏父子学术相传如是。其指要则谈启之，其文辞则迁之为之也。在《自序》篇中，仅文中之一段，故无首尾裁成之迹。今姚氏割此为一篇，而标其目曰"太史公谈《论六家要指》"，失其义矣。迁作《五帝本纪》《夏本纪》所引《尧典》《禹贡》等书，尚多改经文之旧。此述其父之语，岂独无所删改？且如《管晏列传》中，管仲自述感鲍叔之言，岂得遂录以为管仲之文？《淮阴侯传》中，韩信说高祖定三秦一节，岂得遂录以为韩信之文邪？

《汉书·匡衡传》"成帝即位，衡上疏，戒妃匹，劝经学、威仪之则曰"云云。国藩按：此疏凡三条，妃匹一也，经学二也，威仪三也。自"妃匹之际"至"远技能止"，第一节，言妃匹也。自"窃见圣德纯茂"至"宜究其意"止，第二节，言经学也。自"臣又闻圣主之自为动静周旋"，至末，第三节，言威仪也。今姚氏录此文，标其目曰《戒妃匹劝经学疏》，是于三条独遗其一。而于班书所叙，若未之深究者，亦一失也。

甲乙

甲、乙、丙、丁，古来皆以记事物之次第。有以为宫馆之次第者，如曰甲馆（《汉书·外戚传》），曰甲第（《汉书·张放传》），曰甲观（庾信《哀江南赋》），曰丙殿（《汉书·元后传》），曰丙舍（王羲之有丙舍墓田），是也。有以为帷帐之次第者，如曰甲乙之帐（《汉书·东方朔传》），是也。有以为科目之次第者，如唐明经，本有甲、乙、丙、丁四科。而其实唯有丙丁。第进士本有甲乙二科，而实唯乙科。明法以全通为甲，通八以上为乙是也。有以为藏书之次第者，如唐四库书，以经、史、子、集分甲、乙、丙、丁四部。隋于东都观文殿，构屋贮书，东屋藏甲乙，西屋藏丙丁是也。有以为卷帙之次第者，如李善注《文选》，分赋甲、赋乙以至赋癸，诗甲、诗乙以至诗庚。司马温公《通鉴》分汉献帝为十卷，甲乙至癸；晋安帝亦十卷，甲乙至癸是也。有以为律令之次第者，如曰令甲、令乙、令丙（《后汉书·章帝纪》）是也。有以为算法者，如勾为甲，股为乙，弦为丙，高为甲，高对冲为乙，地平为丙，北极出地为丁，南极出地为戊，是也。有以为官名者，如汉之戊样尉、己校尉；明之甲字库大使，及乙字、丙字、戊字库大使是也。有以为姓氏次第者，如南朝王谢，北朝崔卢，皆称甲乙巨族是也。有以为假名者，如《史记·万石君传》长子建，次子甲，次子乙，次子庆，及狱吏田甲（《史记·韩安国传》），齐宦者徐甲（《汉书·高五王传》），罪生甲，福生乙（《韩非子》），张甲、王乙、李丙、赵丁（梁范缜《神灭论》）等是也。有以记夜时之早晚者，如本始元年四月壬戌甲夜，地节元年正月戊午乙夜（《汉书·天文志》），自甲夜至五鼓（《三国志·曹爽传》），四月三日丙夜一筹（《晋书·赵王伦传》）是也。推之凡物，有高下品第者，皆可以甲乙区之。凡人等于虚乌有者，皆可以甲乙称之。温庭筠诗"往日楼台非甲帐，去时冠剑是丁年"，则失其义矣。

推之凡物，有高下品第者，皆可以甲乙区之。

成败无定

汉晁错建议削藩，厥后吴楚七国反，景帝诛错，而事以成。明齐泰、黄子澄，建议削藩，厥后燕王南犯，建文诛齐黄，而事以败。我朝米思翰等建议削藩，厥后吴耿三叛并起，圣祖不诛米思翰，而事以成。此三案者，最相类，或诛或宥，或成或败，参差不一。士大夫处大事，决大疑，但当熟思是非，不必泥于往事之成败，以迁就一时之利害也。

士大夫处大事，决大疑，但当熟思是非。

唐昭宗以王室日卑，发愤欲讨李茂贞，责宰相杜让能专主兵事。杜让能再三辞谢，言："他日臣徒受晁错之诛，不能弭七国之祸。"厥后李茂贞进逼兴平，禁军败溃，京城大震。茂贞表请诛让能。让能曰："臣固先言之矣。"上涕下不能禁，曰："与卿诀矣！"是日贬让能梧州刺史，寻赐自尽。斯则无故受诛，其冤有甚于晁错、齐泰、黄子澄。昭宗既强之于前，复诛之于后，此其所以为亡国之君也。国藩在军时，有一时与人定议；厥后败挫，或少归咎于人，不能无稍露于辞色者，亦以见理未明故耳。

后唐潞王虑石敬瑭之将反，李崧、吕琦劝帝与契丹和亲，薛文遇沮之。帝欲移石敬瑭镇郓州，文遇力赞成之。厥后，敬瑭果反，引契丹大破唐兵。唐王见薛文遇曰："我见此物肉颤！"几欲抽佩刀刺之。大抵事败而归咎于谋主者，庸人之恒情也。

事败而归咎于谋主者，庸人之恒情。

勉强

孟子曰："口之于味也，目之于色也，耳之于声也，鼻之于臭也，四肢之于安佚也，性也。有命焉，君子不谓性也。"人性本善，自为气禀所拘，物欲所蔽，则本性日失，故须学焉而后复之。失又甚者，须勉强而后复之。丧之哀也，不可以伪为者也。然衰麻苦块，睹物而痛创自至，躃踊号呼，变节而涕洟随之，是亦可勉强而致哀也。祭之敬也，不可以伪为者也。然自盥至荐，将之以盛心；自朝至昃，胜之以强力。是亦可以勉强而致敬也。与人之和也，不可以伪为者也。然揖让拜跪，人不答而己则下之；筐筐豆笾，意不足而文则先之。是亦可以勉强而致和也。凡有血气，必有争心。人之好胜，谁不如我？施诸己而不愿，亦勿施于人，此强恕之事也。一日强恕，日日强恕；一事强恕，事事强恕。久之则渐近自然。以之修身则顺而安，以之涉世则谐而祥。孔子之告子贡、仲弓，孟子之言求仁，皆无先于此者，若不能勉强，而听其自至，以顽钝之质，而希生安之效。见人之气类与己不合，则隔膜弃置，甚或加之以不能堪，不复能勉强自抑，舍己从人。傲惰彰于身，乖戾著于外，鲜不及矣。庄子有言："刻核太甚，则人将以不肖之心应之。"董生有言："强勉学问，则闻见博而知益明；强勉行道，则德日进而大有功。"至哉言乎！故勉强之为道甚博，而端自强恕始。

> 凡有血气，必有争心。

> 勉强之为道甚博，而端自强恕始。

功效

天下之事，有其功，必有其效。功未至，而求效之遽臻，则妄矣。未施敬于民，而欲民之敬我；未施信于民，而欲民之信我。鲁莽而耕，灭裂而耘，而欲收丰穰十倍之利，此必不得之数也。在《易恒》之初六曰："浚恒贞凶，无攸利。"胡瑗释之曰："天下之事，必皆有渐，在乎积日累久，而后能成其功。"是故为学既久，则道业可成，圣贤可到。为治既久，则教化可行，尧舜可至。若是之类，莫不由积日累久而后至，固非骤而及也。初六居下卦之初，为事之始。责其长久之道，永远之效，是犹为学之始，欲亟至于周孔，为治之始，欲化及于尧舜，不能积久其事，而求常道之深。故于贞正之道，见其凶也。"无攸利"者，以此而往，必无所利。孔子曰"欲速则不达"也。是故君子之用功也，如鸡伏卵不舍，而生气渐充。如燕营巢不息，而结构渐牢。如滋培之木，不见其长，有时而大。如有本之泉，不舍昼夜，盈科而后进，放乎四海。但知所谓功，不知所谓效，而效亦徐徐以至也。

嵇康曰："夫为稼于汤之世，偏有一溉之功者，虽终归于焦烂，必一溉者后枯，然则一溉之益，固不可诬也。"此言有一分之功，必有一分之效也。程子曰："修养之所以引年，国祚之所以祈天永命。常人之至于圣贤，皆工夫到这里，则自有此应。"此言有真积力久之功，而后有高厚悠远之效也。孟子曰："宋人有闵其苗之不长而揠之者，谓其人曰：'予助苗长矣。'其子趋而往视之，苗则槁矣。"此言不俟功候之至，而遽期速效，反以害之也。苏轼曰："南方多没人，日与水居也。七岁而能涉，十岁而能浮，十五而能没矣。北方之勇者，生不识水，问于没人而求所以没。以其言试之河，未有不溺者也。"此言不知致功之方，而但求速效，亦反以害之也。

> 不知致功之方，但求速效，反以害之。

君子小人

陈容有言曰："仁义岂有常？蹈之则为君子，违之则为小人。"大哉言乎！仁者，物我无间之谓也。一有自私之心，则小人矣。义者，无所为而为之谓也。一有自利之心，则小人矣。同一日也，朝而公正，则为君子；夕而私利，则为小人。同一事也，初念公正，则为君子；转念私利，则为小人。惟圣罔念作狂，惟狂克念作圣。所争只在几微。君子无终食之间违仁，造次必如是，颠沛必如是。一不如是，则流入小人，而不自觉矣。所谓小人者，识见小耳，度量小耳。井底之蛙，所窥几何？而自以为绝伦之学；辽东之豕，所异几何？而自以为盖世之勋。推之以孑孑为义，以硁硁为信，以龊龊为廉，此皆识浅而易以自足者也。君臣之知，须积诚以相感，而动疑主恩之过，薄朋友之交，贵积渐以相孚，而动怨知己之罕觏。其或兄弟不相容，夫妇不相

> 小人者，识见小耳，度量小耳。

信，父子不相亮，此皆量褊而易以滋疑者也。君子则不然。广其识，则天下之大，弃若敝屣，尧舜之业，视若浮云。宏其度，则行有不得，反求诸己，己所不欲，勿施于人。乌有所谓自私自利者哉？不此之求，而诩诩然号于众曰："吾君子也。"当其自诩君子、深信不疑之时，识者已嗤其为小人矣。

越寨攻敌

> 行军之道，有依次而进者。

行军之道，有依次而进者，有越敌人所守之寨，而先攻他处者。姑以《通鉴》所纪兵事言之：宋明帝泰始二年，晋安王子勋之乱。诸军与子勋将袁顗相拒于浓湖，久未决。龙骧将军张兴世建议曰："贼据上流，兵强地胜，我虽持之有余，而制之不足。若以奇兵数千，潜出其上，因险而壁，见利而动，使其首尾周遑，进退疑阻；中流既梗，粮运自艰。此制贼之奇也。钱溪江岸最狭，去大军不远，下临洄洑，船下必来泊岸，又有横浦可以藏船。千人守险，万夫不能过，冲要之地，莫出于此。"沈攸之、吴喜并赞其策，乃选战士七千，轻舸二百，配兴世。兴世率其众，溯流稍上，寻复退归。如是者累日。贼将刘胡闻之，笑曰："我尚不敢越彼下取扬州，张兴世何人，欲轻据我上。"不为之备。一夕四更，值便风。兴世举帆直前，渡湖白，过鹊尾。胡既觉，乃遣其将胡灵秀将兵于东岸，翼之而进。戊戌夕，兴世宿景洪浦，灵秀亦留。兴世潜遣其将黄道标帅七十舸，径趋钱溪，立营寨。己亥，兴世引兵进据之，灵秀不能禁。庚子，刘胡自将水步二十六军来攻钱溪，将士欲迎击之，兴世禁之曰："贼来尚远，气盛而矢骤。骤既易尽，盛亦易衰，不如待之。"令将士治城如故。俄而胡来转近，船入洄洑。兴世命寿寂之、任农夫，帅壮士数百击之，众军相继并进。胡收兵而下，兴世遂于钱溪立城。国藩按：是时官军在下游赭圻，贼军袁顗等在上游之浓湖。刘胡等又在上游之鹊尾，更上乃为钱溪。越浓湖鹊尾两寨而上，立城于钱溪，此险途也。厥后贼屡攻钱溪不胜，粮运中梗，而鹊尾浓湖并以溃降。此越寨进攻而得胜者也。

> 此越寨进攻而得胜者。

泰始三年，魏尉元上表言："贼向彭城，必由清泗过宿豫，历下邳。趋青州，亦由下邳沂水，经东安。此数者皆为贼用师之要。今若先定下邳平宿豫，镇淮阳，戍东安，则青冀诸镇可不攻而克。若四城不服，青冀虽拔，百姓狼顾，犹怀侥幸之心。臣愚以为宜释青冀之师，先定东南之地。断刘彧北顾之意，绝愚民南望之心。如此则淮北自举，暂劳永逸。"国藩按：宋与魏历世兵争，宋有青州、历城、徐州诸镇，远在海岱，与魏接畛，而下邳、宿豫、沂水、东安四城，乃在淮南，去魏尚远。魏越青州诸镇，而进攻四城，此险途也。厥后四城破，而青州、历城、徐州诸镇相继没于魏，此越镇进攻而胜者也。

梁简文帝二年，侯景之变，郢州刺史萧方诸以徐文盛军在西阳，不设备，侯景以江夏空虚，使宋子仙、任约，帅精骑四百，由淮内袭郢州。丙午大风疾雨，天色晦冥。子仙等入城，方诸迎拜，遂擒鲍泉、虞豫，送于景所。景因便风，中江举帆，遂越徐文盛等军，直上入江夏。文盛众惧而溃。国藩按：侯景与徐文盛皆在黄州，夹江筑垒。乃越徐军而上入江夏，此险途也。而江夏以无备而破，徐军以失势而溃。此越寨进攻而胜者也。

陈文帝天嘉元年，王琳屯西岸之栅口，侯瑱屯东岸之芜湖，相持百余日。旋均出江外，隔洲而泊。二月丙申，西南风急。琳引兵直趋建康。瑱等徐出芜湖，蹑其后。西南风翻为瑱用，琳掷火炬以烧陈船，皆反烧其船。瑱发拍以击琳舰，又以蒙冲小船击其舰。琳军大败，军士溺死什二三，余皆弃舟登岸。国藩按：王琳与侯瑱同屯芜湖之上，琳乃越瑱军而直下金陵，此险途也。而瑱军自后蹑之，反为所破。此越寨进攻而败者也。

唐贞观十九年，太宗亲征高丽，既拔辽东、盖牟诸城，至安市，将决战。高丽靺鞨合兵为陈，长四十里。江夏王道宗曰："高丽倾国以拒王师，平壤之守必弱。愿假臣精兵五千，覆其本根，则数十万之众，可不战而降。"上不应，后攻安市，竟不能拔。降将请先攻乌骨城，众议不从，遂自安市班师。国藩按：道宗请越安市而进攻平壤，此虽险途，而实制胜之奇兵也。太宗不从，无功而返，此不能越攻而失者也。

安史之乱，李泌请命建宁王倓为范阳节度使，并塞北出，与李光弼南北犄角，以取范阳，覆其巢穴。贼退则无所归，留则不获安，然后大军四合而攻之，必成擒矣。上悦，已而不果行。国藩按：是时大军在扶风，郭子仪在冯翊，李光弼在太原，势宜先取两京。李泌欲先捣范阳贼巢，此亦制胜之奇兵也。事不果行，致史思明再为关洛之患。此亦不能越攻而失者也。

_{此不能越攻而失者。}

元和十二年淮蔡之役，李祐言于李愬曰："蔡之精兵皆在洄曲，及四境拒守，守州城者，皆羸老之卒，可以乘虚直抵其城。比贼将闻之，元济已成擒矣。"愬然之。十月辛未，李愬、李祐、李忠义、李进诚军出。东行六十里，夜至张柴村，尽杀其戍卒及烽子，据其栅，命士少休。食乾粮，整羁鞯，留义成军五百人镇之，以断洄曲及诸道桥梁。复夜引兵出门，时大风雪，旌旗裂。夜半，雪愈甚，行七十里。四鼓，愬至蔡州城下，无一人知者。李祐、李忠义，镬其城为坎以先登。愬入居元济外宅，以槛车送元济诣京师。国藩按：蔡之精兵尽在洄曲，董重质麾下。李愬越之而直入蔡州，此越寨进攻而胜者也。

朱梁均王四年，楚岳州刺史许德勋将水军巡边。夜分，南风暴起，都指挥使王环乘风趋黄州，以绳梯登城，径趣州署，执吴刺史马邺，大掠而还。德勋曰："鄂州将邀我，宜备之。"环曰："我军入黄州，鄂人不知。奄过其城，彼自救不暇，安敢邀我。"乃展旗鸣鼓而行。鄂人不敢逼。国藩按：楚之岳州，东北与吴为邻。嘉鱼陆口等处，吴必立寨设备。乃王环越之而直趋黄州，此越寨进攻而胜者也。

唐同光元年，后唐与朱梁相拒于杨刘德胜之间。时梁将段凝军临河之南（即澶渊，今开州），王彦章进逼郓州（今东平府）。唐臣李绍宏等请弃郓州，与梁约和。帝独召郭崇韬问之。对曰："降者皆言大梁无兵，陛下若留兵守魏，固保杨刘，自以精兵长驱入汴，彼城中既空虚，必望风自溃。苟伪主授首，则诸将自降矣。"帝曰："此正合朕志。"冬十月壬申，帝以大军自杨刘济河，癸酉至郓州。甲戌围中都城，破之，擒王彦章。帝召诸将问进退之计。诸将请先下东方诸镇城，然后观衅而动。康延孝、李嗣源

_{城中空虚，必望风自溃。}

请亟取大梁，从之。乙亥，帝发郓州中都。丁丑至曹州，已卯至大梁，灭梁。壬午，段凝将其众五万，自滑州济河入援，解甲请降。国藩按：郭崇韬之初议，直取大梁也。时梁将王彦章，军在郓州，段凝军在河上。越两寨而进攻，此险途也。厥后破中都，擒王彦章，而段凝犹在河北，越一寨而进攻，亦险机也。然段凝隔于河北，若自白马南济，则阻于大河；若自下流直济，则一阻于大河，再阻于新决之护驾水，势难入援。遂得直取汴梁，以成大功。此越寨进攻而胜者也。

越一寨而进攻，亦险机也。

以上九事，张兴世之据钱溪，宋子仙之取郢州，许德勋之下黄州，皆水路越攻而胜。王琳之下金陵，以水路越攻而败。尉元之取下邳四城，李愬之入蔡州，郭崇韬之策汴梁，以陆路越攻而得之。李道宗之策平壤，李泌之策范阳，以陆路不越攻而失之。成败得失，固无一定之轨辙也。咸丰四年十月十一日，贼目陈玉成据蕲州，秦日纲据田家镇。我舟师越蕲州而直下，十三日，攻破田家镇，十四日，蕲州之贼亦溃。此越寨进攻而胜者也。十一月十五日，水陆各军会于九江，时贼目林启荣据九江，黄文金据湖口，石达开、罗大纲等同在湖口。我舟师彭玉麟等十六日越九江而下，攻湖口。陆军罗泽南等十二月初五日下攻湖口。十二日水师败挫，廿四日陆军亦无利而归。此越寨进攻而败者也。咸丰六年五月初二日，武汉黄州未破，杨载福以舟师驶下，直至九江。七年九月二十八日，九江安庆未破，杨载福以舟师驶下，直至旧县，往来如飞。此越寨进攻而胜者也。故知胜败无常，视将才为转移耳。当时越九江而下攻湖口之策，发于国藩，定于罗君罗山、刘君孟容二人。事败之后或深咎此策之失，且专归罪于刘君者，非事实也。

胜败无常，视将才为转移。

兵

凡用兵，主客奇正，夫人而能言之，未必果能知之也。守城者为主，攻者为客。守营垒者为主，攻者为客。中途相遇，先至战地者为主，后至者为客。两军相持，先呐喊放枪者为客，后呐喊放枪者为主。两人持矛相格斗，先动手戳第一下者为客，后动手即格开而即戳者为主。中间排队迎敌为正兵，左右两旁抄出为奇兵。屯宿重兵坚扎老营与贼相持者为正兵，分出游兵飘忽无常伺隙狙击者为奇兵。意有专向，吾所恃以御寇者，为正兵；多张疑阵，示人以不可测者，为奇兵。旌旗鲜明，使敌不敢犯者，为正兵；羸马疲卒，偃旗息鼓，本强而故示以弱者，为奇兵。建旗鸣鼓，屹然不轻动者，为正兵；佯败佯退，设伏而诱敌者，为奇兵。忽主忽客，忽正忽奇，变动无定时，转移无定势，能一一区而别之，则于用兵之道思过半矣。

忽主忽客，忽正忽奇。

兵者，阴事也。哀戚之意，如临亲丧；肃敬之心，如承大祭，庶为近之。今以牛羊犬豕而就屠烹，见其悲啼于割剥之顷，宛转于刀俎之间，仁者将有所不忍。况以人命为浪博轻掷之物，无论其败丧也，即使幸胜，而死伤相望，断头洞胸，折臂失足，血肉狼藉，日陈吾前，哀矜之不遑，喜于何有？故军中不宜有欢欣之象。有欢欣之象者，无论或为和悦，或为骄盈，终归于败而已矣。田单之在即墨，将军有死之心，士卒无生之气，此所以破燕也。及其攻狄也，黄金横带，而骋乎淄渑之间，有生之乐，无死之心，鲁仲连策其必不胜。兵事之宜惨戚，不宜欢欣，亦明矣。嘉庆季年名将杨遇春屡立战功，尝语人曰："吾每临阵，行间觉有热风吹拂面上者，是日必败；行间若有冷风，身体似不禁寒者，是日必胜。"斯亦肃杀之义也。

军中不宜有欢欣之象。

克勤小物

古之成大业者，多自克勤小物而来。百尺之楼，基于平地。千丈之帛，一尺一寸之所积也。万石之钟，一铢一两之所累也。文王之圣，而自朝至于日中昃，不遑暇食；周公仰而思之，夜以继日，幸而得之，坐以待旦。仲山甫夙夜匪懈。其勤若此，则无小无大，何事之敢慢哉？诸葛忠武为相，自杖罪以上，皆亲自临决。杜慧度为政，纤密一如治家。陶侃综理密微，虽竹头木屑，皆储为有用之物。朱子谓为学须铢积寸累，为政者亦未有不由铢

古成大业者，多自克勤小物而来。

积寸累而克底于成者也。秦始皇衡石量书，魏明帝自案行尚书事，隋文帝卫士传餐，皆为后世所讥，以为天子不当亲理细事。余谓天子或可不亲细事，若为大臣者，则断不可不亲。陈平之问钱谷不知，问刑狱不知，未可以为人臣之法也。凡程功立事，必以目所共见者为效。苟有车，必见其轼。苟有衣，必见其敝。苟为博物君子，必见其著述满家，抄撮累箧。苟为躬行君子，必见其容色之晬盎，徒党之感慕。苟善治民，必见其所居民悦，所去见思。苟善治军，必见其有战则胜，有攻则取。若不以目所共见者为效，而但凭心所悬揣者为高，则将以虚薄为辩而贱名检，以望空为贤而笑勤恪。何晏、邓飏之徒，流风相扇，高心而空腹，尊己而傲物。大事细事，皆堕坏于冥昧之中；亲者贤者，皆见拒于千里之外。以此而冀大业之成，不亦悖哉？孔子许仲弓南面之才，而雍以居敬为行简之本。盖必能敬，乃无废事也。我宣宗成皇帝，临御三十年，勤政法祖，每日寅正而兴，省览章奏，卯正而毕，事无留滞。道光二十九年，圣躬不豫，自夏徂冬，犹力疾治事，不趋简便。三十年正月十四日，始命皇四子代阅章奏，召见大臣：即今上皇帝也。对事甫毕，而宣宗龙驭上宾。盖以七十天子笃病半载，其不躬亲庶政者，仅弥留之顷耳。为人臣者，其敢自暇自逸，以不亲细事自诿乎！

> 凡程功立事，必以目所共见者为效。

干盾挡牌

《周礼·夏官》："司兵，掌五盾。"《注》："干橹之属，其名未尽闻也"。"司戈盾，及舍，设藩盾，行则敛之。"《注》"藩盾，盾可以藩卫者，如今之扶苏与？"《说文》"盾，瞂也；所以扞身蔽目。"扬子《方言》"盾，自关而东或谓之瞂，或谓之干。关西谓之盾。"《说文》"橹，大盾也。"《玉篇》"橹，城上守御望楼。"《韵会》"战阵高，巢车亦为橹。"太公《六韬篇》"陷坚阵，败强敌，武翼大橹，提翼小橹。"国藩按：干也、盾也、橹也，其制不可得而尽见，然大抵干盾形制较小，一手执之可以卫身蔽目；藩盾则形制自大，或二三人执之不等。城上望楼之橹，则一方倚城，三方必有遮蔽。战阵巢车之橹，则一方出入，三方必有遮蔽，与盾之仅蔽一面者异矣。至《六韬》之大橹、小橹，则亦仅蔽一面，差同干盾也。

《通鉴》："晋义熙八年，刘裕至荆州伐刘毅，军人担彭排战具。"（《注》："彭排"，即今之"旁排"，所以捍锋矢。孙恬曰："掆，彭排。"《释名》曰："彭，旁也；在旁，排敌御攻也。"）梁普通五年，北魏将崔延伯等既破莫折天生，进击万俟丑奴于安定，别造大盾，内为锁柱，使壮士负以趋，谓之排城。置辎重于中，战士在外。唐代宗初立，仆固怀恩等破史朝义于洛阳，马璘单骑奋击，夺贼两牌，突入万众中，贼左右披靡。（《注》："牌"，古谓之"楯"。晋宋之间，谓之"彭排"。南方以皮编竹为之，以捍敌。北人以木为之。《左传》"乐祁以杨楯贾祸"，盖北方之用木也久矣。）国藩按：刘毅之彭排，马璘之牌，即古之盾也。崔延伯之排城，则较大矣。殆与《周礼》之藩盾、《六韬》之大橹相类。

明戚继光《纪效新书》中，有"立牌"，即古之盾也。有"圆牌"，即今之藤牌也。统谓之曰"挡牌"。又有所谓"刚柔牌"者，其法以生漆、牛皮蒙于外，而以湖绵搓成小团，及头发装于内。盖戚氏自以巧思制造，非有所师于古也。古之干盾，所以捍御矢石；今之挡牌，所以捍御炮子。炮子所当，无坚不破，岂矢石所可同年而语哉！国藩初办水师时，尝博求御炮子之法，以鱼网数层悬空张挂，炮子一过即穿，不能御也。以絮被渍湿张挂，炮子一过即穿，不能御也。以生牛皮悬于船旁，以藤牌陈于船梢，不能御也。又作数层厚牌，以竹鳞排于外为一层，牛皮为一层，水絮为一层，头发为一层，合而成牌，亦不能御也。以此而推，戚氏之刚柔牌，不足以御炮子明矣。鸟枪子如梧子，大者或有法以御之。抬枪子，劈山炮子，凡如大黄豆以上者，竟无拒御之法。近时杨军门载福等深知炮子之无可避，遂屏弃鱼网水絮牛皮等物，一切不用，直以血肉之躯，植立船头。可避者避之，不可避者听之。而其麾下水师弁兵，亦相率而植立直前，无所回避。明于此义，而古来干盾、橹排、诸器，皆可废矣。友人刘腾

盖戚氏自以巧思制造，非有所师于古。

鸿（峙衡）治军，刁斗森严，凛不可犯。临阵则埋根行首，坚立如山，有名将之风。惟过于自意，在武昌时，尝独立城下，呼贼以炮击之。贼发十余炮不能中，坚坐良久乃还。在瑞州时亦如是，卒以殉难。殒我壮士，人百莫赎。此则刚毅太过，于好谋而成之道少有违尔。

刚毅太过。

余初不解造群子之法，以生铁令铸工铸之。渣滓未融，经药辄散，且多蜂眼，鸣而不能及远。乃与吴坤修（竹庄）商用熟铁打造。其法以铁先炼成直条，每条烧红，其端截出半寸，打成圆颗。又烧其端，又打成颗，每颗如葡萄大。后至江西，商之姚镶，亦以此法打造。姚君又作为铁模半涡，截铁条之端置模中，宛转锤炼，圆滑可爱。于是能及远，较多一里有奇也。今湖南、湖北、江西三省打造群子，均用此法。每炮用百余颗，多者或三四百颗。喷薄而出，如珠如雨，殆无隙地，当之辄碎。不仁之器，盖莫甚于此矣？然海疆尚未静谧，此其亟宜讲求者也。

营制

一营之制

营官亲兵六十名，亲兵什长六名，分立前、后、左、右四哨。哨官四员，哨长四名，护勇二十名。什长三十二名，正勇三百三十六名，伙勇四十二名，一营共五百人。营官一员，哨官四员在外。

营官亲兵之制

亲兵六队：一队劈山炮，二队刀矛，三队劈山炮，四队刀矛，五队小枪，六队刀矛。每队什长一名，亲兵十名，伙勇一名，计六队，共七十二名。

一哨之制

前、后、左、右四哨，每哨哨官一员，哨长一名，共护勇五名，伙勇一名。每哨八队：一队抬枪，二队刀矛，三队小枪，四队刀矛，五队抬枪，六队刀矛，七队小枪，八队刀矛。每队什长一名，伙勇一名，其抬枪队，正勇十二名，合什长、伙勇为十四名。其刀矛、小枪队，正勇十名，合什长、伙勇为十二名。每哨一百零八人，计四哨，兵四百三十二人。

长夫之制

营官及帮办人等，共用长夫四十八名。搬运子药、火绳及一切军装等项，共用长夫三十名。

亲兵，每劈山炮队，用长夫三名，每刀矛、小枪队用长夫二名。计六队，共长夫十四名。如拔营远行，营官另拨公夫，帮抬劈山炮。哨官、哨长及护勇五人，共夫四名，四哨共夫十六名。每抬枪队，用长夫三名，每刀矛小枪队用长夫二名。计四哨抬枪八队，共长夫二十四名；刀矛小枪二十四队，共长夫四十八名。

以上各项，共长夫一百八十名。五百人一营，计每百人用夫三十六名。只许减少，不许增多。

薪水口粮之制

营官月给薪水银五十两，不扣建。又月给办公费银一百五十两，不扣建。凡帮办及管账目、军装、书记、医生、工匠、薪粮，并置办旗帜、号补各费在内，听营官酌用。

哨官每员，日给银三钱

哨长每名，日给银二钱

什长每名，日给银一钱六分

新兵每名，日给银一钱五分

护勇每名，日给银一钱五分

正勇每名，日给银一钱四分

伙勇每名，日给银一钱一分

长夫每名，日给银一钱

以上大建，月支银二千八百九十二两二钱，小建月支银二千八百零二两四钱六分。

> 军中浪费，最忌官员太多。

军中浪费，最忌官员太多，夫价太多。今立定限制，无论官多官少，官大官小，凡带千人者，每月支银不准过五千八百两。凡统万人者，每月支银不准过五万八千两。凡带百人者，用长夫不准过三十六名。凡带千人者，用长夫不准过三百六十名。

小口粮及恤赏之制

凡新立营头，奉札招勇，挑定后，无论勇、夫，每名每日给小口粮钱一百文。带至大营，上宪派员点名后，再行起支大口粮。凡阵亡者，恤银三十两。受伤，头等者赏银十五两；二等者银十两；三等者银五两。成废者，另加。

外省招勇仿照楚军薪粮之制

湖北、江西、安徽等省招勇，在本省剿贼者，照楚军章程不减者，凡五项：

营官薪水办公费，每月支二百两。（不减）

哨官每日支三钱，哨长每日支二钱。（不减）

什长每日支一钱六分。（不减）

伙勇每日支一钱一分。（不减）

长夫每日支一钱。（不减）

其照楚军章程酌减二分者，凡两项：

新兵、护勇每日支一钱三分。（已减二分。出境至外省剿贼则全不减。）

正勇每日支一钱二分。（已减二分。出境至外省剿贼，则全不减。）

帐棚之制

营官、帮办、书记、军火等，共用夹帐棚八架，单帐棚二架。

哨官、哨长、护勇，共夹帐棚一架，单帐棚二架，四哨同。亲兵每队夹帐棚一架，单帐棚一架，六队同。

正勇每队单帐棚二架，三十二队同。

以上共夹帐棚十八架，单帐棚八十架。

统领之制

凡统领自带一营，本营之薪水、公费及夫价已足敷用。此外，从优酌加。凡统至三千人以上者，每月加银百两，加夫十名。统至五千人以上者，每月加银二百两，加夫二十名。统至万人以上者，每月加银三百两，加夫三十名。

营规

招募之规，二条

招募兵勇，须取具保结，造具府县、里居、父母、兄弟、妻子名姓、箕斗清册。各结附册，以便清查。

募格，须择技艺娴熟，年轻力壮、朴实而有农夫土气者为上。其油头滑面，有市井气者，有衙门气者，概不收用。

日夜常课之规，七条

五更三点皆起，派三成队，站墙子一次。放醒炮，闻锣声则散。

黎明，演早操一次，营官看亲兵之操，或帮办代看。哨官看本哨之操。

午刻点名一次，亲兵由营官点，或帮办代点。各哨由哨长点。

日斜时，演晚操一次，与黎明早操同。

灯时，派三成队，站墙子一次，放定更炮，闻锣声则散。

二更前点名一次，与午刻点名同。计每日夜共站墙子二次，点名二次，看操二次。此外，营官点全营之名，看全营之操无定期，约每月四五次。

每夜派一成队站墙、唱更。每更一人，轮流替换。如离贼甚近，测派二成队，每更二人，轮流替换。若但传令箭而不唱者，谓之暗令。仍派哨长、亲兵等常常稽查。

扎营之规，八条

扎营之地，忌低洼潮湿，水难泄出。忌坦地平洋，四面受敌。忌坐山太低，客山反高。忌斜坡半面，炮子易入。

扎营之地，须择顶上宽平，旁面陡峻者（四面陡峻者难得，或一面二面陡峻，亦好）。择背山面水者（兵法：右背山陵，前左水泽；亦难择此好地。但或前、或左、或右，有一面阻水者，即易御敌）。择砍柴挑水便益者（汲道最关紧要，如为贼所断，则不可守）。

每到一处安营，无论风雨寒暑，队伍一到，立刻修挖墙壕，一时成功。未成之先，不许休息，亦不许与贼搿战。

墙子须八尺高，一丈厚，筑墙子不用门板、竹木。里外皆用草坯、土块砌成。中间用上筑紧，每筑尺余，横铺长条小树，庶免雨后崩裂之患。上有枪炮眼，内有子墙，为人站立之地。

壕沟须一丈五尺深，愈深愈好，上宽下窄。壕中取出之土，须覆于二丈以外，不可太近，不可堆高。恐大雨时，客土仍流入壕中也。

花篱用木须粗大。约长五尺余，埋土中约深二尺，坚筑旁土，以攀摇不动为主。或用二三层，或用五六层。

凡墙子、壕沟、花篱三者缺一不可。墙子取其高而难登也，壕沟取其深而难越也，花篱取其难遽近前也。曰垒、曰壁、曰土城，名虽不同，皆墙子之类也。曰池、曰堑、曰陷马坑（不甚宽长，其上虚铺以土）、曰梅花坑（乱挖深坑，约四五尺，大小无定），名虽不同，皆壕沟之类也。曰木城（立木圆排，周围如城）、曰栅（亦系立木，不必周围皆有）、曰梅花桩（乱钉者，曰梅花桩，分层次者，曰花篱笆）、曰鹿角（树之有权丫者）、曰拗马桩、曰拒马、曰档木（中有横木，用小木斜穿，以架于地）、曰地刺（用竹削尖钉于地）、曰铁蒺藜、曰铁菱角，名虽不同，皆花篱之类也。墙子只可修筑一道，壕沟则两道，三道更好。花篱等则五层，六层更好。

一营开两门。前门宜正大，后门宜隐僻。营宫中军帐，对前门。中留甬道，宜阔，亲兵各棚扎甬道两旁，前哨扎前门，后哨扎后门。左哨扎左，右哨扎右。两帐相距略宽，以留水火之路。营外开厕数处，宜远，营内开厕两处，专备夜间之用。火药挖一地窖，上覆草棚，用泥涂之，仍安气眼，免其潮湿。

行路之规，三条

凡拔营时，以七成队预备打仗，以三成队押夫。若贼在前，则七成队走前，锅帐担子走中间；以三成队在后押之。若贼在后，则以三成队走前，押锅帐担子同行，留七成队在后防贼。如有十营八营同日拔行，则各营七成队伍分班行走。不许此营之队参入彼营队中，尤不许锅帐担子参入七成队中。至押夫之三成队，专押本营之锅帐担子，不许此营与彼营混乱。

凡拔营，须派好手先走，或营官，或统领，或哨官、哨长，皆可择其善看地势，善看贼情者向前探看。在大队之前十里，或二十里，仔细看明。一探树林，二探村庄，恐有贼匪埋伏在内。身边带七八个人，每遇一条叉路，即派一人往看。若遇过桥、过渡，尤须谨慎，恐大队过水之后，遇贼接仗，进则容易，退则万难。

每营派一弁在后押尾，凡锅帐担子过完之后，查明恐有病者落后。又恐本营勇夫在后滋事，又恐游勇假名滋闹。

禁扰民之规

用兵之道，以保民为第一义。除莠去草，所以爱苗也，打蛇杀虎，所以爱人也。募兵剿贼，所以爱百姓也。若不禁止骚扰，便与贼匪无异，且或比贼匪更甚，要官兵何用哉？故兵法千言万语，一言以蔽之曰：爱民。特撰《爱民歌》，令兵勇读之。歌曰。（歌已见前）

禁洋烟等事之规，七条

禁止洋烟——营中有吸食洋烟者，尽行责革。营外有烟馆卖烟者，尽行驱除。

禁止赌博——凡打牌、押宝等事，既耗钱财，又耗精神，一概禁革。

禁止喧哗——平日不许喧嚷，临阵不许高声。夜间有梦鬼，乱喊乱叫者，本棚之人推醒，各棚不许接声。

禁止奸淫——和奸者责革，强奸者斩决。

禁止谣言——造言谤上，离散军心者，严究！变乱是非，讲长说短，使同伴不睦者，严究！张皇贼势，妖言邪说，摇惑人心者，斩！

禁止结盟拜会——兵勇结盟拜会，鼓众挟制者，严究！结拜哥老会，传习邪教者，斩！

禁止异服——不许穿用红衣、绿衣、红带、绿带，不许织红辫线，不许扎红绿包巾、印花包巾，不许穿花鞋。

稽查之规，五条

查号补小印——号补上有大印数字，各营皆然。其每营官又须另有小印私记，印于补上，以便稽查。

查口号——每夜发二字做口号。查营时，遇著人来，低声呼上一字；来者即低呼下一字应之。错者登时拿问，以防奸细。若人多混杂之地，日间亦发二字做口号，以便稽查。

查街——每日派什长及亲兵数人，至营盘附近街市稽查。如有扰民者，吸洋烟、赌博者，立即拿回究办。〔有扰民者，立即拿回究办。〕

查出营——各勇必挂号执票，方准出营。如守门人不验票，擅放者，重责。各勇夫不服查者，责革。

查私留外人——各勇夫如有亲友来营，须报明本什长、哨长，至营官处挂号，方准留宿。违者重究。

雜著 卷三

马队营制

——一营十哨，每哨官给马一匹。一哨马勇二十四名，每名给马一匹；营官亲兵八名，每名给马一匹。

——营官月给薪水银四十两，公费银四十两，马四匹，马夫二名，火夫一名，长夫八名。

——帮办一员，月给银十六两，马一匹，长夫一名。

——字识一名，月给银五两。

——哨官十员，每员月给银九两六钱，杂费银一两二钱，马夫一名，棚夫一名。

——先锋官五员，每员给马一匹，月给口粮银五两四钱，杂费银六钱。五人共为一棚，马夫二名，火夫一名，棚夫一名。

——亲兵八名，每名给马一匹，日给银一钱四分，杂费银月给六钱。以四名为一棚，每棚马夫二名，火夫一名，棚夫一名。

——步队亲兵什长一名，日给银一钱六分。步队亲兵十名，日给银一钱五分。共为一棚，火夫一名。此专备营官差遣，及出队时留守营盘之用。毋许再向各哨派人当差。

——马勇日给银一钱四分，杂费银月给六钱。每四名为一棚，马夫二名，火夫一名，棚夫一名。

——搬运军械、草料，公长大四十名，凡长夫每名日给银一钱，火夫每名日给银一钱一分。

——营官领蓝夹棚二架，白单棚一架。帮办领蓝夹棚一架，白单棚一架。马队亲兵领白单棚二架，马圈棚子二个。步队亲兵领白单棚二架。每哨领蓝夹棚一架，白单棚六架。马圈棚子七个。

——每营月给烛一百五十斤，油二百斤。

——每营百马之内，每年准报倒毙三十六匹。如数换领，以资弥补。另于哨弁兵勇杂费银内，每月扣出三钱，作为添补马匹公项，名曰朋马银。营官总理其事，月派哨官一员，轮流经管。遇有马匹额外倒毙，及病瘦不堪驰使者，即行抽拨此项，随时采买添补。

——每马月给麸料草豆银二两。每年三、四、五等月青草正茂,可以放食,每马减银五钱,只给一两五钱。

——马医、铁匠、号褂、旗帜、大小扫把、铁刮、竹槽,出自营官公项。

——修补鞍上坐褥、布屉、后鞦、辔头,哨官兵勇自办。

——笼头偏缰,哨官兵勇自办。

——马药钱,营官出自公费,哨弁兵勇出自杂费。

——更换鞍桥、油皮鞯、肚带及拴肚带宽皮条、拴镫窄皮条、皮扎、铁嚼全副。马枪、弓箭、腰刀、扎草刀、草料口袋,由军械所办给。

——凡扎营之处。先择斜坡掘地二弓,以为马圈,可拴四马。兵勇之棚,即与马圈棚子相对。哨官之棚,亦与哨官马圈相对。凡支马圈之时。兵勇四名,与马夫二名,亲自锄挖。如马圈办理不妥,将该哨官分别严惩。

谕巡捕门印签押三条

凡为将帅者,以不骚扰百姓为第一义。凡为督抚者,以不需索属员为第一义。督抚与属员交涉,以巡捕、门印、签押三处为最。明日起早,经过地方,即是与州县交涉之始。兹特严定条约,愿巡捕、门印、签押敬听而牢记之。

第一,不许凌辱州县。人无贵贱贤愚,皆宜以礼貌相待。凡简慢傲惰,人施之己而不能堪者,己施于人,亦不能堪也。往尝见督抚过境,其巡捕、门印、签押及委员等,见州县官,皆有倨侮之色,严厉之声,实可痛恨!今当痛改恶习,凡见州县及文武属员,总以和颜逊词为主,不可稍涉傲慢,致启凌辱之渐。

第二,不许收受银礼。凡自爱者,丝毫不肯苟取于人。凡收人礼物,其初不过收茶叶、小菜之类;渐而收及鞍马、衣料,渐而收及金银、古玩。其初不过投赠之情,渐而笑索授意,渐而诛求逼勒,贿赂公行,皆始于此。嗣后我巡捕、门印、签押,务各

人无贵贱贤愚,皆宜以礼貌相待。

自爱，不准收受丝毫礼物。即茶叶、小菜，至亲密友赠送微物，若非禀明本部堂，再三斟酌者，概不准收。倘有隐瞒收受者，重则枷号棍责，轻则递解回籍。

第三，不许荐引私人。凡巡捕、门印、签押，势之所在，人或不敢不从。或其亲族，或其旧识，或荐至各将营盘，或荐入州县衙门。纵有过失，互相隐蔽。勾通袒护，为患甚大。自此次告戒之后，概不准荐人入将领之营，入州县之署；亦不准各营各署收受。

以上三条，巡捕、门印、签押三处，各写一分，贴于座右。如其自度不能，即趁早告退。若其在此当差，即小心凛遵。本部堂既告戒，尔等亦加倍自行儆惕。凡接见文武属员，无论大小，虽至佐杂、外委，亦必以礼貌相待，断不以厉色恶声加人。至送礼物者，一概谢绝不收。无论茶叶、小菜，以及裁料、衣服、书籍、字画、古玩、器皿、金银、食物，均皆不收。亦不荐人入武员之营，文员之署。此三者，本部堂若犯其一，准各随员指摘谏争，立即更改。

咸丰十年五月，谕巡捕、门印、签押三处。

解散歌
咸丰十一年，安徽祁门大营作

莫打鼓来莫打锣，听我唱个解散歌。如今贼多有缘故，大半都是掳进去。掳了良民当长毛，个个心中都想逃。官兵若杀胁从人，可怜冤枉无处伸。良民一朝被贼掳，吃尽千辛并万苦。初掳进去就挑担，板子打得皮肉烂。又要煮饭又搬柴，上无衣服下无鞋。看看头发一寸长，就要逼他上战场。初上战场眼哭肿，又羞又恨又懵懂。向前又怕官兵砍，退后又怕长毛斩。一年两载发更长，从此不敢回家乡。一封家信无处寄，背地落泪想爷娘。被掳太久家太贫，儿子饿死妻嫁人。半夜偷逃想回家，层层贼卡有盘查。又怕官军盘得紧，跪求饶命也不准。又怕团勇来讹钱，抢去衣服并盘缠。种种苦情说不完，说起阎王也心酸。我今到处贴告示,凡是胁从皆免死。第一不杀老和少,登时释放给护照。第二不杀老长发,一尺二尺皆遣发。第三不杀面刺字,劝他用药洗几次。第四不杀打过仗,丢了军器便释放。第五不杀做伪官,被胁受职也可宽。第六不杀旧官兵,被贼围捉也原情。第七不杀贼探子,也有愚民被驱使。第八不杀捆送人,也防乡团捆难民。人人不杀都胆壮,各各逃生寻去向。贼要聚来我要散,贼要掳来我要放。每人给张免死牌,保你千妥又万当。往年在家犯过罪,从今再不算前帐。不许县官问陈案,不许仇人告旧状。一家骨肉再团圆,九重皇恩真浩荡。一言普告州和县,再告兵勇与团练。若遇胁从难民归,莫抢银钱莫剥衣。

格言四幅书赠李芋仙
时咸丰十一年在东流大营

身到,心到,眼到,手到,口到——身到者,如作吏,则亲验命盗案,亲查乡里;治军则亲巡营垒,亲冒矢石是也。心到者,凡事苦心剖析,大条理,小条理,始条理,终条理;先要擘得开,后要括得拢是也。眼到者,着意看人,认真看公牍是也。手到者,于人之短长,事之关键,随笔写记,以备遗忘是也。口到者,于使人之事,警众之辞;既有公文,又不惮再苦口叮咛是也。余近与寮友论治事之法,录贻芋仙共证之。

读古书以训诂为本。作诗文以声调为本。事亲以得欢心为本。养生以少恼怒为本。立身以不妄语为本。治家以不晏起为本。居官以不要钱为本。行军以不扰民为本。——右八者,余庚申六月,书于日记册中,用以自警。厥后军事无利,每于家书中录此,以诫子弟。芋仙属书居官格言,因录一通。此八者,后四语,尤为吃紧,或出或处,不可离也。

以才自足,以能自矜,则为小人所忌,亦为君子所薄。——老庄之旨,以此为最要。故再三言之而不已。南荣趎赢粮,至老子之所。老子曰:"子何与人偕来之众也?"国藩每读之,不觉失笑。以仲尼之温恭俭让,常以周公才美骄吝为戒。而老子犹曰

立身以不妄语为本。行军以不扰民为本。

"去汝之躬,矜与容智",虽非事实,而老氏之所恶于儒术者,举可知已。庄生尤数数言此。吾最爱《徐无鬼》篇中语曰:"学一先生之言,则暖暖姝姝,而私自悦也。"又曰:"以贤临人,未有得人者也;以贤下人,未有不得人者也。"

古之善为诗、古文者,其工夫皆在诗、古文之外。若寻行数墨,以求之索之,愈迫,则去之愈远矣。——余好读欧阳公《送徐无党南归序》,乃知古之贤者,其志趣殊不愿以文人自命。东坡读少陵许身稷契及舜举十六相等句,以谓"此老胸中大有事在"。大抵经纶雷雨,关乎遭际,非人力所能强。至于襟期淡泊,遗外声利,则学者人人可勉也。

襟期淡泊,遗外声利。

劝诫浅语十六条

劝诫州县四条

上而道府,下而佐杂,以此类推。

一曰治署内以端本——宅门以内曰上房,曰官亲,曰幕友,曰家丁;头门以内曰书办,曰差役。此六项者,皆署内之人也。为官者欲治此六项人,须先自治其身。凡银钱一分一毫,一出一入,无不可对人言之处,则身边之人不敢妄取,而上房、官亲、幕友、家丁四者皆治矣。凡文书、案牍,无一不躬亲检点,则承办之人不敢舞弊,而书办、差役二者皆治矣。

二曰明刑法以清讼——管子、荀子、文中子之书,皆以严刑为是,以赦宥为非。子产治郑,诸葛治蜀,王猛治秦,皆用严刑,以致乂安。为州县者,苟尽心于民事,是非不得不剖辨,讞结不得不迅速。既求迅结,不得不刑恶人,以伸善人之气。非虐也,除莠所以爱苗也,惩恶所以安良也。若一案到署,不讯不结,不分是非,不用刑法,名为宽和,实糊涂耳!懒惰耳!纵奸恶以害善良耳!

三曰重农事以厚生——军兴以来,士与工商,生计或未尽绝;惟农夫,则无一人不苦,无一处不苦。农夫受苦太久,则必荒田不耕。军无粮,则必扰民;民无粮,则必从贼;贼无粮,则必变流贼，而大乱无了日矣。故今日之州县，以重农为第一要务。病商之钱可取，病农之钱不可取。薄敛以纾其力，减役以安其身。无牛之家，设法购买；有水之田，设法疏消。要使农夫稍有生聚之乐，庶不至逃徙一空。

四曰崇俭朴以养廉——近日州县廉俸，入款皆无着落，而出款仍未尽裁，是以艰窘异常。计惟有节用之一法，尚可公私两全。节用之道，莫先于人少。官亲少，则无需索酬应之繁；幕友家丁少，则减薪工杂支之费。官厨少一双之箸，民间宽一分之力。此外，衣服饮食，事事俭约，声色洋烟，一一禁绝，不献上司，不肥家产。用之于己者有节，则取之于民者有制矣。

劝诫营官四条

上而统领，下而哨弁，以此类推。

一曰禁骚扰以安民——所恶乎贼匪者，以其淫掳焚杀，扰民害民也。所贵乎官兵者，以其救民安民也。若官兵扰害百姓，则与贼匪无殊矣。故带兵之道，以禁止骚扰为第一义。百姓最怕者，惟强掳民夫、强占民房二事。掳夫，则行者辛苦，居者愁思。占房，则器物毁坏，家口流离。为营官者，先禁此二事。更于淫抢、压买等事，一一禁止，则造福无穷矣。

二曰戒烟赌以儆惰——战守乃极劳苦之事，全仗身体强壮，精神完足，方能敬慎不败。洋烟、赌博二者，既费银钱，又耗精神。不能起早，不能守夜，断无不误军事之理。军事最喜朝气，最忌暮气，惰则皆暮气也。洋烟瘾发之人，涕洟交流，遍身瘫软。赌博劳夜之人，神魂颠倒，竟日痴迷，全是一种暮气。久骄而不败者，容或有之；久惰则立见败亡矣。故欲保军士常新之气，必自戒烟赌始。

三曰勤训练以御寇——训有二端：一曰训营规；二曰训家规。练有二端：一曰练技艺；二曰练阵法。点名、演操、巡更、放哨，此将领教兵勇之营规也。禁嫖赌，戒游惰，慎语言，敬尊长，此父兄教子弟之家规也。为营官者，待兵勇如子弟，使人人学好，个个成名，则众勇感之矣。练技艺者，刀矛能保身，能刺人；枪炮能命中，能及远。练阵法者，进则同进，站则同站，登山不乱，越水不杂。总不外一"熟"字。技艺极熟，则一人可敌数十人；阵法极熟，则千万人可使如一人。

四曰尚廉俭以服众——兵勇心目之中，专从银钱上着意。如营官于银钱不苟，则兵勇畏而且服。若银钱苟且，则兵勇心中不服，口中讥议，不特扣减口粮，缺额截旷，而后议之也。即营官好多用亲戚、本家，好应酬上司、朋友，用营中之公钱，谋一身之私事。也算是虚糜饷银，也难免兵勇讥议。欲服军心，必先尚廉介。欲求廉介，必先崇俭朴。不妄花一钱，则一身廉；不私用一人，则一营廉。不独兵勇畏服，亦且鬼神钦伏矣。

劝诫委员四条

向无额缺，现有职事之员，皆归此类。

一曰习勤劳以尽职——观于田夫农父，终岁勤劳而少疾病，则知劳者所以养身也。观于舜禹周公，终身忧劳，而享寿考，则知劳者所以养心也。大抵勤则难朽，逸则易坏，凡物皆然。勤之道有五：一曰身勤。险远之路，身往验之；艰苦之境，身亲尝之。二曰眼勤。遇一人，必详细察看；接一文，必反复审阅。三曰手勤。易弃之物，随手收拾；易忘之事，随笔记载。四曰口勤。待同僚，则互相规劝；待下属，则再三训导。五曰心勤。精诚所至，金石亦开；苦思所积，鬼神亦通。五者皆到，无不尽之职矣。

二曰崇俭约以养廉——昔年州县佐杂，在省当差，并无薪水银两。今则月支数十金，而犹嫌其少。昔年举贡生员在外坐馆，不过每月数金，今则增至一两倍，而犹嫌其少。此所谓不知足也。欲学廉介，必先知足。观于各处难民，遍地饿莩，则吾辈之安居、衣食，已属至幸，尚何奢望哉？尚敢暴殄哉？不特当廉于取利，并当廉于取名。毋贪保举，毋好虚誉，事事知足，人人守约，则气运可挽回矣。

三曰勤学问以广才——今世万事纷纭，要之，不外四端：曰军事，曰吏事，曰饷事，曰文事而已。凡来此者，于此四端之中，各宜精习一事。习军事，则讲究战攻、防守、地势、贼情等件。习吏事，则讲究抚字、催科、听讼、劝农等件。习饷事，则讲究丁漕、厘捐、开源、节流等件。习文事，则讲究奏疏、条教、公牍、书函等件。讲究之法，不外学问二字。学于古，则多看书籍；学于今，则多觅榜样。问于当局，则知其甘苦；问于旁观，则知其效验。勤习不已，才自广而不觉矣。

四曰戒傲惰以正俗——余在军日久，不识术数占验，而颇能预知败征。大约将士有骄傲气者必败，有怠惰气者必败。不独将士然也，凡委员有傲气者，亦必偾事，有惰气者，亦必获咎。傲惰之所起者微，而积久遂成风俗。一人自是，将举国予圣自雄矣。一人晏起，将举国俾昼作夜矣。今与诸君约：多做实事，少说大话，有劳不避，有功不矜。人人如此存心，则勋业自此出，风俗自此正，人材亦自此盛矣。

有骄傲气者必败，有怠惰气者必败。

劝诫绅士四条

本省乡绅，外省客游之士，皆归此类。

一曰保愚懦以庇乡——军兴以来，各县皆有绅局，或筹办团练，或支应官军。大抵皆敛钱以集事。或酌量捐资，或按亩派费。名为均匀分派，实则高下参差。在局之绅者少出，不在局之愚懦多出。与局绅有声气者少出，与局绅无瓜葛者多出。与局绅有夙怨者，不惟勒派多出，而且严催凌辱，是亦未尝不害民也。欲选绅士，以能保本乡愚懦者为上等。能保愚懦，虽伪职亦尚可恕；凌虐愚懦，虽巨绅亦属可诛。

二曰崇廉让以奉公——凡有公局，即有经管银钱之权，又有劳绩保举之望。同列之人，或争权利而相怨，或争保举而相轧，此不廉也。始则求县官之一札以为荣，继则大柄下移，毫无忌惮。衙门食用之需，仰给绅士之手。擅作威福，藐视官长，此不逊也。今特申戒各属绅士，以敬畏官长为第一义。财利之权，归之于官；赏罚之柄，操之自上。即同列众绅，亦互相推让，不争权势。绅士能洁己而奉公，则庶民皆尊君而亲上矣。

三曰禁大言以务实——以诸葛之智勇，不能克魏之一城；以范韩之经纶，不能制夏之一隅。是知兵事之成败利钝，皆天也，非人之所能为也，近年书生侈口谈兵，动辄曰克城若干，拓地若干，此大言也。孔子曰："攻其恶，无攻人之恶。"近年书生，多好攻人之短，轻诋古贤，苛责时彦，此亦大言也。好谈兵事者，其阅历必浅，好攻人短者，其自修必疏。今与诸君子约为务实之学，请自禁大言始。欲禁大言，请自不轻论兵始，自不道人短始。

四曰扩才识以待用——天下无现成之人才，亦无生知之卓识。大抵皆由勉强磨炼而出耳。《淮南子》曰："功可强成，名可强立。"董子曰："强勉学问，则闻见博；强勉行道，则德日起。"《中庸》所谓"人一己百，人十己千"，即勉强工夫也。今士人皆思见用于世，而乏用世之具。诚能考信于载籍，问途于已经。苦思以求其通，躬行以试其效。勉之又勉，则识可渐进，才亦渐充。才识足以济世，何患世莫已知哉？

以上十六条，分之，则每一等人，各守四条，合之，则凡诸色人，皆可参观。圣贤之格言甚多，难以备述，朝廷之律例甚密，亦难周知。只此浅近之语，科条在此，黜陟亦在此。愿我同人共勉焉！

淮盐运行西岸章程

第一条：泰州设招商局——江路通畅，亟应重整淮纲。现于泰州设立招商总局，本部堂札委大员，驻局经理，先办江西口岸，每年定运十万引。仍照旧例，以六百斤成引，分作春秋两纲。毋论官绅、商富，悉准赴局具呈认办。以五百引为始，愿多者听，少者不准。挂号后，限一月内，领照开江。逾限即将所挂之号注销。每纲认足五万引，即行截数。本部堂已刊三联护照，发交泰州总局。由局填发，以照根留泰州存查，以左照封寄江西总局，以中照给商护运。盐与票离，即以私论。

第二条：江西设督销局——规复引地，以保价缉私为要。本部堂札委大员，于江西省城设局，专理售盐、定价、扣厘、缉私等事。盐船抵岸，挂号后，按所到先后，榜示局门，挨次发售，不准争先压后，亦不准私相授受，跌价抢销。所售之盐，已颁发库秤，连皮包过秤，每百斤定价库平足纹现银三两五钱，不准丝毫短欠。如销市畅旺，由西局酌量出示提价。至滞销之时，仍于所提价内酌减，至贱以三两五钱为止，以保商本。

第三条：三处截角查私——此次办运，改复纲盐章程，以六百斤为一引。外加卤耗六十斤，包索三斤半，每引分装八包，每包连包索重八十六斤。由泰州抽查过秤，将护票截去第一角。运至安庆，又抽查过秤，截去第二角。运至湖口，又抽查过秤，截去第三角。如有包外夹带私盐，毋论本商及船户水手，均照贩私例治罪。各商亦宜实给水脚银钱，毋稍剋扣，免致水手带私，连累本商。一经查出，重斤照全船包数扣算，将盐充公。嗣后如无本部堂护照，及未经按卡截角者，一概不准过卡，如违重究。

第四条：加重邻私厘税——江西十府，例行淮盐。近年为粤私、浙私、闽私侵占，夺我淮引之地。应即重税邻私，俾邻本重而淮本轻，庶淮商之获利较厚，而邻盐亦可化私为官。现饬江西各厘局，将邻盐厘税加重，闽盐每斤征钱八文，浙粤盐每斤各征钱十二文。责成各卡，认真缉私，严拿绕越，以免偷漏。其新章发售之淮盐，由西局另刊水程执照，盖用江西盐道关防，填给水贩护运。与邻盐之发给税单者，不相混淆。经过淮引地面，厘卡一律放行，不准重抽丝毫，留难片刻。如盐与水程执照相离者，即以私论。

第五条：计算本利各款——栈盐每引八包，连正杂课、暨盐价在内，约本银五两五钱二分。又缴泰州局费银一钱八分，都营赏犒银四分八厘，驳船江船商伙辛工栈租等费，银四两四分二厘。共计成本，每引约银九两七钱九分正。盐六百斤，西局售价银二十一两，除每引由西局扣存各卡厘银九两四钱四分，西局公费银三钱外，余银给还商本银九两七钱九分，给商一分半息银一两四钱七分，共银十一两三钱，交商具领，以利续运。如遇畅销之时，提价至三两五钱以外者，所增之银以三成给商，三成解安庆粮台，四成解金陵大营。至于商人自用之小费，在泰州具呈时，应缴局费银一钱八分。到西岸后，仓租、栈租、上力均系商人自行理落。其售盐时，出仓下河等费，出自水贩，一一预先说定，各无争竞。凡经本部堂核定数目，如有私加及书役人等需索

认真缉私，严拿绕越。

分文，准商贩禀明，严行惩办。

第六条：补完各处厘金——近年各路军营，皆赖抽厘济饷。如扬州大营，镇江大营，金陵大营，皖江南北水陆各营，所设之卡，皆以盐厘为大宗。此次整顿淮纲，断不能仍完逐卡之厘，而各军需饷甚急，又断不能失此有著之款。应令于初次起运，暂缓完厘。俟到江西销售之后，由西局汇总扣出。江西厘银金每引一两五钱。由西局径解吴城厘金局。其余银七两九钱四分，均解安庆牙厘总局，由该局分解金陵大营。厘银每引三两四钱五分，解扬镇军营。厘银每引一两二钱，解沙漫洲粮台。捐银每引三钱二分，安庆各卡每引银二两九钱七分，内彭部堂营、杨军门营、鲍军门营、韦军志字营、湘新后营、祥后营、善后局暨江外粮台应分之银，向例归安庆七卡者，均在此项分之。其李军门通江关厘卡，业经另筹每月一万二千两作抵。江宁府杨守炮船厘金，业经另文停止。以每引计之，则各军所得，较向来略少。以一年全纲十万引计之，则较向来所得更多。再加两湖全纲，则所得尤多矣。只有初行两个月，略为展缓，到三四个月后，则源源解还，不误各军需要。

<u>商运官运画一。</u>

第七条：商运官运画一——本部堂现定新章，重在商运，期复纲盐规模。毋论官运、营运，总应与商贩一律办理。不得丝毫取巧，亦不得再立营运饷盐名目。至各营有藉食盐为名，私自下场采买，希图不完厘课，即与贩私无异，现已通行出示禁止。如敢违犯，无论何营员弁，查出一律严办。

第八条：沿途并无艰险——自克复九洑洲后，长江一律肃清。商船畅行。现饬沿江水陆各营，及沿途关卡，凡新章淮盐经过，验明护照，一体放行。并派炮船护送，不得需索分文。留难片刻。其仪征、九洑洲、中关等处，由金陵大营曾抚部院特派文武大员，催攒防护，可期畅行无阻。如有雇船不慎，斤两有亏，系各商照料不周，毋得藉口短斤，希图减厘。倘有遭风失水情事，准其报明，所在地方官勘详，一面申送泰州总局补运，准免厘金一半。如无地方官勘明切结，不准请补。

以上各条，均由本部堂体察情形，细为考定，冀与各商贩军民共图乐利，以裕税饷，而复淮纲。

淮盐运行皖岸章程

第一条：斤两改复旧制——淮南盐务，向以安徽为中路。现在西岸，楚岸均照道光三十年章程，以六百斤成引。皖省应即一律办理。兹定淮盐贩运安徽者，专发护照。每照一张，运盐一百二十引。每引正盐六百斤，外加卤耗六十斤，包索三斤半，分装八包。每包连索过掣，库秤净重八十六斤。此外查出重斤，即以私论。（斤两改复旧制。）

第二条：大通设招商局——中路售盐，向以大通为总汇。本部堂札委刘牧履祥驻扎大通，设招商局，专司中路招商、验照、抽秤、收厘各事务。惟大通镇销盐，畅滞无定。上下口岸相距过远。不能仿照楚西之法，挨次销售。现另刊护照，将下游大胜关、金柱关、荻港、大通四卡厘金全行缓纳，验照放行。俟盐到大通，每引总完下四卡厘金钱六千文，专充水路彭杨、陆路曾鲍四军之饷。按人数之多少，均匀分派。运商完厘后，即将所领护照缴销，由大通局另给水程执照，转运他处口岸销售。自大通以上，仍照旧章，逐卡完厘。（大通设招商局。）

第三条：护照另缴军饷——中路淮盐护照，每年额定六百张，发交大通招商局刘牧招商承运。此外，不另发护照一张，以一事权。凡各商贩请领护照，除应缴下四卡厘金外。每护照一张，另缴报效军需银三百两。此项报效银两，与楚西新章之提分商利无异，应专济彭杨曾鲍四营军饷，按人数之多少，均匀分派。（另缴军饷。）

第四条：计算成本数目——商贩请领中路护照，前赴泰栈买盐。每引八包，连正杂课，暨盐价在内，约计银五两五钱二分。应缴报效军需银二两五钱，完扬镇军营厘银一两二钱，沙漫洲粮台厘银三钱二分，都营犒赏银四分八厘，水脚辛工银约二两二钱。盐到大通后，总完下四卡厘钱六千文，照时价约合银四两四钱，完大通局费银一钱五分，共计每引约合成本银十六两三钱三（成本数目。）

分八厘。该局售价，如遇畅销之时，听局员斟酌提价；即滞销之时，至少每百斤不得跌至三两以内。以保商本。如有不顾大局、私行贱售抢跌者，准众商查出，禀究议罚。

截角查私。　　第五条：三处截角查私——运盐过坝，由泰州抽查过秤，将护照截去第一角；运至大胜关，又抽查过秤，截去第二角；运至大通，又抽查过秤，截去第三角。将照缴销。如有重斤夹带，均照贩私律严惩。

淮盐运行楚岸章程

泰州设招商局。　　第一条：泰州设招商局——江路通畅，亟应重整淮纲。本部堂先于泰州设立西岸招商总局，札委大员驻局经理。兹接办楚岸，添派大员，并归一局办理。湖南湖北每年定运十六万引，照旧例以六百斤成引，分四季起运，每季四万引。毋论官绅商富，悉准赴局具呈认办。以五百引为始，愿多者听，少者不准。挂号后限一月内领照开江，逾限即将所挂之号注销。本部堂已刊三联护照，发交泰州总局，由局填发，以照根留泰州存查，以中照给商护运，以左照封寄汉口总局。如有运赴湖南者，在汉呈明，由汉局将左照转送湖南总局。

两湖设督销局。　　第二条：两湖设督销局——规复引地，以保价缉私为要。本部堂札委大员于湖北之汉口镇，设立总局，专理售盐、定价、扣厘、缉私等事。盐船抵岸挂号后，按所到先后，榜示局门。挨次发售，不准争先压后；亦不准私相授受，跌价抢销。两湖所售之盐，已颁发库秤，连皮包过秤，每百斤定价库平足纹现银四两。不准丝毫短少。如销市畅旺，理局员酌量出示提价。至销滞之时，仍于所提价内酌减。至贱以四两为止，以保商本。向有商贩不至汉口即于下游武穴、田家镇、沣源口等处发售。应另于入楚境之武穴地方设立分局，仍归汉口总局兼管，照章办理。至湖南应另设督销局，业经咨商湖南抚院会委大员督办。淮盐入湖，另增水脚每引四钱，准于售价内扣出。连加分半利银六分，一并给还商人。沿途概不完厘，统俟盐到湘后，由局员照章扣解。

第三条：四处截角查私——此次办运，改复纲盐章程，以六百斤为一引。外加卤耗六十斤，包索三斤半；每引分装八包，每包连包索重八十六斤。由泰抽查过秤，将护票截去第一角。运至安庆，又抽查过秤，截去第二角。运至武穴，又抽查过秤，截去第三角。运赴湖南者再由汉口抽查过秤，截去第四角。如有包外夹带私盐，毋论本商及船户水手，均照贩私例治罪。各商亦宜实给水脚银钱，毋稍剋扣，免致水手带私，连累本商，一经查出重斤，照全船包数扣算，将盐充公。嗣后如无本部堂护照，及未按卡截角者，一概不准过卡。如有偷漏到岸，即照私贩拿办。其汉镇及湖南设局之后，所有在岸旧盐，毋论官运营运，一律归局发售。系已完厘课之盐，应如何补提，余利充饷，由局员核明示价，禀明办理。

第四条：加重邻私厘税——湖南、湖北均例行淮盐，近年为粤私川私潞私侵占，夺我淮引之地。应即重税邻私，俾邻本重而淮本轻，庶淮商之获利较厚，而邻盐亦可化私为官。现咨两湖总督部堂、湖北湖南巡抚部院，将邻盐厘税加抽。川盐入鄂，于荆州加抽厘钱每斤八文；粤盐入湘，于衡州加抽厘钱每斤八文。其钱以五文归两淮盐政，重引地也；以三文归鄂湘督抚，重卡地也。新章发售之淮盐，由鄂湘督销局，另刊水程执照，盖用湖北湖南盐道关防，填给水贩护运。邻盐发给税单，亦盖盐道关防。如邻私违抗，不领税单，擅侵引地者，本部堂派炮船缉拿，盐则入官，贩则治罪。至楚岸盐行，向系盐务衙门专管。应由总局委员，将现开各行造册详报。如有欺商欠课、得贿售私等弊，随时禀明拿究。

第五条：计算本利各款——栈盐每引八包，连正杂课暨盐价在内，约本银五两五钱二分。又缴泰州局费银一钱八分，都营赏号银四分八厘，炮船、江船、商伙、辛工、栈租等费银四两四钱四分二厘，共计湖北成本每引约银十两一钱九分正。盐六百斤，汉局售价银二十四两，除每引由楚局扣存厘税银十一两九钱八分，楚局公费银三钱外，余银给还商本银十两一钱九分，给商一分半息银一两五钱三分，共银十一两七钱二分。交商具领，以利续运。其卤耗、包索、余斤均准贴商，以广招徕。如遇畅销之时，提价至四两以外者，所增之银，以三成给商，七成解安庆粮台。至于商人自用之小费，在泰州具呈时，应缴局费银一钱八分。到岸后，船户坐日等项，均系商人自行理落。其售盐时挑力等费，出自水贩。——预先说定，各无争竞。凡经本部堂核定数目，如有私加，及书役人等需索分文，准商贩禀明，严行惩办。湖南成本每引加四钱六分给商，余俱照办。

补完各处厘金。

第六条：补完各处厘金——近年各路军营，皆赖抽厘济饷。如扬州大营、镇江大营、金陵大营、江南北水陆各营所设之卡，皆以盐厘为大宗。此次整顿淮纲，断不能仍完逐卡之厘。而各营需饷甚急，又断不能失此有著之款。应令如初次起运，暂缓完厘。湖北之盐，俟到汉岸售销之后，由汉局汇总扣出厘税银，每引十一两九钱八分，内应派楚厘银四两二钱，解交湖北牙厘局。又应派扬镇军营厘银每引一两二钱，又沙漫洲粮台厘银，每引三钱二分，均解交扬州粮台。又九江关税银每引一钱四分，解交九江关道。又安庆各卡每引银二两九钱七分，解交安庆牙厘局，分解各营。汉局所扣厘金，除分派外，尚余银三两一钱五分，应解安庆粮台。湖南之盐仅由湖北经过，湖北不能全收九文半之厘，应以二文半归鄂，以七文归湘。其余悉照湖北之例，由湘局汇总扣出，除分解鄂厘及各军外，尚余银二两六钱九分，亦解安庆粮台。其李军门通江关厘卡，业经另筹抵款。江宁府杨守炮船厘金，业经另文停止。至各军应分之厘，只有初行时略为展缓，以后源源解还，不致有误。

商运官运画一。

第七条：商运官运画一——本部堂现定新章，重在商运，期复纲盐规模。毋论官运营运，总应与商贩一律办理，不得丝毫取巧，亦不得再立营运饷盐名目。至各营有藉食盐为名，私自下场采买，希图不完厘课，即与贩私无异。现已通行，出示禁止，如敢违犯，无论何营员弁，查出一律严办。

沿途并无艰险。

第八条：沿途并无艰险——自克复九洑洲后，长江一律肃清，商船畅行。现饬沿江水陆各营及沿途关卡，凡新章淮盐经过，验明护照，一体放行。并派炮船护送，不得需索分文，留难片刻。其仪征、九洑洲、中关等处，由金陵大营曾抚部院，特派文武大员催攒防护，可期畅行无阻。如有雇船不慎，斤两有亏，系各商照料不周，毋得藉口短斤，希图减厘。倘有遭风失水情事，准其报明地方官勘详，一面申送泰州总局补运，准免厘金一半。如无地方官勘明切结，不准请补。

以上各条，均由本部堂体察情形，细为考定。冀与各商贩军民共图乐利，以裕税饷，而复淮纲。其各遵行，以副厚望。

淮北票盐章程

第一条：改复票盐旧制——淮北票盐，立法本善。自以盐抵饷，紊乱成规。现在淮河畅通，亟宜大加整理，应将皖营滁营之饷盐，漕辕之捐盐，徐台借运之北盐，营弁私运之毛盐，一概停止。招集新旧票贩，运盐储坝，完纳现课，出湖运售。每引例定正盐四百斤，分捆四包，每包连卤耗一百一十斤。其请票截角、抽秤、上栈等事，悉照票盐成法办理。

改复票盐旧制。

第二条：接开己未新纲——淮北奏销，前已奏至戊午纲为止。应即接开己未新纲。由海分司，择吉起征。惟兵燹以后，户口大减，断不能销四十六万引之数。应循照近年奏案，先办正额二十九万六千九百八十二引，责成海分司驻扎西坝，或改驻杨庄，经理收课发贩等事宜。仍限一年造报奏销，以符定制。

接开己未新纲。

第三条：核定正杂各款——收课科则必须核定，以昭信守。查淮北向例，每引收报部正课银一两五分一厘，杂课二钱。又外办经费银四钱，仓谷一分，河费一分，盐捕营一分。现开己未新纲，皆应照收。其团练、坝工、缉费、号项等名目，均系不急之款，应即一概删除。每引实收现银一两六钱八分一厘。此外，不准另索分毫，如有额外加征，准商贩指禀，究办。

核定正杂各款。

第四条：裁并各处厘金——近来军饷皆赖盐厘接济，而长淮处处设卡，节节抽收，商贩视为畏途。现在滁营厘卡，业已停撤。此外，亦应从新妥议，仿照淮南总抽分解之法。惟淮北票盐不分口岸，听贩户随地运售，与淮南稍有不同，碍难缓厘。应择

裁并各处厘金。

扼要之处，分作两处抽收。自西坝出湖，先在五河设卡，每包收厘钱五百文。运赴上游，再于正阳关设卡，每包收厘钱五百文，统由本部堂派委大员，驻卡经收。所需卡用经费，即在盐厘内禀定坐支，不另取诸商贩。经此两卡抽收之后，给予厘票。他卡验票放行，不准重抽，以轻商本。

分派课厘数目。

第五条：分派课厘数目——查淮北解饷，原案系以十成分摊。临营分四成，滁营分四成，抚营分二成。今滁州已归并于督营，临淮已归并于抚营；嗣后所收北课，除临营仍解四成外，其余六成本应全解本部堂粮台。惟漕部堂停止捐盐，饷项不无短绌，兹议分拨一成归于漕辕，以资贴补。至五河、正阳关两卡，总收盐厘，每包各五百文，亦应照十成分派，议以一成解漕部堂，四成解安抚院，五成解本部堂。连同盐课，分济接防滁州各军，及金陵大营饷需。

计算成本余利。

第六条：计算成本余利——自场运坝之盐，每引除正杂课经费银一两六钱八分一厘，照旧到坝完纳外，另需盐价驳价每引七钱，运脚辛工约六钱，共计二两九钱八分一厘。西坝各栈售价，应由海分司就近稽查。每引至贱，不准跌至三两二钱以内。如遇畅销，准其随时提长。禁止湖贩赊欠，一律以现银交易。至正阳关、三河尖售价，现在每引约在十两内外。坝盐出湖，加以运脚厘金不过七两上下。本部堂又派淮扬水师，节节护运，无游匪抢劫之患，其途甚安，其利甚厚。应由运司，选派运判一员，前赴该两处，往来督销。严禁抢跌贱售，违者从重究罚。

严杜夹带重斤。

第七条：严杜夹带重斤——前因营弁下场自捆，买斤放砠，无弊不作。甚至以一引官盐，夹数引私盐，大有害于票法；迭经出示，严禁在案。嗣后无论官运营运，只准就坝采买，不准下场，亦不准再立饷盐名目。其下场票贩，类与卡员熟识。遇有重斤，往往瞻徇情面，通融放过。卡役人等兼有卖放之弊，以致大伊山、顺清河等处，秤掣，有名无实，殊属不成事体。应责成海分司严督各卡员，认真抽秤。查出包内重斤，即照全船包数，扣罚充公。如有包外夹带，严究详办。

禁止出湖改捆。

第八条：禁止出湖改捆——近来票盐出湖，皆在西坝改捆。

大包重一百二三十斤不等，以省运脚，及按包抽厘之费。改捆后，盐票不符，致有余票护私之弊。现在盐厘一项，业经本部堂大加裁减，未便再任避省运脚，丛生弊窦。应示谕车行船户，论斤不论包，公平承雇。出湖之盐，除例给护票外，并由海分司发给舱口清单，以便卡员凭单查舱，按包抽厘，不准再行改捆，以挽积弊而便稽查。以上各条，均由本部堂体察情形，细为考定。其余未尽事宜，统由两淮运司，督同海分司随时议禀，逐加整顿。冀与各商贩共图乐利，其各遵行，以副厚望。再，新章甫定，诚恐湖贩未尽周知，或不踊跃。各营既停饷盐，势难久待现课。凡督辕、抚辕、漕辕，皆可辅以官运，以示倡导，而速军需。重订官运章程四条，开列于左：

——各辕筹款委员，赴栈请票买盐。悉遵商运规矩，概以现银交易。既以体恤商贩，且不使官运本轻，商运本重。

——官运盐船过卡，验票、截角、查舱、完厘等事，均照商运一律办理。

——盐斤到岸，仍归督销委员稽查，不准以军饷，藉词抢跌贱售。

——委员薪水，由营自给，余利各归各营充饷。

金陵房产告示八条

为晓谕事：照得金陵房产章程前于去年七月，议立七条；复于十一月，议立四条。出示晓谕在案。其中尚有不便于民者，兹本部堂复加体察，将七月所定七条内，删去三条。十一月所定四条内，删去一条，酌改一条，合行示谕。为此示仰居民人等，一体遵照。特示。便于民。

——城内房产，如原业主持有旧契，准赴善后局呈明。由局派员，会同县令往查，与契符合，注明"验讫"字样，盖用局印县印，准其管业。如无印契，实系业主，取具邻佑切结，赴局呈明。派员会同县令，确查，给予单照，盖用局印、县印，亦准执单管业。

——城内房屋，有现任大员权作衙署，及办公委员权作公局者，即有业主，亦暂不准领还。从呈明验契盖印之日起，每月按照民价，给予租钱。俟另行修立衙署、公局后，再行给还业主。

——伪府贼馆，有一所而占数家地基者，亦有原系一家而分为数所者。令各赴局呈明验契委员，会同首县，勘验明白。或各管原业，或情愿舍少就多，割彼与此，由民间自行议定，呈明总局，饬县立案。

——房屋未经焚毁，尚属完好者，无论大屋小屋，新造旧造，一概不许拆毁。有擅拆强毁者，拿获正法。桌椅木器，不许兵勇搬出城外，如违重惩。

——城厢内外空地，如有客民愿造房屋者，先赴善后局呈明。即派保甲局委员，履勘该地。尚未有人认业者，暂作官地，视地之广狭，酌定租价。刊刻双联执照，载明丈尺若干，地租若干。照根存善后局，正照给客民收执，准其盖屋。自此次出示之后，如有未经呈明，擅将无主空地起造新屋者，除将房料充公外，严行枷责。若拆毁旧屋、移造新屋者，立正军法。其前此已造之屋，亦限于年内呈明善后局，勘地起租。俟有原业主出来，分别核办。至新年查出无照之屋，亦将房料充公。

——空地新造之屋，如原地主归来，赴善后局呈明。派保甲局委员确切查明，即将善后局所议地租，交原地主承管。所造之屋，或新屋主酌找地价，或旧地主酌找屋价，和商定议，各听自便。其亲族代认者，呈明后，准其立案，不准领照。自克复日起，扣足两年，无人来认，再行核办。

——旧存之屋，无契据者，若专以邻佑为凭，又恐贿串互保，弊窦丛生。嗣后无契之人，赴善后局呈明，由保甲局委员询问明确，令其具结承领，给予双联执照，暂行管业。两年以内，不准转典、转售。如承领之后，另有真业主，出来呈明确据，即将在前具结冒领之人，枷号两月，充军四千里。严惩冒认者，所以保全真业主也。

——金陵克复一年之久，原屋主尚多未归。而本籍、客籍之人，进屋寄居者，正复不少。此后，如真屋主归来，赴善后局呈明。派保甲局委员，赴屋履勘，分别开导。或租或让，自应商量办理，各存恕道，毋启讼端。切属！切属！

剿捻告示

为剀切晓谕事：照得皖豫江境，昔年逼于捻，扰民不聊生。经地方官谕筑圩寨，防贼奔突。既为尔民各保身家，得安耕获之利；兼期坚壁清野，渐收灭贼之效。本大臣在江南时，久闻各路圩练，遇有寇警，登陴固守，贼即无所掳掠。其中勇敢之士，复能抄贼尾股，邀贼边马，屡著战功，实堪嘉尚。查捻逆老巢，前在永亳蒙宿之间，被扰最苦之圩，惟此数州县，或被贼威胁，逼迫相随；或被贼袭据，惨遭裹掠。或不甘从贼，而为贼杀；或被裹出窜，而又为兵杀。困迫可悯情形，莫此为甚。上年亲王僧督兵入皖，歼斩逆首张落刑等，余匪远扬，各圩民始得脱离水火，渐谋复业。乃本年四月，贤王星陨曹州，贼焰转张。现在大股匪徒，窜入永亳蒙宿一带，意在逼胁各圩，以为党伙，计殊狡谲。闻此次贼过永宿，各圩拒守，多不从匪。足征忠义奋发，志切同仇。本大臣奉命督师，赴徐州一带剿办捻逆。议战则责成官军；议守仍需整理圩练。为此出示晓谕皖豫江境，各圩练董知悉：仰各该圩练董，随时前来徐州。本大臣亲询各路情形，并面谕修圩、挖壕、防守各事宜。有能凭圩击贼，或诱擒逆首者，定即立予优奖。即有被贼阑入，或被贼逼从之圩。官军到日，但能杀贼自效，赴本大臣军营投首者，悉予自新，不加究问。如敢与贼勾通，意怀观望，官军至，则从官，捻匪至，又从匪者，大军所至，定即悉力剿除。玉石俱焚，追悔何及！谅尔民守圩御贼，积时已久，应各知所趋向也。各宜懔遵毋违。特示。

剿捻告示四条

为晓谕事：照得本部堂恭奉简命，剿办江苏、安徽、山东、河南等省捻匪，拟于徐州、临淮、济宁、周家口等处，设立重兵，以为战。又令乡村设立圩寨，以为守。四路皆有重兵，则无此剿彼窜之虞。各县皆有圩寨，则无掳人掳粮之患。所有应行事宜，合亟出示晓谕，俾远近共见共闻。开列四条于左：

坚壁清野。

一、坚壁清野：——捻匪扰乱多年，凡苏皖齐豫，当冲之县，人人皆知修筑圩寨，自相保卫。但恐岁久人贫，渐渐懈惰。今宜大加整顿，墙子要高，壕沟要深，此坚壁也。人丁、牲畜、米粮、柴草，一一搬入圩内，贼来全无可捞，此清野也。如贼匪围攻圩寨，本部堂立即派兵救援。近则三日五日，远则十日半月，必可赶到，决不食言。如不能坚守半月，是该圩之过。如半月而救兵不到，即是本部堂之过。尔等操练壮丁，自保身家，本部堂决不调圩练助剿他处，亦不派圩董支应杂差。但愿尔等困苦余生，稍享安静之福。

分别良莠。

二、分别良莠：——论捻匪者，皆言蒙城、亳州最多，宿州、永城次之。带兵者痛恨蒙亳，皆欲剿洗，以绝祸根。本部堂观蒙亳之人，性质甚直，良民甚多。倡首为乱者，不过数人；甘心从逆者，为数亦少。其余有因贫而偶尔从捻者，有被胁而不得不从者。虽同得捻党之名，而罪有轻重之别，应彻底清查一次，分别惩办。倡首为乱者，如任柱、张总愚、牛洪、李允诸人，宜戮其身，屠其家，并掘其坟墓。甘心从逆者，诛其身，而不坐其家。其因贫偶从，及被胁从捻者，一概赦宥免死。委员督同圩长，挨户清查，每圩各造二册。倡首为乱，及甘心从逆者，为莠民册，全未从匪者，为良民册。偶从与胁从者，为自新良民，亦编入良民册内。入莠册者，在外则到处追剿，在籍则擒拿正法。入良册者，五家具保结于圩长，有事则五家连坐。圩长具保结于州县，有事则圩长连坐。愿我蒙亳晓事绅者，将莠民一一举报，斩除数百家之匪类，保全数十万之善良。免得一剿再剿，玉石俱焚，通县皆遭大劫，悔之晚矣。蒙亳宿永，四属限印委各员于三个月查毕。此外，有捻之州县一体清查。

三、发给执照：——各处圩中管事者，称曰"圩主"，或曰"寨主"。"主"字不可妄称，今宜概改曰"圩长"每圩一人；其帮办者，名曰"副圩长"。每圩或二三人，多至四人而止。凡充圩长者，无论原有之圩，新立之圩，由圩内大众公举一人，具禀州县。州县访察确实，禀明本部堂。正圩长由本部堂发给执照，盖用关防；副圩长由州县发给谕单，盖用印信。收执为凭。圩内有阳顺官兵，阴从捻匪者，圩长捆缚送官正法。匪圩而诬扳良圩，吓逼邻圩者，各圩公同禀究。送匪最多者，奏明请奖。匿匪不报者，将圩长革去究惩。平日不废农务，临警守圩有功者，奏明优奖。圩长苛敛财物，不服人心者，准圩众公禀，查明革换。

四、询访英贤：——淮徐一路，自古多英杰之士。山左、中州，亦为伟人所萃。方今兵革不息，岂无奇材崛起？无人礼之，则弃于草泽饥寒贱隶之中，有人求之，则足为国家干城，腹心之用。本部堂久历行间，求贤若渴。如有救时之策，出众之技，均准来营自行呈明，察酌录用。即不收用者，亦必优给途费。如有以邻境之匪名单来告者赏银三十两。如有以巨捻藏匿之踪迹来告者，赏银四十两。如有荐举贤才者，除赏银外，酌予保奖。藉一方之人材，平一方之寇乱，生民或有苏息之日乎！

马勇章程五条

——每营人数：营官一员，帮办一员，字识一名。分前后左右中五哨。其前后左右四哨，各立正哨官一员，副哨官一员。中哨，即以营官为正哨，外立副哨官二员。每哨马勇五十名，每棚什长一名。一营共什长二十五名，散勇二百二十五名。营官及两副哨、帮办、字识等，共用火夫二名。四哨之正副哨官，共用火夫四名。二十五棚，每棚用火夫一名。通营共用火夫三十一名。

——营官月给薪水并马干银五十两，公费银一百两，马四匹。帮办月给银十六两，马一匹。字识月给银九两，马一匹。正哨官每员月给银十八两，副哨官每员月给银十五两，各给马二匹。什长每名日给银二钱六分，马勇每名日给银二钱四分，均各给马一匹。火夫每名日给银一钱一分。营官、哨官、帮办、字识、薪水、马干及营官公费，不扣建，余均扣建。

——营官领蓝夹棚二架，白单棚一架；正副哨官共领蓝夹棚一架,白单棚一架;帮办、字识领白单棚二架。马勇每十人,领白单棚二架。

——搬运锅帐、子药每哨雇大车一辆,由粮台发价。如或置买大车,或置买骆驼,亦由台发价。每营百马之内,每年准报倒毙三十六匹,如数换领,以资弥补。

——兽医、铁匠、旗帜、大小扫把、铁刮、竹槽,出自营官公费。修补鞍上坐褥、布屉、后鞦、辔头、肚带及拴肚带宽皮条、拴镫、窄皮条,哨官兵勇自办。更换鞍桥油皮、鞯皮、札铁嚼、全副马铨、弓箭、扎草刀、草料、口袋军械所办给。

徽宁池三府属,洋庄茶引捐厘章程十条

设立茶引局。

——皖南设立茶引局,由皖南道督办,由安庆牙厘总局综理,省中派员驻局经管。所有引票、捐票、厘票,俱用三联票式。本部堂刊发牙厘总局,移交皖南道,转发徽宁池三府属产茶县分。各商成箱后,在该县报明请引,照缴引银。捐银、厘银、公费银,随时填票给付。各地方官不得于三票之外,多取丝毫。所收银两,随时解皖南道,听候拨用。各县按月申报牙厘,省局按南道茶引局查核。

——茶引,定以司马秤。每斤合库秤十六两八钱。按十六两八钱库秤,净茶一百二十斤为一引。箱皮不计。各商请引时,报明洋茶花色箱数,箱内净茶斤两,统计成引。报明后,该县亲身点箱抽查。如有偷漏,照厘金章程补交正项引银、捐银、厘银、公费,另加三倍议罚。如有重斤,一律照加照罚。(罚款以二成充饷,以一成留卡给赏。)

——徽州向章,定以每引收茶厘银三钱,茶捐银六钱,公费银三分。此外,运出徽境,逢卡抽厘。现在定章,仿照饷盐章程统归办茶之地一处完厘。应即核计加增,每引定缴正项引银三钱,公费银三分,捐银八钱,厘银九钱五分。共应缴银二两零八分。如徽属出江西之茶,应由景镇、饶州、吴城、湖口等卡经过,即不抽厘。宁池等属出长江之茶,应由华阳镇、安庆、大

通、获港等卡，即不抽厘。但验明厘票，查明箱数，一律放行。如箱数不符，照章加罚。该三处采办洋茶，如不在以上各卡之内，不得持此票为凭，应听各卡抽厘。其应完内地子口半税，由该商照通商条约章程完纳，概不在此数内。

——皖南茶引局，省城牙厘局，及该县承办茶务，均需办公经费。准就公费每引三分，厘金每引九钱五分之内，牙厘总局扣留二分，皖南道扣留二分，该县扣留四分。作为辛红、纸张、书役饭食等费。

——向章茶捐准其请奖，此次每引加捐二钱，共计八钱。仍悉照向章，填给捐票。俟茶开运后，各商将捐照呈缴安庆牙厘总局，照筹饷例，一律核奖，换给实收。

——洋庄篓熟茶，亦按照十六两八钱库秤，一百二十斤成引扣算。所有茶引、茶捐、茶厘，均照章抽取。

——小贩袋装毛茶，售与各洋庄，向不请引，亦无茶捐名目。总过附近各卡，应照十六两八钱库秤。每一百二十斤，抽厘钱一百文。其零星不及石者，应免抽厘，以恤小贩。

——茶厘概归皖局抽收。江西经过各卡，由本部堂咨明江西抚部院，札行总局，转饬各该卡，验票放行，不重抽厘、抽捐。又婺源一县，现归左抚部院设卡抽收，应一并咨明照办，以归画一。其婺源茶引所得引捐厘各项银两，由皖省粮台，另拨还左抚部院粮台备抵。

——向来内地客商贩运行销内地篓茶、箱茶及建德向有西商采办北口茶，不照此例。所有应完徽州茶引。茶捐、茶厘应由皖南道查明旧章，并察看情形，酌议章程，详候核夺。

——核定章程，应出示晓谕徽宁池三府属商民遵照。并通饬经过江西安徽各厘卡，照验放行。

书赠仲弟六则

清：《记》曰："清明在躬。"吾人身心之间，须有一种清气。使子弟饮其和，乡党薰其德，庶几积善可以致祥。饮酒太多，则

庶几积善可以致祥。

气必昏浊；说话太多，则神必躁扰。弟于此二弊，皆不能免。欲葆清气，首贵饮酒有节，次贵说话不苟。

俭：凡多欲者不能俭，好动者不能俭，多欲如好衣、好食、好声色、好书画古玩之类，皆可浪费破家。弟向无癖嗜之好，而颇有好动之弊。今日思作某事，明日思访某客，所费日增而不觉。此后讲求俭约，首戒好动。不轻出门，不轻举事。不特不作无益之事，即修理桥梁、道路、寺观、善堂亦不可轻作。举动多则私费大矣。其次，则仆从宜少，所谓食之者寡也。其次，则送情宜减，所谓用之者舒也。否则今日不俭，异日必多欠债，既负累于亲友，亦贻累于子孙。

明：三达德之首，曰智。智，即明也。古来豪杰，动称英雄。英即明也。明有二端：人见其近，吾见其远，曰高明；人见其粗，吾见其细，曰精明。高明者，譬如室中所见有限，登楼则所见远矣，登山则所见更远矣。精明者，譬如至微之物，以显微镜照之，则加大一倍、十倍、百倍矣；又如粗糙之米，再舂则粗糠全去，三舂、四舂则精米绝伦矣。高明由于天分，精明由于学问。吾兄弟忝居大家，天分均不甚高明，专赖学问以求精明。好问若买显微之镜，好学若舂上熟之米。总须心中极明，而后口中可断。能明而断，谓之英断；不明而断，谓之武断。武断自己之事，为害犹浅；武断他人之事，招怨实深。惟谦退而不肯轻断，最足养福。

慎：古人曰钦，曰敬，曰谦，曰谨，曰虔恭，曰只惧，皆慎字之义也。慎者，有所畏惮之谓也。居心不循天理，则畏天怒；作事不顺人情，则畏人言。少贱则畏父师，畏官长。老年则畏后生之窃议。高位则畏僚属之指摘。凡人方寸有所畏惮，则过必不大，鬼神必从而原之。若嬉游、斗牌等事而毫无忌惮，坏邻党之风气，作子孙之榜样，其所损者大矣！

恕：圣门好言仁。仁，即恕也。曰富，曰贵，曰成，曰荣，曰誉，曰顺，此数者，我之所喜，人亦皆喜之。曰贫，曰贱，曰败，曰辱，曰毁，曰逆，此数者，我之所恶，人亦皆恶之。吾辈有声势之家，一言可以荣人，一言可以辱人。荣人，则得名，得利,得光耀,人尚未必感我。何也?谓我有势,帮人不难也。辱人则受刑,受罚,受苦恼,人必恨我次骨。何也?谓我倚势欺人太甚也。吾兄弟须从恕字痛下工夫。随在皆设身以处地。我要步步站得稳,须知他人也要站得稳;所谓立也。我要处处行得通,须知他人也要行得通;所谓达也。今日我处顺境,预想他日也有处逆境之时。今日我以盛气凌人,预想他日人亦以盛气凌我之身,或凌我之子孙。常以恕字自惕,常留余地处人,则荆棘少矣。

静:静则生明,动则多咎,自然之理也。家长好动,子弟必纷纷扰扰,朝生一策,暮设一计,虽严禁之而不能止。欲求一家之安静,先求一身之清静。静有二道:一曰不入是非之场,二曰不入势利之场。乡里之词讼曲直,于我何干?我若强为剖断,始则赔酒饭,后则惹怨恨。官场之得失升沉,于我何涉?我若稍为干预,小则招物议,大则挂弹章。不若一概不管,可以敛后辈之躁气,即可保此身之清福。

静则生明,动则多咎。

劝学篇示直隶士子

人才随土风为转移,信乎?曰:"是不尽然。"然大较莫能外也。前史称燕赵慷慨悲歌,敢于急人之难,盖有豪侠之风。余观直隶先正,若杨忠愍、赵忠毅、鹿忠节、孙征君诸贤,其后所诣各殊,其初皆于豪侠为近。即今日士林,亦多刚而不挠,质而好义,犹有豪侠之遗才。质本于士风,殆不诬与!豪侠之质,可与入圣人之道者,约有数端。侠者,薄视财利,弃万金而不眄。而圣贤则富贵不处,贫贱不去。痛恶夫墦间之食,龙断之登。难精粗不同,而轻财好义之迹,则略近矣。侠者,忘己济物,不惜苦志脱人于厄。而圣贤以博济为怀,邹鲁之汲汲皇皇,与夫禹之犹己溺,稷之犹己饥,伊尹之犹己推之沟中,曾无少异。彼其能力救穷交者,即其可以进援天下者也。侠者,轻死重气,圣贤罕言及此。然孔曰成仁,孟曰取义,坚确不移之操,亦未尝不与之相类。昔人讥太史公好称任侠,以余观此数者,乃不悖于圣贤之道。然则豪侠之徒，未可深贬。而直隶之士，其为学当较易于他省，乌可以不致力乎哉？致力如何，为学之术有四：曰义理，曰考据，曰辞章，曰经济。义理者，在孔门为德行之科，今世目为宋学者也。考据者，在孔门为文学之科，今世目为汉学者也。辞章者，在孔门为言语之科，从古艺文，及今世制义诗赋皆是也。经济者，在孔门为政事之科，前代典礼政书，及当世掌故皆是也。人之才智，上哲少而中下多。有生又不过数十寒暑，势不能求此四术，遍观而尽取之。是以君子贵慎其所择，而先其所急。择其切于吾身心不可造次离者，则莫急于义理之学。凡人身所自具者，有耳、目、口、体、心思。日接于吾前者，有父子、兄弟、夫妇，稍远者有君臣，有朋友。为义理之学者，盖将使耳、目、口、体、心思各敬其职，而五伦各尽其分。又将推以及物，使凡民皆有以善其身，而无憾于伦纪。夫使举世皆无憾于伦纪，虽唐虞之盛，有不能逮。苟通义理之学，而经济该乎其中矣。程朱诸子遗书具在，曷尝舍末而言本？遗新民而专事明德？观其雅言，推阐反覆而不厌者，大抵不外立志以植基，居敬以养德，穷理以致知，克己以力行，成物以致用。义理与经济，初无两术之可分，特其施功之序详于体而略于用耳。今与直隶多士约：以义理之学为先，以立志为本。取乡先达杨、赵、鹿、孙数君子者为之表。彼能艰苦困饿，坚忍以成业，而吾何为不能？彼能置穷通、荣辱、祸福、死生于度外，而吾何为不能？彼能以功绩称当时，教泽被后世，而吾何为不能？洗除旧日晻昧卑污之见，矫然直趋广大光明之域。视人世之浮荣微利，若蝇蚋之触于目而不留。不忧所如不耦，而忧节概之少贬；不耻冻馁在室，而耻德不被于生民。志之所向，金石为开，谁能御之？志既定矣，然后取程朱所谓居敬穷理、力行成物云者，精研而实体之。然后求先儒所谓考据者，使吾之所见，证诸古制而不谬。然后求所谓辞章者，使吾之所获，达诸笔札而不差。择一术以坚持，而他术固未敢竟废也。其或多士之中，质性所近，师友所渐。有偏于考据之学，有偏于辞章之学，亦不必遽易前辙。即二途皆可入圣人之道，其文经史百家，其业学问思辨。其事始于修身，终于济世。

百川异派，何必同哉？同达于海而已矣。若夫风气无常，随人事而变迁。有一二人好学，则数辈皆思力追先哲；有一二人好仁，则数辈皆思康济斯民。倡者启其绪，和者衍其波。倡者可传诸同志，和者又可禅诸无穷。倡者如有本之泉，放乎川渎；和者如支河沟浍，交汇旁流。先觉后觉，互相劝诱，譬之大水小水，互相灌注。以直隶之士风，诚得有志者导夫先路，不过数年，必有体用兼备之才，彬蔚而四出，泉涌而云兴。余忝官斯土，自愧学无本原，不足仪型多士。嘉此邦有刚方质实之资，乡贤多坚苦卓绝之行，粗述旧闻，以勖群士。亦冀通才硕彦，吾我昌言，上下交相劝勉。仰希古昔与人为善，取人为善之轨，于化民成俗之道，或不无小补云。

直隶清讼事宜十条

第一条，通省大小衙门公文宜速：——凡公事迟延，通弊有二：曰支，曰展。支者，推诿他人，如院仰司、司仰府、府仰县之类，一经转行，即算办毕，但求出门，不求了事是也。展者，迟延时日，如上月展至下月，春季展至夏季，愈宕则愈松，担迟不担错者是也。各省均难免此习气，而直隶则似更甚。藩司照转督院之文，有数月未转行者，总局奉饬核议之件，有终岁不议详者。上控之案，饬府先查大概，往往经年不报；饬县录案详复，亦或经年不复。催提钱粮，则曰另文批解；催提人证，则曰传到即解。宕过数次，上司亦遂置之不问。上下相容，疲玩已甚。前此犹有军务可诿。本部堂当肃清之后，不得不力挽积习，与诸君子舍旧图新。以公事之勤惰，觇同官之贤否。除寻常文牍外，如催解银、解犯之类，均须酌定限期，分记功过。其四种月报之四柱册，限期送省，悬榜官厅。至饬道府先查大概之事，饬州县录案详复之件，亦将限期悬牌。官厅违者，记过，小过积至六次，大过积至三次者，撤委示惩。司道有积压之文，本部堂必面加诘责。督署有稽延之牍，亦望僚友立进箴规。通省上下，皆以勤字为本，自有一种旭日初升气象。虽不专为狱讼，而清讼之道必自

通省上下，皆以勤字为本。

此始。

第二条，保定府发审局宜首先整顿：——保定发审局，虽为首府之专司，而实总督衙门之分局。凡京控、省控、奏交、咨交各案，总督独挈其纲，而两司与首府分任其责。若不能详慎速结，则积案日多，弊端百出。闻京控发交到局，委员往提人证，间有得钱卖放之弊。行贿受托，则以患病外出等词捏禀搪塞，此一弊也。案证提到省城，分别保押，听候审办。有发交清苑取保者，县役任意讹索。有发交辕门取保者，府役与门丁任意讹索。有取店保者，店家居奇勒掯，择肥而噬，此又一弊也。每过堂时，必有差役承带案证。而承带之差，往往五日一换。换差一次，讲费一次，诛求无厌，此又一弊也。斯三者，全赖首府认真防范，督院及臬司随时稽查。提犯则删除闲人，专提要证愈少愈好。札饬本地方，官依限解到，不得轻率委员前往。取保则再三饬察，严禁讹索。承带则一案一差，始终不准更换。吾辈稍尽一分之心，讼者少受一分之苦。及发交局员审讯，每案祇派一员承审，一员副之。凡京控巨案，初到时，正副二员将卷宗细看。过堂一二次，寻出端倪，开一节略，其末即稍判曲直。五日之内，臬司带同首府及正副承审官上院，本部堂与之商论一番，名曰议狱。其应由藩司主稿者，则两司带同首府局员上院议狱。议毕，再行审讯。紧要工夫全在议狱一次，及初讯一二堂，而案之是非已明矣。未过堂之先，不妨详慎访察。既过堂，则须求速了。愈速则真情易露，愈久则幻能弥多。其业已淹滞者，尤须设法催办。上司以严札催之，首府以婉言催之，局员以仁心自催之。另立限期，分记功过。讯结之后，取保者饬令速归，管押者立予释放。即监禁者，亦时加检点，惟恐瘐毙。首府之滞狱一清，通省之风俗立变。造福造孽，只在吾人寸心一转移间耳。

_{愈速则真情易露。}

第三条，州县须躬亲六事，不得尽信幕友丁书：——牧令为自古要官，百姓之所托命，非才德俱优，难言称职。然天下安得许多龚、黄、卓、鲁，萃于一方。吾辈与人为善，悬格不可太高。但求中材可勉者，苟能以勤字为本，事事必躬必亲，便可造到第一等循吏。直隶怠玩之习，相沿已久。每逢三八告期，或委

典史收状，或由承发房将呈词送交门丁。门丁积压数日，送交幕友。幕友拟批挂榜，而本官尚不知呈中所告何事。至判阅稿票时，任听丁书主政。按照呈内姓名，全数差传，不敢删减一名。甚至经年累月，未尝坐堂讯问。两造破家荡产，求息讼而不能。此小民所以困穷，案牍所以丛积也。今与诸君约，有六事宜躬亲者：放告之期，必须亲自收状，能断者，立予断结，不能断者，交幕拟批。必须亲自细核，分别准驳。准理者，差票传人，必须亲自删减。命盗案件，以初起供招为重，必须亲自勘验，愈速愈妙，承审限期，何日解勘，何日详结，必须亲自计算。监禁管押之犯，常往看视。每日牌示头门，每月册报上司，必须亲自经理。六者皆能躬亲，则听讼之道，失者寡矣。如其怠惰偷安不肯躬亲者，记过示惩。如其识字太少，不能躬亲者，严参不贷。

<small>六者皆能躬亲，失者寡矣。</small>

第四条，禁止滥传滥押，头门悬牌示众：——凡小民初涉讼时，原被告彼此忿争，任意混写多人，其中妄扳者居多。且有差役勾串，牵人呈内者。票上之传人愈多，书差之索费愈甚。名曰叫点，所谓堂上一点朱、民间万点血也。嗣后自理词讼，只准一原，一被，一干证，或证至二三人为止，不准多传。传到人证，非命盗大案，不准轻于管押，只许当堂取保候讯。万不得已而羁押，则须随时亲到班馆查访，有无凌虐、私押等弊。仍制造大粉牌一面，悬挂头门之外。将在押人姓名，逐一开载，并注明某月某日，因某案管押，书明牌上，俾众周知。倘书差舞弊私押，准家属喊禀严究。本部堂常常派人密查，如有并未悬牌，或牌上人数与在押之数不符，与月报之数不符者，记过重惩。

第五条，禁止书差索费：——凡一呈词到案，如有交涉富民及巨商者，则差役勾串门丁，买此案差票。又或丁书纳贿，签粘原差之名于票尾，朦官标判。又或家丁求明本官，指名签差。此种弊窦，无处无之。又或原差串通告状之人，伺该差值日方来喊控，以为朋比讹索地步。此即江南所谓坐差也。差役持票到门，引类呼朋，叫嚣征逐，妇女出避，鸡犬不安。本家之搜索既空，亲族或因而受累。及审讯时，有坐堂之费；将结时，有了衙门之费。两造议和者，又有和息呈词之费。一字到官，百端需索。疮病赤子，其何以堪？自今以后，各属当除以上积弊。凡签差皆择谨愿者，分路酌派。不准丁书粘签指请。一切规费，酌量核减。视民家有差骚扰，如吾家有差未退；视民家有讼纠缠，如吾家有讼未结。官长设身处地则民间受福无穷。此在良有司寸心自儆自修，吾不能一一预悬记过之格。然访察得实，亦必随时严惩。

寸心自儆自修。

第六条，四种四柱册，按月呈报、悬榜：——直隶向来章程，州县按月呈报上司者，约有五种：一曰新旧各案，已结未结，开折呈报。二曰监禁之犯，开折呈报。三曰管押之犯，开折呈报。四曰监管病毙者具禀呈报。五曰窃贼未获者，具禀呈报。每月报此五事，立法可谓至密至善矣。乃近来不报之县甚多，呈报之县甚少。即或偶报一月，又复间断数月，以致无可稽查。今欲清厘狱讼，须将此四种章程，认真行之。本阁部堂，定一格式，首曰积案，上月控者为旧管，本月控者为新收。审结者、和息者、注销者为开除，未结者为实在。次曰监禁，次曰管押，皆分旧管、新收、开除、实在，为四柱。又次曰逸犯，无论强盗、窃贼、土匪、逃军、凶犯、要证，但系逃逸应缉者，概名之曰逸犯。分旧逸、新逸、已获、在逃为四柱。其逸犯名数未定者，则添注曰又应缉者几起。每县每月，填写格式一叶，而四种朗然在目矣。其每种各开人名、事宜、清单，仍照向例开写，但宜略不宜详耳。州县于每月初一、二、三等日办齐回柱册四种，由驿递省。其偏僻之县自度驿递难到者，专差送省，限十日内送齐。院司查对数日，钉成总册，存于三处官厅，大众阅看。其未报者，报而不实者，立予记过；其已报者，视结案获犯之迟速，监禁管押之多少，定该员之功过。有过、有功者另写一榜，悬于三处官厅。此皆本省旧章，前督刘公曾申明之；本阁部堂，与诸僚友当力行之。

第七条，严治盗贼，以弭隐患：——近来盗案迭出，抢劫频仍。勒缉严比之文书不绝，而罕见破获之犯。初、二、三参之奏咨不绝，而终无降调之官。即真正强盗斩犯，而再三勘转，狡供驳回，亦非四五年不能正法。为从者，更逍遥法外，毫无畏惮，是以盗风日盛。邦畿重地，万方辐凑，而行旅皆有戒心。从前臬匪、教匪、捻党、降众，余氛未殄，一夫煽动，群盗啸聚，此直隶之隐患也。欲弭大患，先除小盗。州县一遇盗案，无不责成捕役。捕役之能干者，强半通贼，本不愿于破案。一经破获之后，解府解省，往返羁留，费用半出自捕役。捕役应得之工食，本官久搁不发。解案之费资，该役无从措办。此捕快所以借豢贼为生路，视获贼为畏途也。嗣后各州县，皆宜厚养捕役，工食之外，另给月饷，恣其所为。譬如良将厚养死士，不问千日之过，但责一朝之效。及至捕案之时，购线募人等费，官为给发。重悬赏格，少者数十金，多者每名百金，或数百金。捕而不获，则又酷刑严比，血溅肉飞。大利在前，峻法在后，而捕役之不尽力者寡矣。既养捕役，以治其标；又择团长，以治其本。选明干者数人，立为团长，优加礼貌，酌给薪资。令之帮办捕务，约束乡邻，首告者有赏，隐匿者连坐。禁赌场，以清其薮，拿窝家，以绝其踪。专讲捕盗之实政，不尚会缉之虚文。既获之后，分别两种办法：一种赃少而情轻者，仍照旧例，招解勘转。一种赃多而情重者，禀请本阁部堂，可否照军法从事。本部堂审择要犯，批令先行解省，委审明确，立正军法。剧盗之首速枭，群贼之胆自破。而枭教捻匪之余党，或亦可弭患无形。除具奏外，仰各属实力遵行。其平日不能治本治标，临时不能重赏严比者，记过撤参。其果能认真缉捕者，悬赏之银，每名百金。可令获犯之人，径来督院领赏。即难解之犯，本部堂亦可派兵迎护。事事相谅相助，要不使属员有掣肘处耳。

欲弭大患，先除小盗。

第八条，讼案久悬不结，核明注销：——乡曲愚民，每因一言参商，致起讼端。迨事过气平，或经亲友劝解，又复怨释悔生，彼此情甘罢讼。而衙门索和息钱文，难以措办，因而避匿迁延，久不到案，此案悬不结之一端也。又有刁民，凭空砌词涉讼，或挟仇，或渔利，造作影响无据之言，诬告多人。但求准状，不求审理。递呈之后，永远不敢到案。此案悬不结之又一端也。直隶、天津、河间，此等恶风尤甚。若任其经年悬宕，则被告干证，受累无穷。每逢新年开印，或值新官到任，一概换票一次。恐吓传提，徒为书差、门丁谋利之券，实可深恨。查例载各衙门告言人罪，一经批准，即令原告投审。若不赴审，辄复脱逃，及并无疾病事故，两月不到案听审者，即将被诬及诬证释放，所告之事不与审理。拿获原告，专治以诬告之罪，等语。嗣后有日久未结各案，原告两月未经呈催，即照原告两月无故不投审例，将案注销。并将差票查缴，以清积牍。一面将注销缘由禀闻；一面汇入月报册，列于积案开除项下，报查。

第九条，分别皂白，严办诬告讼棍：——直隶民情朴厚刚直，好善之风，甲于天下。而健讼逞刁者，亦复不少。或贫民挟仇讹诈，砌词上控，希图拖累富民；或莠民聚众相谋，动以钱粮、差徭控告官长，借大题为敛钱之计。或讼棍扛帮不胜，复以诈赃毙命，控告书差，借延讼为铺啜之计。种种幻态，不可言状。一经批饬提省，则奸计得行，而无辜受累。嗣后省控之案，院司不可轻于批准。情节支离，批词即宜斩截，不可用"姑准饬府查复"等语。少准一谎状，即多造一阴功。其必须准理者，不可轻批提省。但责成本管知府，秉公研讯。或委贤明之员，前往会讯。其提省审办者，则须剖分皂白，实究虚坐，理无两是，势不两存。近来直隶京控省控之案，一经发交谳局，平日则多方弥缝，临结则一味含糊。告官得实者，承审官回护同僚，但议以不应重不应轻之咎。告吏得实者。承审官删改情节，但科以笞杖及除名之罪。其控告全系虚诬者，则又曲庇奸民，惟恐反噬。但以"怀疑妄控"及"愚民无知"等语了结之。奏交之案，十审九虚；刁讼之民，十虚九赦。问官皆自命为和事之人，讼棍皆立身于不败之地。皂白不分，莫此为甚！自今以往，凡京控、省控重案，本部堂率属议狱之初，即当确究虚实。审实者，即治被告以应得之罪。虚诬者，即治奸民以诬告之罪。黑白皎然，不稍含混，一变向来麻木不仁之习。讼棍之积猾玩法者，除照律科断外，再加严刑以痛苦之。本部堂惩治他犯，恪遵律例。独至治盗贼、讼棍，则当格外从严，冀以救一时之弊。有识者尚鉴亮焉。

第十条，奖借人才，变易风俗：——严惩讼棍，邪气虽除，而正气不伸，则风俗仍难挽回。风俗之美恶，主持在县官，转移则在绅士。欲厚风俗，不得不培养人才。古者乡大夫，宾兴贤

须剖分皂白，实究虚坐。

能，考其六德、六行、六艺而登进之。后世风教日颓，所谓六德者，不可得而见矣。至于六行，曰孝、友、睦、姻、任、恤。孝、友，则宗族敬服；睦、姻，则亲党敬服。今世未尝无此等人也。任，则出力以救急；恤，则出财以济穷。今世亦未尝无此等人也。六艺，曰礼、乐、射、御、书、数。今世取士用文字、诗赋、经策，其事虽异，其名曰艺则一也。今之牧令，即古乡大夫之职，本有兴贤举能之责。本部堂分立三科，以求贤士。凡孝友为宗族所信，睦姻为亲党所信者，是为有德之科；凡出力以担当难事，出财以襄成善举者，是为有才之科；凡工于文字诗赋，长于经解策论者，是为有学之科。仰各州县采访保举，一县之中，多者五六人，少者一二人。其全无所举，及举而不实者，该牧令皆予记过。教官如确有所见，亦可随时禀保。举有德者，本部堂或寄扁额，以旌其宅；或延致来省，赐之酒食，馈之仪物。举有才者，本部堂或饬属派充团长，酌给薪水；或调省一见，札令帮办捕务。举有学者，本部堂或荐诸学使，量加奖拔；或召之来省肄业，优给膏火。每州每县，皆有数人，为大吏所知，则正气可以渐伸，奸宄因而敛迹。此虽与清讼无涉，而端本善俗，尤在于此。用一方之贤士，化一方之莠民。芳草成林，荆棘不锄而自淬；鸾凤在境，鸱枭不逐而自逃。诸良吏无以为迂而忽之。

兴贤举能。

正气可以渐伸，奸宄因而敛迹。
用一方之贤士，化一方之莠民。

直隶清讼限期功过章程

——催解粮租等银，自奉文之日起，限二十日报解登程。如以空言搪塞，逾限不解，记过一次，再勒限若干日清解。如再逾违，记大过一次。（此在事宜第一条）

——催解犯证，初次酌限若干日。初限已满不解者，该州县记过一次。再行勒限若干日，二限已满不解者，又记过一次。合计以三个月为率，仍不解者，记大过一次。如捏报外出及患病等情，或有贿纵情弊，另行严参。如人证在五名以上，能于初限内全数提解者，准记功一次。（此在事宜第一条）

——饬该管道府厅州，先查大概情形之件，上司勒限若干日，除去行文往返程期，届期不复者记过一次。再勒限若干日，仍不复者或分别记过，或另行示惩。临时酌办，至饬各州县录案详复之件，上司勒限十日，除去行文往返程期，届期不复者，记过一次。再勒限若干日，仍不复者记大过一次。（此在事宜第一条）

——定例原问官审断不当，或犯供翻易，另委贤员审理。委员限一个月定拟，院司限一个月核转，统限两个月完结。至京控案件，定例奏交之案限两个月完结，委员亦应限一个月定拟，院司亦限一个月核转。咨交之案，限四个月完结，委员亦应限两个月定拟，院司亦限两个月核转。嗣后首府谳局均应恪遵此例。凡八年新到之案，从四月初一日起，如有人卷已齐，无故逾限者，承审之正委员，每案记过一次。至道府厅州奉札委审案件，由承审衙门于奉文半月内，开折报查，另行勒限饬遵。（此在事宜第二条）

——七年腊底以前，府局承审京控、省控之案，积压已至一百三四十起之多，嗣后首府、谳局应分前后左右四股，每股认办积案三十余起，每月须各完结三起。其结案不及三起者，合股公同记过一次。其结案四起者，公同记功一次。其结五起以上者，记大功一次。凡谳局公同记功，如一股有三员记功，三次即系每员一功矣。记过者亦然。有记大功三次者，立即委署一缺，并准仿江苏之例，于清讼案内奏奖。凡谳局公同记过者，出局时即注销，不与他过一体积算，以谳局结狱不易，赏宜重而罚宜轻也。（此在事宜第二条）

赏宜重，而罚宜轻。

——相验尸身，须即日亲往验讯明确，如无故逾延一两日者，记过一次。如或委佐杂代验，或任令刑仵滋弊，或因迟久始验，以致尸身腐烂、供情游移者，每案记大过一次。三八告期不亲自收状者，记过一次。所谓六事宜躬亲者，惟此两事易于访察，故特为指出。（此在事宜第三条）

——管押人犯，并不开明名姓、事由、月日，悬牌示众者，记过一次。因而书差舞弊私押者，记大过一次。或虽悬牌而牌上所开之人，与在押及月报之数不符者，亦记大过一次。（此在事

宜第四条）

——寻常命案，定例自获犯之日起，州县限三个月审拟招解。斩绞立决命案，州县限两个月审拟招解。大小盗案，定例自获犯之日起，州县限两个月审拟招解。军流以下、徒罪以上杂案，定例限两个月审拟详解。州县自理词讼，定例限二十日完结。自同治八年四月起，均应恪遵部例，不准逾限。如有逾限一个月，记过一次；逾三个月，记大过一次。其例应两个月拟解者，逾限四个月，其例应三个月拟解者，逾限五个月，均再记大过二次。（此在事宜第六条）

——四种册中积案，上月曰旧管，本月曰新收，此指本年言之也。若合前数年言之，则当以七年腊底以前者为旧案，以八年元旦以后者为新案。嗣后各州县清厘积案招解者，每月应结二案，不满二案者，记过一次；结三四案者，记功一次；结五案以上者，记大功一次。自理者缺分繁简不同，积案多寡不一，统限于八年腊底，将七年腊底旧案办毕。其每月应结若干案，由各州县自行酌定数目，于奉文半个月禀复，俟禀到日另行核示。（此在事宜第六条）

自理者，缺分繁简不同，积案多寡不一。

——四种月报，四柱册，上月之册于下月初一二三等日开报，十三日前送齐到省。如开报迟延逾限至十日者，记过一次。若玩违不报，或虽报而遗漏舛错满十起以上者，记大过一次。（此在事宜第六条）

——州县平日不能讲求捕务，境内出强盗劫案，一月劫至二起者，记过一次；一月劫至三起者，记大过一次。本境有盗窝不能查拿，迨被邻封拿获，仅以协获等词饰禀者，记大过一次。余均照定例揭参。如有拿获邻境盗犯、破获邻境盗窝者，除照例奏奖外，每案准记大功一次。（此在事宜第七条）

——州县所属士民，于才德学三科内，全无所举及举而不实者，均记过一次。如举得其人，记功一次。（此在事宜第十条）

——记大过至三次、记小过至六次者，现任人员立予撤任，候补人员停委二年，有功准其抵销。其记大功至三次、记功至六次者，现任实缺之员，汇案奏请酌奖。署事人员交卸时，立即另

行委署，候补人员立予超班委署。(此酌定功过总例)

——各属关系清讼之文书，各盖一戳，云清讼要件，限日行一百里。经过接递之县，于封面写明某日某刻过某县某处，以便稽查。如不及百里，或未经注写者，记过一次。各府县接院司勒限查复之件，如驿递迟延，亦即禀请饬查记过。(此因限期酌定驿递之例)

——审转限期命案，院司各限一个月，盗案院司各限二十日。凡州县长解在省守候发犯，如未满各上司审转限期，即行脱逃者，佥差官记过一次。若甫满审转限期，不候上司盼咐，先行脱逃者，佥差官亦记过一次，仍勒限派役来省押解。(此附记臬司详定章程)

禁止私押告示式
各属办法恐难画一，故定告示之式

办理案件，随到随审，随审随结。

为奉文晓示，禁止私押事。照得本州县办理案件，随到随审，随审随结。惟案内设有讯供未确，或证佐未齐，不能不管押候质。无如差役舞弊，或押到而匿不禀明，或讯释而私押索费。且有以扭交、指交为名，原告串差，私自管押，随后具呈，以为欺愚之计。种种弊窦，相习成风。今奉札严行查禁，合亟牌示。为此示仰诸色人等知悉。嗣后管押人证，本州县必于当时牌示，注明日期。及至开释，亦必立刻牌示，俾众周知。如有示内无名，及已登注开释，原差仍行私押者，准该家属人等喊禀，以凭严究。特示。

计开收押项下：

按名登注，某月某日，因某案收押。

开除项下：

按名登注，某月某日，或讯释，或交保，或押后收禁等项，逐一开明。

右用横牌，宽约四尺，高约一尺二三寸。与诸牌不同，悬于头门。前五六行写告示，可以累月不换。后三尺余写姓名。有新收者、新释者，立即更换。

谕天津士民

自咸丰三四年间，本部堂即闻天津民皆好义，各秉刚气，心窃嘉之。夫好义者，救人之危难，急人之不平，即古所谓任侠之徒是也。秉刚气者，一往直前，不顾其他，水火可赴，白刃可蹈之类是也。斯固属难得之质，有用之才。然不善造就，则或好义而不明理，或有刚气而无远虑，皆足以偾事而致乱。即以昨五月二十三日之事言之。前闻教堂有迷拐幼孩、挖眼剖心之说。尔天津士民忿怒洋人，斯亦不失为义愤之所激发。然必须访察确实，如果有无眼无心之尸，实为教堂所掩埋；如果有迷拐幼孩之犯，实为教堂所指使；然后归咎洋人，乃不诬枉。且即有真凭实据，亦须禀告官长，由官长知会领事，由领事呈明公使，然后将迷拐知情之教士，挖眼剖心之洋人，大加惩治，乃为合理。今并未搜寻迷拐之确证，挖眼之实据，徒凭纷纷谣言，即思一打泄忿。既不禀明中国官长，转告洋官，自行惩办，又不禀明官长，擅杀多命，焚毁多处。此尔士民平日不明理之故也。我能杀，彼亦可以杀报；我能焚，彼亦可以焚报。以忿召忿，以乱召乱，报复无已，则天津之人民、房屋皆属可危。内则劳皇上之忧虑，外则启各国之疑衅。十载讲和，维持多方而不足；一朝激变，荼毒万姓而有余。譬如家有子弟，但逞一朝之忿，而不顾祸患入于门庭，忧辱及于父兄，可乎？国有士民，但逞一朝之忿，而不顾干戈起于疆场，忧危及于君上，可乎？此尔士民素无远虑之故也。津郡有好义之风，有刚劲之气，本多可用之才。然善用之，则足备干城；误用之，则适滋事变。闻二十三日焚毁教堂之际，土棍游匪混杂其中，纷纷抢夺财物，分携以归。以义愤始，而以攘利终，不特为洋人所讥，即本地正绅亦羞与之为伍矣！本部堂奉命前来，一以宣布圣主怀柔外国、息事安民之意，一以劝谕津郡士民，必明理而后可言好义。必有远虑，而后可行其刚气。保全前此之美质，挽回后日之令名。此后应如何仰体圣意，和戢远人，

善用之，足备干城；误用之，则适滋事变。

保全前此之美质，挽回后日之令名。

应如何约束同侪，力戒喧哄，如何而惩既往之咎，如何而靖未平之气，仰读书知理君子，悉心筹议，分条禀复。特谕。

照复洋人

为照复事：同治九年六月二十四日，本阁部堂接得贵大臣照会，内称"现在未能极力弹压，立拿凶犯正法"等因：查五月二十三日之案，滋事凶犯，现已严饬新任道府，赶紧查拿，断无任令凶徒久稽显戮之理。只缘是日津民聚众过多，不能指实何人为首，何人为从。近日访得数名，已令其先行拿案，严刑拷讯，务令供出伙党，按名缉获，处以极刑，以申中国之法，以纾贵国官商之恨。大约数日之内，必可弋获多名，断不至再事迟延，贵大臣尽可放心。至照会内称"天津府县，及提督陈国瑞，议以抵命"等语：查陈国瑞以客官路过天津，本属事外之人，前准照会云云，该提督现在都门，本阁部堂昨已咨请总理衙门，就近传讯。应俟总理衙门讯明，咨复到日，再行核办。至此案前任府县办理不善，本阁部堂到津后，即将该员等先行撤任。又以案情重大，该府县事前即不能防范，事后又不能速拿凶徒。业经奏明大皇帝，将该府县革职，从重解交刑部治罪在案。若如照会所称，必将该府县议以抵命，查审谳极刑，必须有可诛之心，或有显著之恶。该府县并非下手杀人之人，又无丝毫主使确据。本阁部堂未能指实其罪之所在，难以照办。因思贵大臣当明晰该府县二人有应抵命之罪，可请逐层说明。本阁部堂得有二人罪状实在凭据，自能公平办理。再本阁部堂到津后，查明天津府有事后之三件事：一系五月二十五六间，河东匪人抢苏老义等教民数家，张守即前往弹压。一系有一教民与一民人因账目在府涉讼，张守即将民人枷号示众。一系府署把门者，系教民，该府欲访查凶手，即令教民密访凶犯，悬有重赏。现在此人仍在府署当差。此三事虽小，足见知府有保护教民之心，无伤害法国之意。至天津县刘令，虽无保护确据，而亦无伤害教堂之心。贵大臣如查有府县罪状，即请一一开示，以便转交刑部定议。中国遇有大狱，皆由部臣作主，疆臣不能擅专。为此再商贵大臣，请烦细核见示。须至照会者。

笔记十二篇

才德

司马温公曰："才德全尽，谓之圣人；才德兼亡，谓之愚人。德胜才，谓之君子；才胜德，谓之小人。"余谓德与才，不可偏重。譬之于水，德在润下，才即其载物溉田之用。譬之于木，德在曲直，才即其舟楫栋梁之用。德若水之源，才即其波澜。德若木之根，才即其枝叶。德而无才以辅之，则近于愚人；才而无德以主之，则近于小人。世人多不甘以愚人自居，故自命每愿为有才者；世人多不欲与小人为缘，故观人每好取有德者。大较然也。二者既不可兼，与其无德而近于小人，毋宁无才而近于愚人。自修之方，观人之术，皆以此为衡可矣。吾生平短于才，爱我者或谬以德器相许，实则虽曾任艰巨，自问仅一愚人。幸不以私智诡谲凿其愚，尚可告后昆耳。

德与才，不可偏重。

诚神

大圣固由生知，而其平生造次克念精诚，亦迥异于庸众。闻《韶》尽善，则亡味至于三月；读《易》寡过，则韦编至于三绝。文王则如见于琴，周公则屡入于梦。至诚所积，神奇应焉！故麟见郊而增感，凤不至而兴叹，盖其平日力学所得，自信为天地鬼神所不违也。即至两楹梦奠之际，祷神为臣之请，亦皆守礼循常，较然不欺其后。曾子易箦诵战兢之诗，而自幸知免，犹有圣门一息不懈之风。后世若邵子之终，马程诸人咸集；朱子之没，黄蔡诸子并临。亦皆神明朗彻，不负所学。昔人云："善吾生者，乃所以善吾死也。"若非精诚积于毕生，神志宁于夙昔，岂能取办于临时哉？

至诚所积，神奇应焉。

兵气

田单攻敌，鲁仲连策其不能下，已而果三月不下。田单问之，仲连曰："将军之在即墨，坐则织蒉，立则仗锸，为士卒倡。

179

将军有死之心，士卒无生之气，闻君言，莫不挥涕奋臂而欲战，此所以破燕也。当今，将军东有夜邑之奉，西有淄上之娱。黄金横带，而骋乎淄渑之间。有生之乐，无死之心，所以不胜也。"余尝深信仲连此语，以为不刊之论。同治三年，江宁克复后，余见湘军将士骄盈娱乐，虑其不可复用，全行遣撤归农。至四年五月，余奉命至河南、山东剿捻，湘军从者极少，专用安徽之淮勇。余见淮军将士虽有振奋之气，亦乏忧危之怀，窃用为虑，恐其不能平贼。庄子云："两军相对，哀者胜矣。"仲连所言"以优勤而胜，以娱乐而不胜"，亦即孟子"生于忧患，死于安乐"之指也。其后余因疾病，疏请退休，遂解兵柄。而合肥李相国卒用淮军以削平捻匪，盖淮军之气尚锐，忧危以感士卒之情，振奋以作三军之气。二者皆可以致胜。在主帅相时而善用之已矣。余专主忧勤之说，殆知其一，而不知其二也。聊志于此，以识吾见理之偏，亦见古人格言至论，不可举一概百，言各有所当也。

> 两军相对，哀者胜矣。

勉强

魏安釐王问天下之高士于子顺。子顺以"鲁仲连"对。王曰："鲁仲连，强作之者，非体自然也。"子顺曰："人皆作之，作之不止，乃成君子。作之不变，习与体成，则自然也。"余观自古圣贤豪杰，多由强作而臻绝诣。淮南子曰："功可强成，名可强立。"《中庸》曰："或勉强而行之，及其成功一也。"近世论人者，或曰："某也向之所为不如是，今强作如是。"是不可信。沮自新之途，而长偷惰之风，莫大乎此。吾之观人，亦尝有因此而失贤才者，追书以志吾过。

> 功可强成，名可强立。

忠勤

开国之际，若汉唐之初，异才畸士，丰功伟烈，飙举云兴。盖全系乎天运，而人事不得与其间。至中叶以后，君子欲有所建树，以济世而康屯，则天事居其半，人事居其半。以人事与天争衡，莫大乎"忠勤"二字。乱世多尚巧伪，惟忠者可以革其习；末俗多趋偷惰，惟勤者可以遏其流。忠，不必有过人之才智，尽吾心而已矣；勤，不必有过人之精神，竭吾力而已矣。能剖心肝以奉至尊，忠至，而智亦生焉；能苦筋骸以捍大患，勤至，而勇亦出焉。余观近世贤哲，得力于此二字者，颇不乏人。余亦忝附诸贤之后，谬窃虚声。而于"忠""勤"二字，自愧十不逮一。吾家子姓，倘将来有出任艰巨者，当励忠勤，以补吾之阙憾。忠之积于平日者，则自不妄语。始勤之积于平日者，则自不晏起始。

始勤之积于平日者。

才用

虽有良药，苟不当于病，不逮下品。虽有贤才，苟不适于用，不逮庸流。梁丽可以冲城，而不可以窒穴。犛牛不可以捕鼠，骐骥不可以守闾。千金之剑，以之析薪，则不如斧。三代之鼎，以之垦田，则不如耜。当其时，当其事，则凡材亦奏神奇之效，否则鉏铻而终无所成。故世不患无才，患用才者不能器使而适宜也。魏无知谕陈平曰："今有尾生孝已之行，而无益胜负之数，陛下何暇用之乎？"当战争之世，苟无益胜负之数，虽盛德亦无所用之。余生平好用忠实者流，今老矣，始知药之多，不当于病也。

患用才者不能器使而适宜。

史书

《史记》叙韩信破魏豹，以木罂渡军。其破龙且，以囊沙壅水。窃尝疑之。魏以大将柏直当韩信，以骑将冯敬当灌婴，以步将项它当曹参。则两军之数，殆亦各不下万人。木罂之所渡几何？至多不过二三百人，岂足以制胜乎？沙囊壅水，下可渗漏，旁可横溢，自非兴工严塞，断不能筑成大堰，壅之使下流竟绝。如其宽河盛涨，则塞之固难，决之亦复不易。若其小港微流，易塞易决，则决后未必遂不可涉渡也。二者揆之事理，皆不可信。叙兵事莫善于《史记》，史公叙兵莫详于《淮阴传》而其不足据如此。孟子曰："尽信书则不如无书。"君子之作事，既徵诸古籍，诹诸人言；而又必慎思而明辨之，庶不至冒昧从事耳。

慎思明辨。

阳刚

汉初功臣惟樊哙气质较粗，不能与诸贤并论。淮阴侯所羞与为伍者也。然吾观其人有不可及者二：沛公初入咸阳，见秦宫室帷帐，狗马重宝，妇女以千数，意欲留居之。哙辄谏止，谓："此奢丽之物，乃秦之所以亡。愿急还霸上，无留宫中。"一也。

高祖病卧禁中，诏户者无得入群臣。哙独排闼直入，谏之以"昔何其勇？今何其怯？"且引赵高之事以为鉴。二也。此二事者，乃不愧大人格、君心者之所为。盖人禀阳刚之气最厚者，其达于事理，必有不可掩之伟论。其见于仪度，必有不可犯之英风。哙之鸿门披帷，拔剑割彘，与夫霸上还军之请，病中排闼之谏，皆阳刚之气之所为也。未有无阳刚之气，而能大有立于世者。有志之君子，养之无害可耳。

> 未有无阳刚之气，而能大有立于世者。

汉文帝

天下惟诚不可掩。汉文帝之谦让其出于至诚者乎！自其初至代邸，西向让三，南向让再已，歉然不敢当帝位之尊。厥后不肯建立太子，增祀不肯祈福。与赵佗书曰"侧室之子"。曰"弃外奉藩"，曰"不得不立"。临终遗诏，戒重服，戒久临，戒厚葬。盖始终自觉不称天子之位，不欲享至尊之奉。至于冯唐众辱，而卒使尽言；吴王不朝，而赐以几杖。勾群臣言朕过失，匡朕不逮。其谦让，皆发于中心恻怛之诚。盖其德为三代后仅见之贤主，而其心则自愧不称帝王之职而已矣！夫使居高位者，而常存愧不称职之心，则其过必鲜。况大君而存此心乎？吾尝谓为大臣者，宜法古帝王者三事：舜禹之不与也，大也。文王之不遑也，勤也。汉文之不称也，谦也。师此三者，而出于至诚，其免于戾矣乎！

> 其谦让，皆发于中心恻怛之诚。

周亚夫

周亚夫，刚正之气，已开后世言气节者之风。观其细柳劳军，天子改容，已凛然不可犯。厥后将兵，不救梁王之急，不肯侯王信，不肯王匈奴，六人，皆秉刚气而持正论，无所瞻顾，无所屈挠。后世西汉若萧望之、朱云，东汉若杨震、孔融之徒，其风节略与相近，不得因其死于非命而薄之也。惟其神锋太隽，瞻瞩太尊，亦颇与诸葛恪相近，是乃取祸之道。君子师其刚而去其傲可耳。

> 君子师其刚而去其傲可。

言命

孟子言治乱兴衰之际，皆由人事主之，初不关乎天命。故曰"以齐王，由反手也"。曰"可使制梃以挞秦楚之坚甲利兵"。皆以人谋而操必胜之权，所谓祸福无不自己求之也。董子亦曰："治乱废兴在于己，非天降命不可得。"反与孟子之言相合。孔子曰："天生德于予，桓魋其如予何！""天之未丧斯文，匡人其如予何？"亦似深信在己者之有权。然"凤鸟不至，河不出图"有"吾已矣夫"之叹，又似以天命归诸不可知之数。故其答子服景伯曰："道之将行，命也；道之将废，命也。"语南宫适曰："君子若人，尚德若人。"隐然以天命为难测。圣贤之言，微旨不同，在学者默会之焉耳。

功效

苟有富，必能润屋，苟有德，必能润身，不必如孔子之温良恭俭，孟子之睟面盎背，而后为符验也。凡盛德之君子，必有非常之仪范。是真龙，必有云；是真虎，必有风。不必如程门之游、杨、朱、谢、朱、门之黄、蔡、陈、李而后为响应也。凡修业之大人，必有景从之徒党。斯二者，其几甚微，其效甚著。非实有诸，己乌可幸致哉！

凡盛德之君子，必有非常之仪范。

日课四条
同治十年金陵节署中日记

一曰：慎独则心安：——自修之道，莫难于养心。心既知有善知有恶，而不能实用其力，以为善去恶，则谓之自欺。方寸之自欺，与否？盖他人所不及知，而己独知之。故《大学》之诚意章两言"慎独"。果能"好善如好好色，恶恶如恶恶臭"，力去人欲，以存天理，则《大学》之所谓"自慊"，中庸之所谓"戒慎""恐惧"，皆能切实行之，即曾子之所谓"自反而缩"，孟子之所谓"仰不愧，俯不怍"，所谓"养心莫善于寡欲"，皆不外乎是。故能慎独，则内省不疚，可以对天地，质鬼神，断无行有不慊于心则馁之时。人无一内愧之事，则天君泰然，此心常快足宽平。是人生第一自强之道，第一寻乐之方，守身之先务也。

慎独则心安。

二曰：主敬则身强：——"敬"之一字，孔门持以教人。春秋士大夫亦常言之。至程朱则千言万语，不离此旨。内而专静纯

主敬则身强。

一,外而整济严肃,敬之工夫也。"出门如见大宾,使民如承大祭",敬之气象也。修己以安百姓,笃恭而天下平,敬之效验也。程子谓"上下一于恭敬,则天地自位,万物自育;气无不和,四灵毕至。聪明睿智,皆由此出。以此事天飨帝",盖谓敬则无美不备也。吾谓敬字切近之效,尤在能固人肌肤之会,筋骸之束。庄敬日强,安肆日偷,皆自然之徵应。虽有衰年病躯,一遇坛庙祭献之时,战阵危急之际,亦不觉神为之悚,气为之振。斯足知敬能使人身强矣。若人无众寡,事无大小,一一恭敬,不敢懈慢,则身体之强健又何患乎?

求仁则人悦。

三曰:求仁则人悦:——凡人之生,皆得天地之理以成性,得天地之气以成形。我与民物,其大本乃同出一源;若但知私己而不知仁民爱物,是于大本一源之道,已悖而失之矣。至于尊官厚禄高居人上,则有拯民溺、救民饥之责。读书学古,粗知大义,即有觉后知、觉后觉之责。若但知自了,而不知教养庶汇,是于天之所以厚我者,辜负甚大矣!孔门教人莫大于求仁。而其最切者莫要于"欲立立人,欲达达人"数语。立者,自立不惧,如富人百物有余,不假外求。达者,四达不悖,如贵人登高一呼,群山四应。人孰不欲己立己达?若能推以立人达人,则与物同春矣。后世论求仁者,莫精于张子之西铭。彼其视民胞物,与宏济群伦,皆事天者性分当然之事。必如此,乃可谓之人。不如此,则曰悖德,曰贼。诚如其说,则虽尽立天下之人,尽达天下之人,而曾无善劳之足言。人有不悦而归之者乎?

习劳则神钦。

四曰:习劳则神钦:——凡人之情,莫不好逸而恶劳。无论贵贱、智愚、老少皆贪于逸而惮于劳,古今之所同也。人一日所著之衣,所进之食,与一日所行之事,所用之力相称,则旁人题之,鬼神许之,以为彼自食其力也。若农夫织妇终岁勤动,以成数石之粟,数尺之布。而富贵之家,终岁逸乐,不营一业,而食必珍羞,衣必锦绣,酣豢高眠,一呼百诺,此天下最不平之事,鬼神所不许也,其能久乎?古之圣君贤相,若汤之昧旦丕显,文王日昃不遑,周公夜以继日,坐以待旦,盖时不以勤劳自励。"无逸"一篇,推之于勤则寿考,逸则夭亡,历历不爽。为一身计,则必操习技艺,磨练筋骨,困知勉行,操心危虑,而后所以增智慧而长才识。为天下计,则必已饥已溺,一夫不获,引为余辜。大禹以周乘四载,过门不入;墨子之摩顶放踵,以利天下;皆极俭以奉身,而极勤以救民。故荀子好称大禹、墨翟之行,以其勤劳也。军兴以来,每见人有一材一技,能耐艰苦者,无不见用于人,见称于时。其绝无材技,不惯作劳者,皆唾弃于时,饥冻就毙。故勤则寿,逸则夭。勤则有材而见用,逸则无能而见弃。勤则博济斯民,而神祇钦仰。逸则无补于人,而神鬼不歆。是以君子欲为人神所凭依,莫大于习劳也。

> 皆极俭以奉身,而极勤以救民。

余衰年多病,目疾日深,万难挽回。汝及诸侄辈,身体强壮者少。古之君子修己治家,必能心安身强,而后有振兴之象。必使人悦神钦,而后有骈集之祥。今书此四条,老年用自儆惕,以补昔岁之愆。并令二子,各自勖勉。每夜以此四条相课,每月终以此四条相稽。仍寄诸侄共以守,以期有成焉!

鸣原堂论文

鸣原堂论文 卷一

匡衡《戒妃匹劝经学威仪之则疏》

汉书云:"成帝即位,衡上疏戒妃匹劝经学威仪之则"。是分为三事也。姚选《古文辞类纂》题云:"《戒妃匹劝经学疏》则漏末一事矣。兹题从《汉书》。"

陛下秉至孝,哀伤思慕,不绝于心,未有游虞弋射之宴,诚隆于慎终追远,无穷已也。窃愿陛下虽圣性得之,犹复加圣心焉。《诗》云:"茕茕在疚",言成王丧毕思慕,意气未能平也。盖所以就文武之业,崇大化之本也。臣又闻之师曰:"妃匹之际,生民之始,万物之原。婚姻之礼正,然后品物遂而天命全。"孔子论《诗》以《关雎》为始,言太上者民之父母,后夫人之行,不侔夫天地,则无以奉神灵之统,而理万物之宜,故《诗》曰:"窈窕淑女,君子好逑。"言能致其贞淑,不贰其操。情欲之感,无介乎容仪,宴私之意,不形乎动静。夫然后可以配至尊而为宗庙主。此纲纪之首,王化之端也。自上世以来,三代兴废,未有不由此者也。愿陛下详览得失盛衰之效,以定大基;采有德,戒声色,近严敬,远技能。窃见圣德纯茂,专精诗书,好乐无厌。臣衡才驽,无以辅相善义,宣扬德音。臣闻六经者,圣人所以统天地之心,著善恶之归,明吉凶之分,通人道之正,使不悖于其本性者也。故审六艺之指,则天人之理,可得而和,草木昆虫,可得而育,此永求不易之道也。及《论语》《孝经》,圣人言行之要,宜究其意。臣又闻圣王之自为动静周旋,奉天承亲,临朝飨臣,物有节文,以章人伦。盖钦翼祗栗,事天之容也。温恭敬逊,承亲之礼也。正躬严恪,临众之仪也。嘉惠和悦,飨下之颜也。举错动作,物遵其仪,故形为仁义,动为法则。孔子曰:"德义可尊,容止可观,进退可度,以临其民。是以其民畏而爱之,则而象之。"《大雅》云:"敬慎威仪,惟民之则。"诸侯正月朝觐天子,天子惟道德昭穆穆以视之。又观以礼乐,飨醴,乃归。故万国莫不获赐祉福蒙化而成俗。今正月初幸路寝,临朝贺，置酒以飨万方。《传》曰："君子慎始。"愿陛下留神动静之节，使群下得望盛德休光，以立基桢。天下幸甚！

三代以下，陈奏君上之文，当以此篇及诸葛公《出师表》为冠。渊懿笃厚，直与《六经》同风。如"情欲之感，无介于仪容；宴私之意，不形乎动静"等句，朱子取以入《诗经集传》，盖其立言为有本矣。此等奏议，固非后世所能几及。然须观其陈义之高远，着语之不苟，乃能平躁心而去浮词。

<small>渊懿笃厚，直与《六经》同风。</small>

贾谊《陈政事疏》

臣窃惟事势，可为痛哭者一，可为流涕者二，可为长太息者六。若其他背理而伤道者，难遍以疏举。进言者皆曰："天下已安已治矣。"臣独以为未也。曰安且治者，非愚则谀，皆非事实知治乱之体者也。夫抱火厝之积薪之下，而寝其上，火未及燃，因谓之安。方今之势，何以异此？本末舛逆，首尾衡决。国制抢攘，非甚有纪，胡可谓治？陛下何不一令臣得孰数之于前，因陈治安之策，试详择焉！夫射猎之娱，与安危之机孰急？使为治劳智虑，苦身体，乏钟鼓之乐，勿为可也。乐与今同，而加之诸侯轨道，兵革不动，民保首领；匈奴宾服，四方向风；百姓素朴，狱讼衰息；大数既得，则天下顺治。海内之气，清和咸理；生为明帝，没为明神；名誉之美，垂于无穷。礼，祖有功而宗有德，使顾成之庙，称为太宗。上配太祖，与汉亡极。建久安之势，成长治之业，以承祖庙，以奉六亲，至孝也。以幸天下，以育群生，至仁也。立经陈纪，轻重同得，后可以为万世法程，虽有愚幼不肖之嗣，犹得蒙业而安，至明也。以陛下之明达，因使少知治体者得佐下风，致此非难也。其具可素陈于前，愿幸无忽！臣谨稽之天地，验之往古，按之当今之务，日夜念此至孰也。虽使舜禹复生，为陛下计，亡以易此。夫树国固必相疑之势，下数被其殃，上数爽其忧，甚非所以安上而全下也。今或亲弟谋为东帝，亲兄之子西乡而击。今吴又见告矣。天子春秋鼎盛，行义未过，德泽有加焉，犹尚如是，况莫大诸侯，权力且十此者乎？然

<small>建久安之势，成长治之业。</small>

而天下少安，何也？大国之王，幼弱未壮。汉之所置傅相，方握其事。数年之后，诸侯之王，大抵皆冠，血气方刚。汉之傅相，称病而赐罢，彼自丞尉以上，遍置私人。如此有异淮南、济北之为邪？此时而欲为治安，虽尧舜不治。黄帝曰："日中必熭，操刀必割。"今令此道顺而全安甚易，不肯蚤为已。乃堕骨肉之属而抗刭之，岂有异秦之季世乎？夫以天子之位，乘今之时，因天之助，尚惮以危为安，以乱为治。假设陛下居齐桓之处，将不合诸侯而匡天下乎？臣又知陛下有所必不能矣。假设陛下如曩时，淮阴侯尚王楚，黥布王淮南，彭越王梁，韩信王韩，张敖王赵；贯高为相，卢绾王燕，陈豨在代。令此六七公者皆亡恙，当是时而陛下即天子位，能自安乎？臣有以知陛下之不能也。天下殽乱，高皇帝与诸公并起，非有仄室之势以豫席之也。诸公幸者乃为中涓，其次廑得舍人，材之不逮至远也。高皇帝以明圣威武，即天子位。割膏腴之地以王诸公，多者百余城，少者乃三四十县，德至渥也。然其后七年之间，反者九起。陛下之与诸公，非亲角材而臣之也，又非身封王之也，自高皇帝不能以是一岁为安，故臣知陛下之不能也。然尚有可诿者，曰疏。臣请试言其亲者。假令悼惠王王齐，元王王楚，中子王赵，幽王王淮阳，共王王梁，灵王王燕，厉王王淮南，六七贵人皆无恙。当是时陛下即位，能为治乎？臣又知陛下之不能也。若此诸王，虽名为臣，实皆有布衣昆弟之心，虑亡不帝制而天子自为者。擅爵人，赦死罪，甚者或戴黄屋。汉法令非行也，虽行不轨如厉王者，令之不肯听，召之安可致乎？幸而来至，法安可得加，动一亲戚，天下圜视而起，陛下之臣，虽有悍如冯敬者，适启其口，匕首已陷其胸矣。陛下虽贤，谁与领此？故疏者必危，亲者必乱，已然之效也。其异姓负强而动者，汉已幸胜之矣，又不易其所以然，同姓袭是迹而动。既有徵矣，其势尽，又复然，殃祸之变，未知所移，明帝处之，尚不能以安，后世将如之何？屠牛坦一朝解十二牛，而芒刃不顿者，所排击剥割，皆众理解也。至于髋髀之所，非斤则斧。夫仁义恩厚，人主之芒刃也；权势法制，人主之斤斧也。今诸侯王皆众髋髀也，释斤斧之用，而欲婴以芒刃，臣以为

疏者必危，亲者必乱。

权势法制，人主之斤斧。

不缺则折，胡不用之淮南、济北？势不可也。臣窃迹前事，大抵强者先反。淮阴王楚最强则最先反。韩信倚胡，则又反。贯高因赵资则又反。陈豨兵精则又反。彭越用梁则又反。黥布用淮南则又反。卢绾最弱，最后反。长沙乃在二万五千户耳，功少而最完，势疏而最忠，非独性异人也。亦形势使然也。曩令樊、郦、绛、灌，据数十城而王，今虽以残亡可也。令信、越之伦，列为彻侯而居，虽至今存可也。然则天下之大计可知已。欲诸王之皆忠附，则莫若令如长沙王。欲臣子之勿菹醢，则莫若令如樊、郦等。欲天下之治安，莫若众建诸侯，而少其力。力少，则易使以义，国小，则无邪心。令海内之势，如身之使臂，臂之使指，莫不从制。诸侯之君，不敢有异心辐辏并进，而归命天子。虽在细民，且知其安，故天下咸知陛下之明。割地定制，令齐、赵、楚各为若干国，使悼惠王、幽王、元王之子孙，毕以次各受祖之封地，地尽而止。及燕梁他国皆然。其分地众而子孙少者，建以为国，空而置之，须其子孙生者而后君之，诸侯之地，其削颇入汉者，为徙其侯国。及封其子孙也，以数偿之。一寸之地，一人之众，天子亡所利焉！诚以定制而已，故天下咸知陛下之廉。地制一定，宗室子孙虑莫不王。下无倍畔之心，上无诛伐之志，故天下咸知陛下之仁。法立而不犯，令行而不逆，贯高利几之谋不生，柴奇开章之计不萌，细民向善，大臣致顺，故天下咸知陛下之义。卧赤子天下之上而安，植遗腹，朝委裘，而天下不乱，当时大治，后世诵圣；一动而五业附，陛下谁惮而久不为此？天下之势，有病大瘇。一胫之大几如要，一指之大几如股。平居不可屈信，一二指搐身虑无聊。失今不治，必为痼疾。后虽有扁鹊，不能为已。病非徒瘇也，又苦蹠盭。元王之子，帝之从弟也，今之王者，从弟之子也。惠王之子，亲兄之子也，今之王者，兄子之子也。亲者，或亡分地以安天下；疏者，或制大权以逼天子。臣故曰非徒病瘇也，又苦蹠盭。可为痛哭者，此病是也！天下之势方倒县，凡天子者，天下之首，何也？上也。蛮夷者，天下之足，何也？下也。今匈奴嫚侮侵掠，至不敬也。为天下患，至亡已也。而汉岁致金絮采缯以奉之，夷狄徵令，是主上之操也。天

一寸之地，一人之众，天子亡所利。

子共贡，是臣下之礼也。足反居上，首顾居下，倒县如此，莫之能解。犹为国有人乎？非宣倒县而已。又类辟且病痱。夫辟者一面病，痱者一方痛。今西边北边之郡，虽有长爵不轻得复；五尺以上，不轻得息，斥候望烽燧不得卧。将吏被介胄而睡。臣故曰一方病矣，医能治之；而上不使，可为流涕者此也。陛下何忍以皇帝之号，为戎人诸侯？势既卑辱，而祸不息，长此安穷？进谋者率以为是，固不可解也，亡具甚矣！臣窃料匈奴之众，不过汉一大县。以天下之大，困于一县之众，甚为执事者羞之！陛下何不试以臣为属国之官，以主匈奴。行臣之计，请必系单于之颈而制其命，伏中行说而笞其背。举匈奴之众，惟上之令。今不猎猛兽而猎田彘，不搏反寇而搏畜兔，玩细娱而不图大患，非所以为安也。德可远施，威可远加；而直数百里外，威令不信，可为流涕者此也。今民卖僮者，为之绣衣丝履。偏诸缘，内之闲中，是古天子后服所以庙而不宴者也，而庶人得以衣婢妾。白縠之表，薄纨之里，緁以偏诸。美者黼绣，是古天子之服；今富人大贾嘉会召客者以被墙。古者以奉一帝一后而节适，今庶人屋壁得为帝服，倡优下贱得为后饰；然而天下不屈者，殆未有也。且帝之身自衣皂绨而富民墙屋被文绣；天子之后以缘其领，庶人孽妾缘其履：此臣所谓舛也。夫百人作之，不能衣一人，欲天下亡寒，胡可得也？一人耕之，十人聚而食之，欲天下亡饥，不可得也。饥寒切于民之肌肤，欲其亡为奸邪，不可得也。国已屈矣。盗贼直须时耳！然而献计者曰："毋动，为大耳。"夫俗至大不敬也，至亡等也，至冒上也。进计者犹曰"毋为"，可为长太息者此也。商君遗礼义，弃仁恩，并心于进取。行之二岁，秦俗日败。故秦人家富子壮则出分，家贫子壮则出赘。借父耰鉏，虑有德色，母取箕帚，立而谇语，抱哺其子，与公并倨。妇姑不相说，则反唇而相稽，其慈子嗜利，不同禽兽者亡几耳！然并心而赴时，犹曰蹶六国兼天下，功成求得矣，终不知反廉愧之节、仁义之厚；信并兼之法，遂进取之业，天下大败。众掩寡，智欺愚，勇威怯，壮陵衰：其乱至矣。是以大贤起之，威震海内，德从天下。曩之为秦者，今转而为汉矣。然其遗风余俗，犹尚未改。今世以侈靡

德可远施，威可远加。

相竞，而上无制度，弃礼义、捐廉耻日甚，可谓月异而岁不同矣。逐利不耳，虑非顾行也。今其甚者，杀父兄矣。盗者剟寝户之帘，搴两庙之器；白昼大都之中，剽吏而夺之金。矫伪者出几十万石粟，赋六百余万钱，乘传而行郡国。此其无行义之尤至者也。而大臣特以簿书不报期会之间以为大故。至候流俗失，世坏败，反恬而不知怪，虑不动于耳目。以为是适然耳！夫移风易俗，使天下回心而向道，类非俗吏之所能为也。俗吏之所务，在于刀笔筐箧，而不知大体。陛下又不自忧，窃为陛下惜之。夫立君臣，等上下、使父子有礼，六亲有纪。此非天之所为，人之所设也。夫人之所设，不为不立，不植则僵，不修则坏。管子曰："礼义廉耻，是谓四维。四维不张，国乃灭亡。"使管子愚人也则可，管子而少知治体，则是岂可不为寒心哉！秦灭四维而不张，故君臣乖乱，六亲殃戮，奸人并起，万民离叛。凡十三岁，而社稷为虚。今四维犹未备也，故奸人几幸而众心疑惑。岂如今定经制，令君君臣臣，上下有差，父子六亲，各得其宜，奸人亡，所几幸而群众信上而不疑惑。此业一定，世世常安，而后有所持循矣。若失经制不定，是犹渡江河亡维楫，中流而遇风波，船必覆矣。可为长太息者，此也。夏为天子十有余世，而殷受之。殷为天子二十余世，而周受之。周为天子三十余世，而秦受之。秦为天子，二世而亡。人性不甚相远也，何三代之君有道之长，而秦无道之暴也？其故可知也。古之王者，太子乃生，固举以礼，使士负之。有司齐肃端冕，见之南郊，见于天也。过阙则下，过庙则趋，孝子之道也。故自为赤子，而教固已行矣。昔者成王幼在襁褓，召公为太保，周公为太傅，太公为太师。保，保其身体；傅，傅之德义；师，道之教训。此三公之职也。于是为置三少，皆上大夫也。曰少保、少傅、少师，是与太子宴者也，故乃孩提有识。三公，三少，固明孝仁，礼义以道习之，逐去邪人，不使见恶行。于是皆选天下之端士、孝弟、博闻有道术者，以卫翼之，使与太子居处出入。故太子乃生而见正事，闻正言，行正道；左右前后皆正人也。夫习与正人居之，不能毋正，犹生长于齐，不能不齐言也。习与不正，人居之不能毋不正，犹生长于楚

固明孝仁，礼义以道习之。

择其所耆,必先受业。

之地,不能不楚言也。故择其所耆,必先受业,乃得尝之;择其所乐,必先有习,乃得为之。孔子曰:"少成若天性,习贯如自然。"及太子少长,知妃色,则入于学。学者所学之官也。学礼曰:"帝入东学,上亲而贵仁,则亲疏有序,而恩相及矣。帝入南学,上齿而贵信,则长幼有差,而民不诬矣。帝入西学,上贤而贵德,则圣智在位而功不遗矣。帝入北学,上贵而尊爵,则贵贱有等,而下不隃矣。帝入太学,承师问道,退习而考于太傅。太傅罚其不则而匡其不及,则德智长而治道得矣。"此五学者,既成于上,则百姓黎民化辑于下矣。及太子既冠成人,免于保傅之严,则有记过之史,彻膳之宰,进善之旌,诽谤之木,敢谏之鼓。瞽史诵诗,工诵箴谏;大夫进谋,士传民语。习与智长,故切而不愧;化与心成,故中道若性。三代之礼,春朝朝日,秋暮夕月,所以明有敬也。春秋入学,坐国老执酱而亲馈之,所以明有孝也。行以鸾和,步中《采齐》,趣中《肆夏》,所以明有度也。其于禽兽,见其生不见其死,闻其声不食其肉,故远庖厨,所以长恩,且明有仁也。夫三代之所以长久者,以其辅翼太子有此具也。及秦而不然,其俗固非贵辞让也,所上者告讦也;固非贵礼义也,所上者刑罚也。使赵高傅胡亥而教之狱,所习者非斩劓人,则夷人之三族也。故胡亥今日即位,而明日射人。忠谏者谓之诽谤,深计者谓之妖言。其视杀人若艾草菅然,岂惟胡亥之性恶哉?彼其所以导之者非其理故也。鄙谚曰:"不习为吏,视已成事";又曰:"前车覆,后车诫"。夫三代之所以长久者,其已事可知也。然而不能从者,是不法圣智也。秦世之所以亟绝者,其辙迹可见也。然而不避,是后车又将覆也。夫存亡之变,治乱之机,其要在是矣!天下之命,县于太子。太子之善,在于早谕教与选左右。夫心未滥而先谕教,则化易成也。开于道术智谊之指,则教之力也。若其服习积贯,则左右而已。夫胡粤之人,生而同声,耆欲不异,及其长而成俗,累数译而不能相通行。有虽死而不相为者,则教习然也。臣故曰选左右早谕教最急。夫教得而左右正,则太子正矣,太子正而天下定矣。《书》曰:"一人有庆,兆民赖之。"此时务也。凡人之智,能见已然,不能见将然。夫礼者，禁于将然之前，而法者禁于已然之后。是故法之所用易见，礼之所为至难知也。若夫庆赏以劝善，刑罚以惩恶。先王执此之政，坚如金石；行此之令，信如四时。扰此之公，无私如天地耳，岂顾不用哉？然而曰"礼云礼云"者，贵绝恶于未萌，而起教于微眇，使民日迁善远罪而不自知也。孔子曰："听讼，吾犹人也，必也使无讼乎！"为人主计者，莫如先审取舍。取舍之极定于内，而安危之萌应于外矣。安者，非一日而安也，危者，非一日而危也，皆以积渐然，不可不察也。人主之所积，在其取舍。以礼义治之者积礼义，以刑罚治之者积刑罚。刑罚积而民怨背，礼义积而民和亲。故世主欲民之善同，而所以使民善者或异，或道之以德教，或殴之以法令。道之以德教者，德教洽而民气乐，殴之以法令者，法令极而民气哀。哀乐之感，祸福之应也。秦王欲尊宗庙而安子孙与汤武同。然而汤武广大其德，行六七百岁而不失；秦王治天下十余岁，则大败。此无他故矣。汤武之定取舍审，而秦王之定取舍不审矣。夫天下大器也！今人之置器，置诸安处则安，置诸危处则危；天下之情与器无以异，在天子之所置之。汤武置天下于仁义礼乐，而德泽洽，禽兽草木广裕，德被蛮貊四夷，累子孙数十世。此天下所共闻也。秦王置天下于法令刑罚，德泽无一有，而怨毒盈于世，下憎恶之如仇雠，祸几及身，子孙诛绝。此天下所共见也。是非其明效大验耶！人之言曰："听言之道，必以其事观之，则言者莫敢妄言。"今或言礼谊之不如法令，教化之不如刑罚。人主胡不引殷周秦事以观之也。人主之尊譬如堂，群臣如陛，众庶如地。故陛九级上，廉远地则堂高；陛无级，廉近地则堂卑。高者难攀，卑者易陵，理势然也。故古者圣王制为等列，内有公卿、大夫、士，外有公、侯、伯、子、男；然后有官师、小吏，延及庶人；等级分明，而天子加焉，故其尊不可及也。里谚曰："欲投鼠而忌器"，此善喻也。鼠近于器，尚惮不投，恐伤其器，况于贵臣之近主乎？廉耻节礼，以治君子，故有赐死而亡戮辱。是以黥劓之罪，不及大夫，以其离主上不远也。礼不敢齿君之路马，蹴其刍者有罚；见君之几杖则起，遭君之乘车则下，入正门则趋。君之宠

> 刑罚积而民怨背，礼义积而民和亲。

臣，虽或有过，刑戮之罪，不加其身者，尊君之故也。此所以为主上豫远不敬也，所以体貌大臣而厉其节也。今自王侯三公之贵，皆天子之所改容而礼之也。古天子之所谓伯父，舅也，而今与众庶同黥劓髡刖笞伛弃市之法。然则堂不亡陛乎？被戮辱者，不泰迫乎？廉耻不行大臣，无乃握重权大官而有徒隶亡耻之心乎？夫望夷之事，二世见当以重法者，投鼠而不忌器之习也。臣闻之，履虽鲜，不加于枕，冠虽敝，不以苴履。夫尝已在贵宠之位，天子改容而礼之矣，吏民常俯伏以敬畏之矣。今而有过，帝令废之可也，退之可也，赐之死可也，灭之可也。若夫束缚之，系紲之，输之司寇，编之徒官。司寇小吏，詈骂搒笞之，殆非所以令众庶见也。夫卑贱者习知尊贵者之一旦吾亦乃可以加此也，非所以习天下也，非尊尊贵贵之化也。夫天子之所尝敬，众庶之所尝宠，死而死耳，贱人安宜得如此而顿辱之哉？豫让事中行之君，智伯伐而灭之，移事智伯。及赵灭智伯，豫让衅面吞炭，必报襄子。五起而不中。人问豫子，豫子曰："中行众人畜我，我故众人事之；智伯国士遇我，我故国士报之。"故此一豫让也，反君事雠，行若狗彘；已而抗节致忠，行出乎列士，人主使然也。故主上遇其大臣如遇犬马，彼将犬马自为也。如遇官徒，彼将官徒自为也。顽顿亡耻，集诟亡节，廉耻不立，且不自好。苟若而可，故见利则逝，见便则夺。主上有败，则因而挺之矣；主上有患，则吾苟免而已。立而观之耳！有便吾身者，则欺卖而利之耳！人主将何便于此？群下至众而主上至少也，所托材器职业者，萃于群下也。俱亡耻，俱苟安，则主上最病。故古者礼不及庶人，刑不至大夫，所以厉宠臣之节也。古者大臣有坐不廉而废者，不谓不廉，曰"簠簋不饰"。坐污秽淫乱男女无别者，不曰污秽，曰"帷簿不修"。坐罢软不胜任者，不曰罢软，曰"下官不职"。故贵大臣定有其罪矣，犹未斥然正以呼之也，尚迁就而为之讳也。故其在大谴大何之域者闻谴，何则？白冠氂缨，盘水加剑，造请室而请罪耳，上不执缚系引而行也。其有中罪者，闻命而自弛，上不使人颈盩而加也。其有大罪者，闻命则北面再拜，跪而自裁，上不使捽抑而刑之也。曰："子大夫自有过耳，

※ 天子之所尝敬，众庶之所尝宠。

吾遇子有礼矣！"遇之有礼，故群臣自意，婴以廉耻，故人矜节行。上设廉耻礼义以遇其臣，而臣不以节行报其上者，则非人类也。故化成俗定，则为人臣者，主耳忘身，国耳忘家，公耳忘私。利不苟就，害不苟去，唯义所在，上之化也。故父兄之臣，诚死宗庙；法度之臣，诚死社稷；辅义之臣，诚死君上；守圉捍敌之臣，诚死城廓封疆。故曰圣人有金城者，比物此志也。彼且为我死，故吾得与之俱生。彼且为我亡，故吾得与之俱存。夫将为我危，故吾得与之俱安。顾行而忘利，守节而仗义，故可以托不御之权，可以寄六尺之孤，此厉廉耻、行礼谊之所致也，主上何丧焉？此之不为，而顾彼之久行，故曰可为长太息者，此也。

顾行而忘利，守节而仗义。

奏疏以汉人为极轨，而气势最盛，事理最显者，尤莫善于《治安策》。故千古奏议，推此篇为绝唱。可流涕者少一条，可长太息者少一条，汉书所载者，殆尚非贾子全文。贾生为此疏时，当在文帝七年，仅三十岁耳。于三代及秦治术，无不贯彻；汉家中外政事，无不通晓。盖有天授，非学所能几耳。

治安策，千古绝唱。

奏议以明白显豁、人人易晓为要。后世读此文者，疑其称名甚古，其用字甚雅，若仓卒不能解者。不知在汉时乃人人共称之名，人人惯用之字，即人人所能解也。即以称名而论，其称淮南济北，如今日称端华肃顺也。其称匈奴，如今日称英吉利也，其称淮阴侯、黥布、彭越、韩信、张敖、卢绾、陈豨六七公，犹今日称洪秀全、李秀成、石达开、张洛刑、苗沛霖畜匪回匪也。其称樊郦绛灌，犹今日称江塔罗李也。其称郡国，犹今日称府厅也。其称傅相丞尉，犹今日称司道守令也。又以用字而论，其用厝字，犹今日用置字也。其用讙字，犹今日用乎字也。其用虑字，犹今日用大致也。其用执字，犹今日用势字也。其用亡字，犹今日用无字也。其用亶字，犹今日用但字也。其用几幸，犹今日用冀幸也。其用隃字，犹今日用逾字也。其用县字，犹今日用悬字也。由此等以类推，则当日通称之名，通用之字，断无不共喻者。然则居今日而讲求奏章，亦用今日通称之名，通用之字，可矣。

刘向《极谏外家封事》

<small>莫不欲安，然而常危。</small>

臣闻人君莫不欲安，然而常危；莫不欲存，然而常亡。失御臣之术也。夫大臣操权柄，持国政，未有不为害者也。昔晋有六卿，齐有田崔，卫有孙甯，鲁有季孟，常掌国事，世执朝柄。终后田氏取齐，六卿分晋，崔杼弑其君光，孙林父甯殖出其君衎，弑其君剽。季氏八佾舞于庭，三家者以雍彻，并专国政，卒逐昭公周大夫尹氏，筦朝事，浊乱王室。子朝子猛更立，连年乃定。故经曰"王室乱"，又曰"尹氏弑王子克"，甚之也。春秋举成败，录祸福，如此类甚众，皆阴盛而阳微，下失臣道之所致也。故书曰："臣之有作威作福，害于而家，凶于而国。"孔子曰："禄去公室，政逮大夫，危亡之兆。"秦昭王舅穰侯及泾阳华阳君，专国擅势，上假太后之威。三人者权重于昭王，家富于秦国，国甚危殆。赖寤范雎之言而秦复存。二世委任赵高，专权自恣，壅蔽大臣，终有阎乐望夷之祸，秦遂以亡。近事不远，即汉所代也。汉兴，诸吕无道，擅相尊王。吕产、吕禄席太后之宠，据将相之位，兼南北军之众，拥梁赵王之尊。骄盈无厌，欲危刘氏。赖忠正大臣绛侯朱虚侯等，竭诚尽节，以诛灭之，然后刘氏复安。今王氏一姓，乘朱轮华毂者二十三人，青紫貂蝉，充盈幄内，鱼鳞左右。大将军秉事用权，五侯骄奢僭盛，并作威福，击断自恣。行污而寄治，身私而托公，依东宫之尊，假甥舅之亲，以为威重。尚书九卿，州牧郡守，皆出其门。筦执枢机，朋党比周，称誉者登进，忤恨者诛伤。游谈者助之说，执政者为之言。排摈宗室，孤弱公族。其有智能者，尤非毁不进。远绝宗室之任，不令得给事朝省，恐其与己分权。数称燕王盖主以疑上心，避讳吕霍而不肯称。内有管蔡之萌，外假周公之论。兄弟据重，宗族磐互，历上古至秦汉，外戚僭贵，未有如王氏者也。虽周皇父秦穰侯汉武安吕霍上官之属，皆不及也。物盛必有非常之变先见，为其人微象。孝昭帝时，冠石立于泰山，仆柳起于上林，而孝宣帝即位。今王氏先祖坟墓在济南者，其梓柱生枝叶，扶疏上

出屋，根垂地中。虽立石起柳，无以过此之明也。事势不两大，王氏与刘氏亦且不并立。如下有泰山之安，则上有累卵之危。陛下为人子孙，守持宗庙，而令国祚移于外亲，降为皂隶，纵不为身，奈宗庙何？妇人内夫家，外父母家，此亦非皇太后之福也。孝宣皇帝不与舅平昌乐昌侯权，所以全安之也。夫明者，起福于无形，销患于未然。宜发明诏，吐德音。援近宗室，亲而纳信；黜远外戚，毋授以政。皆罢令就第，以则效先帝之所行，厚安外戚，全其宗族。诚东宫之意，外家之福也。王氏永存，保其爵禄；刘氏常安，不失社稷。所以褒睦外内之姓，子子孙孙无疆之计也。如不行此策，田氏复见于今，六卿必起于汉，然后嗣忧，昭昭甚明，不可不深图，不可不早虑。易曰："君不密则失臣，臣不密则失身，几事不密则害成。"唯陛下深留圣思，审固几密。览往事之戒，以折中取信；居万安之实，用保宗庙，久承皇太后。天下幸甚。

> 夫明者，起福于无形，销患于未然。

奏疏惟西汉之文，冠绝古今。西汉前推贾晁，后推匡刘。贾晁以才胜，匡刘以学胜。此人人共知者也。余尤好刘子政忠爱之忱，若有所甚不得已于中者，足以贯三光而通神明。是故识精而不炫，气盛而不矜；料王氏之必篡，思有以早为之所，而又无诛灭王氏之意。宅心平实，指事确凿。皆本忠爱二字，弥纶周浃而出。吾辈欲师其文章，先师其心术，根本固则枝叶自茂矣。

刘向《论起昌陵疏》

臣闻易曰："安不忘危，存不忘亡。"是以身安而国家可保也。故圣贤之君，博观终始，穷极事情，而是非分明。王者必通三统，明天命所授者博，非独一姓也。孔子论诗至于"殷士肤敏，祼将于京"，喟然叹曰："大哉天命！善不可不传于子孙，是以富贵无常，不如是则王公其何以戒慎？民萌何以劝勉？"盖伤微子之事周，而痛殷之亡也。虽有尧舜之圣，不能化丹朱之子。虽有禹汤之德，不能训末孙之桀纣。自古及今，未有不亡之国也。昔高皇帝既灭秦，将都洛阳，感悟刘敬之言，自以德不及周而贤于

> 安不忘危，存不忘亡。

秦，遂徙都关中。依周之德，因秦之阻，世之长短，以德为效，故常战慄不敢讳亡。孔子所谓富贵无常，盖谓此也。孝文皇帝居霸陵，北临厕，意凄怆悲怀。顾谓群臣曰："嗟乎！以北山石为椁，用纻絮斫陈漆其间，岂可动哉？"张释之进曰："使其中有可欲，虽锢南山犹有隙。使其中无可欲，虽无石椁，又何戚焉？"夫死者无终极，而国家有废兴。故释之之言为无穷计也。孝文悟焉，遂薄葬，不起山坟。易曰："古之葬者，厚衣之以薪，藏之中野，不封不树。后世圣人易之以棺椁。棺椁之作，自黄帝始。黄帝葬于桥山，尧葬济阴，丘陇皆小，葬具甚微。舜葬苍梧，二妃不从。禹葬会稽，不改其列。殷汤无葬处，文王周公葬于毕。秦穆公葬于雍橐泉宫祈年馆下，樗里子葬于武库，皆无丘陇之处。此圣帝明王，贤君智士，远览独虑，无穷之计也。其贤臣孝子，亦承命顺意而薄葬之。此诚奉安君父，忠孝之至也。夫周公，武王弟也，葬兄甚微。孔子葬母于防，称古墓而不坟，曰某东西南北之人也，不可不识也。为四尺坟，遇雨而崩。弟子修之，以告孔子。孔子流涕曰："吾闻之，古者不修墓，盖非之也。"延陵季子适齐而反，其子死葬于嬴博之间，穿不及泉，敛以时服。封坟掩坎，其高可隐。而号曰："骨肉归复于土命也，魂气则无不之也。"夫嬴博去吴千有余里，季子不归葬。孔子往观曰："延陵季子于礼合矣！"故仲尼孝子，而延陵慈父，舜禹忠臣，周公弟弟，其葬君亲骨肉皆微薄矣。非苟为俭，诚便于体也。宋桓司马为石椁，仲尼曰："不如速朽！"秦相吕不韦集知略之士而造《春秋》，亦言薄葬之义，皆明于事情者也。逮至吴王阖闾，违礼厚葬，十有余年，越人发之。及秦惠文、武、昭、严、襄五王，皆大作丘陇，多其瘗藏。咸尽发掘暴路，甚足悲也。秦始皇帝葬于骊山之阿，下锢三泉，上崇山坟；其高五十余丈，周回五里有余。石椁为游馆，人膏为灯烛，水银为江海，黄金为凫雁。珍宝之藏，机械之变，棺椁之丽，宫馆之盛，不可胜原。又多杀宫人，生埋工匠，计以万数，天下苦其役而反之。骊山之作未成，而周章百万之师至其下矣。项籍燔其宫室营宇，往者咸见发掘。其后牧儿亡羊，羊入其凿，牧者持火照求羊，失火

夫死者无终极，而国家有废兴。

烧其藏椁。自古及今，葬未有盛如始皇者也。数年之间，外被项籍之灾，内离牧竖之祸，岂不哀哉！是故德弥厚者葬弥薄，知愈深者葬愈微。无德寡知，其葬愈厚。丘陇弥高，宫庙甚丽，发掘必速。由是观之，明暗之效，葬之吉凶，昭然可见矣。周德既衰而奢侈，宣王贤而中兴，更为俭宫室，小寝庙。诗人美之，"斯干"之诗是也。上章道宫室之如制，下章言子孙之众多也。及鲁严公刻饰宗庙，多筑台囿，后嗣再绝，《春秋》刺焉。周宣如彼而昌，鲁秦如此而绝，是则奢俭之得失也？陛下即位躬亲节俭，始营初陵，其制约小，天下莫不称贤明。及徙昌陵，增埤为高，积土为山；发民坟墓，积以万数；营起邑居，期日迫卒。功费大万百余，死者恨于下，生者愁于上。怨气忿动阴阳，因之以饥馑物故流离，以十万数。臣甚愍焉。以死者为有知，发人之墓其害多矣！若其无知，又焉用大？谋之贤知则不说，以示众庶则苦之。苟以说愚夫淫侈之人，又何为哉？陛下慈仁笃美甚厚，聪明疏达盖世，宜宏汉家之德，崇刘氏之美，光昭五帝三王；而顾与暴秦乱君兢为奢侈，比方丘陇，说愚夫之目，隆一时之观，违贤知之心，亡万世之安，臣窃为陛下羞之！唯陛下上览明圣黄帝、尧、舜、禹、汤、文武、周公、仲尼之制，下观贤知穆公、延陵、樗里、张释之之意。孝文皇帝去坟薄葬，以俭安神，可以为则。秦昭始皇，增山厚藏，以侈生害，足以为戒。初陵之模，宜从公卿大夫之议，以息众庶。

无德寡知，其葬愈厚。

以侈生害，足以为戒。

  首段言自古无不亡之国，近世奏议不敢如此立言。至于结构整齐，词旨深厚，皆汉文中之最便揣摩者。沅弟性情极厚，故见余之文气笃厚，则嗜之如饥渴。然余谓欲求文气之厚，总须读汉人奏议二三十首，酝酿日久，则不期厚而自厚矣。

刘向《论甘延寿疏》

  汉元帝时，陈汤、甘延寿灭郅支单于，将论功封爵。匡衡、石显以为汤与延寿擅兴师矫制，不宜加封。刘向上此疏争之。

  郅支单于囚杀使者吏士以百数事，暴扬外国，伤威毁重，群臣皆闵焉。陛下赫然欲诛之，意未尝有忘。西域都护延寿，副校尉汤，承圣旨，倚神灵，总百蛮之军，槛城郭之兵。出百死，入绝域，遂蹈康居。屠五重城，搴歙侯之旗，斩郅支之首，悬旌万里之外，扬威昆山之西。扫谷吉之耻，立昭明之功。万夷慑伏，莫不惧震。呼韩邪单于见郅支已诛，且喜且惧。乡风慕义，稽首来宾，愿守北藩，累世称臣。立千载之功，建万世之安，群臣之勋莫大焉！昔周大夫方叔吉甫为宣王诛猃狁，而百蛮从，其诗曰："嘽嘽焞焞，如霆如雷。显允方叔，征伐猃狁，蛮荆来威。"易曰："有嘉折首，获匪其丑。"言美诛首恶之人，而诸不顺者皆来从也。今延寿汤所诛震，虽易之折首，诗之雷霆，不能及也。论大功者不录小过，举大美者不疵细瑕。司马法曰："军赏不逾月。"欲民速得为善之利也，盖急武功，重用人也。吉甫之归周厚赐之，其诗曰："吉甫宴喜，既多受祉。来归自镐，我行永久。"千里之镐，犹以为远；况万里之外，其勤至矣！延寿、汤既未获受祉之报，反屈捐命之功，久挫于刀笔之前。非所以劝有德、厉戎士也。昔齐桓前有尊周之功，后有灭项之罪。君子以功覆过，而为之讳行事。贰师将军李广利，捐五万之师，糜亿万之费，经四年之劳，而仅获骏马三十匹。虽斩宛王毋鼓之首，犹不足以复费。其私罪恶甚多，孝武以为万里征伐，不录其过，遂封拜两侯三卿，二千石百有余人。今康居国强于大宛，郅支之号，重于宛王，杀使者罪，甚于留马。而延寿汤不烦汉士，不费斗粮，比于贰师，功德百之。且常惠随欲击之乌孙，郑吉迎自来之日逐，犹皆列土受爵。故言威武勤劳，则大于方叔吉甫，列功覆过，则优于齐桓贰师。近事之功，则高于安远长罗。而大功未著，小恶数布，臣窃痛之！宜以时解县通籍，除过勿治。尊宠爵位，以劝有功。

匈奴为汉患百余年，武帝用卫霍诸大将，殚竭天下财货，兴师数十年，卒不能大创之。元帝之世，陈汤、甘延寿矫诏发西域诸国之兵，禽灭郅支单于，由是汉世迄无边患，实千古奇功。乃为匡衡、石显所沮，久不褒封。石显宦官佞幸，本不足责。匡衡以宰相名儒，而亦嫉妒若此，殊不可解。厥后陈汤屡次获罪，谷

扫谷吉之耻，立昭明之功。

君子以功覆过，而为之讳行事。

永、耿育上疏救之。《汉书》并录三疏于汤传中，百世而下，读者犹为呜咽感叹。兹并录之，以备循省，俾知有功之臣，必战兢惕厉以立于无过之地。而儒生处具瞻之地，尤不可不力持大体，铲除娼嫉私衷，以匡衡为鉴戒也。

谷永《救陈汤疏》

自刘向上疏后，延寿封蒙成侯，汤封关内侯。至成帝时，匡衡复奏汤，前收康居财物，坐免官。又汤上书言康居侍子，非王子也；按验实为王子，汤下狱当死。谷永上此疏救之。

臣闻楚有子玉得臣，文公为之仄席而坐。赵有廉颇马服，强秦不敢窥兵井陉。近汉有郅都魏尚，匈奴不敢南乡沙幕。由是言之，战克之将，国之爪牙，不可不重也。盖君子闻鼓鼙之声，则思将率之臣。窃见关内侯陈汤，前使副西域都护，忿郅支之无道，闵王诛之不加，策虑愊忆，义勇奋发。卒兴师奔逝，横厉乌孙，跃集都赖，屠三重城，斩郅支首。报十年之逋诛，雪边吏之宿耻，威震百蛮，武畅西海。汉元以来，征伐方外之将，未尝有也。今汤坐言事非是，幽囚久系，历时不决。执宪之吏，欲致之大辟。昔白起为秦将，南拔郢都，北抗赵括；以纤介之过，赐死杜邮，秦民怜之，莫不陨涕。今汤亲秉钺，席卷喋血万里之外。荐功祖庙，告类上帝，介胄之士，靡不慕义。以言事为罪，无赫赫之恶。周书曰："记人之功，忘人之过，宜为君者也。"夫犬马有劳于人，尚加帷盖之报，况国之功臣者哉！窃恐陛下忽于鼓鼙之声，不察周书之意，而忘帷盖之施。庸臣遇汤，卒从吏议，使百姓介然有秦民之恨，非所以厉死难之臣也。

> 不察周书之意，而忘帷盖之施。

耿育《讼陈汤书》

前谷永上书，汤得免罢，复起为从事中郎。后又得罪，谪徙敦煌，耿育上此疏讼之。

延寿、汤为圣汉扬钩深致远之威，雪国家累年之耻，讨绝域不羁之君，击万里难制之虏，岂有此哉？先帝嘉之，仍下明诏，宣著其功。改年垂历，传之无穷。应是南郡献白虎，边陲无警备。会先帝寝疾，然犹垂意不忘，数使尚书责问丞相，趣立其功。独丞相匡衡排而不予，封延寿汤数百户。此功臣战士，所以失望也。孝成皇帝承建业之基，乘征伐之威，兵革不动，国家无事。而大臣倾邪，谗佞在朝，曾不深惟本末之难，以防未然之戒。欲专主威，排妒有功，使汤块然被冤拘囚，不能自明。卒以无罪，老弃敦煌，正当西域通道。令威名折冲之臣，旋踵及身，复为郅支遗虏所笑，诚可悲也。至今奉使外蛮者，未尝不陈郅支之诛，以扬汉国之盛。夫援人之功以惧敌，弃人之身以快谗，岂不痛哉！且安不忘危，盛必虑衰。今国家素无文帝累年节俭富饶之畜，又无武帝荐延枭俊禽敌之臣。独有一陈汤耳！假使异世不及陛下，尚望国家追录其功，封表其墓，以劝后进也。汤幸得身当圣世，功曾未久，反听邪臣，鞭逐斥远，使亡逃分窜，死无处所。远览之士，莫不计度。以为汤功累世不可及，而汤过人情所有。汤尚如此，虽复破绝筋骨，暴露形骸，犹制于唇舌，为嫉妒之臣所系虏耳！此臣所以为国家尤戚戚也。

刘安《谏伐闽越书》

汉武帝初，闽越发兵击南越，南越上书告急，帝遣两将军将兵诛闽越，淮南王刘安上书谏之。

陛下临天下，布德施惠。缓刑罚，薄赋敛，哀鳏寡，恤孤独，养耆老，振匮乏。盛德上隆，和泽下洽。近者亲附，远者怀德，天下摄然，人安其生。自以没身不见兵革。今闻有司举兵将以诛越，臣安窃为陛下重之。越方外之地，劗发文身之民也，不可以冠带之国法度理也。自三代之盛，胡越不与受正朔，非强弗能服、威弗能制也。以为不居之地，不牧之民，不足以烦中国也。故古者封内甸服，封外侯服，侯卫宾服，蛮夷要服，戎狄荒服，远近异势也。自汉初定以来七十二年，吴越人相攻击者，不可胜数，然天子未尝举兵而入其地也。臣闻越非有城郭邑里也。

处溪谷之间，篁竹之中，习于水性，便于用舟。地深昧而多水险，中国之人，不知其势阻而入其地，虽百不当其一。得其地不可郡县也，攻之不可暴取也。以地图察其山川要塞，相去不过寸数，而间独数百千里。阻险林丛，弗能尽著，视之若易，行之实难。天下赖宗庙之灵，方内大宁戴白之老。不见兵革，民得夫妇相守，父子相保，陛下之德也。越人名为藩臣，贡酎之奉，不输大内，一卒之用，不给上事，自相攻击。两陛下发兵救之，是反以中国而劳蛮夷也。且越人愚戆轻薄，负约反复，其不用大子之法度，非一日之积也。一不奉诏，举兵诛之，臣恐后兵革无时得息也。间者数年岁比不登，民待卖爵赘子，以接衣食。赖陛下德泽赈救之，得毋转死沟壑。四年不登，五年复蝗，民生未复。今发兵行数千里，资衣粮，入越地，舆轿而隃领，挖舟而入水，行数百千里。夹以深林丛竹，水道上下击石，林中多蝮蛇猛兽。夏月暑时，呕泄霍乱之病相随属也。曾未施兵接刃，死伤者必众矣。前时南海王反，陛下先臣使将军间忌将兵击之，以其军降。处之上淦，后复反。会天暑多雨，楼船卒水居击櫂，未战而病死者过半。亲老涕泣，孤子啼号，破家散业，迎尸千里之外，裹骸骨而归。悲哀之气，数年不息，长老至今以为记。曾未入其地，而祸已至此矣！臣闻军旅之后，必有凶年。言民各以其愁苦之气，薄阴阳之和，感天地之精，而灾气为之生也。陛下德配天地，明象日月，恩至禽兽，泽及草木。一人有饥寒，不终其天年而死者，为之凄怆于心。今方内无狗吠之警，而使陛下甲卒死亡，暴露中原，沾渍山谷。边境之民，为之早闭晏开，晨不及夕。臣安窃为陛下重之。不习南方地形者多，以越为人众兵强，能难边城。淮南全盛之时，多为边吏。臣窃闻之，与中国异。限以高山，人迹所绝，车道不通，天地所以隔内外也。其入中国，必下领水。领水之山峭峻，漂石破舟，不可以大船载食粮下也。越人欲为变，必先田余干界中，积食粮乃入。伐材治船，边城守候诚谨。越人有入伐材者，辄收捕焚其积聚。虽百越奈边城何？且越人绵力薄材，不能陆战，又无车骑弓弩之用。然而不可入者，以保地险，而中国之人不能其水土也。臣闻越甲卒不下数十

薄阴阳之和，感天地之精。

万,所以入之,五倍乃足,挽车奉饷者,不在其中。南方暑湿,近夏瘅热,暴露水居,蝮蛇蠚生,疾疠多作。兵未血刃,而病死者什二三。虽举越国而虏之,不足以偿所亡。臣闻道路言,闽越王弟甲弑而杀之,甲以诛死,其民未有所属。陛下若欲来内,处之中国,使重臣临存,施德垂赏以招致之,此必携幼扶老,以归圣德。若陛下无所用之,则继其绝世,存其亡国,建其王侯,以为畜越,此必委质为藩臣,世共贡职。陛下以方寸之印,丈二之组,镇抚方外,不劳一卒,不顿一戟,而威德并行。今以兵入其地,此必震恐,以有司为欲屠灭之也,必雉兔逃入山林险阻。背而去之,则复相群聚;留而守之,历岁经年,则士卒罢倦。食粮乏绝,男子不得耕稼树种,妇人不得纺绩织纴。丁壮从军,老弱转饷,居者无食,行者无粮。民苦兵事,逃亡者必众;随而诛之,不可胜尽,盗贼必起。臣闻长老言,秦之时,尝使尉屠睢击越,又使监录凿渠通道。越人逃入深山林丛,不可得攻。留军屯守空地,旷日持久,士卒劳倦,越乃出击之,秦兵大破,乃发适戍以备之。当此之时,内外骚动,百姓靡敝。行者不还,往者莫及,皆不聊生,亡逃相从,群为盗贼。于是山东之难始兴。此老子所谓"师之所处,荆棘生之"者也。兵者,凶事,一方有急,四面皆从。臣恐变故之生,奸邪之作,由此始也。《周易》曰:"高宗伐鬼方三年而克之。"鬼方,小蛮夷;高宗,殷之盛天子也。以盛天子伐小蛮夷,三年而后克,言用兵之不可不重也。臣闻天子之兵,有征而无战,言莫敢校也。如使越人蒙死徼幸,以逆执事之颜行,厮舆之卒,有一不备而归者,虽得越王之首,臣犹窃为大汉羞之。陛下以四海为境,九州为家;八薮为囿,江汉为池;生民之属,皆为臣妾;人徒之众,足以奉千官之供;租税之收,足以给乘舆之御。玩心神明,秉执圣道,负黼依凭玉几,南面而听断,号令天下四海之内,莫不响应。陛下垂德惠以覆露之,使元元之民,安生乐业,则泽被万世,传之子孙,施之无穷,天下之安,犹泰山而四维之也。夷狄之地,何足以为一日之间,而烦汗马之劳乎?诗云:"王犹允塞,徐方既来。"言王道甚大,远方怀之也。臣闻之,农夫劳而君子养焉,愚者言而智者择

言用兵不可不重也。

愚者言而智者择焉。

焉。臣安幸得为陛下守藩，以身为障蔽，人臣之任也。边境有警，爱身之死而不毕其愚，非忠臣也。臣安窃恐将吏之以十万之师，为一使之任也。

淮南王安收养文士，著《淮南子》，亦犹吕不韦好客养士，著《吕览》一书也。此篇盖亦八公辈所为，陈义甚高，摛辞居要，无淮南子冗蔓之弊。而精警处相似。班史以载入严助传中，与主父偃、徐乐、严安、贾捐之诸篇并列，以见务广穷兵之害，均为有国者所当深鉴。后世如苏子瞻代张方平谏用兵书，亦可与此数篇方轨并驾。

以见务广穷兵之害，均为有国者所鉴。

贾捐之《罢珠厓对》

贾捐之字君房，贾谊之曾孙也。武帝时，立儋耳珠厓郡。其后二十余年，反者六次。昭帝五年罢儋耳郡，并属珠厓。至宣帝、元帝时，珠厓反者又三次，帝欲大发军讨之，捐之以为不当击。帝使五商诘问之，捐之以书对。

臣幸得遭明盛之朝，蒙危言之策，无忌讳之患，敢昧死竭卷卷。臣闻尧舜圣之盛也，禹入圣域而不优。故孔子称尧曰"大哉"，韶曰"尽善"，禹曰"无间"。以三代之德，地方不过数千里，西被流沙，东渐于海朔、南暨，声教讫于四海。欲与声教则治之，不欲与者不强治也。故君臣歌德，含气之物，各得其宜。武丁、成王，殷周之大仁也。然地东不过江黄，西不过氐羌，南不过蛮荆，北不过朔方，是以颂声并作，视听之类，咸乐其生。越裳氏重九译而献，此非兵革之所能致。及其衰也，南征不还，齐桓救其难，孔子定其文。以至乎秦，兴兵远攻，贪外虚内，务欲广地，不虑其害。然地南不过闽越，北不过太原，而天下溃畔，祸卒在于二世之末，长城之歌至今未绝。赖圣汉初兴，为百姓请命。平定天下，至孝文皇帝闵中国未安，偃武行文，则断狱数百。民赋四十，丁男三年而一事。时有献千里马者，诏曰："鸾旗在前，属车在后，吉行日五十里，师行日三十里，朕乘千里之马，独先安之？"于是还马与道里费，而下诏曰："朕不受献

禹入圣域而不优。

209

也,其令四方毋求父来献。"当此之时,逸游之乐绝,奇丽之赂塞。郑卫之倡微矣。夫后宫盛色,则贤者隐处;佞人用事,则诤臣杜口。而文帝不行,故谥为"孝文",庙称"太宗"。至孝武皇帝元狩六年,太仓之粟,红腐而不可食;都内之钱,贯朽而不可校;乃探平城之事。录冒顿以来,数为边害。籍兵厉马,因富民以攘服之。西连诸国,至于安息东过碣石,以玄菟乐浪为郡。北却匈奴万里,更起营塞。制南海以为八郡,则天下断狱万数。民赋数百,造盐铁酒榷之利,以佐用度,犹不能足。当此之时,寇贼并起,军旅数发。父战死于前,子斗伤于后。女子乘亭鄣,孤儿号于道。老母寡妇,饮泣巷哭。遥设虚祭,想魂乎万里之外。淮南王盗写虎符,阴聘名士。关东公孙勇等,诈为使者。是皆廓地泰大,征伐不休之故也。今天下独有关东,关东大者独有齐楚。民重久困,连年流离,离其城郭,相枕席于道路。人情莫亲父母,莫乐夫妇。至嫁妻卖子,法不能禁,义不能止,此社稷之变也。今陛下不忍悁悁之忿,欲驱士众挤之大海之中,快心幽冥之地。非所以救助饥馑,保全元元也。诗云:"蠢尔蛮荆,大邦为仇。"言圣人起则后服,中国衰则先畔。动为国家难,自古而患之久矣,何况乃复其南方万里之蛮乎?骆越之人,父子同川而浴,相习以鼻饮,与禽兽无异,本不足郡县置也。颛颛独居一海之中,雾露气湿,多毒草虫蛇水上之害,人未见房,战士自死。又非独珠厓有珠犀玳瑁也,弃之不足惜,不击不损威。其民譬犹鱼鳖,何足贪也?臣窃以往者羌军言之。暴师曾未一年,兵出不逾千里,费四十余万万。大司农钱尽,乃以少府禁钱续之。夫一隅为不善,费尚如此,况于劳师远攻,亡士毋功乎?求之往古则不合,施之当今又不便。臣愚以为非冠带之国,禹贡所及,春秋所治,皆可且无以为。愿遂弃珠厓,专用恤关东为忧。

贾君房在当世有文名,故杨兴曰:"君房下笔,语言妙天下!"昔亡弟愍烈公温甫好"语言妙天下"五字,尤好读"罢珠厓对"。大抵西汉之文,气味深厚,音调铿锵,迥非后世可及。固由其措词之高,胎息之古,亦由其义理正大,有不可磨灭之质干也。如此篇及路温舒尚德缓刑书,非独文辞超前绝后,即说理

求之往古则不合,施之当今又不便。

亦与六经同风已。

诸葛亮《出师表》

　　臣亮言：先帝创业未半而中道崩殂。今天下三分，益州罢弊，此诚危急存亡之秋也。然侍卫之臣，不懈于内；忠志之士，亡身于外者，盖追先帝之殊遇，欲报之于陛下也。诚宜开张圣听，以光先帝遗德，恢宏志士之气。不宜妄自菲薄，引喻失义，以塞忠谏之路也。宫中府中，俱为一体；陟罚臧否，不宜异同。若有作奸犯科，及为忠善者，宜付有司，论其刑赏，以昭陛下平明之治；不宜偏私，使内外异法也。侍中侍郎郭攸之、费祎、董允等，此皆良实，志虑忠纯，是以先帝简拔以遗陛下。愚以为宫中之事，事无大小，悉以咨之，然后施行，必能裨补阙漏，有所广益。将军向宠，性行淑均，晓畅军事。试用于昔日，先帝称之曰能，是以众议举宠为督。愚以为营中之事，事无大小，悉以咨之；必能使行阵和睦，优劣得所也。亲贤臣，远小人，此先汉所以兴隆也；亲小人，远贤臣，此后汉所以倾颓也。先帝在时，每与臣论此事，未尝不叹息，痛恨于桓灵也！侍中、尚书、长史、参军，此悉贞亮死节之臣也，愿陛下亲之信之，则汉室之隆，可计日而待也。臣本布衣，躬耕于南阳。苟全性命于乱世，不求闻达于诸侯。先帝不以臣卑鄙，猥自枉屈，三顾臣于草庐之中，咨臣以当时之事。由是感激，遂许先帝以驱驰。后值倾覆，受任于败军之际，奉命于危难之间，尔来二十有一年矣。先帝知臣谨慎，故临崩寄臣以大事也。受命以来，夙夜忧叹，恐托付不效，以伤先帝之明。故五月渡泸，深入不毛。今南方已定，兵甲已足，当奖率三军，北定中原，庶竭驽钝，攘除奸凶；兴复汉室，还于旧都。此臣之所以报先帝，而忠陛下之职分也。至于斟酌损益，进尽忠言，则攸之、祎、允之任也。愿陛下托臣以讨贼兴复之效，不效则治臣之罪，以告先帝之灵。若无兴德之言，则责攸之、祎、允之咎，以彰其慢。陛下亦宜自谋，以谘诹善道，察纳雅言，深追先帝遗诏。臣不胜受恩感激！今当远离，临表涕泣，

事无大小，悉以咨之。

不知所云。

古人绝大事业,恒以精心敬慎出之。以区区蜀汉一隅,而欲出师关中,北伐曹魏,其志愿之宏大,事势之艰危,亦古今所罕见。而此文不言其艰巨,但言志气宜恢宏,刑赏宜平允,君宜以亲贤纳言为务,臣宜以讨贼进谏为职而已。故知不朽之文,必自襟度远大、思虑精微始也。

前汉宫禁尚参用士人,后汉宫中如中常侍、小黄门之属,则悉用阉人,不复杂调他士,与府中有内外之分,大乱朝政。诸葛公鉴于桓灵之失,痛憾阉宫,故力陈宫中府中宜为一体。盖恐宦官日亲,贤臣日疏,内外隔阂也。公以丞相而兼元帅,凡宫中府中以及营中之事无不兼综。公举郭费董三人,治宫中之事,举向宠治营中之事,殆皆指留守成都者言之。其府中之事,则公所自治,百司庶政,皆公在军中亲为裁决焉。

陆贽《奉天请罢琼林大盈二库状》

右臣闻作法于凉,其弊犹贪;作法于贪,弊将安救?示人以义,其患犹私;示人以私,患必难弭。故圣人之立教也,贱货而尊让,远利而尚廉。天子不问有无,诸侯不言多少。百乘之室,不畜聚敛之臣,夫岂皆能忘其欲贿之心哉?诚惧贿之生人心而开祸端,伤风教而乱邦家耳。是以务鸠敛而厚其帑椟之积者,匹夫之富也;务散发而收其兆庶之心者,天子之富也。天子所作,与天同方。生之长之,而不恃其为;成之收之,而不私其有。付物以道,混然忘情。取之不为贪,散之不为费。以言乎体则博大,以言乎术则精微。亦何必挠废公方,崇聚私货,降至尊而代有司之守,辱万乘以效匹夫之藏。亏法失民,诱奸聚怨,以斯制事,岂不过哉?今之琼林大盈,自古悉无其制。传诸耆旧之说,皆云创自开元。贵臣贪权,饰巧求媚,乃言郡邑贡赋,所用盍各区分。税赋当委之有司,以给经用;贞献宜归乎天子,以奉私求。玄宗悦之,新是二库。荡心侈欲,萌柢于兹!迨乎失邦,终以饵寇。记曰："货悖而入,必悖而出。"岂非其明效欤?陛下嗣位之初,务遵理道,敦行约俭,斥远贪饕,虽内库旧藏未归太府,而诸方曲献,不入禁闱。清风肃然,海内丕变。议者咸谓汉文却马、晋武焚裘之事,复见于当今。近以寇逆乱常,銮舆外幸,既属忧危之运,宜增儆励之诚。臣奉使军营,出由行殿,忽睹右廊之下榜列二库之名,愕然若惊,不识所以何则。天衢尚梗,师旅方殷。疮痛呻吟之声,噢咻未息,忠勤战守之效,赏赉未行。而诸道贡珍遽私别库,万目所视,孰能忍怀?窃揣军情,或生觖望。试询候馆之吏,兼采道路之言,果如所虞。积憾已甚,或忿形谤,或丑肆讴谣。颇含思乱之情,亦有悔忠之意。是知甿俗昏鄙,识昧高卑,不可以尊极临,而可以诚义感。顷者,六师初降,百物无储。外捍凶徒,内防危堞。昼夜不息,迨将五旬。冻馁交侵,死伤相枕。毕命同力,竟夷大艰。良以陛下不厚其身,不私其欲,绝甘以同卒伍,辍食以啖功劳。无猛制而人不携,怀所感也;无厚赏而人不怨,悉所无也。今者攻围已解,衣食已丰,而谣独方兴,军情稍阻,岂不以勇夫恒性,嗜货矜功。其患难既与之同忧,而好乐不与之同利。苟异恬默,能无怨咨!此理之常,固不足怪。记曰："财散则民聚,财聚则民散。"岂非其殷鉴欤?众怒难任,蓄怨终泄,其患岂徒民散而已?亦将虑有构奸鼓乱,干纪而强取者焉!夫国家作事,以公共为心者,人必乐而从之;以私奉为心者,人必咈而叛之。故燕昭筑金台,天下称其贤;殷纣作玉杯,百代传其恶。盖为人与为己殊也。周文之囿百里,时患其尚小;齐宣之囿四十里,时病其太大。盖同利与专利异也。为人上者,当辨察兹理,洒濯其心。奉三无私,以壹有众。人或不率,于是用刑。然则宣其利而禁其私,天子所恃以理天下之具也。舍此不务,而壅利行私,欲人无贪,不可得已。今兹二库珍币所归,不须度支,是行私也;不给经费,非宣利也。物情离怨,不亦宜乎?智者因危而建安,明者矫失而成德。以陛下天资英圣,倘加之见善必迁,是将化蓄怨为衔恩,反过差为至当。促珍遗孽,永垂鸿名,易如转规,指顾可致。然事有未可知者,但在陛下行与否耳!能则安,否则危;能则成德,否则失

以公共为心者,人必乐而从之。

能则安,否则危;能则成德,否则失道。

道。此乃必定之理也,愿陛下慎之惜之。陛下诚能近想重围之殷忧,追戒平居之专欲;器用取给,不在过丰;衣食所安,必以分下。凡在二库货贿,尽令出赐有功,坦然布怀,与众同欲。是后纳贡,必归有司。每获珍华,先给军赏。瑰异纤丽,一无上供。推赤心于其腹中,降殊恩于其望外。将卒慕陛下必信之赏,人思建功;兆庶悦陛下改过之诚,孰不归德?如此则乱必靖,贼必平。徐驾六龙,旋复都邑;兴行坠典,整缉棼纲。乘舆有旧仪,郡国有恒赋。天子之贵,岂当忧贫?是乃散其小储而成其大储也,捐其小宝而固其大宝也。举一事而众美具,行之又何疑焉?吝少失多,廉贾不处;溺近迷远,中人所非。况乎大圣应机,固当不俟终日。不胜管窥愿效之至,谨陈冒以闻。谨奏。

骈体文为大雅所羞称,以其不能发挥精义,并恐以芜累而伤气也。陆公则无一句不对,无一字不谐平仄,无一联不调马蹄。而义理之精,足以化隆濂洛,气势之盛,亦堪方驾韩苏。退之本为陆公所取士,子瞻奏议终身效法陆公。而公之剖晰事理,精当不移,则非韩苏所能及。吾辈学之,亦须略用对句,稍调平仄,庶笔仗整齐,令人刮目耳。

鸣原堂论文 卷二

苏轼《代张方平谏用兵书》

臣闻好兵犹好色也。伤生之事非一，而好色者必死。贼民之事非一，而好兵者必亡，此理之必然者也。夫惟圣人之兵，皆出于不得已，故其胜也，享安全之福；其不胜也，必无意外之患。后世用兵皆得已而不已，故其胜也，则变迟而祸大；其不胜也，则变速而祸小。是以圣人不计胜负之功，而深戒用兵之祸。何者？兴师十万，日费千金，内外骚动，殆于道路者七十万家。内则府库空虚，外则百姓穷匮。饥寒逼迫，其后必有盗贼之忧；死伤愁怨，其终必致水旱之报。上则将帅拥众，有跋扈之心；下则士众久役，有溃叛之志。变故百出，皆由用兵。至于兴事首议之人，冥谪尤重。盖以平民无故缘兵而死，怨气充积，必有任其咎者。是以圣人畏之、重之，非不得已不敢用也。

自古人主好动干戈，由败而亡者不可胜数，臣今不敢复言，请为陛下言其胜者。秦始皇既平六国，复事胡越。戍役之患，被于四海，虽拓地千里，远过三代，而坟土未干，天下怨叛。二世被害，子婴被擒，灭亡之酷，自古所未尝有也。汉武帝承文景富溢之余，首挑匈奴，兵连不解，遂使侵寻及于诸国。岁岁调发，所向成功。建元之间，兵祸始作。是时蚩尤旗出，长与天等。其春戾太子生，自是师行三十余年，死者无数。及巫蛊事起，京师流血，僵尸数万，太子父子皆败。班固以为太子生长于兵，与之终始。帝虽悔悟自克，而殁身之恨，已无及矣。隋文帝既下江南，继事夷狄；炀帝嗣位，此心不衰，皆能诛灭强国，威震万里。然而民怨盗起，亡不旋踵。唐太宗神武无敌，尤喜用兵，既已破灭突厥、高昌、吐谷浑等，犹且未厌，亲驾辽东，皆志在立功，非不得已而用。其后武氏之难，唐室凌迟，不绝如线。盖用兵之祸，物理难逃。不然太宗仁圣宽厚，克己裕人，几至刑措。而一传之后，子孙涂炭，此岂为善之报也哉？由是观之，汉唐用兵于宽仁之后，故其胜而仅存；秦隋用兵于残暴之余，故其胜而遂灭。臣每读书至此，未尝不掩卷流涕，伤其计之过也。若使此

好兵者必亡。

不计胜负之功，深戒用兵之祸。

变故百出，皆由用兵。

自古人主好动干戈，由败而亡者，不可胜数。

四君者，方其用兵之初，随即败衄，惕然戒惧，知用兵之难，则祸败之兴，当不至此。不幸每举辄胜，故狃于功利，虑患不深。臣故曰：胜则变迟而祸大，不胜则变速而祸小，不可不察也。昔仁宗皇帝覆育天下，无意于兵。将士惰偷，兵革朽钝。元昊乘间窃发西鄙，延安、泾原、麟府之间，败者三四，所丧动以万计，而海内晏然。兵休事已，而民无怨言，国无遗患，何者？天下臣庶，知其无好兵之心；天地鬼神，谅其有不得已之实故也。今陛下天赐勇智，意在富强。即位以来，缮治甲兵，伺候邻国，群臣百寮，窥见此指，多言用兵。其始也，弼臣执国命者，无忧深思远之心；枢臣当国论者，无虑害持难之识；在台谏之职者，无献替纳忠之议。从微至著，遂成厉阶。既而薛向为横山之谋，韩绛效深入之计。陈升之、吕公弼等阴与之协力。师徒丧败，财用耗屈，较之宝元庆历之败，不及十一。然而天怒人怨，边兵背叛，京师骚然，陛下为之旰食者累月。何者？用兵之端，陛下作之，是以吏士无怒敌之意，而不直陛下也。

尚赖祖宗积累之厚，皇天保佑之深，故使兵出无功，感悟圣意。然浅见之士，方且以败为耻，力欲求胜以称上心。于是王韶构祸于熙河，章惇造衅于横山，熊本发难于渝泸。然此等皆戕贼已降，俘累老弱，困弊腹心，而取空虚无用之地，以为武功。使陛下受此虚名，而忽于实祸。勉强砥砺，奋于功名。故沈起、刘彝复发于安南，使十余万人暴露瘴毒，死者十而五六。道路之人，毙于输送赍粮器械，不见敌而尽。以为用兵之意必且少衰，而李宪之师，复出于洮州矣。今师徒克捷，锐气方盛，陛下喜于一胜，必有轻视四夷、陵侮敌国之意。天意难测，臣实畏之。

且夫战胜之后，陛下可得而知者，凯旋捷奏，拜表称贺，赫然耳目之观耳。至于远方之民，肝脑屠于白刃，筋骨绝于馈饷，流离破产，鬻卖男女，熏眼折臂，自经之状，陛下必不得而见也。慈父孝子，孤臣寡妇之哭声，陛下必不得而闻也。譬犹屠杀牛羊，刳脔鱼鳖，以为膳羞，食者甚美，死者甚苦。使陛下见其号呼于挺刃之下，宛转于刀几之间，虽八珍之美，必将投箸而不忍食，而况用人之命，以为耳目之观乎。

> 勉强砥砺，奋于功名。

且使陛下将卒精强，府库充实，如秦汉隋唐之君，既胜之后，祸乱方兴，尚不可救；而况所在将吏，疲软凡庸，较之古人万万不逮。而数年以来，公私窘乏，内府累世之积，罄地无余。州郡征税之储，上供殆尽。百官俸廪，仅而能继。南郊赏给，久而未办。以此举动，虽有智者无以善其后矣。且饥疫之后，所在盗贼蜂起，京东河北，尤不可言。若军事一兴，横敛随作，民穷而无告，其势不为大盗无以自全。边事方深，内患复起，则胜广之形将在于此。此老臣所以终夜不寐，临食而叹，至于恸哭而不能止也。

凡举大事，必顺天心。

且臣闻之，凡举大事，必顺天心。天之所向，以之举事必成，天之所背，以之举事必败。盖天心向背之迹，见于灾祥丰歉之间。今自近岁日蚀星变，地震山崩，水旱疠疫，连年不改，死民将半，天心之向背，可以见矣。而陛下方且断然不顾，兴事不已。譬如人子得过于父母，惟有恭顺静思，引咎自责，庶几可解。今乃纷然诘责奴婢，恣行棰楚，以此事亲，未有见赦于父母者。故臣愿陛下远览，前世兴亡之迹，深察天心向背之理。绝意兵革之事，保疆睦邻，安静无为，固社稷长久之计。上以安二宫朝夕之养，下以济四方亿兆之命。则臣虽老死沟壑，瞑目于地下矣！

昔汉祖破灭群雄，遂有天下；光武百战百胜，祀汉配天。然至白登被围，则讲和亲之议；西域请吏，则出谢绝之言。此二帝者非不知兵也，盖经变既多，则虑患深远。今陛下深居九重，而轻议讨伐，老臣庸懦，私窃以为过矣。然人臣纳说于君，因其既厌而止之，则易为力；迎其方锐而折之，则难为功。凡有血气之伦，皆有好胜之意。方其气之盛也，虽布衣贱士，有不可夺。自非智识特达，度量过人，未有能勇于奋发之中，舍己从人，惟义是听者也。今陛下盛气于用武，势不可回，臣非不知而献言不已者，诚见陛下圣德宽大，听纳不疑，故不敢以众人好胜之常心，望于陛下。且意陛下他日亲见用兵之害，必将哀痛悔恨，而追咎左右大臣未尝一言。臣亦将老且死，见先帝于地下亦有以藉口矣！惟陛下哀而察之。

东坡之文，其长处在征引史事，切实精当。又善设譬谕，凡难显之情，他人所不能达者，坡公辄以譬谕明之。如百步洪诗，首数句设譬八端。此外诗文，亦几无篇不设譬者。此文以屠杀膳羞，喻轻视民命，以棰楚奴婢，喻上忤天心，皆巧于构想，他人所百思不到者，既读之而适为人人意中所有。古今奏议，推贾长沙、陆宣公、苏文忠三人为超前绝后。余谓长沙明于利害，宣公明于义理，文忠明于人情。吾辈陈言之道，纵不能兼明此三者，亦须有一二端明达深透，庶无格格不吐之态。

旁注：东坡之文，征引史事，切实精当。

苏轼《上皇帝书》

臣近者不度愚贱，辄上封章，言买镫事。自知渎犯天威，罪在不赦，席稿私室，以待斧钺之诛。而侧听逾旬，威命不至。问之府司，则买镫之事，寻以停罢。

乃知陛下不惟赦之，又能听之，惊喜过望，以至感泣。何者？改过不吝，从善如流，此尧舜禹汤所以勉强而力行，秦汉以来之所绝无而仅有。顾此买镫毫发之失，岂能上累日月之明？而陛下翻然改命，曾不移刻。则所谓智出天下而听于至愚，威加四海而屈于匹夫。臣今知陛下可与为尧舜，可与为汤武，可与富民而措刑，可与强兵而伏戎虏矣。有君如此，其忍负之！惟当披露腹心，捐弃肝脑尽力所至，不知其他。乃者臣亦知天下之事，有大于买镫者矣。而独区区以此为先者，盖未信而谏，圣人不与，交浅言深，君子所戒。是以试论其小者。而其大者固将有待而后言。今陛下果赦而不诛，则是既已许之矣。许而不言，臣则有罪，是以愿终言之。臣之所欲言者三，愿陛下结人心，厚风俗，存纪纲而已。人莫不有所恃。人臣恃陛下之命，故能役使小民；恃陛下之法，故能胜伏强暴。至于人主所恃者谁与？书曰："予临兆民，凛乎若朽索之驭六马。"言天下莫危于人主也。聚则为君臣，散则为仇雠，聚散之间，不容毫厘。故天下归往谓之王，人各有心谓之独夫。由此观之，人主之所恃者人心而已。人心之于人主也，如木之有根，如灯之有膏，如鱼之有水，如农夫之有

旁注：而其大者固将有待而后言。

田,如商贾之有财。木无根则槁,灯无膏则灭,鱼无水则死,农夫无田则饥,商贾无财则贫,人主失人心则亡。此必然之理,不可逭之灾也。其为可畏,从古以然。苟非乐祸好亡,狂易丧志,孰敢肆其胸臆,轻犯人心乎?昔子产焚载书以弭众言,赂伯石以安巨室。以为"众论难犯,专欲难成"。而孔子亦曰:"信而后劳其民,未信则以为厉己也。"惟商鞅变法,不顾人言。虽能骤致富强,亦以召怨天下。使其民知利而不知义,见刑而不见德,虽得天下,旋踵而亡。至于其身,亦卒不免。负罪出走而诸侯不纳,车裂以徇而秦人莫哀。君臣之间,岂愿如此?宋襄公虽行仁义,失众而亡;田常虽不义,得众而强。是以君子未论行事之是非,先观众心之向背。谢安之用诸桓,未必是,而众之所乐,则国以乂安。庾亮之召苏峻,未必非,而势有不可,则反为危辱。自古迄今,未有和易同众而不安,刚果自用而不危者也。

今陛下亦知人心之不悦矣。中外之人无贤不肖,皆言祖宗以来,治财用者不过三司使副判官。经今百年,未尝阙事。今者无故又创一司,号曰"制置三司条例司"。六七少年日夜讲求于内,使者四十余辈分行营干于外,造端宏大,民实惊疑;创法新奇,吏皆惶惑。贤者则求其说而不可得,未免于忧;小人则以其意度于朝廷,遂以为谤。谓陛下以万乘之主而言利,谓执政以天子之宰而治财。商贾不行,物价腾踊,近自淮甸,远及川蜀,喧传万口,论说百端。或言京师正店,议置监官;夔路深山,当行酒禁;拘收僧尼常住,减克兵吏廪禄。如此等类,不可胜言。而甚者至以为欲复肉刑。斯言一出,民且狼顾。陛下与二三大臣亦闻其语矣。然而莫之顾者,徒曰我无其事,又无其意,何恤于人言?夫人言虽未必皆然,而疑似则有以致谤。人必贪财也,而后人疑其盗;人必好色也,而后人疑其淫。何者?未置此司则无此谤,岂去岁之人皆忠厚,而今岁之士皆虚浮?孔子曰:"工欲善其事,必先利其器。"又曰:"必也,正名乎!"今陛下操其器而讳其事,有其名而辞其意。虽家置一喙以自解,市列千金以购人,人必不信,谤亦不止。夫制置三司条例司,求利之名也。六七少年与使者四十余辈,求利之器也。驱鹰犬而赴林薮,语人曰

工欲善其事,
必先利其器。

"我非猎也"，不如放鹰犬，而兽自驯。操网罟而入江湖，语人曰"我非渔也"，不如捐网罟，而人自信。故臣以为消谗慝而召和气，复人心而安国本，则莫若罢制置三司条例司。夫陛下之所以创此司者，不过以兴利除害也。使罢之而利不兴，害不除，则勿罢；罢之而天下悦，人心安，兴利除害，无所不可，则何苦而不罢？陛下欲去积弊而立法，必使宰相熟议而后行。事若不由中书，则是乱世之法，圣君贤相，夫岂其然？必若立法不免由中书，熟议不免使宰相。

此司之设，无乃冗长而无名。智者所图，贵于无迹。汉之文景，纪无可书之事；唐之房杜，传无可载之功。而天下之言治者与文景，言贤者与房杜，盖事已立而迹不见，功已成而人不知。故曰：善用兵者无赫赫之功。岂惟用兵，事莫不然。今所图者万分未获其一也，而迹之布于天下，已若泥中之兽，亦可谓拙谋矣。陛下诚欲富国，择三司官属与漕运使副，而陛下与二三大臣孜孜讲求，磨以岁月，则积弊自去，而人不知。但恐立志不坚，中道而废。孟子有言："其进锐者其退速。"若有始有卒自可徐徐十年之后，何事不立。孔子曰："欲速则不达，见小利则大事不成。"使孔子而非圣人，则此言亦不必用。书曰："谋及卿士，至于庶人，翕然大同，乃底元吉。若逆多而从少，则静吉而作凶。"今自宰相大臣，既已辞免不为，则外之议论，断亦可知。宰相，人臣也，且不欲以此自污，而陛下独安受其名而不辞，非臣愚之所识也。

君臣宵旰，几一年矣。而富国之效，茫如捕风。徒闻内帑出数百万缗，祠部度五千余人耳。以此为术，其谁不能？且遣使纵横，本非令典。汉武遣绣衣直指，桓帝遣八使，皆以守宰狼藉，盗贼公行，出于无术，行此下策。宋文帝元嘉之政，比于文景。当时责成郡县，未尝遣使。及至孝武以郡县迟缓，始命台使督之。以至萧齐，此弊不革。故景陵王子良上疏极言其事，以为此等朝辞禁门，情态既异，暮宿州县，威福便行，驱迫邮传，折辱守宰，公私烦扰，民不聊生。唐开元中，宇文融奏置劝农判官，使裴宽等二十九人，并摄御史，分行天下。招携户口检责漏田。

时张说、杨玚、皇甫璟、杨相如皆以为不便，而相继罢黜。虽得户八十余万，皆州县希旨，以主为客，以少为多。及使百官集议都省，而公卿以下惧融威势，不敢异辞。陛下试取其传读之，观其所行，为是为否。近者均税宽恤，冠盖相望，朝廷亦旋觉其非，而天下至今以为谤。曾未数岁，是非较然，臣恐后人视今，犹今之视昔。且其所遣，尤不适宜。事少而员多，人轻而权重。夫人轻而权重，则人多不服，或致侮慢以兴争；事少而员多，则无以为功，必须生事以塞责。陛下虽严赐约束，不许邀功，然人臣事君之常情，不从其令而从其意。今朝廷之意好动而恶静，好同而恶异。指意所在，谁敢不从？臣恐陛下赤子自此无宁岁矣。至于所行之事，行路皆知其难。何者？汴水浊流，自生民以来，不以种稻。秦人之歌曰："泾水一石，其泥数斗；且溉且粪，长我禾黍。"何尝曰"长我粳稻"耶？今欲陂而清之，万顷之稻，必用千顷之陂。一岁一淤，三岁而满矣。陛下遽信其说，且使相视地形。万一官吏苟且顺从，真谓陛下有意兴作，上糜帑廪，下夺农时。堤防一开，水失故道。虽食议者之肉，何补于民？

天下久平，民物滋息；四方遗利，盖略尽矣。今欲凿空寻访水利，所谓即鹿无虞，岂惟徒劳，必大烦扰。凡所擘画利害，不问何人，小则随事酬劳，大则量才录用。若官私格沮，并行黜降，不以赦原。若才力不办兴修，便许申奏替换。赏可谓重，罚可谓轻。然并终不言诸色人妄有申陈，或官私误兴功役，当得何罪？如此则妄庸轻剽，浮浪奸人，自此争言水利矣。

成功则有赏，败事则无诛，官司虽知其疏，岂可便行抑退？所在追集老少，相视可否；吏卒所过，鸡犬一空。若非灼然难行，必须且为兴役。何则？格沮之罪重，而误兴之过轻。人多爱身，势必如此。且古陂废堰，多为侧近冒耕，岁月既深，已同永业，苟欲兴复，必尽追收。人心或摇，甚非善政。又有好讼之党，多怨之人，妄言某处可作陂渠，规坏所怨田产。或指人旧业以为官陂，冒佃之讼，必倍今日。臣不知朝廷本无一事，何苦而行此哉？

自古役人必用乡户，犹食之必用五谷，衣之必用丝麻，济川

小则随事酬劳，大则量才录用。

之必用舟楫，行地之必用牛马。虽其间或有以他物充代，然终非天下所可常行。今者徒闻江浙之间，数郡雇役。而欲措之天下，是犹见燕晋之枣栗，岷蜀之蹲鸱。而欲以废五谷，岂不难哉？又欲官卖所在坊场，以充衙前雇直。虽有长役，更无酬劳。长役所得既微，自此必渐衰散。则州郡事体憔悴可知。士大夫捐亲戚，弃坟墓，以从官于四方者，宣力之余，亦欲取乐。此人之至情也。

若凋弊太甚，厨传萧然，则似危邦之陋风，恐非太平之盛观。陛下诚虑及此，必不肯为。且今法令莫严于御军，军法莫严于逃窜。禁军三犯，厢军五犯，大率处死。然逃军常半天下，不知雇人为役，与厢军何异！若有逃者，何以罪之？其势必轻于逃军，则其逃必甚于今日。为其官长，不亦难乎！近者虽使乡户颇得雇人，然至于所雇逃亡，乡户犹任其责。今遂欲于两税之外，别立一科，谓之庸钱，以备官雇。则雇人之责，官所自任矣。自唐杨炎废租庸调以为两税，取大历十四年应干赋敛之数，以定两税之额。则是租调与庸，两税即兼之矣。今两税如故，奈何复欲取庸？圣人立法，必虑后世，岂可于两税之外，别立科名？万一不幸，后世有多欲之君，辅之以聚敛之臣，庸钱不除，差役仍旧，使天下怨讟推所从来，则必有任其咎者矣。

又欲使坊郭等第之民，与乡户均役；品官形势之家，与齐民并事。其说曰："周礼'田不耕者出屋粟，宅不毛者有里布'。而汉世宰相之子，不免戍边。"此其所以藉口也。古者官养民，今者民养官。给之以田而不耕，劝之以农而不力，于是乎有里布屋粟。夫家之征，而民无以为生，去为商贾，事势当尔，何名役之？且一岁之戍，不过三日；三日之雇，其值三百。今世三大户之役，自公卿以降无得免者，其费岂特三百而已？大抵事若可行，不必皆有故事。若民所不悦，俗所不安，纵有经典明文，无补于怨。若行此二者，必怨无疑。女户单丁，盖天民之穷者也，古之王者，首务恤此，而今陛下首欲役之。此等苟非户将绝而未亡，则是家有丁而尚幼。若假之数岁，则必成丁而就役，老死而没官。富有四海，忍不加恤！

后世有多欲之君，辅之以聚敛之臣。

皆重其始为民患也。

孟子曰:"始作俑者,其无后乎!"《春秋》书"作丘甲,用田赋,皆重其始为民患也。"青苗放钱,自昔有禁。今陛下始立成法,每岁常行。虽云不许抑配,而数世之后,暴君污吏,陛下能保之与?异日天下恨之,国史记之曰青苗钱自陛下始,岂不惜哉?且东南买绢,本用见钱;陕西粮草,不许折兑。朝廷既有著令,职司又每举行,然而买绢未尝不折盐,粮草未尝不折钞,乃知青苗不许抑配之说,亦是空文。只如治平之初,拣刺义勇。当时诏旨慰谕,明言永不戍边,著在简书,有如盟约。于今几日,论议已摇。或以代还东军,或欲抵换弓手。约束难恃,岂不明哉?

纵使此令决行,果不抑配,计其间愿请之户,必皆孤贫不济之人。家若自有赢余,何至与官交易?此等鞭挞已急,则继之逃亡,逃亡之余,则均之保邻。势有必至,理有固然。且夫常平之为法也,可谓至矣!所守者约,而所及者广。借使万家之邑,止有千斛;而谷贵之际,千斛在市,物价自平。一市之价既平,一邦之食自足,无操瓢乞丐之弊,无里正催驱之劳。今若变为青苗,家贷一斛,则千户之外,孰救其饥?且常平宫钱,常患其少。若尽数收籴,则无借贷;若留充借贷,则所籴几何?乃知常平青苗,其势不能两立。坏彼成此,所丧愈多,亏官坏民,虽悔何逮?臣窃计陛下欲考其实,则亦必问人。人知陛下方欲力行,必谓此法有利无害。

以臣愚见,恐未可凭。何以明之?臣顷在陕西,见刺义勇,提举诸县,臣尝亲行。愁怨之民,哭声振野。当时奉使还者,皆言民尽乐为。希合取容,自古如此。不然,则山东之盗,二世何缘不觉?南诏之败,明皇何缘不知?今虽未至于斯,亦望陛下审听而已。昔汉武之世,财力匮竭,用贾人桑宏羊之说,买贱卖贵,谓之均输。于时商贾不行,盗贼滋炽,几至于乱。孝昭既立,学者争排其说。霍光顺民所欲,从而予之,天下归心,遂以无事。不意今者此论复兴。立法之初,其说尚浅。徒言徙贵就贱,用近易远。然而广置官属,多出缗钱,豪商大贾,皆疑而不敢动。以为虽不明言贩卖,然既已许之变易。交易既行，而不与商贾争利者，未之闻也。

夫商贾之事，曲折难行。其买也，先期而予钱；其卖也，后期而取值。多方相济，委曲相通，倍称之息，由此而得。今官买是物，必先设官置吏，簿书廪禄，为费已厚，非良不售，非贿不行。是以官买之价，比民必贵。

及其卖也，弊复如前。商贾之利，何缘而得？朝廷不知虑此，乃捐五百万缗以与之。此钱一出，恐不可复。纵使其间薄有所获，而征商之额所损必多。今有人为其主牧牛羊者，不告其主，以一牛而易五羊。一牛之失，则隐而不言；五羊之获，则指为劳绩。陛下以为坏常平而言青苗之功，亏商税而取均输之利，何以异此？陛下天机洞照，圣略如神，此事至明，岂有不晓？必谓已行之事，不欲中变，恐天下以为执德不一，用人不终。是以迟留岁月，庶几万一。臣窃以为过矣！古之英主无出汉高，郦生谋挠楚权欲复六国。高祖曰善，趣刻印。及闻留侯之言，吐哺而骂曰："趣销印。"夫称善未几，继之以骂，刻印销印，有同儿戏，何尝累高祖之知人？适足以明圣人之无我。陛下以为可而行之，知其不可而罢之，至圣至明，无以加此。议者必谓民可与乐成，难与虑始，故劝陛下坚执不顾，期于必行。此乃战国贪功之人，行险徼幸之说，陛下若信用之，则是徇高论而逆至情，持空名而邀实祸，未及落成，而怨已起矣！臣之所愿结人心者，此之谓也。士之进言者为不少矣！亦尝有以国家之所以存亡，历数之所以长短，告陛下者乎？夫国家之所以存亡者，在道德之浅深，而不在乎强与弱；历数之所以长短者，在风俗之厚薄，而不在乎富与贫。道德诚深，风俗诚厚，虽贫且弱，不害于长而存；道德诚浅，风俗诚薄，虽强且富，不救于短而亡。人主知此，则知轻重矣。是以古之贤君，不以弱而忘道德，不以贫而伤风俗。而智者观人之国，亦必以此察之。齐至强也，周公知其后必有篡弑之臣；卫至弱也，季子知其后亡。吴破楚入郢，而陈大夫逢滑知楚之必复。晋武既平吴，何曾知其将乱；隋文既平陈，房乔知其不久。元帝斩郅支，朝呼韩，功多于武宣矣，偷安而王氏之衅生；宣宗收燕赵，复河湟，力强于宪武矣，销兵而庞勋之乱起。臣愿

商贾之事，曲折难行。

国家之所以存亡者，在道德之浅深。

225

国之长短在风俗。

陛下务崇道德而厚风俗，不愿陛下急于有功而贪富强。使陛下富如隋，强如秦，西取灵武，北取燕蓟，谓之有功可也。而国之长短，则不在此。夫国之长短，如人之寿夭。人之寿夭在元气，国之长短在风俗。世有尪羸而寿考，亦有盛壮而暴亡。若元气犹存，则尪羸无害；及其已耗，则盛壮而愈危。是以善养生者，慎起居，节饮食，导引关节，吐故纳新。不得已而用药，则择其品之上，性之良，可以久服而无害者，则五脏和平而寿命长。不善养生者，薄节慎之功，迟吐纳之效，厌上药而用下品，伐真气而助强阳，根本已空，僵仆无日。天下之势，与此无殊。故臣愿陛下爱惜风俗，如护元气。

古之圣人，非不知深刻之法可以齐众，勇悍之夫可以集事。忠厚近于迂阔，老成初若迟钝，然终不肯以彼而易此者，知其所得小而所丧大也。曹参贤相也，曰"慎无扰狱市！"黄霸，循吏也，曰"治道去泰甚！"或讥谢安以清谈废事，安笑曰："秦用法吏，二世而亡；刘晏为度支，专用果锐少年，务在急速集事。好利之党，相师成风。"德崇初即位，擢崔祐甫为相。祐甫以道德宽大，推广上意，故建中之政，其声翕然，天下想望，庶几正观。及卢杞为相，讽上以刑名整齐天下，驯致浇薄，以及播迁。我仁祖之御天下也，持法至宽，用人有叙。专务掩覆过失，未尝轻改旧章，然考其成功，则曰未至。以言乎用兵，则十出而九败；以言其府库，则仅足而有余。徒以德泽在人，风俗知义；是以升遐之日，天下如丧考妣。社稷长忧，终必赖之，则仁祖可谓知本矣。今议者不察，徒见其末年吏多因循，事不振举；乃欲矫之以苛察，齐之以智能，招来新进勇锐之人，以图一切速成之效，未享其利，浇风已成。且天时不齐，人谁无过？国君含垢，至察无徒。若陛下多方包容，则人材取次可用。必欲广置耳目，务求瑕疵，则人不自安，各图苟免，恐非朝廷之福，亦岂陛下所愿哉？汉文欲用虎圈啬夫，释之以为利口伤俗。今若以口舌捷给而取士，以应对迟钝而退人，以虚诞无实为能文，以矫激不仕为

自古用人必须历试。

有德，则先王之泽，遂将散微。自古用人必须历试。虽有卓异之器，必有已成之功。一则使其更变而知难，事不轻作；一则待其

功高而望重，人自无辞。昔先主以黄忠为后将军，而诸葛亮忧其不可。以为忠之名望，素非关张之伦，若班爵遽同，则必不悦。其后关羽果以为言。以黄忠豪勇之姿，以先主君臣之契，尚复虑此，而况其他！世尝谓汉文不用贾生以为深恨，臣尝推究其旨，窃谓不然。贾生固天下之奇才，所言亦一时之良策；然请为属国，欲系单于，则是处士之大言，少年之锐气。昔高祖以三十万众困于平城，当时将相群臣岂无贾生之比？三表五饵，人知其疏，而欲以困中行说，尤不可信。兵，凶器也，而易言之，正如赵括之轻秦，李信之易楚。若文帝亟用其说，则天下殆将不安。使贾生尝历艰难，亦必自悔其说。用之晚岁，其术必精，不幸丧亡，非意所及。不然，文帝岂弃才之主？绛灌岂蔽贤之士？至于晁错，尤号刻薄。文帝之世，止于太子家令，而景帝既立，以为御史大夫。申屠贤相，发愤而死，更法改令，天下骚然。至于七国发难，而错之术亦穷矣！文景优劣，于此可见。大抵名器爵禄，人所奔趋，必使积劳而后迁，以明持久而难得。则人各安其分，不敢躁求。今若多开骤进之门，使有意外之得，公卿侍从，跬步可图，其得者既不以侥幸自名，则不得者必皆以沉沦为恨。使天下常调，举生妄心，耻不若人，何所不至？欲望风俗之厚，岂可得哉？选人之改京官，常须十年以上。荐更险阻，计析毫厘。其间一事聱牙，常至终身沦弃。

今乃以一人之荐举而予之，犹恐未称。章服随至，使积劳久次而得者，何以厌服哉！夫常调之人，非守则令，员多阙少，久已患之，不可复开多门，以待巧进。若巧者侵夺已甚，则拙者迫怵无聊。利害相形，不得不察。故近来朴拙之人愈少，而巧进之士益多。惟陛下重之惜之，哀之救之。如近日三司献言，使天下郡选一人。催驱三司文字，许之先次指射以酬其劳。则数年之后，审官吏部，又有三百余人得先占阙，常调待次，不其愈难。此外勾当发运均输，按行农田水利，已据监司之体，各怀进用之心。转对者望以称旨而骤迁，奏课者求为优等而速化。相胜以功，相高以言，而名实乱矣。惟陛下以简易为法，以清净为心，使奸无所缘，而民德归厚，臣之所愿厚风俗者，此之谓也。

其间一事聱牙，常至终身沦弃。

古者建国，使内外相制，轻重相权。如周如唐，则外重而内轻。如秦如魏，则外轻而内重。内重之蔽，必有奸臣指鹿之患；外重之蔽，必有大国问鼎之忧。圣人方盛而虑衰，常先立法以救蔽。国家租赋总于计省，重兵聚于京师。以古揆今，则似内重。恭惟祖宗所以预图而深计，固非小臣所能臆度而周知。然观其委任台谏之一端，则是圣人过防之至计。历观秦汉以及五代，谏争而死，盖数百人。而自建隆以来，未尝罪一言者，纵有薄责，旋即超升，许以风闻，而无官长。风采所系，不问尊卑。言及乘舆，则天子改容；事关廊庙，则宰相待罪。故仁宗之世，议者讥宰相但奉行台谏风旨而已，圣人深意，流俗岂知？擢用台谏，固未必皆贤，所言亦未必皆是。然须养其锐气，借之重权者，岂徒然哉？将以折奸臣之萌，而救内重之弊也。

夫奸臣之始，以台谏折之而有余；及其既成，以干戈取之而不足。今法令严密，朝廷清明，所谓奸臣，万无此理。然养猫以去鼠，不可以无鼠而养不捕之猫；畜狗以防奸，不可以无奸而畜不吠之狗。陛下得不上念祖宗设此官之意，下为子孙立万世之防。朝廷纪纲，孰大于此？臣自幼小所记，及闻长老之谈，皆谓台谏所言，常随天下公议。公议所与，台谏亦与之；公议所击，台谏亦击之。及至英庙之初，始建称亲之议。本非人主大过，亦无典礼明文。徒以众心未安，公议未允，当时台谏以死争之。今者物论沸腾，怨谗交至。公议所在，亦可知矣。

而相顾不发，中外失望。夫弹劾积威之后，虽庸人亦可以奋扬。风采消委之余，虽豪杰有不能振起。臣恐自兹以往，习惯成风，尽为执政私人，以致人主孤立。纪纲一废，何事不生？孔子曰："鄙夫可与事君也与哉！其未得之也，患得之；既得之，患失之。苟患失之，无所不至矣！"臣始读此书，疑其太过，以为鄙夫之患失，不过备位而苟容。及观李斯忧蒙恬之夺其权，则立二世以亡秦，卢杞忧怀光之数其恶，则误德宗以再乱。其心本生于患失，而其祸乃至于丧邦。孔子之言，良不为过。是以知为国者，平居必常有忘躯犯颜之士，则临难庶几有徇义守死之臣。苟平居尚不能一言，则临难何以责其死节？人臣苟皆如此，天下亦曰殆哉！"君子和而不同，小人同而不和。"和如和羹，同如济水。故孙宝有言："周公上圣，召公大贤，犹不相悦，著于经典，两不相损。晋之王导，可谓元臣。每与客言，举坐称善，而王述不悦，以为人非尧舜，安得每事尽善。导亦敛衽谢之。"若使言无不同，意无不合，更唱迭和，何者非贤？万一有小人居其间，则人主何缘得以知觉？臣之所谓愿存纪纲者，此之谓也。臣非敢历诋新政，苟为异论。如近日裁减皇族恩例，刊定任子条式，修完器械，阅习鼓旗，皆陛下神算之至明，乾纲之必断。物议既允，臣敢有辞！然至于所献三言，则臣之私见。中外所病，其谁不知？昔禹戒舜曰："无若丹朱傲，惟漫游是好！"舜岂有是哉？周公戒成王曰："无若殷王受之迷乱，酗于酒德哉！"成王岂有是哉？周昌以汉高为桀纣，刘毅以晋武为桓灵。当时人君，曾莫之罪，书之史册，以为美谈。使臣所献三言，皆朝廷未尝有此。则天下之幸，臣与有焉！若有万一似之，则陛下安可不察，然而臣之为计，可谓愚矣！以蝼蚁之命，试雷霆之威，积其狂愚，岂可屡赦？大则身首异处，破坏家门；小则削籍投荒，流离道路。虽然陛下必不为此，何也？臣天赋至愚，笃于自信。向者与议学校贡举，首违大臣本意，已期窜逐，敢意自全！而陛下独然其言，曲赐召对，从容久之，至谓臣曰："方今政令得失安在？虽朕过失，指陈可也。"臣即对曰："陛下生知之性，天纵文武。不患不明，不患不勤，不患不断；但患求治太速，进人太锐，听言太广。"又备述其所以然之状。陛下颔之，曰："卿所献三言，朕当熟思之。"臣之狂愚，非独今日，陛下容之久矣！岂有容之于始，无不赦之于终？恃此而言，所以不惧。臣之所惧者，讥刺既重，怨仇实多，必将诋臣以深文，中臣以危法，使陛下虽欲赦臣而不得，岂不殆哉？死亡不辞，但恐天下以臣为戒，无复言者。是以思之经月，夜以继日，书成复毁，至于再三。感陛下听其一言，怀不能已，卒吐其说，惟陛下怜其愚而卒赦之，不胜俯伏待罪忧恐之至！

> 君子和而不同，小人同而不和。

奏疏总以明显为要，时文家有"典、显、浅"三字诀，奏疏能备此三字，则尽善矣。"典"字最难，必熟于前史之事绩，并

> 奏疏总以明显为要。

熟于本朝之掌故，乃可言典。至"显""浅"二字，则多本于天授，虽有博学多闻之士，而下笔不能显豁者多矣。"浅"字与雅字相背。白香山诗务令老妪皆解，而细求之，皆雅饬而不失之率。吾尝谓奏疏能如白诗之"浅"，则远近易于传播，而君上亦易感动。此文虽不甚"浅"，而"典""显"二字，则千古所罕见也。

朱熹《戊申封事》

戊申为宋孝宗淳熙十五年，朱子于时年五十九岁。前一年丁未，除公为江西提刑，辞不允。戊申正月又辞，不允。三月启行，在道再辞，趣公入对。六月召对于延和殿。公所面告孝宗者，语多切直，并面陈奏劄五件。旋除兵部郎官，以足疾辞。七月在道，再辞江西提刑之任，遂除直宝文阁，管嵩山崇福宫。九月十月复召公入对，十一月遂上此封事。

十一月一日，朝奉郎，直宝文阁主管西京嵩山崇福宫，臣朱熹谨斋沐具疏，昧死再拜，献于皇帝陛下。臣猥以庸陋，蒙被圣知，有年于此矣。而两岁以来，受恩稠迭，有加于前。顾视辈流，无与为比。其为感激之深，固有言所不能谕者。然窃惟念狂妄之言，抵触忌讳；虽蒙听纳，不以为罪；而伏俟数月，未见其有略施行者，臣诚不自知求所以堪陛下非常之恩者，而未知其出也。是以惭惧久不自安。不意陛下又欲召而见之。臣愚于此仰窥圣意，尤不识其果何谓也。以为欲听其计策，则言已陈而不可用；以为欲加之恩意，则宠既厚而无以加。二者之间，未有所当。此臣之所以徘徊前却，恳扣辞避而不能已也。然而陛下犹未之许，则臣又重思之。前日进对之时，口陈之说，迫于疾作而犹有未尽言者，盖尝请以封事上闻，而久未敢进。岂非陛下偶垂记忆而欲卒闻之乎？抑其别有以乎？臣不得而知也。然君父之命至于再下，而为臣子者坚卧于家，则臣于此实有所未安者。其所深虑，独恐进见之后，所言终不可用，而又徒窃误宠如前之为，则臣之辞受，将有所甚难处而终得罪者，是以辄因前请而悉其所言以献。以为虽使得至陛下之前,所言不过如此。伏惟圣慈,幸赐观省。若以其言为是,而次第行之,则臣之志愿千万满足。退伏岩穴,死无所憾!万一圣意必欲其来,则臣亦不过求一望见清光,而后恳请以归而已。若见其言果无可取,则是臣所学之陋,他无所有。致使冒进,陛下亦将何所用之?不若因其恳请,而许其归休,犹足以两有所全也。又况陛下之庭,侍从之列,方有造为飞语以中害善良,唱为横议以胁持上下,其巧谋阴计,又有甚于前日之不思而妄发者。陛下无为使臣轻犯其锋,而后蹈已覆之辙也。盖臣窃观今日天下之势,如人之有重病。内自心腹,外达四肢,盖无一毛一发不受病者。虽于起居饮食,未至有妨,然其危迫之证,深于医者固已望之而走矣。是必得如卢扁、华佗之辈,授以神丹妙剂,为之灌肠涤胃以去病根,然后可以幸于安全。如其不然,则病日益深,而病者不觉,其可寒心,殆非俗医常药之所能及也。故臣前日之奏,辄引"药不瞑眩,厥疾不瘳"之语,意盖谓此,而其言有未尽也。然天下之事,所当言者不胜其众。顾其序有未及者,臣不暇言。且独以天下之大本与今日之急务,深为陛下言之。盖天下之大本者,陛下之心也。今日之急务,则辅翼太子,选任大臣,振举纲维,变化风俗,爱养民力,修明军政,六者是也。臣请昧死而悉陈之,惟陛下之留听焉!臣之辄以陛下之心为天下之大本者,何也?天下之事千变万化,其端无穷,而无一不本于人主之心者,此自然之理也。故人主之心正,则天下之事无一不出于正;人主之心不正,则天下之事无一得由于正。盖不惟赏之所劝,刑之所威,各随所向,势有不能已者,而其观感之间,风动神速,又有甚焉!是以人主以眇然之身,居深宫之中,其心之邪正,若不得而窥者,而其符验之著于外者,常若十目所视,十手所指,而不可掩。此大舜所以有"惟精惟一"之戒,孔子所以有"克己复礼"之云,皆所以正吾此心,而为天下万事之本也。此心既正,则视明所聪,周旋中礼,而身无不正。是以所行无过不及,而能执其中。虽以天下之大,而无一人不归吾之仁者。然邪正之验著于外者,莫先于家人,而次及于左右;然后有以达于朝廷而及于天下焉。若宫闱之内,端

然天下之事,所当言者不胜其众。

虽天下之大,而无一人不归吾之仁者。

庄齐肃，后妃有关雎之德，后宫无盛色之讥，贯鱼顺序，而无一人敢恃恩私以乱典常，纳贿赂而行请谒。此则家之正也。退朝之后，从容燕息贵戚近臣，携仆奄尹，陪侍左右，各恭其职而上惮不恶之严，下谨戴盆之戒。无一人敢通内外，窃威福，招权市宠，以紊朝政。此则左右之正也。内自禁省，外彻朝廷，二者之间，洞然无有毫发私邪之间，然后发号施令，群听不疑，进贤退奸，众志咸服。纪纲得以振，而无侵挠之患；政事得以修，而无阿私之失。此所谓朝廷百官，六军万民，无敢不出于正而治道毕也。心一不正，则是数者固无从而得其正。是数者一有不正，而曰心正，则亦安有是理哉？是以古先圣王，兢兢业业，持守此心，虽在纷华波动之中，幽独得肆之地，而所以精之一之，克之复之，如对神明，如临渊谷，未尝敢有须臾之息。然犹恐其隐微之间，或有差失而不自知也。是以建师保之官，以自开明；列谏诤之职，以自规正。而凡其饮食酒浆，衣服次舍，器用财贿，与夫宦官宫妾之政，无一不领命于冢宰之官。使其左右前后，一动一静，无不制以有司之法，而无纤芥之隙，瞬息之顷，得以隐其毫发之私。盖虽一人之尊，深居九重之邃，而凛然常若立乎宗庙之中，朝廷之上，此先王之治，所以由内及外，自微至著，精粹纯白，无少瑕翳。而其遗风余烈，犹可以为后世法程也。陛下试以是而思之，吾之所以精一克复而持守其心者，果尝有如此之功乎？所以修身齐家而正其左右者，果尝有如此之效乎？宫省事禁，臣固有不得而知者，然不见其形而视其影，不睹其内而占其外，则爵赏之滥，货赂之流，闾巷窃言，久已不胜其藉藉矣。臣窃以是窥之，则陛下之所以修之家者，恐其未有以及古之圣王也。至于左右便嬖之私，恩遇过当，往者渊、觌、说、抃之徒，势焰熏灼，倾动一时，今已无可言矣。独有前日臣所面奏者，虽蒙圣慈委曲开譬，然臣之愚，终窃以为此辈但当使之守门传命，供扫除之役，不当假借崇长，使得逞邪媚，作淫巧于内，以荡上心，立门庭招权势于外，以累圣政。而其有才无才，有罪无罪，自不当论。况其有才适所以为奸，有罪而不可复用乎？且如向来主管丧事、钦奉几筵之命远近传闻，无不窃笑。臣不知国史书之，野史记之，播于外国，传于后世，且以陛下为何如主也？纵有曲折，如前日所以论谕臣者，陛下亦安能家置一喙，而人晓之耶？刑余小丑，不比人类，顾乃荧惑圣心，亏损圣德，以至此极。而公卿大臣，拱手熟视，无一言以救其失。臣之痛心，始者惟在于此。比至都城，则又知此曹之用事者，非独此人。而侍从之臣，盖已有出其门者。至其纳财之途，则又不于士大夫，而专于将帅。臣于前日尝辄以面奏，而陛下谕臣以为诚当深察，而痛惩之矣。退而始闻陛下比于环列之尹，已尝有所易置，乃知陛下固已深察其弊，而无所待于人言。然犹未能明正其罪，而反宠以崇资巨镇，使即便安，此曹无知，何所忌惮？况中外将帅其不为此者无几，陛下亦未能推其类而悉去之也。陛下竭生灵之膏血，以奉军旅之费，本非得已；而为军士者，顾乃未尝得一温饱，甚者采薪织屦，掇拾粪壤，以度朝夕。其又甚者，至使妻女盛涂泽，倚市门以求食也。怨詈谤讟悖逆绝理，正有不可闻者。一有缓急，不知陛下何所倚仗？是皆为将帅者巧为名色，头会箕敛，阴夺取其粮赐，以自封殖，而行货赂于近习，以图进用。彼此既厌足矣，然后时以薄少，号为羡余，阴奉燕私之费，以嫁士卒怨怒之毒于陛下。且幸陛下一受其献，则后日虽知其罪，而不得复有所问也。出入禁闼腹心之臣，外交将帅，共为欺蔽，以至于此，岂有一毫爱戴陛下之心哉？而陛下不悟，反宠昵之，以是为我之私人，至使宰相不得议其制置之得失，给谏不得论其除授之是非。以此而观，则陛下所以正其左右，未能及古之圣王又明矣。且私之得名，何为也哉？据己分之所独有，而不得以通乎其外之称也。故自匹夫而言，则以一家为私，而不得以通乎其乡。自乡人而言，则以一乡为私，而不得以通乎其国。自诸侯而言，则以一国为私，而不得以通乎天下。至于天子，则际天之所覆，极地之所载，莫非己分之所有，而无外之不通矣，又何以私为哉？今以不能胜其一念之邪，而至于有私心；以不能正其家人近习之故，而至于有私人。以私心用私人，则不能无私费，于是内损经费之入，外纳羡余之献，而至于有私财。陛下上为皇天之所子，全付所覆，使其无有私而不公之处，其所以与我者亦不细

以诚当深察，而痛惩之。

以不能正其家人近习之故，而至于有私。

矣，乃不能充其大，而自为割裂以狭小之，使天下万事之弊，莫不由此而出，是岂可不惜也哉？若以时势之利害言之，则天下之势，合则强，分则弱。故诸葛亮之告其君曰："宫中府中，俱为一体；陟罚臧否，不宜异同。若有作奸犯科，及为忠善者，宜付有司论其刑赏，以昭陛下平明之理。不宜偏私，使内外异法也。"当是之时，昭烈父子以区区之蜀，抗衡天下十分之九。规取中原，以兴汉室。以亮忠智为之深谋，而其策不过如此，可谓深知时务之要，而暗合乎先王之法矣。夫以蜀之小，而于其中又以公私自分，彼此如两国然，则是将以梁益之半图吴魏之全。又且内小人而外君子，废法令而保奸回，使内之所出者，日有以贼乎外；公之所立者，常不足以胜乎私。则是此两国者，又自相攻，而其内之私者常胜，外之公者常负也。外有邻敌之虞，内有阴邪之寇，日夜夹攻而不置，为国家者亦已危矣！夫以义理言之既如彼，以利害言之又如此，则今日之事，如不得用，臣恐陛下之心，虽劳于求贤，而一有所妨乎此，则贤人必不得用，而所用者皆庸谬恮巧之人；虽勤于立政，而一有所碍乎此，则善政必不得立，而所行者皆阿私苟且之政。日往月来，养成祸本，而贻燕之谋未远，辅相之职不修。纪纲坏于上，风俗坏于下，民愁兵怨，国势日卑，一旦猝有不虞，臣窃寒心，不知陛下何以善其后也。然而臣之所谓天下大本惟在陛下之一心者，可不汲汲皇皇而求有以正之哉！至于辅翼太子之说，则臣前日所谓数世之仁者，盖以微发其端，而未敢索言之也。夫太子天下之本，其辅翼之不可谨，见于保傅传者详矣。陛下圣学高明，洞贯今古，宜不待臣言而喻。然臣窃尝怪陛下所以调护东宫者，何其疏略之甚也。由前所论而观之，岂非所以自治者，独未免于疏略？

因是亦以是为当然而不之虑耶！夫自王十朋、陈良翰之后，宫僚之选，号为得人，而能称其职者盖已鲜矣。而又时使邪佞儇薄阘冗庸妄之辈，或得参错于其间。所谓讲读，闻亦姑以应文备数，而未闻其有箴规之效。至于从容朝夕，陪侍游燕者，又不过使臣宦者数辈而已。皇太子睿性夙成，阅理久熟，虽若无待于辅导，然人心难保，气习易污。习于正则正，习于邪则邪，此古之圣王教世子者，所以必选端方正直、道术博闻之士，与之居处，而又使之逐去邪人，不使见恶行。盖尝谨之于微，不待其有过而后规也。今三代之制虽不可考，且以唐之六典论之。东宫之官，师傅宾客，既职辅导，而詹事府、两春坊，实拟天子之三省。故以詹事庶子，领之其选甚重。今则师傅宾客，既不复置，而詹事、庶子有名无实。其左右春坊，遂直以使臣掌之，何其轻且亵之甚耶。夫立太子而不置师傅宾客，则无以发其隆师亲友，尊德乐义之心；独使春坊使臣得侍左右，则无以防其戏慢媟狎，奇邪杂进之害。此已非细事矣！

至于皇孙德性未定，闻见未广，又非皇太子之比。则其保养之具，尤不可以不严。而今日之官属尤不备，责任尤不专，岂任事者亦有所未之思耶？谓宜深诏大臣，讨论前代典故。东宫除今已置官外，别置师傅宾客之官，使与朝夕游处。罢去春坊使臣，而使詹事、庶子各复其职。宫中之事，一言之入，一令之出，必由于此而后通焉。又置赞善大夫，拟谏官以箴阙失。王府则宜稍放六典亲王之制，置宾友咨议以司训导，置长史司马以总众职。妙选耆德，不杂他材。皆置正员，不为兼职明其职掌，以责功效。则其官属已略备矣。陛下又当以时召之，使侍燕游，从容启迪。

凡古先圣王正心修身平治天下之要，陛下之所服行而已有效，与其勉慕而未能及，愧悔而未能免者，倾倒罗列，悉以告之，则圣子神孙，皆将有以得乎？陛下心传之妙，而宗社之安，统业之固，可以垂于永久而无穷矣！此今日急务之一也。

至于选任大臣之说，则臣前所谓劳于求贤，而贤人不得用者，盖已发其端矣。夫以陛下之聪明，岂不知天下之事，必得刚明公正之人而后可任也哉？其所以常不得如此之人，而反容鄙夫之窃位者，非有他也，直以一念之间未撤其私邪之蔽，而燕私之好，便嬖之流，不能尽由于法度。若用刚明公正之人以为辅相，则恐其有以妨吾之事，害吾之人，而不得肆。是以选抡之际，常先排摈此等置之度外，而后取凡疲懦软熟、平日不敢直言正色之人，而揣摩之。又于其中得以至庸极陋、决可保其不至于有所妨

劳于求贤。

者，然后举而加之于位。是以除书未出，而其物色先定；姓名未显，而中外已逆。知其决非天下之第一流矣。故以陛下之英明刚断，略不世出，而所取以自辅者，未尝有如汲黯魏徵之比，顾常反得如秦桧晚年之执政台谏者而用之。彼以人臣窃国柄，而畏忠言之悟主以发其奸也。故专取此流，以塞贤路，蔽主心，乃其势不得已者。陛下尊居宸极，威福自己，亦何赖于此辈，而乃与之共天下之政，以自蔽其聪明，自坏其纲纪而使天下受其弊哉！夫其所以取之者如此，故其选之不得而精；选之不精，故任之不得而重；任之不重，则彼之所以自任者亦轻。夫以至庸之材当至轻之任，则虽名为大臣，而其实不过供给唯诺，奉行文书，以求不失其窠坐资级，如吏卒之为而已。求其有以辅圣德，修朝政，而振纪纲，不待智者而知其必不能也。下此一等，则惟有作奸欺、植党与、纳货贿以浊乱陛下之朝廷耳。其尤甚者，乃至十有余年，而后败露以去。然其列布于后以希次补者，又已不过此等人矣！盖自其台谏为侍从，而其选已如此。其后又择其尤碌碌者而登用之，则亦无怪乎陛下常不得天下之贤才而属任之也。然方用之初，亦曰姑欲其无所害于吾之私而已夫，岂知其所以害夫天下之公者，乃至于此哉！陛下诚反是心以求之，则庶几乎得之矣。盖不求其可喜，而求其可畏；不求其能适吾意，而求其能辅苦德；不忧其自任之不重，而常恐吾所以任之者之未重；不为燕私近习一时之计，而为宗社生灵万世无穷之计。陛下诚以此取之，以此任之，而犹曰不得其人，则臣不信也。此今日急务之二也。

勤于立政。　　至于振肃纪纲、变化风俗之说，则臣前所谓勤于立政而善政卒不得立者，亦已发其端矣。夫以陛下之心，忧勤愿治，不为不至。岂不欲夫纲维之振、风俗之美哉？但以一念之间，未能去其私邪之蔽。是以朝廷之上，忠邪杂进，刑赏不分；士夫之间，志趣卑污，廉耻废坏。顾犹以为事理之当然，而不思有以振厉矫革之也。盖明于内然后有以齐乎外，无诸己而后可以非诸人。今宫省之间，禁密之地，而天下不公之道，不正之人，顾乃得以窟穴盘据于其间。而陛下目见耳闻，无非不公不正之事。则其所以熏蒸销铄，使陛下好善之心不著，疾恶之意不深，其害已有不可胜言者矣！及其作奸犯法，则陛下又未能深割私爱，而付诸外廷之议，论以有司之法。是以纪纲不能无所挠败，而所以施诸外者，亦因是而不欲深究切之。且如顷年方伯连帅，尝以有赃污不法闻者矣。鞫治未竟，而已有与郡之命。及台臣有言，则遂与之祠禄而理为自陈。至于其所藏匿作过之人，则又不复逮捕付狱。名为降官，而实以解散其事。此虽宰相曲庇乡党以欺陛下，然臣窃意陛下非全然不悟其欺者，意必以为人情各有所私，我既欲遂我之私，则彼亦欲遂彼之私，君臣之间，颜情稔熟，则其势不得不少容之。且以为虽或如此，亦未至甚害于事。而不知其败坏纲纪，使中外闻之，腹非巷议，皆有轻侮朝廷之心。奸赃之吏，则皆鼓舞相贺，不复畏陛下之法令，则亦非细故也。又如廷臣争议配享，其间邪正曲直，固有所在。则两无所问而并去之。监司挟私以诬郡守，则不问其曲直，而两皆罢免。监司使酒以凌郡守，亦不问其曲直，而两皆与祠。宰相植党营私，孤负任使，则曲加保全而使之去。台谏怀其私恩，阴拱不言，而陛下亦不之问也。其有初自小官，擢为台谏。三四年间，趋和承意，不能建明一事；则年除岁迁，至极其选。一日论及一二武臣罪恶，则便斥为郡守而不与职名。从臣近典东畿，远帅西蜀，一遭飞语，则体究具析，无所不至。及究析来，上而所闻不实，则言之者晏然亦无所诃。山陵诸使鬻卖辟阕，烦扰吏民，御史有言，亦无行遣，而或反得超迁。御史言及畿漕，则名补卿列而实夺之权。其所言者，则虽量加绌削，而继以进用从班之中，贤否犹杂，至有终岁缄默，不闻一言以裨圣德者。顾亦随群逐队，排连儳补。其桀黠者乃敢造飞语，立横议，如臣前所陈者。而宰相畏其凶焰，反挠公议而从之，台谏亦不敢闻于陛下而请其罪。陛下视此纲纪为何如？可不反求诸身而亟有以振肃之耶？纲纪不振于上，是以风俗颓弊于下，盖其为患之日久矣，而浙中为尤甚。大率习为软美之态，依阿之言，而以不分是非、不辨曲直为得计。下之事上，固不敢少忤其意；上之御下，亦不敢稍咈其情。惟其私意之所在，则千途万辙经营计较，必得而后已。甚者以金珠为酺醢，以契券为诗文。宰相可唉则唉宰相，近习可通则通近习。惟得之求，无

纲纪不振于上，是以风俗颓弊于下。

复廉耻。父诏其子,兄勉其弟,一用其术,而不复知有忠义名节之可贵。其俗已成之后,则虽贤人君子,亦不免习于其说。一有刚毅正直、守道循理之士出乎其间,则群议众排,指为道学之人,而加以矫激之罪。上惑圣聪,下鼓流俗,盖自朝廷之上,以及闾里之间,十数年来,以此二字禁锢天下之贤人君子,复如崇宣之间所谓祐学术者,排摈诋辱,必使无所容措其身而后已。呜呼!此岂治世之事,而尚复忍言之哉!又其甚者,乃敢诵言于众,以为陛下尝谓今日天下幸无变故,虽有仗节死义之士,亦何所用?此言一播,大为识者之忧,而臣知其有以必非陛下之言也。夫仗节死义之士,当平居无事之时诚若无所用者。然古之人君,所以必汲汲以求之者,盖以如此之人,临患难而能外死生,则其在平时必能轻爵禄,临患难而能尽忠节。则其在平时,必能不诡随。平日无事之时,得而用之,则君心正于上,风俗美于下,足以逆折奸萌,潜消祸本,自然不至真为仗节死义之事。非谓必知后日当有变故,而预蓄此人以拟之也。惟其平日自恃安宁,便谓此等人材必无所用,而专取一种无道理、无学识、重爵禄、轻名义之人,以为不务矫激而尊宠之。是以纲纪日坏,风俗日偷,非常之祸伏于冥冥之中。而一旦发于意虑之所不及,平日所用之人,交臂降叛,而无一人可同患难。然后前日摈弃流落之人,始复不幸而著其忠义之节。以天宝之乱观之,其将相贵戚近幸之臣,皆已顿颡贼庭。而起兵讨贼,卒至于杀身湛族而不悔,如巡远杲卿之流,则远方下邑,人主不识其面目之人也。使明皇早得巡等而用之,岂不能销患于未萌?巡等早见用于明皇,又何至真为仗节死义之举哉?商鉴不远,在夏后之世,此识者所以深忧于或者之言也。虽以臣知陛下圣学高明,识虑深远,决然不至有此议论。然每念小人敢托圣训以盖其奸,而其为害至于足以深沮天下忠臣义士之气,则亦未尝不痛心疾首,而不敢以识者之虑为过计之忧也。陛下视此风俗为何如?可不反求诸身,而亟有以变革之耶?此今日急务之四也。

至于爱养民力、修明军政之说,则民力之未裕,生于私心之未克,而宰相台谏失职也。军政之未修,生于私心之未克,而近

（临患难而能尽忠节。）

（爱养民力,修明军政。）

习得以谋帅也。是数说者，臣皆以极陈于前矣，今请即民力之未裕而推言之。臣闻虞允文之为相也，盖取版曹岁入窠名之必可指拟者，号为岁终羡余之数，而输之内帑。顾以其有名无实，积累挂欠，空载簿籍不可催理者，拨还版曹。其为说曰"内帑之积"，将以备他日用兵进取不时之须。而版曹目今经费，已自不失岁入之数。听其言诚甘且美矣，然自是以来，二十余年，内帑岁入不知几何。而认为私贮，典以私人，宰相不得以式贡均节其出入，版曹不得以簿书句考其在亡，其日销月耗以奉燕私之费者，盖不知其几何矣。而曷尝闻其能用此钱以易敌人之首，如太祖皇帝之言哉？徒使版曹经费缺乏日甚，督趣日峻，以至废去祖宗以来破分良法，而必以十分登足为限，以为未足，则又造为比较监司郡守殿最之法，以诱胁之，不复问其政教设施之得失，而一以其能剥民奉上者为贤。于是中外承风，竞为苛急。监司明谕州郡，郡守明谕属邑，不必留心民事，惟务催督财赋。此民力之所以重困之本，而税外无名之赋，如和买折帛、科罚、月桩之属，尚未论也。其次则陛下所用之宰相，不能择中外大吏，而惟徇私情之厚薄；所用之台谏，不能公行纠劾，而惟快一己之爱憎。是以监司郡守多不得人，而其贤者，或以举职业，忤台谏而遭斥逐也。至于监司太多，而事权不归于一；铨法虽密，而县令未尝择人。则又其法之有未善者，然其本正，则此等不难区处。其本未正，则虽或举此，臣恐未见其益而反有害也。又尝即夫军政之不修而推之，则臣闻日者诸将之求进也，必先掊尅士卒，以殖私财，然后以此自结于陛下之私人，而祈以姓名达于陛下之贵将。贵将得其姓名，即以付之军中，使自什伍以上，节次保明，称其材武，堪任将帅。然后具为奏牍而言之陛下之前。陛下但见其等级推先，案牍具备，则诚以为公荐而可以得人矣，而岂知其谐价输钱，已若晚唐之债帅哉！只此一事，有耳者无不闻，有口者无不道。然以其门户幽深，踪迹诡秘，故无路得以窥其交通之实状。是以虽或言之，而陛下终不信也。夫将者，三军之司命，而其选置之方，乖剌如此，则彼智勇材略之人，其孰肯抑心下首于宦官宫妾之门？而陛下之所得以为将帅者，皆庸夫走卒，固不知兵谋师律

诸将之求进也，必先掊尅士卒。

之何事，而惟尅剥之是先，交结之是图矣。陛下不知其然，而犹望其修明军政，激劝士卒，以强国势，岂不误哉？然将帅之不得人，非独兵卒之受其弊也，推其为害之极，则又有以及乎民者。盖将帅得人，则尺籍严而蓄储丰，屯田立而漕运省。今为将帅者如此，则固无望其肯核军实而丰储蓄矣。至于屯田，则彼自营者，尤所不愿。故朝廷不免为之别置使者以典治之。而屯兵之众资其拨遣，则又不使参其务。然闻其占护军人，不肯募其愿耕者以行，而强其不能者以往。至屯则偃蹇不耕，而反为民田之害。使者文吏，其力盖有所不能制者。是以陛下欲为之切，而久不得成也。屯田不立，漕运烦费。诸州苗米，至或尽数起发而无以供州兵之食，则加耗斛面之弊，纷纷而起，而民益困矣。又凡和买折帛、科罚、月桩之类，往往亦为供军之故而不可除。若屯田立而所资于诸路者减，则此属庶乎其皆可禁矣！今乃不然，则是置将之不善，而害足以及民也。

凡此数者，根株深固，枝叶广阔，若不可以朝变而夕除者，然究其本，则亦在夫陛下之反诸身耳。圣心诚无不正，则必能出私帑以归版曹矣。版曹不至甚缺，必能复破分之法，除殿最之科，以宽州县矣。圣心诚无不正，则必能择宰相以选牧守矣，择台谏以供刺举矣。圣心诚无不正，则必能严宦官兵将交通之禁，而以选将属宰相矣。宰相诚得其人，则必能为陛下择将帅以作士气，计军实广屯田以省漕运矣。上自朝廷，下达州县，治民典军之官，既皆得人。然后明诏宰相议省监司之员，而精其选，重其责，又诏铨曹使以县之剧易分为等差，而常切询访之。天下之官吏能为县者，不拘荐举之有无，不限资格之高下，而籍其姓名，使以次补最剧之县。果有治绩，则优而进之；不胜其任，则绌而退之。凡州县之间，无名非理之供，横敛巧取之政，其泰甚而可去者，可以渐去，而民力庶乎其可宽矣。至于屯田之利，则以臣愚见，当使大将募军士，使者招游民，各自为屯，不相牵制，其给授课督，赏罚政令，各从本司自为区处。军中自有将校可使，不须别置官吏，使者则听其辟置，官属三五人，指使一二十人，以备使令。又择从官通知兵农之务，兼得军民之情者，一员为屯

果有治绩，则优而进之。

田使，总治两司之政，而通其奏请，趣其应副。又以岁时按行察其勤惰之实，以行诛赏。如此则两屯心竞，各务其功，田事可成，漕运可省；而诸路无名非理之供，横敛巧取之政，前日有所不获已而未可尽去者，今亦可以悉禁，民力庶乎其益裕矣。此今日急务之五六也。

凡此六事，皆不可缓，而其本则在于陛下之一心。一心正则六事无不正，一有人心私欲以介乎其间，则虽欲惫精劳力，以求正夫六事者，亦将徒为文具，而天下之事，愈至于不可为矣。故所谓天下之大本者，又急务之最急而尤不可以少缓者，惟陛下深留圣意而亟图之。使大本诚正，急务诚修而治效不进，国势不强，中原不复，仇敌不灭，则臣请伏铁钺之诛，以谢陛下。陛下虽欲赦之，臣亦不敢承也。

然又窃闻之今日士大夫之论，其与臣不同者非一。及究其实，则皆所谓似是而非者也。盖其乐因循之无事者，则曰陛下之年寖高，而天下亦幸无事。年寖高而血气不能不衰，天下无事则不宜更为庸人所扰。其欲奋厉而有为者，则又曰祖宗之积愤不可以不摅，中原之故疆不可以不复。以此为务，则圣心不待劝勉而自强；舍此不图，则虽策厉以有为，而无所向望以为标准，亦卒归于委靡而已。凡此二说，亦皆有理。而臣辄皆以为非者，盖乐因循者，知圣人之血气有时而衰，而不知圣人之志气无时而衰也。知天下之有事之不可以苟安，而不知天下无事之尤不可以少怠也。况今日之天下，又未得为无事乎！且以卫武公言之，其年九十有五矣，犹箴儆于国以求规谏，而作抑戒之诗以自警，使人朝夕诵之，不离于其侧，此其年岂不甚高？而其戒谨恐惧之心，岂以是而少衰乎？况陛下视武公之年，三分未及其二，而责任之重，地位之高，又有十百千万于武公者。臣虽不肖，又安敢先处陛下于武公之下，而直谓其不能乎？且天下之事，非艰难多事之可忧，而宴安酖毒之可畏。政使功成治定无一事之可为，尚当朝兢夕惕，居安虑危，而不可以少怠。况今天下虽若未有目前之急，然民贫财匮，兵惰将骄；外有强暴之寇仇，内有愁怨之军民。其他难言之患，隐于耳目之所不加，思虑之所不接者，近在

急务诚修而治效不进。

堂奥之间，而远在数千里之外，何可胜数。追计其前，既未有可见之效；却顾于后，又未有可守之规。亦安得遽谓无事，而遂以逸豫处之乎？

<small>颓惰之不可久。</small>

其思奋厉者，又徒知恢复之不可忘，颓惰之不可久。然不知不世之大功易立，而至微之本心难保。中原之戎寇易逐，而一己之私意难除也。诚能先其所难，则其易者将不言而自办。不先其难，而徒侥幸于其易，则虽朝夕谈之不绝于口，是以徒为虚言，以快天下之意而已。又况此事之失，已在隆兴之初，不合遽然罢兵讲和，遂使宴安酖毒之害，日滋日长；而坐薪尝胆之志，日远日忘。是以数年以来，纲维解弛，蚌孽萌生，区区东南，事犹有不胜虑者，何恢复之可图乎？故臣不敢随例迎合，苟为大言以欺陛下，而所望者，则惟欲陛下先以东南之未治为忧，而正心克己以正朝廷，修政事。庶几真实功效可以驯致，而不至于别生患害以妨远图。盖所谓善易者不言易，而真志于恢复者，果不在于抚剑抵掌之间也。

论者又或以为陛下深于老佛之学，而得其识心见性之妙，于古先圣王之道，盖有不约而自合者。是以不悦于世儒之常谈死法，而于当世之务，则宁以官商一切功利之说为可取。今乃以其所厌饫鄙薄者陈于其前，亦见其言愈多而愈不合也。臣以为此亦似是而非之论，非所以进盛德于日新也。彼老子浮屠之说，固有疑于圣贤者矣；然其实不同者，则此以性命为真实，而彼以性命为空虚也。此以为实，故所谓寂然不动者，万理粲然于其中，而民彝物则无一之不具。所谓感而遂通天下之故，则必顺其事，必循其法，而无一事之或差。彼以为空则徒知寂灭为乐，而不知其为实理之原。徒知应物见形，而不知其有真妄之别也。是以自吾之说而修之，则体用一原，显微无间，而治心修身，齐家治国，无一事之非理。由彼之说则其本末横分，中外断绝，虽有所谓朗澈灵通、虚静明妙者，而无所救于灭理乱伦之罪，颠倒运用之失也。故自古为其学者，其初无不似有可喜；考其终，则诐淫邪遁之见，鲜有不作而害于政事者。是以程颢常辟之曰："自谓穷神知化，而不足以开物成务；言为无不周遍，而实外于伦理。穷深

<small>体用一原，显微无间。</small>

极微，而不可以入尧舜之道。天下之学，自非浅陋固滞，则必入于此。"是谓正路之榛芜，圣门之蔽塞，辟之而后可与入道。呜乎！此真可谓理到之言，惜乎其未有以闻于陛下者！使陛下过听髡徒诳妄之说，而以为真有合于圣人之道。至分治心、治人，以为三术，而以儒者之学为最下，则臣窃为陛下忧此心之害于政事，而惜此说之布于来今也。如或未以臣言为然，则圣质不为不高，学之不为不久，而所以正心修身以及天下者，其效果安在也？是岂可不思其所以然者而亟反之哉？若夫管商功利之说，则又陋矣。陛下所以取之者，则以既斥儒者之道为常谈死法，而天下之务日至于前，彼浮屠之学，又不足以应之。是以有味乎彼之言，而冀其富国强兵，或有近效耳。然自行其说，至今几年，而国日益贫，兵日益弱，所谓近效者，亦未之见，而圣贤所传生财之道，理财之义，文武之怒，道德之威，则固所以为富强之大，而反未有讲之者也，岂不误哉。今议者徒见老佛之高，管商之便，而圣贤所传明善诚身、齐家治国平天下者，初无新奇可喜之说，遂以为常谈死法，而不足学。夫岂知其常谈之中，自有妙理，死法之中，自有活法，固非老佛管商之陋，所能仿佛其万分也哉！伏惟陛下察臣之言，以究四说之同异而明辨之，则知臣之所言，非臣所为之说，乃古先圣贤之说；非圣贤所为之说，乃天经地义自然之理。虽以尧舜禹汤文武周孔之圣，颜曾伋轲之贤，而有所不能违也。则于臣之言，与夫论者之说，其为取舍从违，不终日而决矣。抑臣于此又窃有感而自悲焉。盖臣之得事陛下，于今二十有七年矣，而于其间得见陛下数不过三。自其始见于隆兴之初，固尝辄以近习为言矣。辛丑再见，又尝论之；今岁三见，而其所言又不过此。臣遐方下士，田野之人，岂有积怨深怒于此曹，而固欲攻之以快己私也哉？其所以至于屡进不合而不敢悔者，区区之意，独为国家之计，而不敢自为身谋，其愚亦可见矣。然自顷以来，岁月逾迈，如川之流，一往而不复反。不惟臣之苍颜白发，已迫迟暮，而窃仰天颜，亦觉非昔时矣。臣之鄙滞，固不能别有忠言奇谋，以裨圣听。而陛下日新之盛德，亦未能有以使臣释然，而忘其夙昔之忧也。则臣于此，安得不深有感

独为国家之计，而不敢自为身谋。

而重自悲乎？身伏衡茅，心驰魏阙，窃不胜其爱君忧国之诚；敢冒万死，刳沥肺肝，以效野人食芹炙背之献。且以自乞其不肖之身焉。伏惟陛下哀怜财赦而择其中，则非独愚臣之幸，实宗社生灵之幸。臣熹诚惶诚恐，昧死再拜。谨言。

　　此篇正文一万一百一十字，公之自注夹行书写者，又二千九百一十四字。北宋之万言书，以苏东坡、王介甫两篇为最著；南宋之万言书以公此篇，及文信国对策为最著。文章则苏王较健，义理则公较精。篇中约分四节：第一节，言所以不上殿入对，而仅陈奏封事之故。第二节，陈大本一端。第三节，言急务六事。第四节，辨驳当时士大夫四说。第三节所指各务，皆切中时政之得失，其憨直殆过于汲黯魏徵。其气节之激昂，则方望溪氏以拟明季杨左者，庶几近之。他人谏其事，公则格其心。他人攻君之失，公则并纠大臣近臣之过。第二节、第四节所论，皆本其平日读书学道、深造有得之言，实有诸己，而后以献诸君。初无一语取办于临时者，此非文士所可袭取也。惟过于冗长，似一笔书成，无修饰润色之功，故乏劲健之气，铿锵之节。其逐段夹行分注，以达未尽之意，似不可以为训，兹故置之不录。第四节辨驳四说，似不宜羼入此篇之内，学古者不可不知。

王守仁《申明赏罚以厉人心疏》

　　据江西按察司，整饬兵备，带管分巡岭北道副使，杨璋呈："伏睹大明律内，该载失误军事条：领兵官已承调遣，不依期进兵策应，若承差告报军期而违限，因而失误军机者，并斩。"从军违期条："若军临敌境，托故违期，三日不至者，斩。主将不固守条，官军临阵先退，及围困敌城而逃者，斩。"此皆罚典也。及查得原拟直隶、山东、江西等处征剿流贼升赏事例："一人并二人为首，就阵擒斩以次剧贼一名者，五两；二名者，十两；三名者，升实授一级，不愿者赏十两。阵亡者升一级，俱世袭，不愿者赏十两。擒斩从贼六名以上至九名者，止升实授二级，余功加赏。不及六名，除升一级之外，扣算赏银。三人、四人、五人以上，共擒斩以次剧贼一名者，赏银十两，均分。从贼一名者，赏五两，均分。领军、把总等官自斩贼级，不准升赏。部下获功七十名以上者，升署一级。五百名者，升授一级；不及数者量赏。一人捕获从贼一名者，赏银四两。二名者，赏八两。三名者，升一级。以次剧贼一名者，升署一级。俱不准世袭，不愿者赏五两。"此皆赏格也。

赏罚如此，宜乎人心激劝，功无不立。然而有未能者，盖以赏罚之典虽备，然罚典止行于参题之后，而不行于临阵对敌之时；赏格止行于大军征剿之日，而不行于寻常用兵之际故也。且以岭北一道言之，四省连络，盗贼渊薮，近年以来，如贼首谢志珊、高快马、黄秀魁、池大鬓之属，不时攻城掠乡，动辄数千余徒。每每督兵追剿，不过遥为声势。俟其解围退散，卒不能取决一战者，以无赏罚为之激劝耳。合无申明赏罚之典，今后但遇前项贼情，领兵官不拘军卫有司，所领兵众，有退缩不用命者，许领兵官军前以军法从事。领兵官不用命者，许总统兵官军前以军法从事。所统兵众有能对敌擒斩功次或赴敌阵亡，从实开报，复勘是实，转达奏闻，一体升赏。至若生擒贼徒，鞫问明白，即时押赴市曹斩首示众。庶使人知警畏，亦与见行事例决不待时，无相悖戾。如此，则赏罚既明，人心激励，盗贼生发，得以即时扑灭，粮饷可省，事功可见矣。具呈到臣。卷查三省盗贼，二三年前，总计不过三千有余。今据各府州县兵备守备等官所报，已将数万，盖已不啻十倍于前。臣尝深求其故，询诸官僚，访诸父老，采诸道路，验诸田野，皆以为盗贼之日滋，由于招抚之太滥；招抚之太滥，由于兵力之不足；兵力之不足，由于赏罚之不行。诚有如副使杨璋所议者。

臣请因是为陛下略言其故。盗贼之性，虽皆凶顽，固亦未尝不畏诛讨。夫唯为之而诛讨不及，又从而招抚之，然后肆无所忌。盖招抚之议，但可偶行于无辜胁从之民，而不可常行于长恶怙终之寇。可一施于回心向化之徒，而不可屡施于随招随叛之党。南赣之盗，其始也，被害之民，恃官府之威令，犹可聚众而与之角。鸣之于官，而有司者以为既招抚之，则皆置之不问。盗

赏罚既明，人心激励。

贼之日滋，由于招抚之太滥。

贼习知官府之不彼与也，益从而仇胁之。民不任其苦，知官府之不足恃，亦遂靡然而从贼。由是盗贼益无所畏，而出劫日频，知官府之必将已招也。百姓益无所恃，而从贼日众，知官府之必不能为已地也。夫平民有冤苦无伸，而盗贼乃无求不遂，为民者困征输之剧，而为盗者获犒赏之勤，则亦何苦而不彼从乎？是故近贼者为之战守，远贼者为之向导，处城郭者为之交援，在官府者为之间谍。其始出于避祸，其卒也从而利之。故曰盗贼之日滋，由于招抚之太滥者，此也。夫盗贼之害，神怒人怨，孰不痛心？而独有司者必欲招抚之，亦岂得已哉？诚使强兵悍卒，足以歼渠魁而荡巢穴，则百姓之愤雪，地方之患除，功成名立，岂非其所欲哉？然而南赣之兵，素不练养，类皆脆弱骄惰。每遇征发，追呼拘摄，旬日而始集；约束赍遣，又旬日而始至。则贼已稛载归巢矣。或犹遇其未退，望贼尘而先奔，不及交锋而已败。以是御寇，犹驱群羊而攻猛虎也，安得不以招抚为事乎？故凡南赣之用兵，不过文移调遣，以苟免坐视之罚；应名剿捕，聊为招抚之媒。求之实用，断有不敢。何则？兵力不足，则剿捕未必能克；剿捕不克，则必有失律之咎，则必征调日繁，督责日至，纠举论劾者，四面而起。往往坐是而至于落职败名者有之。招抚之策行，则可以安居而无事，可以无调发之劳，可以无戴杀贼之责，无地方多事不得迁转之滞。夫如是，孰不以招抚为得计？是故宁使百姓之荼毒，而不敢出一卒以抗方张之虏；宁使孤儿寡妇之号哭，颠连疾苦之无告，而不敢提一旅以忤反招之贼。盖招抚之议，其始也，出于不得已；其卒也，遂守以为常策。故曰招抚之太滥，由于兵力之不足者，此也。

古之善用兵者，驱市人而使战，收散亡之卒以抗强虏。今南赣之兵尚足以及数千，岂尽无可用乎？然而金之不止，鼓之不进，未见敌而亡，不待战而北，何者？进而效死，无爵赏之劝；退而奔逃，无诛戮之及。则进有必死，而退有幸生也，何苦而求必死乎？吴起有云："法令不明，赏罚不信，虽有百万，何益于用？"凡兵之情，畏我则不畏敌，畏敌则不畏我。今南赣之兵，皆畏敌而不畏我，欲求其用，安可得乎？故曰：兵力之不足，由于赏罚之不行者，此也。今朝廷赏罚之典，固未尝不具，但未申明而举行耳。古者"赏不逾时，罚不后事。过时而赏，与无赏同；后事而罚，与不罚同。"况过时而不赏，后事而不罚，其亦何以齐一人心而作兴士气？是虽使韩白为将，亦不能有所成，况如臣等腐儒小生，才识昧劣而素不知兵者，亦复何所冀乎？议者以南赣诸处之贼，连络数郡，蟠据四省，非奏调狼兵，大举夹攻，恐不足以扫荡巢穴，是固一说也。然臣以为狼兵之调，非独所费不赀，兼其所过残掠，不下于盗。大兵之兴，旷日持久，声势彰闻，比及举事，诸贼渠魁悉已逃遁，所可得者不过老弱胁从，无知之民。于是乎有横罹之惨，于是乎有妄杀之弊。班师未几，而山林之间，复已呼啸成群，此皆往事之已验者。臣亦近拣南赣之精锐，得二千有余，部勒操演，略有可观。诚使得以大军诛讨之，赏罚而行之，平时假臣等以便宜行事，不限以时而唯成功是责，则比于大军之举，臣窃以为可省半费而收倍功。臣请以近事证之。臣于本年正月十五日抵赣，卷查兵部所咨申明律例："今后地方但有草贼生发，事情紧急，该管官司即便依律调拨官军乘机剿捕。应合会捕者，亦就调拨策应。但系军情火速，差人申奏，敢有迟延隐匿，巡抚、巡按、三司官即便参问，依律罢职、充军等项发落。虽不系聚众草贼，但系有名强盗，肆行劫掠，贼势凶恶，或白昼拦截，或明火持杖，不拘人数多少，一面设法缉捕。即时差人申报，合于上司，并具申本部，知会处置。如有仍前朦胧隐蔽，不即申报，以致聚众滋蔓，贻患地方，从重参究，决不轻贷等因，题封钦依备行前来。"时以前官久缺，未及施行。臣即刊印数千百纸，通行所属，布告远近。未及一月，而大小衙门以贼情来报者接踵。亦遂屡有斩获一二人，或五六人，七八人者。何者？兵得随时调用，而官无观望掣肘，则自然无可推托逃避，思效其力。由此言之，律例具存，前此唯不申明而举行耳。今使赏罚之典，悉从而申明之，其获效亦未必不如是之速也。伏望皇上念盗贼之日炽，哀民生之日蹙，悯地方荼毒之愈甚，痛百姓冤愤之莫伸，特敕兵部俯采下议，特假臣等令旗令牌，使得便宜行事。如是而兵有不精，贼有不灭，臣等亦无以逃

兵力之不足，由于赏罚之不行者。

不限以时而唯成功是责。

其死。夫任不专，权不重，赏罚不行，以至于偾军败事，然后选重臣，假以总制之权而往拯之，纵善其后，已无救于其所失矣。臣才识浅昧，且体弱多病，自度不足以办此。行从陛下乞骸骨，苟全余喘于林下。但今方待罪于此，心知其弊，不敢不为陛下尽言。陛下从臣之请，使后来者得效其分寸，收讨贼之功，臣亦得以少逭死罪于万一。

文章之道，以气象光明俊伟为最难而可贵。如久雨初晴，登高山而望旷野；如楼俯大江，独坐明窗净几之下，而可以远眺；如英雄侠士，裼裘而来，绝无龌龊猥鄙之态。此三者皆光明俊伟之象。文中有此气象者，大抵得于天授，不尽关乎学术。自孟子、韩子而外，惟贾生及陆敬舆、苏子瞻得此气象最多。阳明之文，亦有光明俊伟之象。虽辞旨不甚渊雅，而其轩爽洞达，如与晓事人语，表里粲然，中边俱彻，固自不可几及也。沅弟之文笔，光明豁达，得之天授；若更加以学力，使篇幅不失之冗长，字句悉归于精当，则优入古人之域，不自觉矣。

方苞《请矫除积习兴起人材札子》

此疏为乾隆二年所上，公年七十矣。公以康熙三十八年举于乡，四十五年成进士，时年三十九岁。因闻母病，未应殿试而归。五十年以戴名世之案，被逮入京，下狱。五十二年出狱，召于南书房。雍正间屡迁至内阁学士。乾隆二年擢礼部右侍郎，上此疏。

臣闻人臣之义，国尔忘家，君尔忘身。士大夫敦尚气节，东汉以后，惟前明为盛。居官而致富厚，则朝士避之若浼，乡里皆以为羞。至论大事，击权奸，则大臣多以去就争。台谏之官，朝受廷杖，谏疏夕具，连名继进。至魏忠贤播恶，自公卿以及庶官，甘流窜捐腰领，受锥凿炮烙之毒而不悔者，踵相接也。虽曰激于意气，然亦不可谓非忠孝之实心矣。惟其如是，故正、嘉以后，国政偾于上，而臣节砥于下，赖以维持而不至乱亡者，尚百有余年。臣窃见本朝敬礼大臣，优恤庶官，远过于前明，而公卿大臣抗节效忠者，寥寥可数。士大夫之气习风声，则远不逮也。臣少游四方，所至辄问守土之吏之为民利病者。无何，而大病于民者，已列荐章矣；民所爱戴者，多因事罢黜矣。叩其故，则曰：此富人也。非然，则督抚之亲戚故旧也；非然，则善于趋承诡法逢迎者也。其罢黜者，则以某事忤某上官耳。间有贪残而被劾，循良而得举者，则督抚两司中必有贤者焉，而亦寥寥可数矣。至于九卿，乃九牧之倡，万官庶事之枢纽也。督抚台垣之条奏，特下九卿，必国体民生所系。犹叩树本，百枝皆动，而可或有差忒乎？以臣所闻见，凡下廷议，其为督抚所奏请，则众皆曰：此某部某长官所交好也。或上方向用，未敢驳正也。已而议上，则果谓宜从矣。其为科道所条奏，则众皆曰：原议某所建也，其事某某所不利也。已而议上，则果谓必不可从矣。同官中即有持正而力争，各部院即有心知其非不肯画题者，而其议之上达自若也。其保举僚属，半出私意亦不异于外吏，但逼近辇毂，耳目众著，出于公道者，尚可参半耳。是以圣祖仁皇帝中年以后，灼知此弊，刑诛流锢，以惩奸贪；拔擢矜全，以劝廉吏；而亲信清公朴实之人。世祖宪皇帝敬承此意，极力廓清，宵旰孜孜，惟务发外吏之欺蒙，破在廷之结习。十余年间，少知畏法，而终未革心。盖由营私附势之习深，而正直公忠之人少也。我皇上至诚恻怛，谆谆开谕，可谓深切著明矣。而特旨荐举，服在大僚，尚或引用富人以便身家。在外督抚多以报荒为难，而州县又以匿荒为自安之计。其有不肖者，每遭岁歉，转日夜征比，以迫蹙贫民，冀邀蠲免，因缘为利。此风不改，则皇上日夜忧勤于上，而治教禁令，不能不堕坏于冥昧之中，尚安望百度之皆厘，实德之及下乎？臣伏读三年中前后谕旨，于臣所陈之积弊，亦既洞晰于圣心而思有以矫革之矣。然所以矫革之者，则有本统焉。文武之政，非有人犹莫举；而知人则哲，帝尧犹难之。治道之兴，必内而六部都察院各得忠诚无私、深识治体者两三人，然后可以检制僚属，而防胥吏之奸欺。外而督抚两司，每省必得公正无欲、通达事理者四三人，然后可董率道府，辨察州县，以切究生民之利病。能如此者，乃有才、有识、有守而几于有德者也。

矫革之者，则有本统。

虽数人、十数人不易得，况一旦而得数十人哉？然不如是，终不可以兴道而至治。孟子云："犹七年之病，求三年之艾也。"自古圣君贤主，未尝借才于异代，亦惟我皇上勤心以察之，依类以求之，按实积久以磨砻之，信赏必罚以劝惩之而已。所谓勤心以察之者，一则明辨部议会议是非之实也。凡一事之兴废，其利害常伏于数传之后。故虽周公之圣，犹有仰而思之、夜以继日而未得者，况庸常之人，杂以私意而揣磨瞻徇乎？而奸邪文法之吏，每能巧饰偏辞，变乱是非，言之凿凿，使观者难辨。孔子所以恶佞之乱义，恶利口之覆邦家也。是以唐宋以来，凡廷议皆以宰相继决之，以学士参议之，以给事中驳正之。自明中叶以后，奸相擅权，毒流天下。圣祖仁皇帝时，亦有以招权笼贿、家累巨万者。赖圣明刚断，同时罢黜。而自是以后，洁己自好者，皆以避权为安。内阁拟票，虽有两签，从未有摘发部议之非而奏请改议者。古者御史之外，别设给事中，专驳宰相成议，上及诏旨。而南宋以后旧典寝废，以故朱子屡叹之。以臣所闻见，圣祖仁皇帝、世祖宪皇帝暨我皇上时，有尽屏廷议而独断其行止者，命下必大服众心。故臣愚以为凡部议会议，有关于国体民生者，勿遽批发。必再三寻览，以究其事理之虚实，意见之公私，微有所疑，必召平时圣心素信其忠诚无私，通达事理者，尽屏左右，每人而独问之。参伍众说，然后内断于圣心。此即虞舜好问好察，以辅其惟精惟一之学，而孔子所叹为大智也。臣伏见皇上于部议从者十九，于九卿两议，大抵从其列名众多者，道路之口，颇有未协。圣心如天，或以为主议者众，必人心所同，而不知其实乃本部一二人之私意，或九卿中一二人之偏见。怯懦瞻徇者，明知其非而不敢辨也。

抑又闻用人之道，惟知之为难。凡人之智识必叩之而后知，其材勇必试之而后见，其忠邪诚伪，必久与之习而后得其真。太公望，文王之师也，武王用之，犹反复穷究，相与问答者凡数万言。管夷吾，齐国之望，鲍叔牙所深知也。桓公用之，犹每事咨度，相与问答者凡数万言。方今四海九州，万事百度，皆总归于六部，而决于卿贰五六人。每日文书到部，最少一二百件，苟一事之失其理，则奸心必滋于蠹吏，实害必被于兵民。此即五六人皆至公至明，虚己和衷，日夜讲求，尚虑其有失误。而我皇上于六部卿贰中，灼知其才识，深信其忠诚者，凡几人乎？古圣王用人惟己，必先劳于求贤。臣伏愿皇上惟盛暑严寒，宜安养圣躬，不可过劳。外此少有余闲，即延见廷臣。凡六部、都察院奏事，披览之下微有所疑，即召见问讯，使各陈所见。听其言语，则明昧可知矣。观其气象，察其精神，则公正私曲，大略可见矣。即有利口而饰为抗直，邪媚而貌类恪恭者，以我皇上之至诚至明，久与之习，必有呈露于几微而不能自掩者矣。其余京堂科道条陈，屡合事理，翰林敷奏，深当圣心者，亦宜慎选其人，俾轮班侍直，事有疑难，随时召问，以习察其志行，而剂度其材能。至于大僚中已为我皇上所深信者，尤宜朝夕燕见，与议论天下之事，以穷究其底蕴。果能忠诚无私，而又通达事理，则于同官百吏，皆能助皇上以检察而得其实矣。所谓依类以求之者，天下惟君子与小人，性情心术如冰炭之不相入。小人所悦必谀佞侧媚者，虽有才智，而为国患更深。朴直清慎者，虽无才智，尚可奉公守法，竭力自效。是以周公《立政》之篇所三致意者，惟"勿用憸人而求吉士，以励相国家"而已。所谓憸人，谀佞侧媚而有才智者也。所谓励相，朴直清正之士，虽才智不足，而率作策励，尚可以有辅于庶政也。自古有君子而误信小人者，断无小人而能进君子者。故求贤之道，必以其类为招。保举旧例，临时按品秩资格，俾各举一二人。法本无怨，而人多难信。我皇上于在内之九卿，在外之督抚，深信其忠诚无欲者，必各有数人。伏愿特下密旨，命尽举所知，而别其材之所宜，然后考覆试验而次第用之。比之按资格以泛举者，必为得实，而听请托、利身家之结习，不禁而自除矣。所谓切实积久以磨砻者，自汉唐以后，虽仍六官之名，而职事多非周官之旧矣。而就今功令所宜秉承者，则吏部之职，非独按籍呼名，循例黜陟也，其实在使请嘱者望风而自止，巧法者百变而难欺。户部之职，非独谨守管钥、会计、出纳也；其实在明于万货滋殖之源，生民实耗之本。礼部虽奉行旧典，而事有特举，必当酌古准今，可为后法，且寅清端直，无玷

古圣王用人惟己，先劳于求贤。

以习察其志行，而剂度其材能。

其官。兵部之实,在戢将校之骄气,以绥靖兵民,消祸变于无形,以折冲万里。刑部之实,在时情罪之宽严,以砥维风教;辨四方之伪狱,以震慑职司。工部之实,在识海内山川之形势,以知疏瀹之宜;核水土人功之等差,以定工程之度。至于都察院之设,本以肃朝廷之纲纪,儆百吏之官常,劾中外文武之不法。而自副都御史郭琇排击要人以后,五十年来,未闻力争国家之大事、斥指大吏之非人者,不过掌行过文书而已。然则此职盖几于虚旷矣。伏愿我皇上于部院卿贰,必慎简忠诚,而以明达者佐之。辨其才之所宜,而各责之以实。使日夜奋励其僚属,而随时以进退之,则中才以上咸自矜奋。数年以来,公正之风可作,而练达事理者亦渐多矣。所谓信赏必罚以惩劝者,凡中人之志行,多以奖进激励而成。平时主部议者,不过正卿中一二人;主会议者,不过九卿中皇上所向用之数人。顺从缄默者,长得自安;据理直言者,必遭忌嫉。积习为常,所以靡靡日趋于瞻徇,而非果竟无人也。倘我皇上时时延见,一一考验,忠诚者笃信之,明达者褒嘉之,怀私者废斥之,庸昧者退罢之,则旬岁之间,勃然而兴起矣。世宗宪皇帝于大计保举之员,贼罪败露,督抚降调,司道革职;条例甚严,而奉行不实。惟奉特旨独举一人者,降调甚多,而督抚司道之计典无闻焉。盖以所举众多,不能尽诘,而姑从宽贷耳。用此,赂请阴行,举劾颠倒,无所顾忌。若一依雍正六年定例,执法不移,则孰敢徇私任意以自累乎?自耗羡归公以后,州县之繁剧者,养廉至千数百金,犹不足延幕客,办公事。在内诸司,虽蒙加俸一倍,犹不足以僦屋赁仆,秣马供车。伏愿通计天下之耗羡,及经赋所余详加筹画,必使州县得备其公事,诸司得赡其身家,然后一犯赃私,严法不贷。其声绩显著者,则时赐金帛,进爵秩,而使久于其任。如此则凡为吏者,皆得俯仰宽然,洁己以奉公,孰肯苟且行私,以自取终身之坠陷乎?信能行此四者,则忠良有恃以不恐,奸邪有术而难施。中外大臣日夜孜孜,以进贤退不肖为己任。庶司百吏,皆知奉公守法洁己爱民之为安。数年之后,众正盈廷,官守经法,民无倖心。虽大艰猝投,无难共济。而况举先王足民之大经,布前代屡验之良法,尚何虑其阻挠废格，纵私生事以扰民乎？至于民食既足，则当渐为礼俗之防；官常既修，则当实讲教士之法。内治即定，则兴屯卫于边关，设军田于内地，使精神可以折冲。立制防于海峤，谨治教于苗疆，使患消于未兆。皆宜次第修举，而臣不敢以为言。诚以积习不除，人材不足，官常不立，则为之而必不可成，成之而必不可久也。凡所陈奏，皆臣五十年来所耳闻目见，确知其状，不得不入告圣明者。臣老矣，生世无几时。如以臣言为可用，伏望留臣此摺，以验群情，以考治法，时复赐览。如用臣言而无利于民，无益于国，虽臣死之后，尚可夺臣之爵命，播臣之过言，以示惩责也。昧死上陈，不胜悚息瞻企之至。谨奏。

> 人材不足，官常不立，则为之必不可成。

望溪先生古文辞，为国家二百余年之冠，学者久无异辞。即其经术之湛深，八股文之雄厚，亦不愧为一代大儒。虽乾嘉以来汉学诸家，百方攻击，曾无损于毫末。惟其经世之学，持论太高，当时同志诸老，自朱文端、杨文定数人外，多见谓迂阔而不近人情。此疏阅历极深，四条皆确实可行；而文气深厚，则国朝奏议中所罕见。沅甫生平笃慕望溪，尝欲疏请从祀孔庙，盖将奉为依归。昔望溪于乾隆初请以汤文正从祀圣庙，未蒙俞允。厥后道光三年汤公果祔祀圣庙。而望溪之志行，几与汤公相伯仲，跻之两庑，殆无愧色。沅甫知取法乎上，或亦既然瞒古而思齐欤？

孙嘉淦《三习一弊疏》

臣一介庸愚，学识浅陋，荷蒙风纪重任，日夜悚惶。思竭愚夫之千虑，仰赞高深于万一。而数月以来，捧读上谕，仁心仁政，恺切周详。凡臣民之心所欲而口不敢言者，皇上之心而已。皇上之心，仁孝诚敬，加以明恕，岂复尚有可议？而臣犹欲有言者，正于心无不纯、政无不善之中而有所虑焉。故过计而预防之也。今夫治乱之循环，如阴阳之运行，坤阴极盛而阳生，乾阳极盛而阴始。事当极盛之际，必有阴伏之机。其机藏于至微，人不能觉，而及其既著，遂积重而不可返。此其间有三习焉，不可不慎戒也。主德清则臣心服而颂，仁政多则民身受而感。出一言而

> 事当极盛之际，必有阴伏之机。

盈廷称圣,发一令而四海讴歌。在臣民原非献谀,然而人君之耳则熟于此矣。耳与誉化,匪誉则逆。故始而匡拂者拒,继而木讷者厌,久而颂扬之不二者亦绌矣。是谓耳习于所闻,则喜谀而恶直。上愈智则下愈愚,上愈能则下愈畏。趋跄诇胁,顾盼而皆然;免冠叩首,应声而即是。在臣工以为尽礼,然而人君之目,则熟于此矣。目与媚化,匪媚则触。故始而倨野者斥,继而严惮者疏,久而便辟之不巧者亦忤矣。是谓目习于所见,则喜柔而恶刚。敬求天下之士,见之多而以为无奇也,则高己而卑人。慎办天下之务,阅之久而以为无难也,则雄才而易事。质之人而不闻其所短,返之己而不见其所过。于是乎意之所欲,信以为不逾;令之所发,概期于必行矣。是谓心习于所是,则喜从而恶违。三习既成,乃生一弊。何谓一弊?喜小人而厌君子是也。今夫进君子而退小人,岂独三代以上知之哉?虽叔季之主,临政愿治,孰不思用君子?且自智之君,各贤其臣,孰不以为吾所用者,必君子而决非小人。乃卒于小人进而君子退者,无他,用才而不用德故也。德者君子之所独,才则小人与君子共之,而且胜焉。语言奏对,君子讷而小人佞谀,则与耳习投矣。奔走周旋,君子拙而小人便辟,则与目习投矣。即课事考劳,君子孤行其意,而耻于言功;小人巧于迎合,而工于显勤。则与心习又投矣。小人挟其所长以善投,人君溺于所习而不觉。审听之而其言入耳;谛观之而其貌悦目;历试之而其才称乎心也。于是乎小人不约而自合,君子不逐而自离。夫至于小人合而君子离,其患岂可胜言哉?而揆厥所由,皆三习为之蔽焉。治乱之机,千古一辙,可考而知也。

我皇上圣明首出,无微不照,登庸耆硕,贤才汇升,岂惟并无此弊,亦并未有此习。然臣正及其未习也而言之,设其习既成,则有知之而不敢言,抑或言之而不见听者矣。今欲预除三习,永杜一弊,不在乎外,惟在乎心。故臣愿言皇上之心也。语曰:"人非圣人,孰能无过?"此浅言也。夫圣人岂无过哉?惟圣人而后能知过,惟圣人而后能改过。孔子曰:"五十以学《易》,可以无大过矣。"大过且有,小过可知也。圣人在下,过在一身;

小人不约而自合,君子不逐而自离。

圣人在上，过在一世。《书》曰"百姓有过，在予一人"是也。文王之民，无冻馁而犹视以为如伤，惟文王知其伤也。文王之《易》贯天人，而犹望道而未见，惟文王知其未见也。贤人之过，贤人知之，庸人不知；圣人之过，圣人知之，贤人不知。欲望人之绳愆纠谬，而及于所不知，难已。故望皇上之圣心自懔之也。危微之辨精，而后知执中难允；怀保之愿宏，而后知民隐难周。谨几存诚，返之己而真知其不足；老安少怀，验之世而实见其未能。夫而后觍然不敢以自是。不敢自是之意，流贯于用人行政之间，夫而后知谏诤切磋者，爱我良深；而谀悦为容者，愚己而陷之阱也。耳目之习除，而便辟善柔便佞之态，一见而若浼。取舍之极定，而嗜好宴安功利之说，无缘以相投。夫而后治臻于郅隆，化成于久道也。不然，而自是之根不拔，则虽敛心为慎，慎之久而觉其无过，则谓可以少宽；励志为勤，勤之久而觉其有功，则谓可以稍慰。夫贤良辅弼，海宇升平，人君之心稍慰而欲少自宽，似亦无害于天下，而不知此念一转，则嗜好宴安功利之说，渐入耳而不烦。而便辟善柔便佞者，亦熟视而不见其可憎，久而习焉，忽不自知而为其所中。则黑白可以转色，而东西可以易位。所谓机伏于至微，而势成于不可返者，此之谓也。是岂可不慎戒而预防之哉？《书》曰："满招损，谦受益。"又曰："德日新，万邦为怀；志自满，九族乃离。"《大学》言："见贤而不能举，见不贤而不能退。"至于好恶拂人之性，而推所由失，皆因于骄泰。满与骄泰者，自是之谓也。由此观之，治乱之机，转于君子小人之进退；进退之机，握于人君一心之敬肆。能知非，则心不期敬而自敬；不见过，则心不期肆而自肆。敬者君子之招，而治之本；肆者小人之媒，而乱之阶也。然则沿流溯源，约言蔽义，惟望我皇上时时事事，常存不敢自是之心，而天德王道，举不外于此矣。语曰："狂夫之言，而圣人择焉。"臣幸生圣世，昌言不讳，故敢竭其狂瞽，伏惟皇上包容而垂察焉，则天下幸甚！

乾隆初，鄂、张两相当国，蔡文勤辅翼圣德。高宗聪明天亶，如旭日初升，四海清明。每诏谕颁示中外，识者以比之典谟

> 慎之久而觉其无过，则谓可以少宽。

誓诰。独孙文定公以不自是匡弼圣德,可谓忧盛危明、以道事君者矣。纯庙御宇六十年,盛德大业,始终不懈,未必非此疏裨助高深。厥后嘉庆元年、道光元年臣僚皆抄此疏进呈。至道光三十年,文宗登极,寿阳相国祁寯藻,亦抄此疏进呈。余在京时,闻诸士友,多称此疏为本朝奏议第一。余以其文气不甚高古,稍忽易之。近年细加绅绎,其所云"三习一弊",凡中智以上,大抵皆蹈此弊而不自觉。而所云"自是之根不拔,黑白可以转色,东西可以易位",亦非绝大智慧、猛加警惕者不能道。余与沅弟忝窃高位,多闻谀言。所谓"三习"者,余自反实所难免。沅弟属官较少,此习较浅,然亦不可不预为之防。吾昆弟各录一通于座右,亦《小宛》诗人迈征之道也。《鸣原堂论文》卷下终,湖定安校学。

右《鸣原堂论文》两卷,吾一师湘乡曾文正公选汉唐以来迄今于国朝名臣奏疏十七首。论述义法,以诒其弟沅甫宫保者。宫保出示定安,命校仇刊之。叙曰:三代以上人臣告诫其君,如禹皋伊傅、周召之所作,载在《尚书》,尚已。彼皆圣贤之徒,体道深而更事久,其陈义甚高,而可见诸施行;其指斥甚直,而必出之和平渊懿,不为危言悚论、诡激抵触之辞。其托意甚幽邃,而使读者易晓。其切于世情而达于时变也,仍必原本道德,不为一切苟且侥幸之计。至于《春秋》内外传所录,讦谟谠言,笃厚深美,犹有训诰遗意。下逮战国,士或为庾词隐语,讥讪笑詈,耸撼炫戒,同于俳优。其不幸者,触怒人主,身蹈大戮,祸綦烈矣,说亦稍憨焉。自兹以降,敷陈之道约分两途。儒者拘牵文义,喜谈上古,致君必曰尧舜,礼乐必俟百年,井田、封建、学校之制,累牍而不烦。世主习闻其迂,则以为老生常谈而厌薄之。而才智之士,度时君之所能行,揣摩迎合以售其纵横富强之术,往往辄验天下,稍骛于功利矣。若夫汉之贾谊,唐之陆贽,宋之苏轼,陈善责难,累数万言。论是非则持其平,讲制度则求其当。达闾阎颠连之隐状,显军中倚伏之秘谋。高而不戾于今,卑而不违夫古。岂非敷奏之极轨哉?善乎公之论文也,曰:"必其平日读书学道,深造有得,实有诸己,而后献诸君。又必熟于前代事迹，本朝掌故，乃为典雅。呜呼！斯言尽之矣！公所为奏疏若干卷，其佳篇传播人间，士大夫多能举其词；所选经史百家杂钞二十六卷，另刊行世。是书卷帙不多，盖犹黄河之滥觞耳。然苟循河而东，乘秋水，驾巨筏，以望于北海；洋洋乎包天地而涵古今，岂不更为宇宙大观也哉！同治十二年九月，门人东湖王定安叙于长沙寓斋。

孟子要略

孟子要略 卷一

人性本善，欲存心养性，以复其初

滕文公为世子，将之楚，过宋而见孟子。孟子道性善，言必称尧舜。世子自楚反，复见孟子。孟子曰："世子疑吾言乎？夫道一而已矣。成𫓧谓齐景公曰：'彼丈夫也，我丈夫也，吾何畏彼哉？'颜渊曰：'舜何人也，予何人也，有为者亦若是！'公明仪曰：'文王我师也，周公岂欺我哉？'今滕绝长补短，将五十里也，犹可以为善国。《书》曰：'若药不瞑眩，厥疾不瘳。'"〖绝长补短。〗

《集注》云："孟子之言性善，始见于此，而详具于《告子》之篇。然默识而旁通之，则七篇之中，无非此理。"国藩谨按：朱子编次《要略》一书，于每卷之首章，必有数语，发明大指。今其说不可得闻。然如此章《集注》之说，则《要略》之所以托始于此者，亦差可窥寻矣。

公都子曰："告子曰：'性无善，无不善也。'或曰：'性可以为善，可以为不善。是故文武兴，则民好善；幽厉兴，则民好暴。'或曰：'有性善，有性不善。是故以尧为君而有象，以瞽瞍为父而有舜，以纣为兄之子，且以为君，而有微子启，王子比干。'今曰性善，然则彼皆非与？"孟子曰："乃若其情，则可以为善矣，乃所谓善也。若夫为不善，非才之罪也。恻隐之心，人皆有之；羞恶之心，人皆有之；恭敬之心，人皆有之；是非之心，人皆有之。恻隐之心，仁也；羞恶之心，义也；恭敬之心，礼也；是非之心，智也。仁义礼智，非由外铄我也，我固有之也。弗思耳矣！故曰，求则得之，舍则失之，或相倍蓰，而无算者，不能尽其才者也。《诗》曰：'天生蒸民，有物有则。民之秉夷，好是懿德。'孔子曰：'为此诗者，其知道乎？'故有物必有则，民之秉夷也，故好是懿德。"〖有物必有则，民之秉夷也。〗

孟子曰："人之所以异于禽兽者几希，庶民去之，君子存之。

舜明于庶物，察于人伦；由仁义行，非行仁义也。"

曹交问曰："人皆可以为尧舜，有诸？"孟子曰："然。""交闻文王十尺，汤九尺。今交九尺四寸以长，食粟而已，如何则可？"曰："奚有于是，亦为之而已矣。有人于此，力不能胜一匹雏，则为无力人矣。今曰举百钧，则为有力人矣。然则举乌获之任，是亦为乌获而已矣。夫人岂以不胜为患哉？弗为耳。徐行后长者，谓之弟；疾行先长者，谓之不弟。夫徐行者，岂人所不能哉！所不为也。尧舜之道，孝弟而已矣。子服尧之服，诵尧之言，行尧之行，是尧而已矣。子服桀之服，诵桀之言，行桀之行，是桀而已矣。"曰："交得见于邹君，可以假馆愿留而受业于门。"曰："夫道若大路然，岂难知哉？人病不求耳。子归而求之，有余师。"

告子曰："性犹湍水也，决诸东方则东流，决诸西方则西流。人性之无分于善不善也，犹水之无分于东西也。"孟子曰："水信无分于东西，无分于上下乎？人性之善也，犹水之就下也。人无有不善，水无有不下。今夫水搏而跃之，可使过颡；激而行之，可使在山。是岂水之性哉？其势则然也。人之可使为不善，其性亦犹是也。"

孟子曰："人皆有不忍人之心。先王有不忍人之心，斯有不忍人之政矣。以不忍人之心，行不忍人之政，治天下可运之掌上。所以谓人皆有不忍人之心者，今人乍见孺子将入于井，皆有怵惕恻隐之心。非所以内交于孺子之父母也，非所以要誉于乡党朋友也，非恶其声而然也。由是观之，无恻隐之心，非人也；无羞恶之心，非人也；无辞让之心，非人也；无是非之心，非人也。恻隐之心，仁之端也；羞恶之心，义之端也；辞让之心，礼之端也；是非之心，智之端也。人之有是四端也，犹其有四体也。有是四端，而自谓不能者，自贼者也。谓其君不能者，贼其君者也。凡有四端于我者，知皆扩而充之矣。若火之始然，泉之始达。苟能充之，足以保四海；苟不充之，不足以事父母。"

孟子曰："人皆有所不忍，达之于其所忍，仁也；人皆有所不为，达之于其所为，义也。人能充无欲害人之心，而仁不可胜

人皆有所不忍，达之于其所忍。

用也；人能充无穿逾之心，而义不可胜用也。人能充无受尔汝之实，无所往而不为义也。"《集注》云："尔汝，人所轻贱之称。人虽或有所贪昧隐忍，而甘受之者，然其中心必有惭忿，而不肯受之之实。人能即此而推之，使其充满无所亏缺，则无适而非义矣。"《语录》云："文公因沈俐之问，自谓：注中因何解不分晓？谓实字当对名字，说不欲人以尔汝之称加诸我，是恶尔汝之名也。然反之于身，而去其无可尔汝之行，是能充其无受尔汝之实也。"金氏《集注考证》云："履祥按：注中不分明者，谓旧说作诚实解也。然今注，亦未大分晓，当从《语录》之说。士未可以言而言，是以言餂之也；可以言而不言，是以不言餂之也，是皆穿逾之类也。"

金氏曰："此章《要略注》，尚是旧说。"国藩谨按：此《要略注》之旧说，今不可祥。恐无即受尔汝之实一节。金氏所谓旧说，作诚实解者也。故备录《集注》《语录》及金氏之说于右。

仁，内也，非外也。

朱子曰："食色，性也。仁，内也，非外也；义，外也，非内也。"孟子曰："何以谓仁内义外也。"曰："彼长而我长之，非有长于我也。犹彼白而我白之，从其白于外也，故谓之外也。"曰："异于白马之白也，无以异于白人之白也。不识长马之长也，无以异于长人之长欤？且谓长者义乎，长之者义乎？"曰："吾弟则爱之，秦人之弟则不爱也，是以我为悦者也，故谓之内。长楚人之长亦长吾之长，是以长为悦者也，故谓之外也。"曰："耆秦人之炙，无以异于耆吾炙。夫物则亦有然者也，然则耆炙亦有外欤？"

非天之降才尔殊，其所以陷溺其心者。

孟子曰："富岁子弟多赖，凶岁子弟多暴。非天之降才尔殊也，其所以陷溺其心者然也。今夫麰麦，播种而耰之，其地同，树之时又同，浡然而生，至于日至之时皆熟矣。虽有不同，则地有肥硗，雨露之养，人事之不齐也。故凡同类者，举相似也，何独至于人而疑之？圣人与我同类者，故龙子曰：'不知足而为屦。我知其不为蒉也。'屦之相似，天下之足同也。口之于味，有同耆也,易牙先得我口之所耆者也。如使口之于味也,其性与人殊,若犬马之与我不同类也,则天下何耆皆从易牙之于味也?至于味。天下期于易牙,是天下之口相似也。惟耳亦然。至于声,天下期于师旷,是天下之耳相似也。惟目亦然。至于子都,天下莫不知其姣也。不知子都之姣者,无目者也。故曰:'口之于味也,有同耆焉;耳之于声也,有同听焉;目之于色也,有同美焉。至于心独无所同然乎?'心之所同然者,何也?谓理也,义也。圣人先得我心之所同然耳。故理义之悦我心,犹刍豢之悦我口。"

孟子曰:"牛山之木尝美矣,以其郊于大国也。斧斤伐之,可以为美乎?是其日夜之所息,雨露之所润,非无萌蘖之生焉。牛羊又从而牧之,是以若彼濯濯也。人见其濯濯也,以为未尝有材焉,此岂山之性也哉?虽存乎人者,岂无仁义之心哉?其所以放其良心者,亦犹斧斤之于木也。旦旦而伐之,可以为美乎?其日夜之所息,平旦之气,其好恶与人相近也者几希。则其旦昼之所为,有梏亡之矣。梏之反复,则其夜气不足以存。夜气不足以存,则其违禽兽不远矣。人见其禽兽也,而以为未尝有才焉者,是岂人之情也哉?故苟得其养,无物不长;苟失其养,无物不消。孔子曰:'操则存,舍则亡,出入无时,莫知其乡。'惟心之谓欤!"

孟子曰:"有天爵者,有人爵者。仁义忠信,乐善不倦,此天爵也;公卿大夫,此人爵也。古之人,修其天爵,而人爵从之。今之人,修其天爵,以要人爵;既得人爵,而弃其天爵,则惑之甚者也。终亦必亡而已矣。"

孟子曰:"欲贵者,人之同心也。人人有贵于己者,弗思耳。人之所贵者,非良贵也,赵孟之所贵,赵孟能贱之。《诗》云:'既醉以酒,既饱以德。'言饱乎仁义也,所以不愿人之膏粱之味也。今闻广誉施于身,所以不愿人之文绣也。"

孟子曰:"今有无名之指,屈而不信,非疾痛害事也。如有能信之者,则不远秦楚之路,为指之不若人也。指不若人,则知恶之;心不若人,则不知恶,此之谓不知类也。"

> 孟子曰："拱把之桐梓，人苟欲生之，皆知所以养之者；至于身而不知所以养之者，岂爱身不若桐梓哉？弗思甚也。"

人之于身也，兼所爱。

> 孟子曰："人之于身也，兼所爱。兼所爱，则兼所养也。无尺寸之肤不爱焉，则无尺寸之肤不养也。所以考其善不善者，岂有他哉？于已取之而已矣。体有贵贱，有小大。无以小害大，无以贱害贵。养其小者，为小人；养其大者，为大人。今有场师，舍其梧槚，养其樲棘，则为贱场师焉。养其一指，而失其肩背，而不知也，则为狼疾人也。饮食之人，则人贱之矣，为其养小以失大也。饮食之人，无有失也，则口腹岂适为尺寸之肤哉？"

> 公都子问曰："钧是人也，或为大人，或为小人，何也？"孟子曰："从其大体为大人，从其小体为小人。"曰："钧是人也，或从其大体，或从其小体，何也？"曰："耳目之官不思，而蔽于物。物交物，则引之而已矣。心之官则思，思则得之，不思则不得也。此天之所以与我者，先立乎其大者，则其小者不能夺也，此为大人而已矣。"

国藩谨按：人性皆善，本体也。存心养性，以复其初，工夫也。孟子之言，大抵就本体指点，而示人以致功之方，如"滕文公"章"道性善"者，本体也；"药瞑眩"者，工夫也。"公都子"章"非由外铄"者，本体也；"求则得之"者，工夫也。"异于禽兽"章"几希"者，本体也；"存之"者，工夫也。"曹交"章"可为尧舜"者，本体也；"徐行后长"者，工夫也。"人皆有不忍"章"四端"者，本体也；"扩充"者，工夫也。自此以上十六章，皆可类推，自此以下各章，则归重工夫一边。朱子编辑之意既已不传，而吾亡友刘君又不可作，窃以意妄测，次第如此。

学问之道无他，求其放心而已。

> 孟子曰："仁，人心也；义，人路也。舍其路而弗由，放其心而不知求，哀哉！人有鸡犬，放则知求之；有放心，而不知求。学问之道无他，求其放心而已矣。"

> 孟子曰："养心莫善于寡欲，其为人也寡欲，虽有不存焉者，

寡矣。其为人也多欲,虽有存焉者,寡矣。"

孟子曰:"大人者,不失其赤子之心者也。"

孟子曰:"形色,天性也,惟圣人然后可以践形。"

孟子曰:"万物皆备于我矣,反身而诚,乐莫大焉。强恕而行,求仁莫近焉。"

孟子曰:"尽其心者,知其性也。知其性,则知天矣。存其心,养其性,所以事天也。夭寿不贰,修身以俟之,所以立命也。"

孟子曰:"君子深造之以道,欲其自得之也。自得之,则居之安;居之安,则资之深;资之深,则取之左右逢其原。故君子欲其自得之也。"

王子垫问曰:"士何事?"孟子曰:"尚志。"曰:"何谓尚志。"曰:"仁义而已矣。杀一无罪,非仁也;非其有而取之,非义也。居恶在?仁是也,路恶在?义是也。居仁由义,大人之事备矣。"

孟子曰:"矢人岂不仁于函人哉?矢人惟恐不伤人,函人惟恐伤人。巫匠亦然,故术不可不慎也。孔子曰:'里仁为美,择不处仁,焉得智?'夫仁,天之尊爵也,人之安宅也。莫之御而不仁,是不智也。不仁不智,无礼无义,人役也。人役而耻为役,由弓人而耻为弓,矢人而耻为矢也。如耻之,莫如为仁。仁者如射,射者正己而后发;发而不中,不怨胜己者,反求诸己而已矣。"

孟子曰:"君子所以异于人者,以其存心也。君子以仁存心,以礼存心。仁者爱人,有礼者敬人。爱人者,人恒爱之;敬人者,人恒敬之。有人于此,其待我以横逆,则君子必自反也:我必不仁也,必无礼也,此物奚宜至哉?其自反而仁矣,自反而有礼矣,其横逆由是也。君子必自反也,我必不忠。自反而忠矣,其横逆由是也。君子曰:'此亦妄人也已矣。如此则与禽兽奚择哉?于禽兽又何难焉?'是故君子有终身之忧,无一朝之患也。乃若所忧则有之。舜,人也,我亦人也;舜为法于天下,可传于后世;我由未免为乡人也,是则可忧也。忧之如何?如舜而已矣。若夫君子所患则亡矣,非仁无为也,非礼无行也。如有一朝

> 君子以仁存心,以礼存心。

之患，则君子不患矣。"

孟子曰："爱人不亲反其仁；治人不治反其智；礼人不答，反其敬。行有不得者，皆反求诸己。其身正，而天下归之。《诗》云：'永言配命，自求多福。'"

孟子曰："舜发于畎亩之中，傅说举于版筑之间，胶鬲举于鱼盐之中，管夷吾举于士，孙叔敖举于海，百里奚举于市。故天将降大任于是人也，必先苦其心志，劳其筋骨，饿其体肤，空乏其身，行拂乱其所为，所以动心忍性，增益其所不能。人恒过，然后能改。困于心，衡于虑，而后作。征于色，发于声，而后喻。入则无法家拂士，出则无敌国外患者，国恒亡。然后知生于忧患，死于安乐也。"

程子曰："自舜发于畎亩以下，若要熟也，须从这里过。"尹氏曰："言困穷拂郁，能坚人之志。而熟人之仁，以安乐失之者多矣。"国藩谨按：孟子之意，欲人明于穷通顺逆，乃屈伸自然之常。但处安顺者，易以盈满致吝；处困穷者，易以惕厉致福耳。朱子编此章于要略首卷，意谓不仁者，不可以久处约，能动忍困横以处穷约，正其强勉以存养本心也。自此以下各章，皆承强勉以存本心之意。

孟子曰："无为其所不为，无欲其所不欲，如此而已矣。"

孟子曰："无或乎王之不智也。虽有天下易生之物也，一日暴之，十日寒之，未有能生者也。吾见亦罕矣。吾退而寒之者至矣。吾如有萌焉，何哉？今夫弈之为数，小数也，不专心致志则不得也。弈秋，通国之善弈者也。使弈秋诲二人弈，其一人专心致志，惟弈秋之为听；一人虽听之，一心以为有鸿鹄将至，思援弓缴而射之。虽与之俱学，弗若之矣。为是其智弗若与？曰，非然也。"

孟子曰："仁之胜不仁也，犹水胜火。今之为仁者，犹以一杯水，救一车薪之火也。不熄，则谓之水不胜火。此又与于不仁之甚者也，亦终必亡而已矣。"

孟子曰："五谷者，种之美者也。苟为不熟，不如荑稗。夫仁亦在乎熟之而已矣！"

孟子曰："自暴者，不可与有言也；自弃者，不可与有为也。言非礼义，谓之自暴也，吾身不能居仁由义，谓之自弃也。仁，人之安宅也；义，人之正路也。旷安宅而弗居，舍正路而不由，哀哉！"

<small>仁，人之安宅；义，人之正路。</small>

孟子曰："人不可以无耻，无耻之耻，无耻矣！"

孟子曰："不仁者可与言哉！安其危而利其灾，乐其所以亡者。不仁而可与言，则何亡国败家之有。有孺子歌曰：'沧浪之水清兮，可以濯我缨；沧浪之水浊兮，可以濯我足。'孔子曰：'小子听之，清斯濯缨，浊斯濯足矣。自取之也。'夫人必自侮，然后人侮之；家必自毁，而后人毁之；国必自伐，而后人伐之。太甲曰：'天作孽，犹可违；自作孽，不可活。'此之谓也。"

<small>自作孽，不可活。</small>

《集注》云："不仁之人，私欲固蔽，失其本心。故其颠倒错乱，至于如此。"又云："此章言心存，则有以审夫得失之几；不存，则无以辨于存亡之著。祸福之来，皆其自取。"国藩谨按：此章言不仁者，知觉昏迷，莫烛治乱之几。朱子编次《要略》，首卷大指发明人性本善，或为气拘物蔽。欲人强恕存心以复本性。此章稍觉不类，不知何以阑入？姑阙疑以俟正焉。

<small>欲人强恕存心以复本性。</small>

孟子要略 卷二

论孝悌之道

孟子曰:"人之所不学而能者,其良能也;所不虑而知者,其良知也。孩提之童,无不知爱其亲也。及其长也,无不知敬其兄也。亲亲,仁也;敬长,义也。无他,达之天下也。"

<small>仁之实,事亲是也。</small>

孟子曰:"仁之实,事亲是也;义之实,从兄是也;智之实,知斯二者弗去是也;礼之实,节文斯二者是也。乐之实,乐斯二者,乐则生矣,生则恶可已也。恶可已,则不知足之蹈之,手之舞之。"

孟子曰:"事孰为大?事亲为大。守孰为大?守身为大。不失其身,而能事其亲者,吾闻之矣。失其身而能事其亲者,吾未之闻也。孰不为事?事亲,事之本也。孰不为守?守身,守之本也。曾子养曾皙,必有酒肉,将彻,必请所与。问有余,必曰:'有。'曾皙死,曾元养曾子,必有酒肉,将撤,不请所与。问有余,曰:'亡矣。'将以复进也。此所谓养口体者也。若曾子则可谓养志也。事亲,若曾子者可也。"

孟子曰:"天下大悦,而将归己。视天下悦而归己,犹草芥也,惟舜为然。不得乎亲,不可以为人;不顺乎亲,不可以为子,舜尽事亲之道,而瞽瞍厎豫。瞽瞍厎豫而天下化,瞽瞍厎豫而天下之为父子者定。此谓之大孝。"

万章曰:"舜往于田,号泣于旻天。何为其号泣也?"孟子曰:"怨慕也。"万章曰:"父母爱之,喜而不忘;父母恶之,劳而不怨。然则舜怨乎?"曰:"长息问于公明高曰:'舜往于田,则吾既得闻命矣;号泣于旻天,于父母,则吾不知也。'公明高曰:'是非尔所知也。'夫公明高以孝子之心,为不若是恝,我竭力耕田,共为子职而已矣。父母之不我爱,于我何哉?帝使其子,九男二女,百官牛羊仓廪备,以事舜于畎亩之中,天下之士多就之者。帝将胥天下而迁之焉。为不顺于父母,如穷人无所归,天下之士悦之,人则所欲也,而不足以解忧。好色,人之所欲,妻帝之二女,而不足以解忧。富,人之所欲,富有天下,而不足以解忧。贵,人之所欲,贵为天子,而不足以解忧。人悦之好色富贵,无足以解忧者。惟顺于父母,可以解忧。人少则慕父母,知好色则慕少艾,有妻子则慕妻子。仕则慕君,不得于君则热中。大孝终身慕父母。五十而慕者,予于大舜见之矣。"

> 惟顺于父母,可以解忧。

万章问曰:"《诗》云:'娶妻如之何,必告父母。'信斯言也,宜莫如舜。舜之不告而娶,何也?"孟子曰:"告则不得娶。男女居室,人之大伦也。如告则废人之大伦,以怼父母。是以不告也。"万章曰:"帝亦知告焉,则不得妻也。"万章曰:"父母使舜完廪捐阶,瞽瞍焚廪。使浚井,出,从而掩之。象曰:'谟盖都君,咸我绩,牛羊父母,仓廪父母;干戈朕,琴朕,弤朕,二嫂使治朕栖。'象往入舜宫,舜在床琴。象曰:'郁陶思君尔。'忸怩。舜曰:'惟兹臣庶,汝其于予治。'不识舜不知象之将杀己与?"曰:"奚而不知也。象忧亦忧,象喜亦喜。"曰:"然则舜伪喜者与?"曰:"否。昔者有馈生鱼于郑子产,子产使校人畜之池。校人烹之,反命曰:'始舍之,圉圉焉;少则洋洋焉,攸然而逝。'子产曰:'得其所哉,得其所哉!'校人出,曰:'孰谓子产智,予既烹而食之。曰:得其所哉,得其所哉!'故君子可欺以其方,难罔以非其道。彼以爱兄之道来,故诚信而喜之,奚伪焉!"

> 故诚信而喜之。

金氏曰:"《要略》自'万章曰父母使舜完廪'以下至'然则舜伪喜者与?曰:否。'即下接'君子可欺以其方'至'奚伪焉'。首去'娶妻如之何'二节,中去子产一节。履祥妄谓去子产一节,不若去'象曰'一段,此何止齐东野人之语,几不可述于君子之口。况'帝之妻舜',在'其烝乂不格奸'之后,此语既非事实,尤不当存。《要略》一书晚年方出,此章去取,似为一书之玷。"国藩谨按:朱子编次此书之意,盖择其要者,时时切己体察,而欲凡读《孟子》者,皆反诸身而体验之也。不然,以孔孟之经任意去取,颠倒措置,此占毕庸夫所不为,而谓朱子之贤为之耶?即此章不录首二节与子产一段,亦不过芟去繁文,尤便省览耳,非有所去取于其间也。其存"象曰"一段,则以见

273

圣人遭人伦之变，而不失天理之常，正欲存此语，以为处变之法。事之荒怪有无，盖不足辨。仁山先生之论，似未尝深究朱子之本意。今刻此书，悉载本章全文，而于首二节及子产一段并已以识之，以存朱子之旧云。

陶应问曰："舜为天子，陶皋为士，瞽瞍杀人，则如之何？"孟子曰："执之而已矣。""然则舜不禁欤？"曰："夫舜恶得而禁之，夫有所受之也。""然则舜如之何？"曰："舜视弃天下，犹弃敝蹝也。窃负而逃，遵海滨而处。终身然，乐而忘天下。"

《集注》云："此章言为士者，但知有法，不知天子。父之为尊，为子者但知有父，而不知天下之为大。盖其所以为心者，莫非天理之极，人伦之至。学者察此而有得焉，则不待计较论量，而天下无难处之事矣。"金氏曰："此章《要略》注文微不同，而《集注》为明径。"国藩谨按：金氏谓《要略》注文微不同，不可考矣。所谓《集注》明径者，今特录于右，观朱子以此章次娶妻章之后，益知其欲穷极人伦之变，以为处之者之法。设论愈离奇，处之愈平常，而金氏去取之说，可无致疑已。

万章问曰："象曰以杀舜为事，立为天子，则放之，何也？"孟子曰："封之也，或曰放焉。"万章曰："舜流共工于幽州，放驩兜于崇山，杀三苗于三危，殛鲧于羽山，四罪而天下咸服，诛不仁也。象至不仁，封之有庳，有庳之人奚罪焉？仁人固如是乎：在他则诛之，在弟则封之？"曰："仁人之于弟也，不藏怒焉，不宿怨焉，亲爱之而已矣。亲之，欲其贵也；爱之，欲其富也。封之有庳，富贵之也。身为天子，弟为匹夫，可谓亲爱之乎？""敢问：或曰'放者，'何谓也？"曰："象不得有为于其国，天子使吏治其国，而纳其贡税焉，故谓之放。岂得暴彼民哉？虽然，欲常常而见之，故源源而来，不及贡以政，'接于有庳'，此之谓也。"

孟子曰："君子之于物也，爱之而弗仁；于民也，仁之而弗亲。亲亲而仁民，仁民而爱物。"

孟子曰："道在尔而求诸远，事在易而求诸难。人人亲其亲，长其长，而天下平。"

孟子曰："于不可已而已者，无所不已。于所厚者薄，无所不薄也。其进锐者，其退速。"

亲而仁民，仁民而爱物。

孟子要略 卷三

严义利之辨

孟子见梁惠王。王曰:"叟不远千里而来,亦将有以利吾国乎?"孟子对曰:"王何必曰利,亦有仁义而已矣。王曰何以利吾国,大夫曰何以利吾家,士庶人曰何以利吾身,上下交征利,而国危矣。万乘之国,弑其君者,必千乘之家。千乘之国,弑其君者,必百乘之家。万取千焉,千取百焉,不为不多矣。苟为后义而先利,不夺不餍,未有仁而遗其亲者也,未有义而后其君者也。王亦曰仁义而已矣,何必曰利。"

孟子曰:"鸡鸣而起,孳孳为善者,舜之徒也;鸡鸣而起,孳孳为利者,蹠之徒也。欲知舜与蹠之分,无他,利与善之间也。"

孟子曰:"鱼,我所欲也;熊掌,亦我所欲也。二者不可得兼,舍鱼而取熊掌者也。生,亦我所欲也;义,亦我所欲也。二者不可得兼,舍生而取义者也。生亦我所欲,所欲有甚于生者,故不为苟得也。死亦我所恶,所恶有甚于死者,故患有所不辟也。如使人之所欲,莫甚于生,则凡可以得生者,何不用也?使人之所恶,莫甚于死者,则凡可以避患者,何不为也?由是则生而有不用也,由是则可以避患,而有不为也。是故所欲有甚于生者,所恶有甚于死者,非独贤者有是心也,人皆有之,贤者能勿丧耳。一箪食,一豆羹,得之则生,弗得则死。呼尔而与之,行道之人弗受。蹴尔而与之,乞人不屑也。万钟则不辨礼义而受之,万钟于我何加焉?为宫室之美,妻妾之奉,所识穷乏者德我欤?向为身死而不受,今为宫室之美为之。向为身死而不受,今为妻妾之奉为之。向为身死而不受,今为所识穷乏者德我而为之。是亦不可以已乎?此之谓失其本心。"

陈代曰:"不见诸侯,宜若小然。今一见之,大则以王,小则以霸。且《志》曰:'枉尺而直寻。'宜若可为也。"孟子曰:"昔齐景公田,招虞人以旌。不至,将杀之。志士不忘在沟壑,勇士不忘丧其元,孔子奚取焉?取非其招不往也。如不待其招而

旁注:
王何必曰利,亦有仁义而已。

舍生而取义者。

往,何哉?且夫'枉尺而直寻'者,以利言也。如以利,则枉寻直尺,而利亦可为欤?昔者,赵简子使王良与嬖奚乘,终日而不获一禽。嬖奚反命,曰:'天下之贱工也。'或以告王良,良曰:'请复之。'强而后可,一朝而获十禽。嬖奚反命曰:'天下之良工也。'简子曰:'我使掌与女乘。'谓王良,良不可,曰:'吾为之范我驰驱,终日不获一;为之诡遇,一朝而获十。'《诗》云:'不失其驰,舍矢如破。'我不贯与小人乘,请辞。御者且羞与射者比,比而得禽兽,虽若丘陵,弗为也。如枉道而从彼,何也?且子过矣。枉己者,未有能直人者也。"

景春曰:"公孙衍、张仪岂不诚大丈夫哉,一怒而诸侯惧,安居而天下熄。"孟子曰:"是焉得为大丈夫乎!子未学礼乎?丈夫之冠也,父命之;女子之嫁也,母命之。往送之门,诫之曰:'往之女家,必敬必戒,无违夫子。'以顺为正者,妾妇之道也。居天下之广居,立天下之正位,行天下之大道。得志,与民由之;不得志,独行其道。富贵不能淫,贫贱不能移,威武不能屈。此之谓大丈夫。"

<blockquote>富贵不能淫,贫贱不能移。</blockquote>

国藩谨按:此章亦剖别义利之最严者。妾妇之道,阿谀苟容,窃取权势,利也。丈夫之事,直道而行,浩然无累,义也。故朱子编入此卷。

<blockquote>丈夫之事,直道而行。</blockquote>

宋牼将之楚,孟子遇于石丘,曰:"先生将何之?"曰:"吾闻秦楚构兵,我将见楚王说而罢之。楚王不悦,我将见秦王说而罢之。二王我将有所遇焉。"曰:"轲也请无问其详,愿闻其指,说之将何如?"曰:"我将言其不利也。"曰:"先生之志则大矣,先生之号则不可。先生以利说秦楚之王。秦楚之王说于利,以罢三军之师,是三军之士乐罢而悦于利也。为人臣者,怀利以事其君;为人子者,怀利以事其父;为人弟者,怀利以事其兄。是君臣、父子、兄弟终去仁义,怀利以相接。然而不亡者,未之有也。先生以仁义说秦楚之王,秦楚之王悦于仁义,而罢三军之师。是三军之士,乐罢而悦仁义也。为人臣者,怀仁义以事其

君；为人子者，怀仁义以事其父；为人弟者，怀仁义以事其兄。是君臣、父子、兄弟去利，怀仁义以相接也，然而不王者，未之有也。何必曰利？"

万章问曰："人有言：伊尹以割烹要汤，有诸？"孟子曰："否。不然。伊尹耕于有莘之野，而乐尧舜之道焉。非其义也，非其道也。禄之以天下，弗顾也；系马千驷，弗视也。非其义也，非其道也。一介不以与人，一介不以取诸人。汤使人以币聘之，嚣嚣然曰：'我何以汤之聘币为哉？我岂若处畎亩之中，由是以乐尧舜之道哉？'汤三使往聘之，既而幡然改曰：'与我处畎亩之中，由是以乐尧舜之道，吾岂若使是君为尧舜之君哉？吾岂若使是民为尧舜之民哉？吾岂若于吾身亲见之哉？天之生此民也，使先知觉后知，使先觉觉后觉也。予，天民之先觉者也，予将以斯道觉斯民也，非予觉之而谁也。思天下之民，匹夫匹妇，有不被尧舜之泽者，若已推而内之沟中，其自任以天下之重如此，故就汤而说之，以伐夏救民。吾未闻枉己而正人者也。况辱己以正天下者乎？圣人之行不同也，或远或近，或去或不去，归洁其身而已矣。吾闻其以尧舜之道要汤，未闻以割烹也。伊训曰：'天诛造攻，自牧宫，朕载自亳。'"

万章问曰："或谓孔子于卫主痈疽，于齐主侍人瘠环，有诸乎？"孟子曰："否，不然也，好事者为之也。于卫主颜仇由，弥子之妻与子路之妻兄弟也。弥子谓子路曰：'孔子主我，卫卿可得也。'子路以告。孔子曰：'有命。'孔子进以礼，退以义，得之不得，曰'有命'，而主痈疽与侍人瘠环，是无义无命也。孔子不悦于鲁卫，遭宋桓司马将要而杀之，微服而过宋。是时，孔子当阨，主司城贞子，为陈侯周臣。吾闻观近臣以其所为主，观远臣以其所主。若孔子主痈疽与侍人瘠环，何以为孔子？"

孟子曰："莫非命也，顺受其正。是故知命者，不立乎岩墙之下。尽其道而死者，正命也。桎梏死者，非正命也。"

孟子曰："口之于味也，目之于色也，耳之于声也，鼻之于嗅也，四肢之于安佚也，性也，有命焉。君子不谓性也。仁之于父子也，义之于君臣也，礼之于宾主也，智之于贤者也，圣人之

> 孔子进以礼，退以义。

于天道也，命也。有性焉，君子不谓命也。"

孟子曰："求则得之，舍则失之，是求有益于得也，求在我者也。求之有道，得之有命，是求无益于得也，求在外者也。"

求之有道。

孟子曰："君子有三乐，而王天下不与存焉。父母俱存，兄弟无故，一乐也。仰不愧于天，俯不怍于人，二乐也。得天下英才，而教育之，三乐也。君子有三乐，而王天下不与存焉。"

孟子曰："广土众民，君子欲之，所乐不存焉。中天下而立，定四海之民，君子乐之，所性不存焉。君子所性，虽大行不加焉，虽穷居不损焉，分定故也。君子所性，仁义礼智根于心。其生色也，睟然见于面，盎于背，施于四体，四体不言而喻。"

君子所性，仁义礼智根于心。

孟子曰："说大人，则藐之，勿视其巍巍然。堂高数仞，榱题数尺，我得志弗为也。食前方丈，侍妾数百人，我得志弗为也。般乐饮酒，驱骋田猎，后车千乘，我得志弗为也。在彼者，皆我所不为也。在我者，皆古之制也，吾何畏彼哉？"

国藩谨按：右三章，言内重则外自轻，亦必义利之介明，乃能见此。故朱子编入此卷。

亦必义利之介明。

鲁平公将出，嬖人臧仓者请曰："他日君出，则必命有司所之。今乘舆已驾矣，有司未知所之，敢请？"公曰："将见孟子。"曰："何哉？君所为轻身以先于匹夫者，以为贤乎？礼义由贤者出，而孟子之后丧逾前丧，君无见焉。"公曰："诺。"乐正子入见，曰："君奚为不见孟轲也？"曰："或告寡人曰：'孟子之后丧逾前丧，'是以不往见也。"曰："何哉？君所谓逾者，前以士，后以大夫。前以三鼎，而后以五鼎欤！"曰："否。谓棺椁衣衾之美也。"曰："非所谓逾也，贫富不同也。"乐正子见孟子曰："克告于君，君为来见也。嬖人有臧仓者沮君，君是以不果来也。"曰："行或使之，止或尼之，行止非人所能也。君之不遇鲁侯，天也，臧氏之子焉能使予不遇哉？"

孟子去齐，充虞路问曰："夫子若有不豫色然？前日虞闻诸夫子曰：'君子不怨天，不尤人。'"曰："彼一时，此一时也。五百年必有王者也，其间必有名世者。由周而来，七百有余岁矣。以其数则过矣，以其时考之则可矣。夫天未欲平治天下也，如欲平治天下，当今之世，舍我其谁也，吾何为不豫哉？"

国藩谨按：色之不豫，若出于忧世之诚，则为义；若有一毫谋己之私，则为利。此圣贤内断之心，辨于微芒之间者。

滕文公问曰："齐人将筑薛，吾甚恐，如之何则可？"孟子对曰："昔者，太王居邠，狄人侵之。去之岐山之下居焉。非择而取之，不得已也。苟为善，后世子孙，必有王者矣。君子创业垂统，为可继也。若夫成功，则天也。君如彼何哉？强为善而已矣！"

义利之辨，尤不可忽。

国藩谨按：此章言谋国之道，虽极危急存亡之秋，而义利之辨，尤不可忽。董子所称"正其谊不谋其利，明其道不计其功"，正与此同旨。

孟子曰："饥者甘食，渴者甘饮。是未得欲食之正也，饥渴害之也。岂惟口腹有饥渴之害，人心亦皆有害。人能无以饥渴之害为心害，则不及人不为忧矣。"

孟子曰："人有不为也，而后可以有为。"

孟子曰："仕非为贫也，而有时乎为贫。娶妻非为养也，而有时乎为养。为贫者，辞尊居卑，辞富居贫。辞尊居卑，辞富居贫，恶乎宜乎，抱关击柝。孔子常为委吏矣，曰：'会计当而已矣。'尝为乘田矣，曰：'牛羊茁壮长而已矣。'位卑而言高，罪也。立乎人之本朝而道不行，耻也。"

国藩谨按：官卑而不能行道，尚能称职者，则为义。官尊而不能行道，但知苟禄者，则为利。凡义利无定，在随其所居之位，所值之时，而公私枉直，确有不可易之界。易之道，所以随时变易，以处中也。《孟子》七篇，于辞受取与、出处进退之间，所以剖晰义利者致详。朱子此卷，采取略尽。昔亡友刘君于丁未、戊申之年，实始讲求精义之学，搜得朱子此书，宜其跃然而欣慰也。

孟子要略

卷四

辨王霸之方，明治道之要

齐宣王问曰："齐桓、晋文之事，可得闻乎？"孟子对曰："仲尼之徒，无道桓文之事者，是以后世无传焉，故未之闻也。无以，则王乎？"曰："德何如，则可以王矣。"曰："保民而王，莫之能御也。"曰："若寡人者，可以保民乎哉？"曰："可。"曰："何由知吾可也？"曰："臣闻之胡龁曰，王坐于堂上，有牵牛而过堂下者。王见之曰：'牛何之？'对曰：'将以衅钟。'王曰：'舍之，吾不忍其觳觫，若无罪而就死地。'对曰：'然则废衅钟欤？'曰：'何可废也，以羊易之。'不识有诸？"曰："有之。"曰："是心足以王矣。百姓皆以王为爱也，臣固知王之不忍也。"王曰："然诚有百姓者，齐国虽褊小，吾何爱一牛？即不忍其觳觫，若无罪则就死地，故以羊易之也。"曰："王无异于百姓之以王为爱也，以小易大，彼恶知之？王若隐其无罪而就死地，则牛羊何择焉？"王笑曰："是诚何心哉。我非爱其财，而易之以羊也。宜乎百姓之谓我爱也。"曰："无伤也，是乃仁术也。见牛未见羊也。君子之于禽兽也，见其生，不忍见其死；闻其声，不忍食其肉。是以君子远疱厨也。"王说曰："《诗》云：'他人有心，予忖度之，'夫子之谓也。夫我乃行之，反而求之，不得吾心。夫子言之，于我心有戚戚焉。此心之所以合于王者，何也？"曰："有复于王者曰：'吾力足以举百钧，而不足以举一羽；明足以察秋毫之末，而不见舆薪'，则王许之乎？"曰："否。""今恩足以及禽兽，而功不至于百姓者，独何与？然则一羽之不举，为不用力焉；舆薪之不见，为不用明焉。百姓之不见保，为不用恩焉。故王之不王，不为也，非不能也。"曰："不为者与不能者之形何以异？"曰："挟太山以超北海，语人曰：'我不能。'是诚不能也。为长者折枝，语人曰：'我不能。'是不为也，非不能也。故王之不王，非挟太山以超北海之类也；王之不王，是折枝之类也。老吾老，以及人之老，幼吾幼，以及人之幼，天下可运于掌。《诗》云：'刑于寡妻，至于兄弟，以御于家邦。'言举斯心

保民而王，莫之能御也。

加诸彼而已。故推恩足以保四海,不推恩无以保妻子。古之人,所以大过人者,无他焉,善推其所为而已矣。今恩足以及禽兽,而功不至于百姓者,独何与?权,然后知轻重,度,然后知长短。物皆然,心为甚。王请度之。抑王兴甲兵,危士臣,构怨于诸侯,然后快于心欤?"王曰:"否,吾何快于是,将以求吾所大欲也。"曰:"王之所大欲,可得闻欤?"王笑而不言。曰:"为肥甘不足于口欤?与轻暖不足于体欤?抑为采色不足视于目欤?声音不足听于耳欤?便嬖不足使令于前欤?王之诸臣皆足以供之,而王岂为是哉?"曰:"否,吾不为是也。"曰:"然则王之所大欲,可知已。欲辟土地,朝秦楚,莅中国而抚四夷也。以若所为,求若所欲,犹缘木而求鱼也。"王曰:"若是其甚欤?"曰:"殆有甚焉。缘木求鱼,虽不得鱼,无后灾。以若所为求若所欲,尽心力而为之,后必有灾。"曰:"可得闻欤?"曰:"邹人与楚人战,则王以为孰胜?"曰:"楚人胜。"曰:"然则小固不可以敌大,寡固不可以敌众,弱固不可敌强。海内之地,方千里者九,齐集有其一,以一服八,何以异于邹敌楚哉?盖亦反其本矣。今王发政施仁,使天下仕者,皆欲立于王之朝,耕者皆欲耕于王之野,商贾皆欲藏于王之市,行旅皆欲出于王之途。天下之欲疾其君者,皆欲赴愬于王。其若是,孰能御之?"王曰:"吾惛,不能进于是矣。愿夫子辅吾志,明以教我。我虽不敏,请尝试之。"曰:"无恒产而有恒心者,惟士为能。若民则无恒产因无恒心,苟无恒心,放辟邪侈,无为不已。及陷于罪,然后从而刑之,是罔民也。焉而仁人在位,罔民而可之也!是故明君制民之产,必使仰足以事父母,俯足以畜妻子。乐岁终身饱,凶年免于死亡,然后驱而之善,故民之从之也轻。今也制民之产,仰不足以事父母,俯不足以畜妻子,乐岁终身苦,凶年不免于死亡。此惟救死而恐不赡,奚暇治礼义哉。王欲行之,则盍反其本矣。五亩之宅,树之以桑,五十者可以衣帛矣,鸡豚狗彘之畜,无失其时,七十者可以食肉矣。百亩之田,勿夺其时,八口之家可以无饥矣。谨庠序之教,申之以孝悌之义,斑白者不负载于道路矣。老者衣帛食肉,黎民不饥不寒,然而不王者,未之有也。"

> 权然后知轻重,度然后知长短。

> 小固不可以敌大,寡固不可以敌众。

公孙丑问曰："夫子当路于齐，管仲、晏子之功可复许乎？"孟子曰："子诚齐人也，知管仲、晏子而已矣。或问乎曾西曰：'吾子与子路孰贤？'曾西蹴然曰：'吾先子之所畏也。'曰：'然则吾子与管仲孰贤？'曾西艴然不悦，曰：'尔何曾比予于管仲。管仲得君如彼其专也，行乎国政如彼其久也，功烈如彼其卑也。尔何曾比予于是！'"曰："管仲，曾西之所不为也，而子为我愿之乎？"曰："管仲以其君霸，晏子以其君显，管仲、晏子犹不足为欤？"曰："以齐王，由反手也。"曰："若是则弟子之惑滋甚。且以文王之德，百年而后崩，犹未治于天下。武王、周公继之，然后大行。今言王若易然，则文王不足法欤？"曰："文王何可当也。由汤至于武丁，贤圣之君六七作，天下归殷久矣。久则难变也。武丁朝诸侯有天下，犹运之掌也。纣之去武丁未久也。其故家遗俗，流风善政，犹有存者。又有微子、微仲、王子比干、箕子、胶鬲，皆贤人也，相与辅相之，故久而后失之也。尺地莫非其有也，一民莫非其臣也。然而文王犹方百里起，是以难也。齐人有言曰：'虽有智慧，不如乘势，虽有镃基，不如待时。'今时则易然也。夏后、殷、周之盛，地未有过千里者也，而齐有其地矣。鸡鸣狗吠相闻，而达乎四境，而齐有其民矣。地不改辟矣，民不改聚矣，行仁政而王，莫之能御也。且王者之不作，未有疏于此时者也。民之憔悴于虐政，未有甚于此时者也。饥者易为食，渴者易为饮。孔子曰：'德之流行，速于置邮而传命。'当今之时，万乘之国，行仁政，民之悦之，犹解倒悬也。故事半古之人，功必倍之，惟此时为然。"

<small>行仁政，民之悦之。</small>

此章朱子原本仅录至"而子为我愿之乎"止，以下不录。国藩谨按：朱子之意，特重在崇王黜伯，芟去后半，尤便省览耳。窃意此章，后半言乘势待时，而归重于行仁政。可见圣贤谋国，未尝不顾时势，而政之本原，悉依于王道，非同后世杂霸，苟且一切、藉口救时者之所为也。今仍录本章全文，而于'为我愿之乎'下，乙以识之，以存朱子之旧。

孟子曰："以力假仁者霸，霸必有大国。以德行仁者王，王不待大。汤以七十里，文王以百里。以力服人者，非心服也，力不敌也。以德服人者，中心悦而诚服也，如七十子之服孔子也。《诗》云：'自西自东，自南自北，无思不服。'此之谓也。"

> 以德服人者，中心悦而诚服也。

孟子曰："言近而指远者，善言也。守约而施博者，善道也。君子之言也，不下带而道存焉。君子之守，修其身而天下平。人病舍其田，而芸人之田。所求于人者重，而所以自任者轻。"

孟子曰："人不足与适也，政不足间也。惟大人为能格君心之非。君仁莫不仁，君义莫不义，君正莫不正。一正君而国定矣。"

孟子曰："离娄之明，公输子之巧，不以规矩，不能成方圆。师旷之聪，不以六律，不能正五音。尧舜之道，不以仁政不能平治天下。今有仁心仁闻，而民不被其泽，不可法于后世者，不行先王之道也。故曰：徒善不足以为政，徒法不能以自行。《诗》云：'不愆不忘，率由旧章。'遵先生之法而过者，未之有也。圣人既竭目力焉，继之以规矩准绳，以为方圆平直，不可胜用也。既竭耳力焉，继之以六律正五音，不可胜用也。既竭心思焉，继之以不忍人之政，而仁覆天下矣。故曰：为高必因丘陵，为下必因川泽，为政不因先王之道，可谓智乎？是以惟仁者，宜在高位；不仁而在高位，是播其恶于众也。上无道揆也，下无法守也。朝不信道，工不信度。君子犯义，小人犯刑，国之所存者，幸也。故曰城郭不完，兵甲不多，非国之灾也；田野不辟，货财不聚，非国之害也。上无礼，下无学，贼民兴，丧无日矣！《诗》曰：'天之方蹶，无然泄泄。'泄泄，犹沓沓也。事君无义，进退无礼，言则非先王之道者，犹沓沓也。故曰：责难于君，谓之恭，陈善闭邪，谓之敬。吾君不能谓之贼。"

> 徒善不足以为政，徒法不能以自行。

邹氏曰："此章言为治者，当有仁心仁闻，以行先王之政，而君臣又当各任其责。自'是以惟仁者'至'丧无日矣'，所以责其君。自'《诗》云：天之方蹶'至末，所以责其臣。"国藩谨按：《孟子》七篇，言君道者甚多，而莫要于'修其身而天下平'一语。言臣道者甚多，而莫要于'大人格君心之非'一语。朱子编次此卷，前三章辨王霸之术不同，第四章言君道，第五章言臣道。此章及下规矩章，兼言君臣之道。为治之要，粗备于此矣。"

孟子曰："规矩，方圆之至也。圣人，人伦之至也。欲为君，尽君道；欲为臣，尽臣道。二者皆法尧舜而已矣。不以舜之所以事尧事君，不敬其君者也。不以尧之所以治民治民，贼其民者也。孔子曰：'道二，仁与不仁而已矣。'暴其民甚，则身弑国亡。不甚，则身危国削。名之曰'幽''厉'，虽孝子慈孙，百世不能改也。《诗》云：'殷鉴不远，在夏后之世。'此之谓也。"

欲为臣，尽臣道。

孟子要略

卷五

孟子尚论古人，而自言其为学要领

<small>动容周旋中礼者，盛德之至也。</small>

孟子曰："尧舜，性者也；汤武，反之也。动容周旋中礼者，盛德之至也。哭死而哀，非为生者也。经德不回，非以干禄也。言语必信，非以正行也。君子行法以俟命而已矣。"

孟子曰："禹恶旨酒，而好善言。汤执中，立贤无方。文王视民如伤，望道而未之见。武王不泄迩，不忘远。周公思兼三王，以施四事。其有不合者，仰而思之，夜以继日，幸而得之，坐以待旦。"

孟子曰："尧舜性之也。汤武身之也。五霸假之也。久假而不归，恶知其非有也。"

孟子曰："伯夷目不视恶色，耳不听恶声。非其君不事，非其民不使。治则进，乱则退，横政之所出，横民之所止，不忍居也。思与乡人处，如以朝衣朝冠坐于涂炭也。当纣之时，居北海之滨，以待天下之清也。故闻伯夷之风声，顽夫廉，懦夫有立志。伊尹曰：'何事非君，何使非民。'治亦进，乱亦进。曰：'天之生斯民也，使先知觉后知。使先觉觉后觉，予，天民之先觉者也，予将以此道觉此民也。'思天下之民匹夫匹妇，有不与被尧舜之泽者，若已推而内之沟中。其自任以天下之重也。柳下惠不羞污君，不辞小官。进不隐贤，必以其道，遗佚而不怨，阨穷而不悯。与乡人处，由由然不忍去也。'尔为尔，我为我，虽袒裼裸裎于我侧，尔焉能浼我哉？'故闻柳下惠之风者，鄙夫宽，薄夫敦。孔子之去齐，接淅而行。去鲁，曰：'迟迟吾行也。去父母国之道也。'可以速而速，可以久而久，可以处而处，可以仕而仕。孔子也。"孟子曰："伯夷，圣之清者也。伊尹，圣之任者也。柳下惠，圣之和者也。孔子，圣之时者也。孔子之谓集大成。集大成也者，金声而玉振之也。金声也者，始条理也；玉振之也者，终条理也。始条理者，智之事也；终条理者，圣之事也。智譬则巧也，圣譬则力也。由射于百步之外也，其至，尔力也，其中，非尔力也。"

<small>智譬则巧也，圣譬则力也。</small>

孟子曰："圣人百世之师也，伯夷、柳下惠是也。故闻伯夷之风者，顽夫廉，懦夫有立志；闻柳下惠之风者，薄夫敦，鄙夫宽。奋乎百世之上，百世之下，闻者莫不兴起也。非圣人而能若是乎？而况于亲炙之者乎？"

孟子曰："仲尼不为已甚者。"

禹、稷当平世，三过其门而不入。孔子贤之。颜子当乱世，居于陋巷，一箪食，一瓢饮，人不堪其忧，颜子不改其乐。孔子贤之。孟子曰："禹、稷、颜回同道。禹思天下有溺者，由己溺之也；稷思天下有饥者，由己饥之也。是以如是其急也。禹、稷、颜子易地则皆然。今有同室之人斗者，救之，虽被发缨冠而救之可也。乡邻有斗者，被发缨冠而往救之，则惑也，虽闭户可也。"

孟子曰："子路人告之以有过则喜，禹闻善言则拜。大舜有大焉，善与人同，舍己从人，乐取于人以为善。自耕稼陶渔，以至为帝，无非取于人者。取诸人以为善，是与人为善者也。故君子莫大乎与人为善。"

取诸人以为善，是与人为善者。

公孙丑问曰："夫子加齐之卿相，得行道焉，虽由此霸王不异矣。如此则动心否乎？"孟子曰："否。我四十不动心。"曰："若是则夫子过孟贲远矣。"曰："是不难。告子先我不动心。"曰："不动心有道乎？"曰："有。北宫黝之养勇也，不肤挠，不目逃。思以一毫挫于人，若挞之于市朝。不受于褐宽博，亦不受于万乘之君。视刺万乘之君，若刺褐夫，无严诸侯，恶声至，必反之。孟施舍之所养勇也，曰：'视不胜犹胜也，量敌而后进，虑胜而后会，是畏三军者也。舍岂能为必胜哉，能无惧而已矣。'孟施舍似曾子，北宫黝似子夏。夫二子之勇，未知其孰贤，然而孟施舍守约也。昔者曾子谓子襄曰：'子好勇乎？吾尝闻大勇于夫子矣：自反而不缩，虽褐宽博，吾不惴焉。自反而缩，虽千万人，吾往矣。'孟施舍之守气，又不如曾子之守约也。"曰："敢问夫子之不动心，与告子之不动心，可得闻与？""告子曰：'不得于言，勿求于心；不得于心，勿求于气。'不得于心，勿求于气，可，不得于言，勿求于心，不可。矢志。气之帅也，气，体之充也。夫志至焉，气次焉。故曰持其志，无暴其气。既曰志至焉，气次焉，又曰持其志、无暴其气者，何也？"曰："志一则动气，气一则动志也。今夫蹶者，趋者，是气也，而反动其心。敢问夫子恶乎长？"曰："我知言，我善养吾浩然之气。""敢问何谓浩然之气？"曰："难言也。其为气也，至大至刚，以直养而无害，则塞于天地之间。其为气也，配义与道，无是馁也，是集义所生者，非义袭而取之也，行有不慊于心，则馁矣。我故曰：告子未尝知义，以其外之也。必有事焉，而勿正心，勿忘勿助长也。无若宋人然。宋人有闵其苗之不长，而揠之者。芒芒然归，谓其人曰：'今日病矣，予助苗长矣。'其子趋而往视之，苗则槁矣。天下之不助苗长者寡矣。以为无益而舍之者，不耘苗者也。助之长者，揠苗者也。非徒无益，而又害之。""何谓知言？"曰："诐辞知其所蔽，淫辞知其所陷，邪辞知其所离，遁辞知其所穷。生于其心，害于其政；发于其政，害于其事。圣人复起，必从吾言矣。""宰我、子贡，善为说辞，冉牛、闵子、颜渊善言德行。孔子谦之，曰：'我于辞命则不能也。'然则夫子既圣矣乎？"曰："恶！是何言也？昔者子贡问于孔子曰：'夫子圣矣乎？'孔子曰：'圣则吾不能。我学不厌而教不倦也。'子贡曰：'学不厌，智也。教不倦，仁也。仁且智，夫子既圣矣。'夫圣，孔子不居，是何言也？昔者窃闻之：子夏、子游、子张，皆有圣人之一体，冉牛、闵子、颜渊则具体而微。敢问所安。"曰："姑舍是。"曰："伯夷、伊尹何如？"曰："不同道。非其君不事，非其民不使，治则进，乱则退，伯夷也。何事非君，何使非民，治亦进，乱亦进，伊尹也。可以仕则仕，可以止则止，可以久则久，可以速则速，孔子也。皆古圣人也，吾未能有行焉。乃所愿，则学孔子也。""伯夷、伊尹于孔子若是班乎？"曰："否。自有生民以来，未有孔子也。"曰："然则有同欤？"曰："有。得百里之地而君之，皆能以朝诸侯。有天下行一不义，杀一不辜，而得天下，皆不为也。是则同。"曰："敢问其所以异？"曰："宰我、子贡、有若，智足以知圣人，污不至阿其所好。宰我曰：'以予观于夫子，贤于尧舜远矣。'子贡曰：'见其礼而知其政，闻其乐而知其德，

具体而微。

由百世之后，等百世之王，莫之能违也。自生民以来，未有夫子也。'有若曰：'岂惟民哉。麒麟之于走兽，凤凰之于飞鸟，泰山之于丘垤，河海之于行潦，类也。圣人之于民，亦类也。出乎其类，拔乎其萃，自生民以来，未有盛于孔子也。'"

公都子曰："外人皆称夫子好辩，敢问何也？"孟子曰："予岂好辩哉？予不得已也。天下之生久矣，一治一乱。当尧之时，水逆行，泛滥于中国。蛇龙居之，民无所定。下者为巢，上者为营窟。《书》曰：'洚水警余。'洚水者，洪水也，使禹治之。禹掘地而注之海，驱蛇龙而放之菹。水由地中行，江淮河汉是也。险阻既远，鸟兽之害人者消，然后人得平土而居之。尧舜既殁，圣人之道衰。暴君代作，坏宫室以为污池，民无所安息。弃田以为园囿，使民不得衣食。邪说暴行又作，园囿、污池、沛泽多而禽兽至。及纣之身，天下又大乱。周公相武王诛纣伐奄，三年讨其君，驱飞廉于海隅而戮之，灭国者五十。驱虎豹犀象而远之，天下大悦。《书》曰：'丕显哉，文王谟！丕承哉，武王烈！佑启我后人，咸以正无缺。'世衰道微，邪说暴行有作。臣弑其君者有之，子弑其父者有之。孔子惧，作《春秋》。《春秋》，天子之事也。是故孔子曰：'知我者，其惟《春秋》乎，罪我者，其惟《春秋》乎。'圣王不作，诸侯放恣，处士横议，杨朱、墨翟之言盈天下。天下之言，不归杨则归墨。杨氏'为我'，是无君也，墨氏'兼爱'，是无父也。无父无君，是禽兽也。公明仪曰：'庖有肥肉，厩有肥马；民有饥色，野有饿莩，此率兽而食人也。'杨墨之道不息，孔子之道不著，是邪说诬民，充塞仁义也。仁义充塞，则率兽食人，人将相食。吾为此惧，闲先圣之道距杨墨，放淫辞，邪说者，不得作。作于其心，害于其事；作于其事，害于其政。圣人复起，不易吾言矣！昔者禹抑洪水而天下平，周公兼夷狄驱猛兽，而百姓宁。孔子成《春秋》而乱世贼子惧。《诗》云：'戎狄是膺，荆舒是惩。则莫我敢承。'无父无君是周公所膺也。我亦欲正人心，息邪说，距诐行，放淫辞，以承三圣者。岂好辩哉？予不得已也。能言距杨墨者，圣人之徒也。"

浩生不害问曰："乐正子何人也？"孟子曰："善人也，信人

<small>可欲之谓善，有诸己之谓信。</small>

也。""何谓善？何谓信？"曰："可欲之谓善，有诸己之谓信，充实之谓美，充实而有光辉之谓大。大而化之之谓圣，圣而不可知之之谓神。乐正子，二之中四之下也。"

万章问曰："孔子在陈，曰：'盍归乎来！吾党之士，狂简进取，不忘其初。'孔子在陈，何思鲁之狂士？"孟子曰："孔子'不得中道而与之，必也狂狷乎。狂者进取，狷者有所不为也。'孔子岂不欲中道哉？不可必得，故思其次也。""敢问何如斯可谓狂矣？"曰："如琴张、曾晳、牧皮者，孔子之所谓狂矣。""何谓之狂也？"曰："其志嘐嘐然曰：'古之人，古之人！'夷考其行而不掩焉者也。狂者又不可得。欲得不屑不洁之士而与之，是狷也，是又其次也。孔子曰：'过我门而不入我室，我不憾焉者，其为乡原乎！乡原，德之贼也。'"曰："何如斯可谓之乡原矣？"曰："何以是嘐嘐也，言不顾行，行不顾言。则曰：'古之人，古之人！'行何为踽踽凉凉，生斯世也，为斯世也，善斯可矣。阉然媚于世也者，是乡原也。"万章曰："一乡皆称原人焉，无所往而不为原人，孔子以为德之贼，何哉？"曰："非之无举也，刺之无刺也。同乎流俗，合乎污世。居之似忠信，行之似廉洁，众皆悦之，自以为是，而不可与入尧舜之道，故曰德之贼也。孔子曰：'恶似而非者。'恶莠，恐其乱苗也。恶佞，恐其乱义也。恶利口，恐其乱信也。恶郑声，恐其乱乐也。恶紫，恐其乱朱也。<small>经正则庶民兴。</small>恶乡原，恐其乱德也。君子反经而已矣。经正则庶民兴，庶民兴斯无邪慝矣。"

国藩谨按：朱子编次此卷，即《近思录》末卷，论圣贤气象之意。盖学道而独得于心，无与晤语，则尚友古人以发其志趣。若孔子见文于琴，遇姬于梦，及《论语·微子》篇中所论列是也。其后，如庄周、荀卿、扬雄、王通之书，亦往往抗论古人，评骘当世。《孟子》七篇，尤数数称述先民。朱子此卷采录凡十二章，予尝以类求之。有不尽于此卷者，如"诵诗读书，知人论世"一章，似可冠诸此卷之首。"尧舜汤文见知闻知"一章，似可殿于此卷之末，而朱子俱不甄录。《要略》一书，久已佚亡。

其注文不可考矣。而吾友刘君搜得此书，又不及补罅显幽，逐章而为之说，遂使未学窥仰无自，徒兴孤陋之叹也。悲夫！

朱子年六十三时，成《孟子要略》。其书今佚。幸此书注中具载某章人几卷之几。他日病愈，当依次编成，以复朱子之旧。戊申七月，刘传莹题金氏《孟子集注考证》后。

朱子所编《孟子要略》一书，原本久佚，传莹谨于金仁山先生《孟子集注考证》内搜出，得复此书之旧。至是书颠末，详见《语类·首著书门》《文集·答黄直聊书》。戊申七月之季，汉阳通麋生传莹识。

曾国藩全集

文集 下卷

[清] 曾国藩 著

河北人民出版社

图书在版编目（CIP）数据

曾国藩全集.文集/(清)曾国藩著.-- 石家庄：河北人民出版社，2016.9（2023.6重印）
ISBN 978-7-202-11184-0

Ⅰ.①曾… Ⅱ.①曾… Ⅲ.①曾国藩（1811～1872）—全集 Ⅳ.① Z425.2

中国版本图书馆 CIP 数据核字 (2016) 第 074320 号

书　　名	曾国藩全集　文集 ZENGGUOFAN QUANJI WENJI
著　　者	[清]曾国藩
责任编辑	马　丽　张静中
美术编辑	李　欣
责任校对	付敬华
版式设计	俊书装
封面设计	Dh2o
出版发行	河北人民出版社　（石家庄市友谊北大街330号）
印　　刷	文畅阁印刷有限公司
开　　本	787 毫米 ×1092 毫米　1/16
印　　张	31
字　　数	413 000
版　　次	2016 年 9 月第 1 版　　2023 年 6 月第 3 次印刷
印　　数	8 001-11 000
书　　号	ISBN 978-7-202-11184-0
定　　价	64.00 元

版权所有　翻印必究

诗词联语

卷一	3
诗　词	4
卷二	61
联　语	62

墓志铭

卷一	79
吴君墓志铭	80
彭母曾孺人墓志铭	81
余安人墓志铭	82
陈岱云妻易安人墓志铭	83
新化邹君墓志铭	84
单县曲史张君墓志铭	85
随州李君墓表	86

前海宁州知州长沙李君母黄宜人墓志铭 ………………………… 87

适朱氏妹墓志 ……………………………………………………… 87

满妹碑志 …………………………………………………………… 88

钱塘丁烈妇墓表 …………………………………………………… 89

荆门州学正郭君墓铭 ……………………………………………… 90

善化夏母杨宜人墓志铭 …………………………………………… 90

祖四世元吉公墓铭 ………………………………………………… 91

国子监学正汉阳刘君墓志铭 ……………………………………… 91

钱塘戴府君墓志铭 ………………………………………………… 93

跋衍圣公孔恭悫公墓志铭刻本 …………………………………… 94

崇仁谢君墓志铭 …………………………………………………… 94

刘母谭孺人墓志铭 ………………………………………………… 95

湘阴郭府君暨张安人墓志铭 ……………………………………… 96

诰封光禄大夫曾府君墓志 ………………………………………… 97

刘君季霞墓志铭 …………………………………………………… 99

桃源县学教谕孙君墓表 …………………………………………… 100

毕君殉难碑记 ……………………………………………………… 102

林君殉难碑记 ……………………………………………………… 103

卷二 …………………………………………………………………… 105

武昌张府君墓表 …………………………………………………… 106

翰林院庶吉士遵义府学教授莫君墓表 …………………………… 107

何君殉难碑记 ……………………………………………………… 108

邓湘皋先生墓表 …………………………………………………… 110

季弟事恒墓志铭 …………………………………………………… 112

闽浙总督季公墓志铭 ……………………………………………… 113

仁和邵君墓志铭 …………………………………………………… 115

江忠烈公神道碑	117
张君树程墓志铭	119
新宁刘君墓碑铭	121
户部员外郎彭君墓表	122
罗忠节公神道碑铭	124
苗先簏墓志铭	126
李忠武公神道碑铭	128
李勇毅公神道碑铭	130
唐确慎公墓志铭	132
欧阳府君墓志铭	134
翰林院侍读学士丁君墓志铭	135
郭依永墓志铭	136
大界墓表	137
台洲墓表	139
罗君伯宜墓志铭	141
宁津庞君墓志铭	142
遵义黎君墓志铭	143
海宁州训导钱君墓表	145
刘忠壮公墓志铭	146

寿 序

卷一	151
朱心垣先生五十六寿序	152
田昆圃先生六十寿序	153

朱玉声先生七十三寿序	154
王翰城刺史五十寿序	156
王荫之之母寿序	157
江小帆之母寿序	157
易问斋之母寿诗序	159
何傅岩先生七十寿序	160
郭璧斋先生六十寿序	161
金殿珊先生六十寿序	162
陈岱云太守为母生日宴集宾僚诗序	163
唐镜海先生七十生日同人寄怀诗序	164

卷二 167

黄矩卿师之父母寿序	168
文小南之父七十生日寿诗序	169
何母廖夫人八十生日诗序	170
黎樾乔之兄六十寿序	171
曹颖生侍御之继母七十寿序	172
杨母张孺人七十寿序	173
曹西垣同年之父母寿序	174
王静庵同年之母七十寿序	175
孙鼎庵先生六十寿序	176
江岷樵之父母寿序	177
陈仲鸾同年之父母七十寿序	178

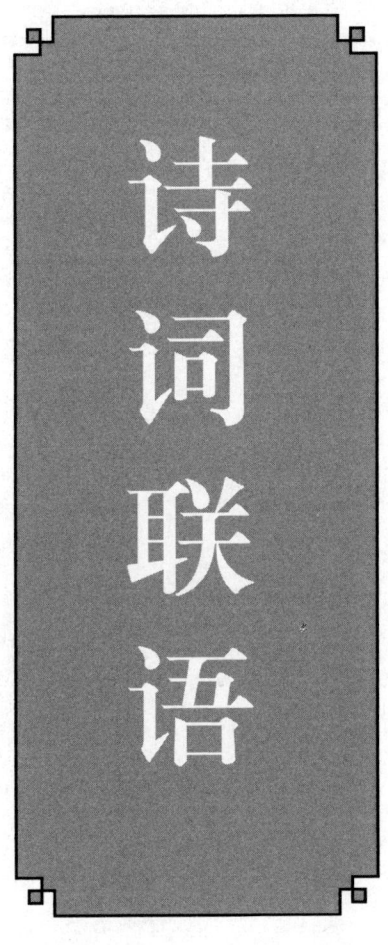

诗词联语

诗词联语

卷一

诗　词

咏史五首

即墨有贤宰，四邻戒侵凌。恶犬守门闾，乃为盗所憎。易如振落叶，乘郫孰蹶兴？重伤禽二毛，宄暴职所应。文王事昆夷，骏喙亦何曾。大气举六合，中戁其奚胜！功高而不赏，谣诼来青蝇。吴起泣西河，伏波触炎蒸。长城讫自坏，使我涕沾膺。

莫民在辞怿，涣汗自古重。人心有激宕，天意方颎洞。无辜或于罹，有罪覆解纵。九关森虎豹，阍越不可讼。长星十丈余，白日堕霾雾。翾飞逐醨糟，燕雀尔何哄！嘉彼借剑子，愤切言绝痛。茸槛示含容，谠说格不用。噫乎天盖高，勿教家父诵。

觥觥孔大夫，经术致通侯。不如说灾异，京翼多忠谋。荃兰化为茅，萧艾莫好修。折冲无精神，夸毗徒体柔。九有而畏人，君知所谓不？呜然布体肢，营魂久溁流。一朝冒六气，何以葆春秋？

万物盗天地，岂况鼠在仓。大木忽颠揭，所食与俱亡。管子榷鱼盐，本在四维张。蚩蚩足衣食，相与存纪纲。磊磊瞻柴宫，中官尊且强。银河界清浅，列舍但遥望。天钱与列肆，箕舌终夕张。咄哉左执法，知案羽林郎。

虞舜明四目，世乃谓重瞳。渊鱼察不详，举罾失蛟龙。荏苒支大厦，焉知栋桡凶！千金购国医，当在草泽中。汪秦匿肘腋，宗李知无功。开元变天宝，举世思姚崇。生民有治乱，怅望风云空。

里胥

牛羊忽窜突，屯社杂喧嚵。昨闻府牒下，今见里胥来。召募赴戎行，羽檄驰如雷。"后期不汝宥，行矣胡迟回！"老妪捶胸哭，哭声亦何哀！龙钟六十余，伶仃惟一儿。弱小不识事，黄犊母之随。筋力倘可食，或免一家饥。薄命不足惜，儿去伤永离。老妪泣未阑，老翁跪致辞："王事亦云棘，妇人那得知！蝼蚁穴

（旁注：莫民在辞怿，涣汗自古重。）

寸土，自荷皇天慈。天威有震叠，小人敢疑猜。贫者当敌忾，富者当输财。便当遣儿去，不劳火急催。所愧无酒食，与吏佐晨炊。"贫者勉自效，富者更可悲。隶卒突兀至，诛求百不支。蒨蒨纨绔子，累累饱鞭笞。前卒贪如狼，后队健如羵。应募幸脱免，倾荡无余赀。吁嗟朝廷意，兵以卫民为。守令慎其柄，无使胥吏持。此辈如狐鼠，蓁蓁肆恣睢。聊为遒人徇，敢告良有司。

岁募杂感十首

芒鞋镇日踏春还，残腊将更却等闲。三百六旬同逝水，四千余里说家山。缁尘已自沾京雒，羌笛何须怨玉关。为报南来新雁到，故乡消息在云间。

高嵋山下是侬家，岁岁年年斗物华。老柏有情还忆我，夭桃无语自开花。几回南国思红豆，曾记西风浣碧纱。最是故园难忘处，待莺亭畔路三叉。

莽莽寒山匝四围，眼穿望不到庭闱。絮漂江浦无人管，草绿湖南有梦归。乡思怕听残漏转，逸情欲逐乱云飞。敬从九烈神君诉，游子于今要换衣。

去年此际赋长征，豪气思屠大海鲸。湖上三更邀月饮，天边万岭挟舟行。竟将云梦吞如芥，未信君山划不平。偏是东皇来去易，又吹草绿满蓬瀛。

纷纷节候尽平常，西舍东家底事忙？十二万年都小劫，七千余岁亦中殇。蜉蝣身世知何极，胡蝶梦魂又一场。少昊笑侬情太寡，故堆锦绣富春光。

韶华弹指总悠悠，我到人间廿五秋。自愧望洋迷学海，更无清福住糟丘。尊前瓦注曾千局，脚底红尘即九州。自笑此身何处著，笙歌丛里合闲游。

为臧为否两蹉跎，搔首乾坤踏踏歌。万事拚同骈拇视，浮生无奈茧丝多。频年踪迹随波谲，大半光阴被墨磨。匣里龙泉吟不住，问予何日斫蛟鼍。

旧雨曾遗尺鲤鱼，经年不报意何如？自从三益睽违久，学得五君世态疏。碧树那知离别憾，青灯偏照故人书。殷勤护惜金炉鸭，香火因缘付与渠。

拟学坡公馈岁诗，花笺何处寄相思？阳和未老貂先敝，暖气初回鸟竟知。游子情怀随地远，天家雨露及时施。小儒莫献升平颂，幸傍龙楼睹上仪。

鼕鼕岁鼓走轻雷，竹马儿童彩戏才。仙仗九重围雾住，宫花一万锁烟开。迷离佳气从空绕，不断狂香拂面来。我比春风尤放荡，长安日日骋龙媒。

寄郭筠仙浙江四首

一病多劳勤护惜，嗟君此别太匆匆。二三知己天涯隔，强半光阴道路中。兔走会须营窟穴，鸿飞原不计西东。读书识字知何益，赢得行踪似转蓬。

碣石逶迤起阵云，楼船羽檄日纷纷。螳螂竟欲当车辙，髋髀安能抗斧斤。但解终童陈策略，已闻王歙立功勋。如今旅梦应安稳，早绝天骄荡海氛。

无穷志愿付因循，弹指人间三十春。一局楸枰虞变幻，百围梁栋藉轮囷。苍茫独立时怀古，艰苦新尝识保身。自愧太仓縻好爵，故交数辈尚清贫。

无穷志愿付因循。

向晚严霜破屋寒，娟娟纤月倚檐端。自缄行箧殷勤觅，苦索家书展转看。宦海情怀蝉翼薄，离人心绪茧丝团。更怜吴会飘零客，纸帐孤灯坐夜阑。

杂诗九首

早岁事铅椠，傲兀追前轨。张网挈陬维，登山追岌嶬。述作窥韩愈，功名邺侯拟。三公渺如梯，万金睨如屣。肠胃郁千奇，不敢矜爪觜。稍待兰蕙滋，烈芬行可喜。岂期挝驽骀，前驱不逾咫！滔滔大江流，年光激若矢。春秋三十一，顽然亦如此。染丝不成章，橘迁化为枳。壮盛百无能，老苍真可耻。樗散吾所甘，多是惭毛里。

西山何郁郁，白日驰昭昭。六街净如练，双阙凌神霄。沉沉府中居，员井镂琼瑶。罘罳周四角，窗雾漾鲛绡。公子盛文藻，九陌鸣金镳。群从袂成幄，掠风马蹄骄。红烛舞绛雪，会宴皆金貂。朝餐罗鲭鲤，晚衙沸笙箫。今夕既相酢，明日还见招。天高地则厚，何事不逍遥！

手䩞不烘堪，足跰不趋径。问我何自苦，我歌君且听：激湍无驻波，止水光凝凝。榱栋与樽栌，岂曰非天定！束蒿代虹梁，于道未为称。朝菌濡浓露，夭夭不及暝。适意一须臾，骨朽犹诟病。可怜繁华子，醉梦几时醒？炫妆岂无服，自媒羞妾媵。已矣吾何营，闭户览明镜。

伤禽悲弦声，游鱼惊月影。丈夫贵倔强，女子多虚警。强弧有时弛，夷途有时梗。飓风扬海涛，潮平已复静。君子别有忧，众人恐未省。

霜落万瓦寒，天高月浩浩。美人在何许？相思心如捣。我昔觌美人，对面如蓬岛。神光薄轩墀，朱霞荡初晓。彩凤仪丹霄，顾视无凡鸟。意密恩还疏，微诚不敢道。贻我彤管炜，粲兮希世宝。可怜金屋恩，长门闷秋草。谣诼日以多，觏闵曾不少。宠眷难再得，蛾眉行衰老。区区抱私爱，夜夜祝苍昊。

天鸡鸣半夜，六合未清晓。乌鹊鸣向晨，羽毛夸矫矫。一旦金丸惊，戢翼暗百鸟。鸱鸦流恶声，万方忧集蓼。清蝇鸣棘樊，缪彰复虚晶。闲鸣百无补，嗟尔秦吉了。蟋蟀草间鸣，乱人徒扰扰。

入门忽悦悦，出门复皇皇。嗟我素心人，各在天一方。庸天厌鼎食，谊士谋糟糠。奔走遍天下，归去仍空囊。秋老江湖阔，何以慰凄凉？勿劳我之思，我今足稻粱。所忧非所职，所乐殊未央。日暮登高丘，四顾何茫茫。落叶东南飞，孤雁西北翔。思君不得觏，惨淡咏斯章。

庸天厌鼎食，
谊士谋糟糠。

松柏翳危岩，葛藟相钩带。兄弟非它人，患难亦相赖。行酒烹肥羊，嘉宾填门外。丧乱一以闻，寂寞何人会？维鸟有鹡鸰，维兽有狼狈。兄弟审无猜，外侮将予奈。愿为同岑石，无为水下濑。水急不可矶，石坚犹可磕。谁谓百年长，仓皇已老大。我迈而斯征，辛勤共粗粝。来世安可期？今生勿玩愒！

谁能烹隽燕？我愿燎桑薪。谁能钓巨鳌？我愿理其纶。南涧芼蘋藻，可以羞鬼神。大材与小辨，相须会有因。嗟余不足役，岂谓时无人！

送凌九归

白日杲杲黄埃飞，君胡少住遽言归！万族由来各有托，借问君心何处着？自言暂归奉晨昏，温席不暖还出门。丈夫生世会有适，安能侧身自踽踽。南箕北斗徒虚名，东走西顾知何益。磬折已觉素心违，璞献况逢俗眼白。要将万舞夸辉光，肯为两言求恩泽？皇天畀我非不丰，平生长策能固穷。一饱那争鸡鹜食？万事从付马牛风。君家才望人所艳，兄弟纵横两龙剑。霜蹄暂教长坂蹶，云藻终向天庭拔。即今归去慎勿稽，岁时努力谋盐𬞟。彩衣好娱老莱母，椎髻尚有梁鸿妻。我亦屡寻还乡梦，年年送人颇自讽。送君无酒为君歌，杨花如海奈愁何！

送吴荣楷之官浙江三首

读书三十年，今来始一试。自抱轮囷材，构厦随所置。世人苦寒俭，舞袖先择地。斤削不能迁，罌盎各自器。君子储百用，多藏如列肆。深历与浅揭，所向皆如志。君本青云士，摩空排健翅。置之承明庐，枚马当偃帜。才多厌闲散，翩然去作吏。方今清华秩，骈拇仅云备。不如膺专城，张弛从吾意。观鱼莫结网，网过酷于饵。治丝莫求多，绪多乱神智。圣朝沦洽恩，陬澨实渐被。可怜蚩蚩氓，恂恂还好义。愿君恺弟思，随时劳抚字。

西湖吾未到，梦想若遇之。荷花夏如海，当春万柳垂。秋月随潮涌，暮霁天无涯。三百六十寺，岚翠渺迷离。君去事幽讨，抉剔发天倪。馀悭收昔遁，奇赏获新知。朝餐吸山绿，暮雨张水嬉。寻碑嗅梅蕊，独往无人随。政成无一事，风流方在兹。怀抱一如彼，江山复如斯。此乐可持赠，寄我千首诗。

乡间昔相从，殷勤托诗酒。再来长安道，舟车并携手。如今弥旷远，脱然绝窠臼。少年尚意气，峥嵘各自狃。风尘饱所谙，苍然皆老丑。激湍亦已平，真气充户牖。相见无藩篱，洒落真吾友。昨夜秋风来，袅袅凉生柳。念子当乖离，旁皇如失守。万族

君本青云士，摩空排健翅。

治丝莫求多，绪多乱神智。

各有营，欢聚焉可久。意趣苟无违，秦越如左右。后会知何年，今兹岁在丑。

题钱仑仙同年慈竹平安图二首

冉冉南山竹，柯叶互桄枒。上有一片云，下有九畹兰。清风相戛击，虚碧鸣秋寒。羚掷走鞭散，抗衡劲节干。养成两雏凤，文采何姗姗！高枝足栖宿，芳食供朝餐。归昌忽采律，言振九霄翰。引吭发钧奏，俯视失鹓鸾。却顾篔筜谷，依旧青琅玕。年年托美荫，岁岁祝平安。

红尘日夜深，游子思无已。倦鸟有时还，桑弧有时弛。我有山中庐，槿篱夹绿水。修竹倚大椿，重重互幡缅。发条播芳蕤，清阴亦何美！依恋会有因，庶往恭桑梓。殷勤寸草心，区区方在此。

送杨春皆归

去年同送萧郎归，心如风幡乱掀簸。今君合归亦何遽，临别无言但兀坐。君才捷敏非常俦，早时群书读已破。堆案细字如毫毛，掷笔新诗成咳唾。羯来燕市骋逸足，聊随驽骞争刍莝。出门百钱买犊车，入户一编旋蚁磨。虚牝掷金古所悲，五年长安竟坎坷。剖瓠作尊何所容？种柏傍石终不大。首途虽舛心愈雄，怀宝空奇时难货。嗟余昏懦百无能，与世越趄动得过。忽逢良友相镌磨，有似酒狂得史佐。隔日一见欢未阑，鼓缶鸣筝唱复和。削除巉岏得平夷，厌见俗氛扬坱圠。叫怜侠气千层云，时有忠言惊四座。一麈从此怅分离，万事何当付懒惰。方今廊庙构群材，搜林剔穴行可贺。看君形容不易凋，顾此芒刃岂终挫！明年仍骑瘦马来，满面还受缁尘涴。

题毛西垣诗集后即送之归巴陵五首

伐木截两端，半作牺尊半沟壑。南邻北里轻薄儿，昨日薰腾今冷落。臣屦小屦天所区，焉能屑屑齐美恶？劝君把酒持双螯，百年烂醉拼嬉遨。不学陋儒谈狗曲，修襮整巾徒碌碌。

欧君昔言乡国彦，汝与吴生皆狂狷。看汝织古得新机，惜哉弋时无急箭。独抱质缶辞雕镂，世人皆憎我独羡。金盘银盏有时灰，得不垂顾瓶与甒。

朝诵幽通赋，夕吟显志篇。咄哉此子颇闻道，烦毒迷惑剧可怜。古来骚人都如此，君亦苦语相纠缠。日月潇洒百蛰苏，老抱幽忧胡为乎？

长羡江头白发翁，扁舟如瓦飘西东。船头得鱼船尾煮，稚子哈笑老妇聋。王税早输百无事，从古不遇打头风。君家正临洞庭水，一饱弄舟乐何底！舍此他求真左矣。

我生乾坤一赘人，逐众转徙如飞蚁。衮衮台省无相识，纷纷时事了不闻。门外车马何隐辚，独立阶下看浮云。君今归哉渺千里，我方尘土无穷已。

题顾南雅先生画梅应何子贞

诗老餐冰老更臞，倾身谋醉一钱无。忽然嚼梅供大唉，笑吐满纸森模糊。当时酒徒相馈饷，至今遗墨何清腴！平陵公子亦好事，巧偷豪夺无罪辜。时将巨障补空壁，已觉暗香来座隅。长安一雪寒切肤，冷官瑟缩同围炉。开眼忽到西湖上，四更残月孤山孤。我闻绘事通草隶，此语自古谁云诬？何君作书妙天下，生吞百虎心胆粗。世人只解传栀蜡，独能养气真吾徒。莫言书画直小道，不到圣处宁堪娱？吁嗟诗老不可作，君虽抱此徒区区。

三十二初度次日书怀

男儿三十殊非少，今我过之讵足欢！龌龊挈瓶嗟器小，酣歌鼓缶已春阑。眼中云物知何兆？镜里心情祇独看。饱食甘眠无用处，多惭名字侣鹓鸾。

忆弟二首

无端绕室思茫茫，明月当天万瓦霜。可惜良宵空兀坐，遥怜诸弟在何方。纷纷书帙谁能展，艳艳灯花有底忙？出户独吟聊妄想，孤云断处是家乡。

忽忆他时襄水上，恶风半夜撼春雷。舟人捩舵声同泣，客子扶床面已灰。仰荷皇天全薄命，信知浮世等轻埃。汝今归去复何似？回首世途诚险哉。

寄怀刘孟容

清晨采黄菊，薄莫不盈襭。宁知弟昆好，忍此四年别。四年亦云已，万事安可说？昔者初结交，与世固殊辙。垂头对灯火，一心相媚悦。炯然急难情，荧荧光不灭。涟滨一挥手，南北音尘绝。君卧湘水湄，辟人苦肩镴。怀璧误一投，已遭官长刖。我作燕山囚，衾袜冷如铁。尘土塞中肠，经旬间呕泄。梦魂互往还，邂逅在嵚崟。君魂畏豺虎，我魂阻蛇蝎。明年会长沙，对床殊呐呐。可怜郭生贤，日夜依我闼。三子展殷勤，五旬恣猖獗。自从有两仪，无此好日月。决渠东西流，人事有蹉跌。当时别江干，悬知成久阔。郭生从我行，再踏长安雪。束蒿贡廊庙，塗丹强作闑。盘松困涧底，千岁老不屈。行藏一以歧，会合焉可必！知君障污尘，憎我逐烦热。摧兰捣作齑，本馨固难夺。皇天造群伦，位置各成列。煌煌帝者都，峨峨集勋阅。前庭充组圭，后阁暖清瑟。大马疾如飞，高车如电掣。陋巷时骑过，墙震䏶纸裂。而我支肘眠，朦胧兀顽劣。视荫呼晚饭，终年曾不缺。痴儿亦肯堂，四龄已饕餮。所愧偷太仓，无异哀穷乞。羡君老岩阿，闲味甘于蜜。嗟哉趣岂殊，所处良不一。坦荡观皇途，转侧思家室。永怀素心人，悠悠难具述。

决渠东西流，
人事有蹉跌。

早起忆九弟二首

别汝经三月，音书何太难！夜长魂梦苦，人少屋庐寒。骨肉成飘泊，云霄悔羽翰。朝朝鸟鹊噪，物性固欺谩。

尚余词赋好，随众颂康哉。报国羌无力，擎天别有才。寒云迷雁影，远道望龙媒。百尺金台蠹，看君蹩蹀来。

报国羌无力，
擎天别有才。

得郭筠仙书并诗却寄六首

展转看书字，嗟君亦老苍。昊天真藐藐，白日故堂堂。与子相期事，穷年恐不偿。优来聊饱食，吾寿会无央。

大雅悲沦歇，斯文久不尊。至情宜倔强，吾道有篱藩。仰首呼虞舜，狂歌答屈原。自非君子性，兹意固难论。

垂耳甘刍豆，儒冠信误人。长为羁旅客，嗟汝少年身。物极能思返，天心会好仁。鹿鸣歌旨酒，滴滴入君唇。

闲闲观物化，耿耿究时喧。谊士羞要誉，廉夫重报恩。贾憎惟片语，求福实多门。种蕙怡幽独，归休勿复言。

> 苍茫怀百代，浩荡足千愁。

昨来殊不适，日落独登楼。西北看辽沈，东南望海陬。苍茫怀百代，浩荡足千愁。画肚思长策，嗟余肉食谋。

日日怀刘子，时时忆郭生。仰天忽长叹，绕屋独巡行。云暗乾坤隘，风来户牖鸣。孤吟无与赏，寸憾浩纵横。

傲奴

君不见萧郎老仆如家鸡，十年笞楚心不携。君不见卓氏雄资冠西蜀，颐使千人百人伏。今我何为独不然？胸中无学手无钱。平生意气自许颇，谁知傲奴乃过我。昨者一语天地睽，公然对面相勃谿。傲奴诽我未贤圣，我坐傲奴小不敬。拂衣一去何翩翩，可怜傲骨撑青天。噫嘻乎，傲奴！安得好风吹汝朱门权要地，看汝仓皇换骨生百媚！

题周小村前辈塞外课经图

> 身穷道未窘。

肉食多亨途，通儒遘百闵。时塞心匪乖，身穷道未窘。周君信奇侅，天机苦捷敏。昔岁乘青骢，群飞畏秋隼。偶被金丸惊，可怜翠羽陨。十年辽海行，九月边风紧。铜雀梦觚棱，铁衣锦缋纯。自信兹游豪，甘受世人哂。日日抱丛书，森森如束笋。吾道倘欲东，独善良不忍。此邦盛球琳，多士纷籍笛。斧斤试一施，觳觫聊可引。弟子初反车，先生大倒囷；文囿张百畹，经畲接千畛。但期道传薪，未要归载稛。昨者唱刀环，塞外回文轸。胜事告友朋，馀味足咀吮。方今柄师儒，华秩半卿尹。虎观车如龙，辟雍市如蜃。会看招旌旐，且须严鞿靷。稽古荣复荣，吾言非蠢蠢。

琐琐行戏简何子敬乞腌菜

琐琐复琐琐，谋道谋食无一可。大人夭娇如神龙，细人局蜷如螺蠃。皇皇百计营齑盐，世间龌龊谁似我？既不学虎头食肉飞将军，又不能驼峰犀箸醉红裙。长将野蔬说奇错，春笋秋芋评纷纷。拙妻嘲讪婢子笑，可怜先生了不闻。苦思乡国千里月，梦想床头一瓮云。君家腌菜天下知，忍不乞我赈朝饥？丈夫岂当判畛域，仁者况可怀鄙私！炯炯予心天所许，堂堂此理君莫疑。忽忆条侯瘗入口，黄头铜山竟僵掊。功高七国安如山，钱布九州浩如薮。当时鼎烹会亲宾，后日饥肠作牛吼。今我与子俱不材，怀抱倾筐倒箧开。取与廉惠两无猜，青天白日森昭回，不醉不饱胡为哉？

地用莫如马二章思贤也

地用莫如马，越险思骁腾。岂无汗血种，相求亮未曾。万钟继廪粟，千金氅钩膺。隆仪苟一阙，市骏休漫称。

人用莫如龟，幽室能废烛。告犹傥见从，外侮敢余毒。从短翻弃长，惜哉支床足。良无藻梲登，不如塗泥辱。

> 良无藻梲登，不如塗泥辱。

反长歌行

羲和驱日如驱豕，鞭之不行汗流泚。顷刻奔驰过百年，老尽世人渠独喜。渠独喜，我宁愁？已拼一老百无耻。冯夫子，我歌君莫鄙。柏梁锡爵安在哉？盗跖唐尧俱朽矣。北翁得马知何祥？臧谷亡羊定谁是？平原转眼成嵩丘，华屋隔宵生荆杞。上蔡黄狗空叹嗟，洛阳铜驼百迁徙。万事支离那可论，吾生得失亦如此。却笑张毅空饰文，更怜单豹强治里。修囊修暴皆虚名，老向人前矜爪觜。君看从古轩赫人，一半名场夸毗子。今晨令问倾王侯，明日枯骴饱蚋蚁。铭功讳德千万言，可信人间有真史。冯夫子，我歌君且起。君今三十胡皇皇，浮名驱君不自止。频嗟短景难少延，便得长春宁足恃？世间自有清净业，日往月来了无累。人迹不到禽不来，万年废井养秋水。

漫与

今日今时吾在兹,我兄我弟倘相思。微官冷似支床石,去国情如失乳儿。见惯浮云浑欲语,漫成诗句未须奇。径求名酒一千斛,轰醉王城百不知。

寄弟三首

去年长已矣,来日尚云赊。身弱各相祝,家贫倘有涯。乡心无住著,望眼久昏花。寥落音书阔,多疑驿使差。

咄咄延平剑,英英江夏黄。求声方出谷,一别各他乡。东下江河驶,南征道路长。汝侪身手健,看我鬓毛苍。

梦里携予季,亭亭似我长。三年不相见,一变安可量。神骏初衔辔,牵牛肯服箱。朝朝偷芋粟,知尔足奔忙。

独出

匪直完裘好,今年故未寒。晚来还独出,宇内一何宽!衔尾千人聚,高蹄百马攒。天街原荡荡,辟路亦非难。

访苗先麓

大隐东方朔,著书扬子云。出门无所旨,落日一从君。倦鸟宜何集,闲鸥亦有群。烹茶余几火,小啜愧殷勤。

怀刘蓉

我思竟何属?四海一刘蓉。具眼规皇古,低头拜老农。乾坤皆在壁,霜雪必蟠胸。他日余能访,千山捉卧龙。

题画兰三首应田敬堂同年

浅红生绡一尺半,描金兰叶光烂烂。不知谁氏书画船,遗作君家锦绣段。时弃时取了无凭,花若有情花亦叹。有客对此三沈吟,一夜魂飞洞庭深,故乡蘅杜知我心。

洛阳三月天如银,杨花浩浩愁杀人。美人璇阁弄鹦鹉,伤心不敢当青春。独对盆兰诉幽怨，再拜且为花写真。腕轻著花祗嫌瘦，钏重放叶难为伸。帘外双双蛱蝶舞，羡汝自在好要身。搁笔下阶傍花立，临风三嗅馨香泣。

田郎田郎似我懒，反锁衡门走宾馆。三年啖蔗未曾甘，九畹艺兰行复满。不愿举国扬芬芳，但愿同心通悃款。晨书小楷眼欲花，午睡醒来日已斜，从容读书还煮茶。

不愿举国扬芬芳，但愿同心通悃款。

赠何子贞前辈

九嶷山水天下清，中有彦者何子贞。大谲老谋不自白，世人谁解此纵横。八法道卑安足数，君独好之如珉瑶。终年磨墨眼不眯，终日握管意未平。自言简笺通性道，要令天地佐平成。怡神金鲫朝吹浪，失势怒猊夜捣营。同心古来亦有几，俗耳乍入能无惊。可怜四十好怀抱，空使九州播书名。嗟我波澜颇莫二，知而不为真不智。捧心耻与时争妍，画足久为圣所弃。行当就子更柱弦，可能为吾倒筐笥。去年一诺今未偿，旧迹已陈谁复记。世间万事须眼前，须臾变态如云烟。烦君一挥清我室，驱逐毒热无烦煎。高堂巨壁蛟龙走，鄙夫白昼欹枕眠。

题唐镜海先生二图

生世不能学夔皋，裁量帝载归甄陶。犹当下同郭与李，手提两京还天子。三年海国困长鲸，百万民膏馁封豕。诸公密勿既不臧，吾徒迂疏尤可耻。岱宗夫子唐太常，今日儒林有正轨。宗传久已追廉伊，余事犹堪作朕起。昨来示我戎行图，回首军兴今一纪。九疑南去山连在，八排獞猺多于蚁。猱升鼯伏巢穴繁，青丝白马风尘驶。筹边楼下云屯营，临贺岭前雨注矢。先生独出当九关，磨炼众心作高垒。千炮齐震雷破山，万马不嘶月如水。先生兀坐了不惊，秉烛从容读书史。大儒意趣未可量，小丑粗豪安足齿？功成行赏不自言，羞与驽骀较尺咫。我览此图发长歌，可怜黄发今皤皤。四海息兵无一事，先生且住安乐窝。

大儿垢腻衣短褐，小儿蓬头语更吃。生长猺户习绳行，不识诗书定何物。昨者县门鼓如雷，太守如父从天来。走章驰檄到山寨，要与聋俗辨颈腮。皇天于人何厚薄，未必蛮犵皆不才。一朝得与冠裳会，青天始见云雾开。魋结公然被儒服，笑言哑哑欢且哈。山南伐石千指碎，山北换木万牛回。缩版登登日复夜，取次学舍高崔嵬。五原便同石渠阁，百丈似筑通天台。铜鼓芦笙杂弦诵，衣冠俎豆何文哉。但愿使君长世世，坐看槃瓠成瑰材。岂期文翁难久借，至今蜀国有余哀。披图却忆十年事，富川风物落酒杯。方今圣人舞干羽，薄海怀柔不用武。会崇我丈比桓丁，立使殊方变邹鲁。三老五更古所尊，呜呼此事非小补。何时虎观拥皋比，我亦执经走廊庑。

旁注：薄海怀柔不用武。

题龙九诗

李唐盛声律，初响铿华钟。逮及下衰时，切切鸣寒虫。扶舆发朝气，百汇曜麟龙。缺月夜腾光，不与东升同。秋霜入科木，色黯蒿与蓬。文章说心腑，本不从窾隆。能者自植立，余子靡随风。勃于众音飒，玉振开群聋。君才美无度，大圭宜庙中。君诗如春融，秋爽亦自工。肉好用为贤，瑑刻生芒锋。南诏斐然作，山水涤襟胸。杂什多未毕，略可芟庞茸。要道锲不舍，金木随所攻。且况力肯穷，奥阼辨西东。终然到圣处，今古谁雌雄！

旁注：要道锲不舍，金木随所攻。

闻客话里中近事

蓬莱清浅信推迁，回首乡关事可怜。今日朝簪陪末秩，早时社鼓舞华筵。陈平宰国无消息，庾信辞家有岁年。蹙蹙生涯非我里，滔滔四望极敷天。

岁暮杂感十首

残岁垂垂尽，嚣尘逐逐忙。世人同一悔，匪我独颠狂。身计嗟频左，家山亦未忘。时犹忧世事，此志固荒唐。

杀气行南纪，温风转北条。阳和回地干，神鬼助天朝。挟纩三军舞，层冰万里消。小臣长皞皞，无术赞唐尧。

尧皋无并育，天地讵终温！此日咸阳市，当年上蔡门。风云悲昔遇，霜露等深恩。闻道南山术，穷冬尚负暄。

壮岁耽经训，艰难始一隅。力耕无近获，陟古有通衢。茅塞由来久，蓬生且待扶。国仇犹未雪，何处著迂儒？

四山仙侣会，角逐事赓歌。日日为诗祟，人人被墨磨。相从良可适，不乐复如何。尚有平生友，飘零在涧阿。

久矣刘生隔，嗟哉信尔贤。才高防作圣，情极屡逃禅。歧路多魑魅，深山足岁年。狂风能作剧，吹我堕君前。

阿弟光明者，爱兄心尚孩。良时无汝共，雅抱向谁开？难就陆云业，多惭许武才。皇都宁不美，舍去竟何哉？

万族求饶益，吾谋颇用疏。民生各心性，天道有孤虚。得俸堪加饭，无钱且买鱼。逐贫思作赋，才薄欲何如？

> 民生各心性，天道有孤虚。

浩浩翻江海，争奔且未阑。古来名利客，谁不到长安？独立看参昂，横天如此寒。肯能寻冷淡，夜夜照檐端。

爆竹家家沸，儿时此味长。追欢斟绿蚁，随例祀黄羊。明旦夔龙集，中天日月光。八年吟旧句，回首但苍茫。

感春六首

奉君以象白猩唇之异味，青琴碧玉之妖姬。子复漠然不我与，我今寸意当诉谁？散发狂歌非关醉，枯株兀坐未是痴。手撮黄尘障河决，自有幻想非人知。城南海棠已烂放，牡丹如雾行离披。如此青春忍不赏，直待白发宁可追！

今我不欢子不悦，携手天街踏明月。西南白气十丈长，锐头突尾射天狼。东方狗国亦已靖，复道群鼠舞伊凉。征兵七千赴羌陇，威棱肃厉不可当。国家声灵薄万里，岂有大辂阻屏螳？立收乌合成齑粉，早晚红旗报未央。呜呼天意正如此，小儒不用稽灾祥。

男儿读书良不恶，乃用文章自束缚。何吴朱邵不知羞，排日肝肾困锤凿。河西别驾酸到骨，昨者立谈三距跃。老汤语言更支离，万兀千摇仍述作。丈夫求志动渭莘，虫鱼篆刻安足尘？贾马杜韩无一用，岂况吾辈轻薄人！

明珠二百斛，江湖三十年。遍求名剑终不得，耳闻目见皆钝铅。闻道海外双龙剑，神光夜夜烛九天。沴气妖星不敢邅，横斩蛟鳄血流川。天子宝之无伦比，列置深殿阁风前。千金万金买玉匣，火齐木难嵌中边。元臣故老重文学，吐弃剑术如腥膻。如今君王亦薄恩，缺折委弃何当言。

荡荡青天不可上，天门双螭势吞象。豺狼虎豹守九关，厉齿磨牙谁敢仰？群乌哑哑叫紫宸，惜哉翅短难长往。一朝孤凤鸣云中，震断九州无凡响。丹心烂漫开瑶池，碧血淋漓染仙仗。要令恶鸟变音声，坐看哀鸿同长养。上有日月照精诚，旁有鬼神瞰高朗。

太华山顶一虬松，万龄千代无人踪。夜半霹雳从天下，巨木飞送清渭东。横卧江干径十里，盘坳上有层云封。长安梓人骇一见，天子正造咸阳宫。大斧长绳立挽致，来牛去马填坑谼。虹梁百围饰玉带，螭柱万石枞金钟。莫言儒生终龌龊，万一雉卵变蛟龙。

元戎

大旆元戎喜起歌，旧时鼎鼐藉调和。丰貂长组朝金阙，驷马雕弓照塞河。黄阁居然元老在，苍生竟奈此人何！谁怜寂寞扬雄宅，独抱繁忧卧薜萝。

温甫读书城南寄示二首

十年长隐南山雾，今日始为出岫云。事业真如移马磨，羽毛何得避鸡群？求珠采玉从吾好，秋菊春兰各自芬。嗟我蹉跎无一用，尘埃车马日纷纷。

岳麓东环湘水回，长沙风物信佳哉！妙高峰上携谁步，爱晚亭边醉几回。夏后功名余片石，汉王钟鼓拨寒灰。知君此日沉吟地，是我当年眺览来。

早发沔县遇雨

此身病起百无忧，敢为艰难一怨尤。晓雾忽飞千嶂雨，西风已作十分秋。近知地利真堪恃，早信人谋不自由。昨日定军山下过，苍天一望故悠悠。

初入四川境喜晴

万里关山睡梦中，今朝始洗眼朦胧。云头齐拥剑门上，峰势欲随江水东。楚客初来询物俗，蜀人从古足英雄。卧龙跃马今安在？极目天边意未穷。

为何大令题明赵忠毅公铁如意

君不见天启初载国步频，逼迫英彦如束薪。龙章凤姿膏斧踬，狐鸣枭噪腾要津。大珰滔天不足道，群小罗拜马头尘。执笏无因殪元恶，请剑未许枭佞臣。觥觥赵公天所鉴，年年磨铁影随身。世事万端不称意，惟有此铁还可人。誓将袖椎击逆竖，休教铸错污君亲。星光晱晱趋朝夜，霜气棱棱拜疏晨。一回摩挲一洒泪，寸心如石肠如轮。高皇有灵尚来鉴，小臣此志何由伸？一朝荷戈西出塞，辜负白铁悔因循。茹花枯尽委鬼灭，可怜明社亦荆榛。二百年来余此物，万劫不敝唯精神。世人蠢蠢宝珠玉，如君乃获希世珍。老铁耐寒终得主，岂有正气长郁湮！请君雪夜倚阑看，金精上烛撼星辰。

> 年年磨铁影随身。

> 万劫不敝唯精神。

赠李生

岷山万仞雪，太古人迹稀。中有窈窕谷，绿蕙芳以菲。幽芬亦已郁，赏识方庶几。涧边棘荆满，山上春草肥。托根亮同地，岂辨谁是非。地亦不能易，香亦不能飞。忽逢荷樵子，采撷盈裳衣。临风再三嗅，俯仰情依依。由来有臭味，不必崇知希。

> 不必崇知希。

桂湖五首

新都桂湖，明杨升庵修撰故宅也。使旋过此，县令张君宜亭招饮湖上，为赋此诗。

遂别华阳国，归程始此赊。翻然名境访，来及夕阳斜。翠竹偎寒蝶，丹枫噪暮鸦。词人云异代，临水一咨嗟。

短城三面绕，浅水半蒿寒。鸟过穿残日，鱼行起寸澜。秋来楼阁静，幽处地天宽。平昔江湖性，真思老钓竿。

十里荷花海,我来吁已迟。小桥通野港,坏艇卧西陂。曲岸能藏鹭,盘涡尚戏龟。倾城游女盛,好是采莲时。

矮桂枝钩袖,丛篁叶打头。堤行皆仄径,路断得高楼。栏槛千回锦,琉璃五色秋。落霞沉水底,绮散不能收。

颇忆家山好,去乡兹六年。此间行乐地,小有洞庭天。点缀须人力,招寻信妙缘。使君殊不俗,把酒意茫然。

梓潼道中有怀冯树堂陈岱云

复幛七盘相约束,清流九曲与周遭。日高旌旆鸟蛇乱,秋老爪牙鹰隼豪。北望幽燕天漠漠,东归岁月水滔滔。江山如此知交隔,独对菱花数二毛。

早发武连驿忆弟

朝朝整驾趁星光,细想吾生有底忙?疲马可怜孤月照,晨鸡一破万山苍。曰归曰归岁月暮,有弟有弟天一方。大壑高崖风力劲,何当吹我送君旁。

入陕西境六绝句

西风已谢朔风遒,客子劳劳且未休。行过嘉陵三百里,飞崖绝壁又秦州。

破晓七盘山上望,回看蜀国万峰环。英雄割据终何有,陵谷沧桑事等闲。

乱山合处响沉沉,古洞千年海样深。独卧篮舆初梦觉,时闻脚底老龙吟。

忽忆老筇吾匹俦,汨罗江上苦吟秋。未成嘉会方王贡,便恐才名驾应刘。

江流日夜走荆襄,陇蜀由来四战场。故垒无人谈往事,空山有客吊斜阳。

七二寒溪没骭深,溪边茅屋隔枫林。归人正怯征衣薄,又听山城响暮砧。

西征一首呈李石梧前辈

我昨赋西征，烛烛实朱夏。烈日焚八荒，息影无寸暇。孱体甘所侵，炎威肯少借？一病罹百难，烦煎竟日夜。夙昔伤劲弓，闻弦神已怕。壹志事呻吟，恣仪任嘲骂。疟疫难指名，热寒互嬗谢。粒食经旬辞，况能问燔炙？带月方首途，参横未云罢。颠簸笋舆中，磋磨破腰胯。奴子苍黄询，庸医再三诧。猛然肆造攻，云当一战霸。恶莠虽已锄，良苗亦失稼。隔旦嘻其疲，无复平生咤。皮皱面有洼，耳聋气愈下。惨淡过潼关，沉昏渡清灞。赫赫李中丞，觥觥范韩亚。老黑卧三边，犬羊敢狙诈！闻我至骊山，材官百里迓。秋雨长安邸，征鞍庶一卸。旅魄颇飘摇，公来百慰藉。遣仆炊香粳，呼僮伺馆舍。征医未辞频，馈物不论价。古谊暖于春，美言甘于蔗。我魂稍稍旋，望蜀仍命驾。裹药充箧笥，买饴养婴妊。渐觉身能轻，如马脱缰靶。吾固庆生存，众雏亦嗟讶。燕誉多亲知，艰难少姻娅。永愧夫子贤，高情压嵩华。贱子不足矜，西人实沾化。

恶莠虽已锄，良苗亦失稼。

留侯庙

小智徇声荣，达人志江海。咄咄张子房，身名大自在。信美齐与梁，几人饱载醓。留邑兹岩疆，亮无怀璧罪。国仇亦已偿，不退当何待。郁郁紫柏山，英风渺千载。遗踪今则无，仙者岂予给！谒来瞻庙庭，万山雪皑皑。赤日岩中生，照耀金银彩。亦欲从之游，惜哉吾懒怠。

小智徇声荣，达人志江海。

柴关岭雪

我行度柴关，山光惊我马。密雪方未阑，飞花浩如泻。万岭堆水银，乾坤一大冶。走兽交横奔，冻禽窜荒野。挥手舞岩巅，吾生此潇洒。忽忆少年时，牵狗从猎者。射虎层冰中，穷迫绝壁下。几岁驰虚名，业多用逾寡。久逸筋力颓，回头泪盈把。

废邱关

项王西入关，叱咤何雄哉。鼻息撼山岳，号令如轰雷。分茅割大地,驾驭英雄才。六王既立后,三将还西来。降臣剖符竹,洪度方洞开。废丘亦善地,百里辟蒿莱。桓桓章将军,仡仡貔虎材。奸竖主帷幄,大将终疑猜。望夷不足惜,此类良可哀。行人一长叹,万壑悲风回。

三十三生日三首

三十余龄似转车,吾生泛泛信天涯。白云望远千山隔,黄叶催人两鬓华。去日行藏同踏雪,迂儒事业类团沙。名山坛席都无分,欲傍青门学种瓜。

六载承明厌秘书,河东一赋又吹嘘。多惭忝职无遗事,实借文言有庆余。白璧出山终就琢,黄金掷谷总成虚。何时却返初衣好,归钓蒸溪缩项鱼。

苦饫风尘未息机,驽骀已络紫金鞿。诗禅入悟无三昧,世路回头有百非。翁子少年原落拓,承宫家世本清微。故山鸥鸟吾盟在,曾记江边各忍饥。

读李义山诗集

渺绵出声响,奥缓生光莹。太息涪翁去,无人会此情。

国士桥

乱鸦呼噪若为情,疲马逡巡尚欲惊。遭遇一生容可再?艰难万死竟无成。至今平楚风犹劲,终古寒流意未平。他日王孙知己感,可怜钟室泪纵横。

至日二首

久行忘节序,夙莫但奔忙。兹旦即长至,我征仍未央。寒云低树白,边日际山黄。时睹南来雁,飘零不作行。

海市三年舶,河源八月槎。水衡劳硕画,漆室足咨嗟。天步方长健,民饥亦有涯。燔柴崇大礼,灵贶正来赊。

岱云同年丧妻为此诗謦之

陈君丧厥妃,善忧世无有。情至生幻机,有梦造王母。紫殿何言言，众星挂户牖。穆满翔其旁，方朔戏其后。"陈某虮虱臣，昧死诉左右。彼有何德功？鹡鹡到白首。此独何罪辜？生世不少久。剜肉补其天，于德未为丑。食贫八九年，辛勤足梁筲。何孽之难逭？斩刈如恶莠。王母返袂泣，仓皇颇怩忸。"方朔跟跄出，曰"余不执咎。众生自生灭，非神有官守。高秋金气肃，万叶同衰朽。朝落非独殇，夕脱非独寿。皇天了不知，无人司薄厚。不见狼朣女，蓬头双足垢。一生不洗面，媚夫称佳偶。亦有绿林豪，掠人如鸡狗。堂前妖姬舞，堂下鬼妾走。彼虽得偕老，于君意可否？此虽中道捐，名声极万口。令妻果然令，何必在骀耇？恶妻不可言，床笫森械杻。"陈君翻然觉，再拜谢善诱。欢喜不复愁，逢人但索酒。

喜筠仙至即题其诗集后

昌黎圣者徂不作，呜呼吾意久寥廓。郭生近出还峻峭，肠胃森然起丘壑。古来文士非赢尪，各有雄心战坟索。自寻世界针孔中，别开九州造城郭。衰叔曹尚安可论？袭貌沿声胆已薄。丈夫举步骧两龙，岂有趑趄蹑人脚。我方僵踣暗不前，君能践之道斯托。忆君别我东南行，挽袖牵裾事如昨。五年奔走存骨皮，龟坼砚田了无获。时时音问相照临，语言虽甘意绪恶。岂知今日还相逢，席地帷天共一酌。纷纷蛮触争土疆，谁能买闲事笑谑。解颜一觌岂寻常，百岁忽如扫秋箨。众木有知草有心，殊性异途那可度。昨夕之炭今晨冰，转燠回寒在焱霍。弓影拘似公成真，箭锋失机羿相遘。葛亮书说虽贵和，屈原平生莫量凿。趋同造独良难兼，攘韵纳尤讵非乐。方今帝舜明四聪，朱虎夷夔并高爵。大钟土鼓相和鸣，文字秋霜起廉锷。号呼朋侣趋上流，聊可示强孰云弱？嗟余瞽者迷岳尘，不殖十年得毋落。欲张汉帜标新军，要盟不从谁肯诺。独者无倚同者羞，心之簸摇欲何著？智小谋大姬所惩，偏有狂夫百不怍。移山愚叟无日休，填海冤禽有时涸。屠龙大唊愿已虚，哆口如箕且一嚼。老筠老筠子视余，谬志诞言岂堪药。闭门引窍号五噫，欲与秋虫斗方略。宇宙空旷时日宽，安用出膏自燔灼。忽忆元和奇崛翁，会合联吟两鸣鹤。云龙相逐终不

智小谋大姬所惩，偏有狂夫百不怍。

能，海南江东各飘泊。彼之贤俊尚如斯，我今瞀顽当何若？与君办醉千亿场，谁道人间有纰错？

雨

稍稍车尘隔，安闲一闭门。高歌亦未辍，骤雨方此喧。宿雾依城静，低云入树昏。空庭潴盛水，容易即江村。

寄弟

昔我初去家，诸弟各弱小。阿季髡两髦，觑人眸子瞭。后园偷枣栗，猱升极木杪。叔也从之求，揖我谓我矫。分甘一不均，战争在毫秒。余时轻别离，昂头信一掉。老弟况童騃，乐多忧愁少。瞥然成六秋，光阴如过鸟。世味一饱尝，甘心厌荼蓼。梦里还乡国，沟涂苦了了！朝企恒抵昏，夕思或达晓。君诗忽见慰，回此肝肠绕。生世非一途，处身贵深窈。众万奔恬愉，圣贤类悄悄。二陆盛掞张，鹤唳悲江表。夷齐争三光，岂不在饿殍？我今寄好语，君其听勿藐。一愿先知命，再愿耐擗摽。

哭少时同学某

少日低飞各羽翰，几年茵溷不同看。竟缘无食填沟壑，终古衔羞在肺肝。蚁战莫偿三北耻，蚕僵更吐一丝难。寡妻弱子知何倚，雪虐风号可耐寒？

送吴英樾之官浙江兼简魏黄生大令三首

一第寻常事，服官方独难。书生良短浅，世态自波澜。被褐欲谁语？滥竽仍未安。无言堪汝赠，只是耐加餐。

大邑匪轻寄，斯民会可苏。养鱼防搅水，牧马合求刍。兵甲连沧海，疮痍正道途。乐郊枯旱久，迟子一沾濡。

魏子好心事，相从兴颇赊。与君联肺腑，弃我各天涯。烟雨黔山道，风涛海国槎。东南弥万里，吟望一长嗟。

六月二十八日大雨冯君树堂周君荇农郭君筠仙方以试事困于场屋念此殆非所堪诗以调之

黑云压城真欲摧，银河倒泻天如蓰。我巢仓皇变泽国，嗟尔三子嘻可咍。孔鸾欲争雁鹜食，贪饕岂得逃天灾！矮檐埤危小于盎，拳曲裁足容颈腮。上雨旁风忽冲突，蛰虫有户安能坏？脱履漂流不可觅，笔床茶臼何有哉？冯君枯坐但闭目，急溜洒面不曾开。周侯仰天得画本，倚墙绝叫添喧咍。郭生耐寒苦索句，饥肠内转鸣春雷。却笑群儿薄心胆，瑟缩啾唧良足哀。丈夫守身要倔强，虽有艰厄无愁猜。我今高卧舒两膝，深檐大栋何恢恢！白日鼾声答雷雨，残滴初歇清梦回。甘眠美食岂非庆，又闻逸乐生祸胎。数君健强齿尚未，正可磨炼筋与脢。明朝日晴各转斗，老黑战罢还归来。为君广沽软脚酒，泥污不洗且衔杯。

荇农既和余诗而三子者皆见录于有司乃复次韵

王师四出枯朽摧，筑城如铁黄土蓰。公然一战收全胜，笑言哑哑何欢咍！文章有时奏奇绩，不信五鬼能作灾。诸君运命颇磨蝎，可怜颠顿愁眉腮。年年力战略城邑，不分上国土一坏。却顾群公无寸效，封侯起第何难哉！李广旗亭遭醉骂，卫青幕府排云开。今朝背城偶自奋，一呼振臂何轰𨂁。皇天亦助昆阳捷，乱飞屋瓦奔云雷。稍雪平生三北耻，一洗往日千悲哀。但令蚕食得小补，休睨鸡肋生疑猜。神龙卷舒在勺水，绰绰进退真宏恢。谊士饮河但解渴，贪泉未到车先回。要将廉退式乡国，坐看合浦还珠胎。菟裘他年倘可老，林塾休息舒髀脢。不然崇阶借尺木，峥嵘富贵还鼎来。升沉变迁不可必，今日一乐聊干杯。

峥嵘富贵还鼎来。

送妹夫王五归五首

飘然弃我即山林，野服黄冠抵万金。滚滚污尘得少辟，茫茫歧路一长吟。梁鸿旅食妻孥共，苏季贫归忧患深。东去大江芦荻老，皇天飒飒正秋霖。

荆楚梗楠夹道栽，于人无怍世无猜。岂知斤斧联翩至，复道牛羊烂漫来。金碧觚棱依日月，峥嵘大栋逼风雷。回头却羡曲辕栎，岁岁偷闲作弃材。

高嵋山下草芊绵，去国蹉跎今六年。村老半闻悲薤露，人间容易即桑田。炎云凉雨有翻覆，舞榭歌台况变迁。莫讶荣枯无定态，君今犹守旧青毡。

有齐季女吾弟行，操臼君家老孟光。曾是弋凫相劳飨，犹闻雏凤已轩昂。秦嘉上计心情薄，王霸躬耕身世忘。织屦辟纑终古事，牛衣岁月即羲皇。

老弟三年困省门，寒山无律可回温。由来命分政须尔，久信文章不足尊。南雁乖违少书信，西风牢落对乾坤。因君传语告予季，失马亡羊莫更论。

送邓伯昭兼简家伯醇秀才三首

万里西风道，艰哉信尔行。力耕无半获，寒日耐孤征。身世嗟杭苇，文章一覆柸。平生余意气，未惜为君倾。

君家老痴叔，海内久词宗。岁晚餐幽菊，空山倚冷笻。我今方速谤，兹味亦非浓。他日庞公榻，来寻物外踪。

吾宗良大雅，老矣尚严阿。六载长乖隔，百年能几何？高明遭鬼侮，圭璧受沙磨。动忍由来事，无为弃斧柯。

莫过竹如

维摩元未病，子祀空复疑。薄暮还相访，经旬系我思。深谈四壁静，交道一灯知。天毕看西下，来归亦未迟。

题明陈忠愍公雪声堂砚为唐观察树义作

人间尤物天所隘，豪夺巧偷生灾怪。尚书老砚差复尤，流落君家足一快。区区石耳乌足珍，重谈胜朝可深喟。金陵已破汀州摧，桂林屡王甚矣惫。书生短褐陈老谋，欲倾南冥洗两戒。西走临贺东珠江，剜身莫医六州瘵。已闻余烬飘烟埃，复道妻孥喂杻械。丈夫首断心不悛，贱妾痴儿况足芥。袁粲狭巷犹鏖槽，张巡孤城已粉坏。可怜此砚随忠魂，未了多生文字债。文豹已毙皮尚存，笑倩后人为爬疥。不须更道梦中缘，已觉英灵接警欬。阿翁作吏今龚黄，惜哉老秸亦翻铩。君今抚砚勘楹书，世守椟龟安敢懈。惠然何日持示余，我见石兄或三拜。

酬九弟四首

违离子季今三载，辛苦学诗绝可怜。王粲辞家遭多患，陆云入洛正华年。轮辕尘里鬓毛改，鼙鼓声中筋骨坚。门内生涯何足道，要须尝胆报尧天。

汉家八叶耀威弧，冬干春胶造作殊。岂谓戈铤照京口，翻然玉帛答倭奴。故山岂识风尘事，旧德惟传嫁娶图。长是太平依日月，杖藜零涕说康衢。

杜韩不作苏黄逝，今我说诗将附谁？手似五丁开石壁，心如六合一游丝。神斤事业无凡赏，春草池塘有梦思。何日联床对灯火，为君烂醉舞仙僛。

辰君平正午君奇，屈指老沉真白眉。人世巾袍各肮脏，闭门谐谑即支离。中年例有妻孥役，识字由来教养衰。家食等闲不经意，如今漂泊在天涯。

乙巳春闱谢戴醇士前辈画竹

余少沦贱贫，学书等画墁。中岁偷太仓，误为金紫绊。文字虽所攻，浅尝不能半。迩来又十年，抛弃如土炭。岂谓选佛场？谬来事襄赞。列仙盛瀛洲，腰鱼何璀璨。禁院扃重帐，沉沉窅桂观。键户无一营，驰笺斗豪翰。蘸蓝扫秋叶，斯须复堆案。众雏亦好事，奔命极雨汗。戴嵩圣云孙，三绝天所叹。干谒填其庐，铁门说三换。竭来困棘闱，逢人匄脱腕。为余写新竹，风筠兀缭乱。呵壁呼老可，筌蒹何足算？我虽不解画，嗜古颇知岸。但得琴中趣，何必工抑按。为报青琅玕，微诗庶一粲。

> 文字虽所攻，浅尝不能半。

题画竹次醇士前辈韵二首

森森凤尾一时抽，满地孙枝翠筱稠。老干已凌霄汉上，曲江犹自忆遨头。

列仙不比山泽臞，碧碗琼浆事有无。更向禅宗参玉版，花猪竹鼦肯分吾？

题醇士前辈为滇生师画竹迭前韵

锁院重深春烂漫，垩壁潭潭古所墁。尽收群彦归樊笼，有似神驹遭絷绊。戴侯健者胸宇宏，足迹略经九州半。苦耆书画拼金钱，颇睨蝉貂等涂炭。钱唐夫子今儒宗，藻火虎蜼赖翊赞。两贤分吸西湖光，东壁交辉北斗灿。亦有绘事追宣和，岂徒宏文敌贞观。顷来巨卷写风篁，欲学湖州赠内翰。断枝零叶不整齐，但觉清风拂书案。试院经今五百年，文字何止千牛汗？前水后水俱东之，万事悠悠良可叹。独有名墨长流传，寿世不随星霜换。故知雨露濡李桃，不如风云生肘腕。我今老砚久荒芜，图史抛如秋篝乱。外文内节两无称，蠢蠢班行谁比算。誓将归牧竹石间，不管世途有陵岸。戴侯画牛有家法，何不误笔试一按？尚书早兆调燮几，我亦愿歌南山粲。

请醇士前辈画竹归贻树堂题诗一首

孔翠闭雕笼，失群忤本性。怀我如玉人，三旬阙宾敬。老醇今郑虔，支离颇自圣。余为扬其波，画诗极辉映。写此贻君子，持将作宝镜。筠以喻其文，千方晚节劲。桃李漫纷纷，语君勿与竞。物外求交知，尘中辟幽夐。

又赠筠仙一幅

人生有乖隔，咫尺成关山。我心日百转，从来输石顽。日吾语戴侯，君在张李间。为君画新竹，幽澹不容攀。我家双溪上，万竹围沙湾。凉夜幽篁里，月冷水潺潺。行携子偕隐，鹿豕相往还。诗名满天地，踪迹混榛菅。

酬岷樵

市廛交态角一哄，朝为沸汤莫冰冻。江侯尔岂今世人？要须羊左与伯仲。汉上邹生狷者徒，卧病长安极屡空。导养难绝三彭仇，恶谶欲寻二竖梦。君独仁之相披携，心献厥诚匪貌贡。执役能令贱者羞，感物颇为时人诵。丈夫智勇弥九州，守愚常抱汉阴瓮。不学世上轻薄儿，巧笑人前事机弄。昔我持此语冯生，沉饮深觥岂辞痛。郭生酒后犹激昂，往往新篇发嘲讽。君今劲节盘高秋，况有诗句惊万众。《喜雨》一章已恢奇，犹嫌伏辕受羁鞚。顷来贶我珍琼瑶，韬以锦囊无杀缝。我今尘海久沦胥，方寸迷濛足雾雺。乃知贫贱真可欢，富贵縻身百无用。因君寄语谈天客，狂夫小言或微中。但教毛羽垂九天，未要好风遽吹送。

富贵縻身百无用。

邹兴愚，字柳溪，新化人，客居陕西兴安。道光庚子举陕西乡试。家酷贫而自守严，不苟取。今年大病京师，不得与礼部试。医药、杂役皆岷樵躬之。急难之谊，吾见亦罕！予既为此后诗，十日而兴愚死，予与岷樵及兴愚之族兄子律三人者，为经纪其后事。秩然可以无悔。将以七月归其丧兴安。岷樵盖有终始者。子律字春生，亦笃士。六月十二日附记。

送王子寿归荆州五首

冠组堕尘海，与世日滔滔。岂知鲁连子，脱身美遁逃！十辈蜩与鹭，跳踉不能高。黄鹄冥一举，大地如秋毫。

挥鞭拾科名，咄嗟踏天路。四十非不强，万卷非无具。寻直如可期，须臾得少驻。侧闻冯潜郎，庞眉守故步。

盛年窜关辅，结客颇支离。负米半天下，有妇愁朝炊。诗名满湖海，持是欲安之？菰中一渔笠，怀哉不可追。

天人互转旋，时势有虎鼠。结交贵结心，宁当变寒暑。可怜拙匠斤，谬被獶人许。一杯君强釂，无人解觞汝。

结交贵结心。

皇明烛八极，小范卧西洲。嗟君老从事，招招岂无舟？废兴难可道，时来不自由。投竿要强起，何代无马周。

移居偶成

前人栽藤后人看，我年于藤未及半。前人种竹青成林，舞影窗月清我心。况有丁香海棠树，堆砌牡丹乱无数。霜风但遣枯枝立，春光犹迟隔年度。独立何必念芳菲？正肃气与天地遇。此身今古如脱屣，人得人弓等闲耳！冰霜百物半摧藏，扫除一室吾安事。转眼花开春事新，四座唯延澹荡人。读书养性聊为乐，日可招要梅子真。

赠梅伯言二首

隘巷萧萧劣过车，蓬门寂寂似逃虚。为杓不愿庚桑楚，争席谁名阳子居？喜泼绿成新引竹，仍磨丹覆旧仇书。长安挂眼无冠盖，独有文章未肯疏。

单绪真传自皖桐，不孤当代一文雄。读书养性原家教，绩学参微况祖风。众妙观如蜂渍蜜，独高格似鹤骞空。上池我亦源头识，可奈频过风日中。

_{不孤当代一文雄。}

送陈岱云出守吉安

骊驹且莫喧，我歌始一放。忆昔初逢君，汉滨俯高浪。同拾春官第，天门蹋阊阖。射策干羲轩，挟神一何王？君嗚我斯于，蹑履星辰上。双鸟不分飞，短翎实所傍。借屋两头居，嬉游不可状。六月寒瓜肥，嚼冰涤府藏。劈半持作冠，狂呼极跌宕。秋雨催归人，膏车各南向。长沙揖君庐，入门删三让。拜母升后堂，排筵倒家酿。明岁同还朝，百扶接居巷。朝餐或来过，夕渴还相访。问学商米盐，经纶说鱼酱。驱驴驾鸡栖，似狗颇苦壮。有甑例宜尘，无衣安用桁？我道夫子贤，世人或嘲谤。世人病我顽，夫子怜其诳。袍笏虽支离，貌卑心则亢。平生企高遐，力微不自量。树德追孔周，拯时俪葛亮。又兼韩欧技，大言足妖妄。夫子不予讥，和高越初唱。洽比三四年，为欢亦云畅。卯岁夏之中，九门盛炎瘴。君实罹其灾，一病月三望。毒热轰外强，客痞兀中胀。有妇贤且勤，吁天事供养。背分苟令凉，馓进冀缺饷。剜肉补其天，有神实克相。繄我相扶持，计穷屡怏怏！国工吴与郑，调齐妙心匠。鬼录不见收，人谋信可仗。由来福与祸，茫茫自天贶。时月无几何，中馈遘死丧。我时匍匐救，仓皇事摒挡。黄口抱呱呱，稽首别緫帐。移巢翼其儿，室毁子无恙。良人非顽石，焉能缺凄怆？倾家营奠斋，泪河送反葬。我谓"君已愚，稽经惧失当。"君谓"情自缠，谁超六尘障？"展转弥再期，病贫互摩荡。南望问尸饔，储粮不盈盎。摧肠与蹙眉，万端欲谁谅？一朝被殊恩，千忧始涤荡。士穷守艰危，时来类放旷。为君述前尘，在莒慎无忘。报恩不在他，立德乃可尚。丈夫要努力，无为苦惆怅！

士穷守艰危，时来类放旷。

夜直苦寒

白虎西流朱鸟高，五更风利鹡鹍刀。劲寒战栗通心曲，墙气冰霜上口毛。旷荡青天如可对，折旋丹地敢辞劳！频闻交战呵金马，蓦入灯庐炙冻毫。

吴宫黄病中属市鹿尾

越舫迎来手指千，屋多不畏贮风偏。华灯乡话初长夜，药碗吟愁欲雪天。阳气眉间回病客，元精至后固崖仙。内厨斫取殷红色，判费西清月放钱。

腊八日夜直

翻从官宿得闲时，仙掖深深昼掩帷。静向古人书易入，寒偏今日酒堪持。浓馎说献宫中佛，晴雪看分禁里墀。日暮武英门外望，井阑冰合柳枯垂。

乙巳正月二日作

蹉跎三十五，闻道其既晚。去日良已富，来程亮复远。自从伊闽亡，大道闭立楗。有瞽不识珠，卖珠事骄蹇。微数陈豆笾，小和辨蜓螾。迂腐讥渊骞，空疏讪商偃。前者激波澜，后者恣斗很。大江日滔滔，众人死婉娩。谁能抱孤芳？寂寥守旧畹。通经不达时，失身下猪圈。嗟予局呎闻。亦不工嗜噂。非仁不敢祖，非义岂尝本？所学诚流俗，攀跻但分刌。不挂高明眼，讥评肯少损。民各有依倚，吾宁变愚悃。文字局缄滕，经纶在房捆。浩荡冠盖场，一心自嘉遁。聊再陈区区，梦魂庶谧稳。

文字局缄滕，经纶在房捆。

题筐谷图

大雅即高咏，耽隐青山岭。手折筼筜枝，铿为琅玕音。松风石壁高，箐雾林霏深。幽幽人不知，独鹤明孤心。

陈庆覃诗钞题辞三首

魏王大瓠号丰硕，酌水盛浆百不适。丈夫身手岂不良？沉没诗篇真可惜！嘐嘐道古无一符，画脂工夫竟何益？我昔镂肝好苦言，今来百忧颇冰释。誓将辍轸收哀弹，不唱君家行路难。

近闻西蜀甚陆梁，驱入大邑如驱羊。群揭竿旌过都市，广开林薮收畔亡。新市下江颇窃发，左溪横水还披猖。州家上名使家纵，昔我经过心繁伤。太平风尘亦如此，胡不上书达天子？

虞舜藏弓苍梧野，我家正渡南岳下。眼看乡井多誉髦，凌周郭李皆健者。何郎苍老孙郎少，君合众铜付一冶。楚人自古工语言，湘流到今悼屈贾。褊夫例缚文字禅，剑头一映真粲然。

憩红诗课戏题一诗于后

铅山不作桐城逝，海内骚坛委寒灰。龙蛰虎潜断吟啸，坐令蚯蚓鸣惊雷。憩红先生颇好事，欲拓诗国疆土恢。号召英豪执牛耳，大搜燕冀选龙媒。走章驰檄遍都市，纷纷吟札如云来。较量锱铢判殿最，岂有鱼目换珠胎！倾身爱才剧如命，酬字金帛布成堆。达官贵人不好士，先生此举真豪哉！嗟余楚狂百无用，长安十载餐黄埃。作碑无钱枉自苦，乞米有帖长空回。臣朔饥死侏儒饱，古来颠倒何足哀！偶然涂抹为新句，画眉深浅乖时裁。鬟髻飘零有谁惜？锥刀角逐吁可哈。豚蹄果遂簋车祝，一笑取醉三百杯。

送王孝凤之云南即题其尊人松菊图

累世无咎繇，冤民塞九县。数窘危众鱼，吞舟不加谴。王叟邦之良，温恭少侧弁。狱吏一牵连，秋毫怍雷电。田甲时见陵，马迁莫相援。盆底无昊天，荷戈出摩甸。万里蒲蛮道，征人泪如霰。廿载餐毡糜，衣无故时线。回首望家山，柴桑信所恋。老松倘无恙，丛菊向谁绚？有子铿华钟，蜚声震金殿。武库罗其胸，干将思一刜。誓上缇萦书，不乘长卿传。一麾首滇南，征心已如箭。预想王坦之,初觐怀祖面。抱持至膝上,悲喜集一见。万事如浮云,沧海日千变。独有骨肉离,重逢真可羡!明岁唱刀环,欢声若雷忾。归食武昌鱼,比邻张高宴。凤诏喧里闾,纯孝回天眷。不学朱寿昌,徒登独行传。

题钱仑仙燃烛修书图

腐叟音尘湮,千载无完史。断代自班生,铄揽破大体。茂先赏三志,编摩或索米。旧书留衅瑕,但为吴生訾。数贤不足珍,除外况靡靡。圣代盛文章,群英躐前轨。殷鉴囊成编,唐经今继美。磊磊南董伦,影缨足幡缡。钱子邦之良,弱冠捋金紫。泾渭原胸中,衮铁极笔底。朝踏东华路,柴车等败屣。夜归南牕下,椽烛照大几。一字褒幽潜,片言殛奸宄。曲直在豪端,谁能矜爪觜?我亦载笔臣,大诏久复弛。三载縻官钱,甑尘亦莫洗。披图聊粲然,作诗一洒耻。

题孙君采芝图二首

众羽工飞骞,先生独摧挫。十载桃花源,寒毡屡告破。古木发深弹,从来拒俗和。采蕨睎殷顽,餐英补楚些。自撷三秀芝,穷年振寒饿。岂谓人事乖,悠悠即长卧。掇草求长生,无灵欲谁那?长是拜画图,千秋聆咳唾。

少室吾党英,储能实完好。韶齿殊不廉,闲偷仙人枣。航海探琪花,蹁跹踏三岛。根本良已深,众芳信在抱。言采幽兰归,种作阶前草。上有竹修修,下有清风扫。竹节寒逾坚,贞心永难老。风暖扇余馨,繁香满穹昊。

书朱皋亭家传后

韩公曾作董生行,坡老亦咏姚氏堂。末世文人苦屠陋,虽有行谊无由彰。徽州太守万夫特,承明一出腰银黄。政声今邻赵张右,名翰昔在崔蔡行。忆昨石渠同讨论,称引先德何琅琅!考亭绝学半庭训,佩韦奕叶仍作堂。《孝经》五龄诵在口,《内则》半编时相将。一朝老亲蒙雾露,医不能力巫难禳。妙年诚心破金

万事如浮云,沧海日千变。

一字褒幽潜,片言殛奸宄。

石，午夜刲臂和羹汤。探丸何曾让耆域，卧冰殆欲嗤王祥。谁言昊穹阔且远，小叩大应如宫商。阿耶道躬既纯固，阿儿行义宜褒扬。汉家本来重孝友，薄俗尤应式庞凉。岂谓虚舟藏大壑，空教幽狱埋寒铓。独留孤儿好头角，神驹坠地不可当。逸足腾踏蓬岛路，八载与我同趋跄。昨年一麾出歙浦，南饥北渴永相望。白塔舳舻晨漠漠，黄山烟霭暮苍苍。怀人欲寄相思字，念祖仍征述德章。前人艰危事栽种，后人但识嘉荫长。即今梗楠贡天府，莫忘老幹在冰霜。

酬陈庆覃侍御

赤水沉玄珠，千年迟象罔。君子回深眷，翻然辱旌奖。马走那解诗，钩章事卤莽。秋蝉挂高柳，风过自成响。岂意师旷聪？偏听发谬赏。维君坚高垒，无人敢掉鞅。笔端一缕香，百灵通肸蚃。方今隆栋穹，伊巫拥天仗。巢燧无阙遗，无处著崛强。以兹得雍容，闲吟寄慨慷。有书亦盈床，有沽亦盈盎。六宇自冥冥，湫尘莫予网。请君拊夔石，予亦击尧壤。

送周文泉大令之官城武

周侯为政知者鲜，地小袖长自不展。早岁读书如老馋，堆案遍尝尽百脔。词源一泻不得休，往往峻岩杂婉娈。频年大海泣遗珠，卅载湖南绾铜篆。本因名父求萧威，始见分符来张缅。深藏干邪匿铦锵，尽坏屏障通关键。闲官那暇自料理，时逢顺风亦迁转。由来赤令须老成，早有仁声先流衍。东穷二酉缘砜崖，南入九嶷踏秋藓。马援旧愁恶氛恶，文翁新化善俗善。忍教蛮犵叹无襦，坐看獞猺来解辫。芦笙铜鼓喧骂歌，苗妇獠童通绻缱。我亦自是湘中人，有贤不知嗟何浅。长安一见两无猜，讵比寻常徒睍睆。大开户牖吐真气，倒决江河放清辩。拘守咫闻苦自绳，我固儒酸君未免。方今要路争腾驰，几辈兼程猎华显。高车大马尘埃香，翠羽长缨腰脚软。看君敝襆犹绸缪，长是败茵策驽蹇。行橐剩有书满箱，公厨会恐尘生甗。此去清风入濮曹，定知甘露洒青兖。谁云廉吏不可为，须信夷途百无舛。阳城岂畏书殿考，卓茂

前人艰危事栽种，后人但识嘉荫长。

终当膺首选。迩闻海国还喧咋，此邦幸未近兵燹。可怜疲民困科条，有如聚蚁遭蹂践。岂无积弊含疮痍，聊欲爬梳愈疥癣。枯鱼在辙谁能久，恶草当门要须剪。知君不薄刍荛陈，世俗但解笋蒲饯。明朝一别各东西，愁绪多于瓮大茧。

小池

屋后一枯池，夜雨生波澜。勿言一勺水，会有蛟龙蟠。物理无定姿，须臾变众窍。男儿未盖棺，近取谁能料？

物理无定姿，
须臾变众窍。

东邻杜氏义塾

稍得尘埃隙，来兹一散襟。喧车阕四听，对鸟送余音。亦有边韶懒，谁能季主寻？村童休问字，剖璞方自今。

兹晨

兹晨曷不乐？端念良自尤。自吾有爪觜，半啄匪躬谋。俯视见后土，仰视见光浮。关门赫婢仆，雄长如诸侯。专精事羹饭，余政及乾餱。兵后物力绌，平世生齿稠。人人似我饱，实重黄屋忧。吾皇惕昧爽，彼相争前筹。圣者自危厉，愚者自优游。大哉六合内，人类难等俦。

失题

西山一夜雨，秋气入庭除。清晨展书坐，翛然乐有余。天宇一何廓，荡荡真吾庐。燸燸夸毗子，守隘无旷居。众鳞争坳潦，鬣鬐安得舒？岂知逃闲寂，放荡得尾闾。吾乐正如此，君乐复何如？

题泛海图

昔我棹瓜州，金焦望巉巉。灵山咫尺间，不得穷巉岏。还家述游踪，高堂一笑莞。江湖险可吁，泛海况不恝。抚摩慰惊魂，软脚呼盘盏。由来慈母心，险夷最所拣。孝廉本儒衣，文章富编划。胡为涉遐思？浮海穷觇瞻。有母足慈悲，奉佛信瑟侗。共道洛伽岩，实惟仙药产。神人渡迷津，福汝能简简。虔祷或有凭，孝思本无限。图此塞寸诚，灵心聊结撰。何知妄与真，云涛纷满眼。

送凌十一归长沙五首

昨日微雨送残秋，落叶东西随水流。世间万事皆前定，行止迟速非自由。谋道谋食两无补，只有足迹遍九州。一杯劝君且欢喜，丈夫由来轻万里。

皇天陶钧造万器，瓮盎瓶罍巧安置。颇怪君材无不能，胸中多藏如列肆。刀光刺眼瞬不摇，小事痴骏大事智。吁嗟世事安可知，干将补履不如锥。

螺蠃负青虫，祝祝亦相似。眼见平地蠹高台，缩版登登无基址。王侯将相岂有种，时来不得商进止。君归读书更十年，看君白日上青天。

憾我不学山中人，少小从耕拾束薪。朝去暮还对妻子，杀鸡为黍会四邻。世事痴聋百不识，笑置诗书如埃尘。君归自有青塘山，筑室种树莫言艰。

如我自镜犹可憎，非君谁复肯相偶。寂寞陋巷长叩门，三日一见开笑口。常时徒步唉尘土，偶然驱车马如狗。君此归去慰门间，我今留滞当何如？

送谢果堂前辈归江南

我昔曾读《知耻集》，憾不追逐参翱翔。当时小人窃国柄，狐鸣枭噪何贪饕。霍家奴子青油幰，夜半狭巷公嬉遨。一朝烧车震都市，骢马御史真人豪。至今朝士诵遗直，言之凛凛寒生毛。先生早闻过庭训，岂有劲干能枉挠。廿年作吏领畿赤，王事何曾怨贤劳。为怜疲民困蹂躏，亲抚积瘵勤爬搔。豫州丰碑吾所见，德政犹传万口牢。复闻巴夔魋结恶，十载边陲苦绎骚。先生手草谕蜀檄，剖巢熏穴貋貚号。杀贼自是书生事，成功屡蒙圣人褒。陈立余威慑驶冉，文翁雅化烝誊髦。方今时俗忌博謇，伈伈万众铺饎糟。却笑先生抱古调，肯随里耳同喧嘈？谁言夷途百无舛，未免奇数时一遭。大江东下日滔滔，浊水沉珠不可捞。使君一去万人哭，牵衣遮道何嗷嗷！蛾眉谣诼古所惜，坐使斧柯终倒操。揭来长安谈旧事，磨硱圭角深自韬。削如太华立千仞，绝顶秋隼下平皋。始知老辈尚骾节，堪晒薄俗徒尘嚣。嗟余昏顽大无识，随人府仰如桔槔。频蒙美言药狂瞽，须臾便达肓与膏。昨者告别惊何遽，归心已似风中旄。逝将买山学耕钓，行且筑室诛蓬蒿。世事痴聋不复问，典衣取酒乐陶陶。天空地阔网罗少，黄鹄一举何其高！纷纷燕雀非吾曹。

失题四首

抽得闲身鹤不如，高秋酒熟菊黄初。便驱天驷识途马，归钓江乡缩项鱼。往日心情随毂转，今来身世似舟虚。不须更说知几早，且喜尘缘尽划除。

蜒雨蛮烟日日催，侧身周望重低徊。海滨膏血深无极，帐下笙歌自莫哀。安得贾生时痛哭，可怜杨仆本庸才。投章欲问茫茫意，何处通天尚有台？

金堤旧溃高家堰，复道今年盛昔年。自古尘沙同浩劫，斯民涂炭岂前缘？沉江欲祷王尊璧，击楫谁挥祖逖鞭？大厦正须梁栋柱，先生何事赋归田？

<small>大厦正须梁栋柱。</small>

两度归帆溯上流，萧萧落木洞庭秋。送君此去风前酒，忆我当时月夜舟。弘景旧居勾曲涧，杜陵新卜浣溪头。好栽修竹一千亩，更抵人间万户侯。

秋怀诗五首

木叶下如雨，西风吹我衣。天地气一肃，回头万事非。虚舟无抵忤，恩怨召杀机。年年绊物累，俯仰怜诟讥。终然学黄鹄，浩荡沧溟飞。

蟋蟀吟西轩，商声方兹始。小人快一鸣，得时亦如此。大泽藏蛰龙，严冬卧不起。明岁泽九州，功成返湫底。吾道恶多言，喧嚣空复尔。

吾爱邵夫子，古之三益者。凿凿攻我瑕，不随世人哑。薄俗尊文章，吾亦事苟且。赫赫扬子云，末途裂如瓦。再拜谢貘人，斤斧行可舍。

城头昨宵月，今夕亏其圆。丈夫矜小节，一缺谁复全？蜗庐抱奇景，高视羲皇前。苍蝇觑尺璧，江汉谁洗蠲。马融颂西第，今为时所怜。

吾友刘孟容，遗我两好书。三年不报答，幽怨今何如？深山闷大宝，光气塞州间。樊英履坛席，名业箕斗虚。补天倘无术，不如且荷锄。

酬薛晓帆

大谷阒幽兰，由来习霜雪。摧挫弥岁年，葳蕤减昔悦。本性诚未移，芬芳讵可灭。时物一为遭，适为吴人撷。会合亦有宜，废兴固难说。旁有荷樵子，殷勤事搴襭。出山嗅怀袖，余馨亦未辍。臭味良有然，非渠独明哲。

非渠独明哲。

风骚难可熄，推激惟建安。参军信能事，声裂才亦殚。寂寞杜陵老，苦为忧患干。上承柔澹思，下启碧海澜。茫茫望前哲，自立良独难。君今抱古调，倾情为我弹。虚名播九野，内美常不完。相期蓄令德，各护凌风翰。

题王少鹤嫛砧课读图

破屋荒园阴雨候，桐树清阴向人覆。虩虩危巢鸟铺鷇，风窗瑟缩灯如豆。砧心清切姊心悲，书声函胡姊泪垂："天乎汝此不自力，岂惟乃姊摧肝臆！二亲魂魄长呜唈！"跃马天街得路回，龙钟老疾姊颜开。一笑迎门雪双涕，此日当时互悲喜。当时荒园姊携弟，此日安舻弟迎姊。凤诏辉辉赍下泉，柳江春色焕云烟。长途珍重难为别，愿且无忘在莒年。

送王少鹤

待尔双双至，春回又一年。开尊皆旧友，发箧半新篇。荔子红时雨，芭苴绿外天。江乡好风景，话向酒杯前。

丙午初冬寓居报国寺赋诗五首

闭门百虑丛忧煎，出门葛蔓相纠缠。苦被尘埃缚欲死，脱身来此亲僧毡。老松大槐遮四径，日月为我生光妍。道人龙钟五十七，黝深碧眼珍珠圆。烹茶煮饼时勤我，亦有山果堆初筵。橐驼对座不相管，两家各有无言禅。皋夔稷契非吾事，休囚饥饱付皇天。

去年肺热苦吟呻，今年耳聋百不闻。吾生卅六未全老，蒲柳已与西风邻。念我识字殊珍少，浅思讵足燔精神！忽忆轩颉初考文，群鬼啼夜天裂晨。斯高扬马并奸怪，召陵祭酒尤绝伦。段生晚出吾最许，势与二徐争嶙峋。惜哉数子琢肝肾，凿破醇古趋嚚嚚。书史不是养生物，雕鑱例少牢强身。我今日饮婆娑尚不乐，嗟尔皓首鱼虫人。

长安十月飞繁霜，西风落叶戛金商。道场隙地一千亩，颓垣破础凄荒荒。坏塔陂陀野狐噪，华楹漫漶饥鼠忙。忆昔宪皇兴作日，飞楼涌殿何巍昂！外家恩泽敌田窦，祖师势要凌侯王。三百年来变陵谷，龙象孱弱齇齇狂。毗卢阁子今安在？向时铁凤蟠穹苍。铜驼荆棘古所叹，今我何为独旁皇？鼻涕垂颐不须管，况问人世沧与桑。

俗儒阁阁蛙乱鸣，亭林老子初金声。昌平山水委灰烬，可怜孤臣泪纵横。东西南北辙迹遍，断柯缺斧终无成。独有文书巨眼在，北斗丽天万古明。声音上溯三皇始，地志欲掩四子名。丈夫立言要须尔，击瓮拊缶乌足鸣！嗟余孱退昏庸百不力，付与四海刘传莹。

刘郎三十甘蒿莱，荷蓑著书真豪哉！郭生辞我还乡国，东游章贡唉红埃。跌宕江山要诗句，倾倒怀抱须尊罍。此间颇似酾池寺，但少晁张蹬然来。朝饥夕渴不可解，安得银潢倒落注金杯！

送舒伯鲁

神驹秉清峻，堕地凌无前。男儿志万里，亦在华妙年。舒生吾楚儁，结发疲丹铅。内外承嘉荫，托根魁斗躔。迎妇范阳府，结客弥幽燕。遂来窟京辇,满月弯鸣弦。谓言拾高第,如掇床头钱。人事有奇偶,虎鼠非吾权。文章不妩媚,例为时世捐。芝兰合锄刈,朝菌香彻天。可怜壮夫志,摧撼终不迁。时时造我闼,屏虑商诗篇。高吟动厚地,幽思缅重渊。维桑古有敬,况此接才贤。昨来忽告别,归意何翩翩。寝门疏定省,肯为世网牵。一鸣不称意,脱去如鹰鹯。赵孟等闲事,难者参与骞。马走蠡此间,岁月逐风颠。谋归百不勇,送女聊自镌。

刘叟诗

新宁江君忠源,予之挚友也。数为予称其邑孝子刘叟者。道光丁未叟年齿六十,江君求予以诗扬其行,为老人光悦,且以风里人。夫甄采畸德,作《独行传》之长编,史氏之任也。嘉善而惩不能,劝一而励百,亦士大夫有风俗之责者事也。故为之诗歌,远遗刘叟。叟名某,字某,实县学生。

金峰万山辏,刘叟巢山椒。邦人所宾礼,与山两岩峣。天穷苦无告,孤露初及髫。倾家树四壁,马磨风萧萧。朝餐或耻盉,夕饮恒赌瓢。子衿式学省,童冠各在招。束修敛薄少,岁获偿裒穮。上堂奉甘滑,入室馨脂膋。一噎三咻摩,一食再温劭。蒸梨或怵志,捐斥无宽条。婴儿抱酷爱,毕世非一朝。白日不东返,孝养随瞥飘。所余梧与梧,傍身匪琼瑶。触时即子卯,有棬如春潮。仰供不知劬,俯畜安能饶?举家浩鹅雁,妻馁儿号宵。维叟不卤莽,长短与量料。纫箴教补裂,呼粥权息嚻。乡邻敬其谊,百里无飞鸮。长官式其贤,唾息不敢骄。噫乎血气伦,报本义所要。人纪有乖沸,兹实悬之杓。惠迪经所训,物理亮非遥。感叹遂成咏,庶以风鄙浇。

送莫友芝

豪英不地囿,十九兴偏邦。斩崖拨丛棘,往往逢兰茳。黔南莫夫子,志事无匹双。万书薄其腹,廿载幽穷乡。今年偶作剧,射策来都堂。青鞋侧破帽,日绎书贾坊。邂逅一相见,揖我谓我臧。刘郎吾庸敬,好事迷短长。炙酒赪君颊,亦用沾我肠。微澜时激引，稍稍观涛江。可怜好手眼，不达时温凉。果然被捐斥，锄刈不成芳。谁能尼归驾？飘若惊鸿翔。我时走其庐，深语非浅商。次及《蓼莪》痛，老泪何浪浪！嗟余亦心性，内刺能不降。宾然拜床下，十分肃老庞。关山有乖隔，人事不可详。万里共日月，肝胆各光芒。作诗勖岁莫，亦以勤刘郎。

题彭旭诗集后即送其南归二首

日日送归客，情抱难为佳。老彭复去我，内抚焉所偕？往予初遇子，睇睐无等侪。鹰眼迥高秋，势不甘尘埃。自言困乡国，横被口语猜。绛侯畏牍背，田甲欺死灰。脱身来洛下，稍摄惊魄回。风波一震薄，万事何有哉？雄篇忽枉我，峻句何崔嵬？险拔肝胆露，忧患才地开。终然达紫气，幽狱难可埋。男儿要身在，百忤宁足摧？临岐不知报，努力于深杯。

大雅沦正音，筝琶实繁响。杜韩去千年，摇落吾安放？涪叟差可人，风骚通肝鬲。造意追无垠，琢辞辨倔疆。伸文揉作缩，直气摧为枉。自仆宗涪公，时流颇忻响。女复扬其波，拓兹疆宇广。大道辟榛芜，中路生罔两。屠夫阻半途，老大迷归往。要当志千里，未宜局寻丈。古人已茫茫，来者非吾党。并世求人难，勉旃各慨慷。

丁未六月七日考试汉教习试院作二首

潭潭深院镶肩牢，阕日湿云作郁陶。薄茗何曾解消渴？纤绨便欲等重袍。高堂燕息尚如此，矮屋蜂屯毋已劳！得失升沉纷满眼，世间人事等牛毛。

虞廷胄子肄声律，汉室小侯齿辟雍。银汉支流原博大，璧门追琢要从容。师儒落落渺千载，针芥时时还一逢。明日邓林斤斧入，可能涧底拔长松？

丁未六月廿一为欧阳公生日集邵二寓斋分韵得"是"字

宴饮非吾欣，十招九不起。岂不耽群欢？未谙诺与唯。今日饮邵侯，婆娑办一喜。多因坐上宾，可人非俗子。梅叟名世姿，

万里共日月，肝胆各光芒。

萧然红尘里。蝉蜕三十年,万事知脱屣。独留文章性,贞好无迁徙。颇奖欧阳公,时时挂牙齿。后者开曾王,前追韩与史。自叟持此论,斯文有正轨。二三邦国英,风流相依倚。持斤向老鼻,郢门欲成市。邵侯宏其波,峥嵘见爪觜。时作好事人,排荡诗酒理。长安三月雨,炎威方一弛。洗盏招近局,众宾稍填委。尚想老醉翁,兹辰实揽揆。展图拜光仪,焚香追无始。馁鲽初在尝,良琴复动耳。跌宕宇宙间,嘐嘐亦未已。鄙人实昏顽,百非遘一是。麋鹿生野性,谬来绊金紫。纷华一荡滌,精光半销毁。常恐道夫闻,殒身同蝼蚁。苦缅六一公,终古长不死。名位匪绝人,所贵不关彼。作诗谢邵侯,梅叟并送似。

酬李生三首

一别李生今四载,我有情怀浩如海。白日西下江水东,嗟余与女不相逢。念女春秋正壮大,勋名邂逅能鼎钟。三年五年伏不出,镜中便恐改昔容。丈夫自谋要深远,求田莫问陈元龙。深山穷谷霜锷老,何人拂拭青芙蓉?

曳尾不羡宗柘龟,孤豚不慕太庙牺。我今等闲为世用,自怜肮脏百不宜。海国波涛一万里,天昊罔象相娱嬉。圣主宵衣事展转,小臣屑薄何能为?胸中不辨管与乐,囊中尝少参与耆。朝欷夕噫不自得,俯首长诵鹈梁诗。

孙生粲粲如刻苔,玉立偕女双琼瑶。同作二乔好夫婿,盛年咳唾干云霄。蜀山嵯峨蜀江阔,终有畸士光斗杓。文章不是救时物,扬雄司马乌足骄?男儿万事须尝胆,讵肯侥幸呼卢枭。女曹报国好身手,看我蹉跎已老丑。

次韵戴醇士邵蕙西见过

去年城南卧古刹,高秋万叶声鸣戛。病中强哦七字诗,欲调苦肠变甘滑。枢府先生辱相和,神鬼雕镂何桀黠。铲除险语归温柔,痛与鄙人砭茁轧。我时乡梦正南飞,欲促归装理脂幰。奇章伟句不能报,自惭久喑蚕与蛰。岂期岁序遽周遭?西风萧萧又愁杀。东乌西兔老鞭笞,镜里催人双鬓髻。二贤忽来旷我怀,高论丘索穷九八。但得樽前赌欢笑,遑冀身后谁识察?纷纷人海缚簪缨,汨汨天刑被髡刖。何时却随两闲鸥,摩空一盘万里鹘?

题平谷山庄图

十年京国踏朝鼓,九陌黄尘塞肺腑。已分喧嚣侪市估,忽梦归去钓湘烟。洞庭八月水如天,沙鸥与我抵足眠。醒来依旧马嘶枥,车声隆隆震墙壁,始知樊笼困羽翼。开图对此好溪山,万重云水一僧闲,清辉照我尘里颜。何日飘然鞭芒屦,往寻盘山松下路,买邻来傍羊求住。

武事会试闱中作

禁闱莲漏已宵深,凉月窥人肯一临。此地频来从案牍,吾生何日得山林?貔貅雾隐三更肃,河汉天高万籁沉。火冷灯青无个事,可怜闲杀爱才心。

题王麓屏扁舟归养图二首

冶风融日作好春,吾子嘉遁逢兹晨。长安高盖拥衢术,往者牛毛去者麟。平明趋衙莫退舍,日日人前伺喜嗔。谁识扁舟五湖外,尚有朝士梅子真。

涟水之头资江尾,十年同违桑与梓。君去芒鞵踏万山,谷鸟崖花各欢喜。白头老母迎门笑,倾身一拜儿归矣。我今濡泥不知还,猨鹤息壤犹在彼。

书严太守大关赈粜诗后

去年河北哀鸿嗸,千里剥地挠无毛。罄牲瘗圭百不应,妻儿鬻食夫逋逃。吾皇惨恻轸饥溺,银潢下灌倾恩膏。诏发内储一百万,拯置衽席苏号咷。颇闻洪波有渗漏,蟊贼难防胥役饕。令我苦思循良吏,部勒仁政明秋毫。丽江太守今召父,噢咻赤子归甄陶。政成蛮狝罢歌舞,跌宕滇海穷诗骚。谒来金门谒帝座,一编示我何桀骜!赈粜两章尤警绝,风格欲与次山争旌旄。大大出疆得专擅,汲黯发粟史所褒。救世议赈非细事,走章驰檄相訾謷。

部勒仁政明秋毫。

州家申求使家阻，民册吏牍如山高。君能奋身拯水火，一破积习万口牢。画脂不是壮夫业，诗外有事真贤豪。安得九州遍公等，抚摩万众离煎熬。作歌聊用劝来哲，下考莫哂阳城劳。

送黎樾乔侍御南归六首

时岁善遒迈，烦惊无少舒。秋色满大地，良朋还去予。十年聚京辇，并头相呴濡。深言洞金石，密意安纂绚。倾欢酌家酿，灯火照狂愚。不能久依倚，脱弃如惊凫。民生各时令，近止非人图。物自恃其末，吾自敦其初。高秋天万里，浩荡一春锄。

平生秉微抱，志与《诗》《骚》亲。孤音裂肝膈，划然震乾坤。持用告庸子，举世褎不闻。先生有妙鼻，容吾挥一斤。赏妍越恒理，逐臭诧奇芬。高歌切哀玉，吹我上青云。多誉堕盛德，虽然岂不仁？文章事微薄，在物未为珍。秋毫较得失，老死相龂龂。从今溯根本，破砚吾欲焚。

万岁行滔滔，后水逐前水。今古数达官，河沙不可纪。生存势薰天，死去饱蝼蚁。达人计深长，誓不欲糠秕。嗟余本野性，邂逅绊金紫。尺寸无功能，高明畏神鬼。雷同涸太仓，或恐损廉耻。倦羽企归风，余亦行休矣。筐笋锸松秧，从君万山里。

逆夷昔烂漫，兵甲御南东。杀人饲蛟鳄，大海为之红。君时即我谋，雪涕向苍穹。夜半草万言，朝奏甘泉宫。道谋复旁午，群策杂昭聋。圣择有姑舍，神断自天聪。白献虽不效，义愤倖贾终。事往一回首，人各发旧蒙。所贵中无疚，焉计达与穷？

洞庭天下阔，清杰横六宇。中有两佳人，乃是渊骞伍。湖北宁茉云，南曰孟容甫。厥氏同刘宗，神明本汉祖。实惟吾友生，交期澈肺腑。乖隔漫关河，梦魂奔越苦。朝忆便成昏，夜思或达午。此士卧深山，静气却豺虎。君去倘寻求，凤鲤还一吐。物外得真游，方寸能歌舞。

骢马凿蹄行如飞，幡然下马赋归去。谏草上付九重天，扁舟遥指三湘路。先生素志在湖海，复欲苍生归陶铸。十年风绪虎观书，六载霜冷乌台树。沧海鲸鲵浪正高，洪河蛟蜃秋尤怒。杜老穷年忧黎元，贾生伏阙陈时务。虞廷自有龙夔在，朝士谁结巢由慕。长安风寒秋气高,离筵酒暖日色暮。共因去国惜欧九,私喜见几继疏傅。昭山树古霜逾瘦,洞庭水深寒可渡。定将踪迹溷渔樵,犹有耕桑酬雨露。他年拂衣我归来,为访先生嘉遁处。

题黄矩卿师采兰艺菊图

灵仪耀德辉,昌期偶一造。翙羽时倦飞,丹穴仍高蹈。吾师生民杰,莹粹迈珪瑁。文章养其原,木鸡极啄蓏。诗老昔采风,滇海烝英髦。圣皇豁四聪,惇朴信所劳。文轸驰西南,武库职旌纛。夷然镇庙堂,群士息浮躁。秋月照琴心,忽理《思归》操。东篱菊正肥,南陔兰可茇。翩然谢簪笏,巾车已复膏。小子秉孱薄,门墙备洒扫。追随漫十年,未洗缁尘眊。稻粱通旅怀,《诗礼》荒庭诰。赋诗镌此心,摇摇如植翿。

> 文章养其原。

题张石舟烟雨归耕图

靖阳老翁饥不死,四十年来唊书史。一朝悔悟思改弦,万卷书抛到脱屣。高车大马谢群儿,草服黄冠吾归矣!朋知聚处颇相怪,问翁生涯欲何以?东阡南陌一毛无,四海九州将安底。翁言少小晞奱皋,曾对老苍矜爪觜。几年束缚蚕在匡,数辈响濡鱼乞水。中散自怜七不堪,于菟但闻三见已。阅世蛮触多战争,策身臧谷无完美。逝将岩壑躬耕桑,不受丘轲老鞭箠。躯体谅非百年物,梦魂倏在千万里。烟雨濛濛插新秧,短渠漰漰长鳢鲔。泥饮村农与酣嬉,招呼黄犊同卧起。翁言未终我已跃,此身不归神先徙。行趋神武挂衣冠,往寻谷口买邻里。谁能皓首黄尘中,项短尻高不知耻。

送孙芝房使贵州二首

妙年作赋动明光,又策星轺赴夜郎。文采边陲瞻泰斗,仪容寸步中宫商。沅湘过访三闾庙,宛叶行经百战场。定有新诗传万口,归来吾与解奚囊。

六年陈迹君能记,病骨秋风入剑关。曾洗人天清净眼,饱看巴蜀怪奇山。君今岩壑搜群玉,自有光芒照百蛮。不似老夫徒碌碌,昆冈一网手空还。

书边袖石诗集后二首

镌章琢句寻常事,激烈心情绝可怜。今日词臣须颇牧,古来豪士出幽燕。杨家忠义存三疏,孙相威名在九边。莫藉文章追往哲,要凭肝胆报皇天。

苦忆荆州王仲宣,投簪浩荡卧江天。三年促膝从予坐,四海低头道子贤。北李南何各坛坫,枫青塞黑与缠绵。因君更逐停云想,望断襄阳落照边。

太学石鼓歌

韩公不鸣老坡谢,世间神物霾寒灰。我来北雍抚石鼓,坐卧其下三徘徊。周宣秉旌奠八柱,岐阳大狩鞭风雷。四山置罦匝天布,群后冠带如云来。东征北伐荡羶秽,方召喧豗何雄哉!铭功镌石告无极,欲镇后土康八垓。自从七国战龙虎,荒芜王迹沦蒿莱。嬴颠刘蹶六代沸,把酒但劝长星杯。陈仓流落一千载,霜饕日剥空黄埃。国子先生老好事,欲比郜鼎珍琼瑰。东都相公守右辅,始昇泮沼剜苍苔。五季蝻蟗颇星散,司马刺史初重恢。是时十鼓嗟失一,抛弃不辨何山隈?博搜民间得异日,秦关复赎连城回。宣和天子向儒雅,太清书画千云堆。诏移此石归汴水,圜桥观听何轰豗!行填字钩发光怪,照耀艮岳金碧开。岂知六龙卒北狩?法物曾不禳凶灾。高车大牛辇万货,填坑咽谷惊三才。是鼓苍黄亦北徙,重器始此蟠燕台。道园诗翁主太学,兴举百废扶倾颓。中门两柣与位置,华楹大栋增崔嵬。承以砖坛护以槛,清阴四罩连疏槐。迩来春秋阅五百,光气夜夜腾斗魁。圣清文明迈巢燧,控抶书契穷根荄。从臣技能半史籀,别作新鼓相追陪。小儒昏钝无所识,得从椷朴备条枚。细思物理穷显晦,茫茫人事不可推。作歌聊继二公后,不羞驽骞随龙媒。

题朱伯韩侍御之尊人诗卷手迹

异时河内初陆梁,谁其御者朱与强。强公身死蔪妖党,殊恩稠叠旌国殇。朱公墨守一黑子，遮蔽怀卫如苞桑。时逾岁迈三十载，事过颇忆张睢阳。吾皇继序录勋伐，诏祀名宦褒忠良。流芬远韵不可贾，遗墨始此瞻晖光。诗律欲传杜宗武，风微略近元漫郎。公家衮师吾所友，向人缱绻好肝肠。往时娇养比苔玉，今日柯条还老苍。谏章九门慴虎豹，文事四海知班扬。阿季行能亦超趯，轻收科第如掇筐。永慰老翁山下魂，九原一笑能轩昂。近闻汴州赤大地，千里涤涤无罂粮。析骸易子都穷尽，公之旧部亦流亡。河北枯胔相枕藉，关西寇盗仍披猖。安得如结且千辈，散布都邑苏痍伤。摩挲此卷三太息，聊表先正诒方将。

题朱伯韩诗集后十首

  鸡鸣足朝莫，阴曀终不开。高秋战寒夜，四壁转风雷。有客投明月，惊顾非凡胎。古人亦已矣，吾犹及此才。

  粮莠骄复骄，桃李阒无言。堂堂魏长史，画筹壁上观。丈夫有深意，出手无俗弹。恒沙阅人面，相识良独难。

  明珠伏浊浪，能媚不能流。硕人力如虎，折节师温柔。肝肠自肮脏，面目自伊优。再拜问君子："此可言诗不？"

  金陵昔欹血，裂眥激癃疲。事过付东风，杳杳如故时。岂非吾辈耻？痛距不可思。三更荷戈起，四问夜何其？

  东家老鼻祖，诏我三百篇。造词如日月，万古趋新鲜。窃人者无耻，自得斯为贤。鄙夫目论尔，君谓然不然？

> 造词如日月，万古趋新鲜。

  吾子如春阳，照临列枯朽。我亦无所知，我亦无所有。颇好感事诗，善歌敌朦胧。岁晚唇又干，君须濡我酒。

  吾国有狂生，白眼善挥斥。称子贤无朋，许予曰颇亦。中途生波澜，生死长乖隔。青山一抔土，永埋壮士魄。

  桂林天下秀，生才雅且毅。有美王与龙，虎视令人畏。谁道儒误身，等闲拾富贵。平津老封侯，君今齿尚未。

  甚矣吾其衰，百思今废置。平生所好贤，支离背时利。明镜承食浆，干将不一试。天高帝阍严，荐达谈何易！

  举世礼丘轲，貌尊非心即。草玄二千年，今无一人识。思之复思之，粒粟开八极。君试腾汗漫，我当借羽翼。

送梅伯言归金陵三首

金门混迹发苍苍，从此菰蒲岁月长。人世正酣争夺梦，老翁已泊水云乡。自缫素业衡轻重，久觉红尘可悯伤。只恐诗名天下满，九州无处匿韩康。

征君绝学冠寰瀛，又见文孙树立宏。六叶弓裘传柏枧，百年耆旧数宣城。缅怀仁庙虚前席，尽访鸿儒佐太平。岂独当时能感激？至今臣子涕纵横！

文笔昌黎百世师，桐城诸老实宗之。方姚以后无孤诣，嘉道之间又一奇。碧海鳌呿鲸掣候，青山花放水流时。两般妙境知音寡，它日曹谿付与谁？

送黄恕皆使秦中

辇毂蜂房聚，万人肩闭牢。脱身得出走，尘鞅方一逃。黄君吾党彦，暗默谢群嚣。持节下关陇，太华秋气高。西北收功实，自古产英髦。圣朝枋儒术，土室始深韬。三征卧不起，四字烂天褒。张吕去云久，余绪犹可缫。丹穴凤所都，累叶无凡毛。猗兰岂不馥？所贵采撷劳。三洗人天眼，往观大海涛。括尽波底蚌，明月终在遭。先民有遗绍，邂逅人甄陶。归来谢天子，亦用夸吾曹。为己辨檠辅，与世置夔皋。

北堂侍膳图为姚吏部题二首

脱叶辞乔柯，回旋依旧畹。行役有乖违，梓桑终缱绻。姚君虞舜裔，纯行亚珪琬。伯瑜陈采服，下堂自婉娩。一从通朝籍，乡关日已远。浮云有东西，游子不得返。

树兰服众芳，谁能忘根本？爱图圣善容，慰此深爱悃。嘉鱼初在烹，新笋欲盈囊。不惜求取劳，但虞珍膳损。魏阙身事羁，南陔归梦稳。移孝出忠勋，邂逅还补衮。

题陈氏五世乡贤遗像

纯皇抚九有，至文耀天枢。诏举明经士，四皓来于于。介休荐梁叟，江南顾与吴。陈公实称首，人中见驺虞。峨冠长太学，鲁国始一儒。洪河无近脉，崑山玉所都。三朝袭令绪，四世表其间。縻维圣舜胄，家声自古初。义门翕惇穆，太丘世簪裾。门风不复坠，继踵践天衢。金籖泽易斩，君子席诗书。瞻言礼遗像，杖几如可趋。聊表先民轨，一为薄俗模。

韩斋为孔舍人题

西京大雅沦，斯文日凋败。天不丧周孔，使人续謦欬。韩子兴中原，圣言始有赖。孤窍吐雄奇，金声塞两戒。时于蕙兰室，中出蛟龙怪。回首视齐梁，有作颇衰惫。一从兹途辟，来者方云会。豪彦仍响臻，欧曾得两大。圣清炳昌运，方姚实孤迈。鲁叟有云孙，嗜古百无懈。斋被奉烝尝，但下昌黎拜。大书榜其室，夙莫见菁蔡。谁云千载遥？神理与针芥。湜翱漫亲炙，相夷等自郐。

孤窍吐雄奇，
金声塞两戒。

桐阴消夏图为史吏部题

炎曦灼大地，蠕蚑同烹煎。有生奔末利，扰扰不遑安。史君静者流，置身巢燧间。绿天展珍簟，桐叶生虚寒。煮茶激清吹，拂箔回微澜。客来戒不报，尘事莫相干。颇亦哀老子，佳眼未渠阑。

题苗先麓寒灯订韵图

大雅久沦歇，正音委榛芜。永明肇四声，稍变周汉模。开皇集八士，牙旷相饰揄。夜半画纲纪，韵学兹权舆。承袭一千载，灌莽成康衢。韩公颇好古，柱唼六经腴。放者骋游骑，敛者如辕驹。近退失所恃，不得返皇初。有宋盛文藻，才老信狂夫。陈生兴晚明，秉烛照幽墟。胜广驱除毕，沛下风云趋。圣清造元音，昆山一鸿儒。中天悬日月，堂堂烛五书。上追召陵叟，千载若合符。斯文有正轨，来者何于于！江戴扬其波，段孔入其郛。苗髯最晚出，汇为众说都。精思屈鬼膝，高论揖唐虞。鸑鷟皎人梦，薪火耀天枢。神光不可熄，长夜一灯孤。风雪交四壁，横膏校残

放者骋游骑，
敛者如辕驹。

书。人谓髯何急，髯谓吾自娱。自我与髯友，大海礼闲鸥。时洗筝笛耳，一听秦青讴。物外有真知，肝鬲助歌歈。爱髯不忍别，作诗写区区。

养闲草堂图为潘博士题

浩浩市声沸，尘雾如惊涛。中有澹定人，万事渺秋毫。家世东山旧，诸谢各清高。末行濯德辉，九天一羽毛。岂谓回风劲，修路滞将翱。乾坤岂不大？一笑解天韬。四时足休息，静极思作劳。时携桑舆友，物外得佳邀。脱帽谈虞夏，生理寄浊醪。归来对虚室，风日淡相遭。老鹤傍人睡，群鸡正喧嘈。

陶太常小像

江波少还态，耆宿日凋零。岂知永嘉末，吾犹及老成。乾嘉昔云盛，钱王蔚典型。传经孟喜膝，问字子云亭。各奉本师说，森然启门庭。先生时少壮，槃敦接芳馨。曾从大匠鼻，挥斧动神灵。跌宕五十载，数辈倚声名。踏破九州莎，依旧还天廷。后生仍好事，快睹先民程。飘然好须鬓，图此岁星精。柏寝话畴昔，绪论吾尝聆。瞻言咏斯篇，一寄思古情。

题筼筜谷图

我家湘上高嵋山，茅屋修竹一万竿。春雨晨锄劚玉版，秋风夜馆鸣琅玕。自来京华昵车马，满腔俗恶不可删。洞庭天地一大物，一从北渡遂不还。苦忆故乡好林壑，梦想此君无由攀。嗟君与我同里社，误脱野服充朝班。一别筼筜谢猨鹤，十年台省翔鹓鸾。鱼须文笏岂不好，却思乡井长三叹。钱塘画师天所纵，手割湘云落此间。风枝雨叶战寒碧，明窗大几生虚澜。簿书尘埃不称意，得此亦足镌疏顽。还君此画与君约，一月更借十回看。

答李生

我年廿四登乡贡，始与刘蓉相追陪。延津双剑忽会合，深夜挂壁鸣风雷。勋名自谓凌管乐，文采何曾怯邹枚。岂知羲和鞭日月,头上光阴火急催。老刘偃蹇不称意,酸寒一衿初受裁。我虽置身霄汉上,器小仅侪瓶与罍。立朝本非汲黯节,媚世又无张禹才。似驴非驴马非马,自憎形影良可咍。中天广殿黦云开,飞甍结构要群材。倦眼相遍天下士,焉知吾国有颜回。李生年少风骨峻,骁腾汗血龙所胎。平地一朝能九仞,欲与老刘争崔嵬。万里辞家来从我,如金受冶玉受锤。斫轮只有一心喻,献璞翻为两足灾。世上升沉日千变,得失于我有何哉?朝来告别问何往?迎妇塞外祠高禖。长安自是别离海,新婚便作锦绣堆。离情吉语双惝况,新诗妙句千琼瑰。我有一言生听取,冰蘖乃为福之媒。富贵绮罗遭鬼瞰,忧患可以坚筋骸。陈平终非贫贱客,王章莫忘辛苦怀。边关十月雪黏天,劝生为我尽一杯。

立朝本非汲黯节,媚世又无张禹才。

富贵绮罗遭鬼瞰,忧患可以坚筋骸。

送唐镜海先生九首

六年高卧大江隈,万里蒲轮驿吏催。京国诸儒齐额手,温公新自洛阳来。

金殿从容道古今,高言字字印天心。钟声送出东华路,已报槐阶转午阴。

摹天绘日本难工,圣德何由测六龙?白发老臣私赞叹,文如圣祖武高宗。

漳卫滔滔走帝都,尧封何事阙沟渠?廿年深究齐民术,一卷新呈水利书。

上相南征策众材,军容十万转风雷。书生却进安民策,盗弄潢池事可哀。

泰岱高云不可攀,曾兴霖雨在人间。如今老去神功敛,只就君王乞放还。

道德神仙各有谋,行藏虽一事难侔。功名不数种司谏,出处差称李邺侯。

熙朝正学要匡扶,众说纷纷各启途。归语江南诸父老,太平天子好真儒。

枌榆后进谬升堂,习习春风杖履旁。此后追陪何日是?镜中吾亦鬓毛苍。

谢叠山卖卜研为刘太守题

青花一片莹寒泉，中有毅魄劈苍天。大宋河山沧桑改，孤臣心事金石坚。当年卖卜建阳市，麻衣血洗流成渊。吞炭不复容三击，下帘何曾索一钱。裯父宋父吊鹡鸰，东川西川泣杜鹃。岂知历劫冰霜后，尚留人世文字缘！辰阳太守亦可怜，老抱石兄喜欲颠。三年膜拜悯忠寺，万里携将书画船。书生痴绝例如此，称先道古口流涎。不如尧桀两忘去，日摩顽石支头眠。

酬李芋仙二首

巴东三峡猿啼处，太白醉魂今尚存。遂有远孙通胩螽，时吟大句动乾坤。爱从吾党鱼忘水，厌逐人间虱处裈。却笑文章成底用？千篇不值一盘飧。

劲翩摩空故绝伦，吹嘘曾未出风尘。细思科第定何物？却是饥寒解困人。大道但期三洗髓，长途终遇九方歅。高秋一放脱鞲去，看汝飞腾亦有神。

会合诗一首赠刘孟容郭伯琛

东风吹片云，嘉客来千里。喘如竹筒吹，腐公瞪然喜。朋僚杂迎笑，吾亦倒吾屣。各自袯其魂，告曰某在此。倾衿语晨夜，烂漫不知止。上言离别长，岁月弦脱矢；下言兵事殷，成败真梦耳。江汉天下雄，三年宅蛇豕。王师有蹴踏，戈船照清泚。掀浪煮鼋鼍，洪涛染为紫。长驱下蕲黄，铁锁沉江底。群龙水中生，怒螳车下死。英英塔与罗，威名詟南纪。倚啸瀛庐间，天戈欲东指。人事有变迁，由来不可拟。鬼火夜灼天，坏云压高垒。龙骧付一炬，韩壁仅可抵。偕行竟无衣，存足乃无履。夜半饥肠鸣，大声震江水。腐公不知羞，恬然矜爪觜。谓言多难时，从来福所倚。在莒义不忘，图南风渐起。稍稍召惊魂，时哉可归矣！世论自悠悠，冰肤生疮痏。困穷念本根，风雨思君子。艰难复相逢，得非天所祉。回首廿年前，志兀声亦侈。忧患阅千变，返听观无始。老夫苦多须，须多老可鄙。二子苦无髭，无髭亦可耻。自乏

群龙水中生，怒螳车下死。

谐俗韵，不关年与齿。贞松无春竞，岁晏行可俟。作诗志会合，亦用砭寙呰。

题杨忠愍公二疏手草

古孰无死，曾不可班。轻者鸿毛，重者泰山。杨公正气，充塞两间。遗文妙墨，深播人寰。马市一疏，声振薄海。更击贼臣，五奸十罪。心追逢比，身甘菹醢。取义须臾，归仁千载。翩翩谏草，犹存手稿。古柏拏空，似枯弥好。郁此英风，辅以文藻。长有白虹，烛兹瑰宝。

次韵何廉昉太守感怀述事十六首

域中哀怨广场开，屈宋而还第二回。幻想更无天可问，牢愁宁有地能埋？秦瓜钩带何人种，社栎支离几日培。大冶最憎金踊跃，那容世界有奇材？

惨澹兵戎春复秋，浊醪谁信遣千忧？战场故鬼招新鬼，世事前沤散后沤。驱逐几同秦失鹿，劬劳只愧鲁无鸠。何时浩荡轻鸥去？一舸鸱夷得少休。

二月长安春始归，瓻棱回首梦魂飞。宫鸦掠日槐阴瘦，厩马嘶风柳絮肥。东阁赐茶双凤阙，西郊扈跸九龙旗。十年苦忆钧天奏，老大真怜未拂衣。

沧海横流泽有鸿，微生偶出一当熊。千艘梭织怒涛上，万幕筘吹明月中。屠罢长鲸波尚赤，战归骄马汗犹红。谁知春晚周郎老，更与东皇乞好风。

钟山祠庙岿然存，凭吊湖湘烈士魂。马革裹尸男子志，鸾刀祭脺圣明恩。弓旌夜动神依户，箫鼓春祈福满门。万世游人应指点，血殷蒿眼古时痕。

浔阳江水接天长，良将新祠皎雪霜。半壁东南支柱石，数州士女荐馨香。竟无耆寿追充国，犹有嘉名配武乡。匹马寸金都谢绝，三明何必数西凉。

山县寒儒守一经，出山姓字各芳馨。要令天下销兵气，争说湘中聚德星。旧雨三年精化碧，孤灯五夜眼常青。书生自有平成量，地脉何曾独效灵？

猿鹤沙虫道并消，谁分粪壤与芳椒？昨来皖水三河变，堪痛阿房一炬焦。勾践池边醪易醉，田横墓上酒难浇。同袍才俊雕零尽，苟活人间只自嘲。

鸰原横贯第三人，鹤唳华亭不复春。先轸归元何日是，虞翻相骨本来贫。科名久滞青云路，身手难扶赤日轮。十二万年香不灭，从渠捣麝作灰尘。

江雪湖波路几千，壶头归葬事堪怜。铸金叩叩终何益？埋玉深深不计年。夜月一钩凉蕙帐，春风十万散榆钱。神灵甲马如相助，莫遣愁人叹逝川。

^{从古精诚能破石。}

滥觞初引一泓泉，流出蛟龙万丈渊。从古精诚能破石，薰天事业不贪钱。腐儒封拜称诗伯，上策屯耕在砚田。巨海茫茫终得岸，谁言精卫憾难填？

幕府山头对碧天，英英群彦满樽前。共扶元气回阳九，各放光明照大干。短李迂辛杂嘲谑，箕张牛奋总安便。独怜何逊今漂泊，望断寒云暮霭边。

薇阁藤厅淡淡红，多君翔步五云中。良缘彩凤双飞翼，慧业灵犀一点通。典郡四旬书上考，阖门八口祀昭忠。灾祥谁识天公意，休向西风泣路穷。

由来忠孝易通神，忉利华鬘识后身。石烂海枯终有尽，生天成佛岂无人？关河庾信空萧瑟，形影陶潜孰主宾？鸡犬全家存帝所，淮南生计未全贫。

荒城风雪卧袁安，高节鸿才万目看。懒读司空城旦法，曾希柱后惠文冠。出山驯雉网罗密，失水神龙变化难。犹有老梅娇萼发，先从三界解春寒。

圣主中兴迈盛周，联翩方召并公侯。神威欲挟雷霆下，大业常同江汉流。藻火但闻山甫衮，桐庐岂有子陵裘。鹓鸾台阁方新构，杞梓梗楠一例收。

题易公筠亭遗像

昔岁在丑，哲人西游。我作挽辞，比许文休。马磨既甘，不竟不绿。亦有月旦，胸剖九流。东崖奉亲，朝戏彩舞。暮归读书，群言藻斧。乡闱屡试，爨无完桐。文章憎命，泪洒秋风。不于其躬，乃祚其子。濯濯芳兰，芥拾青紫。弓冶不堕，载述先芬。瞻言遗像，永播清尘。

王母方太夫人诗

凡响无异材，爨余得佳桐。众卉竞春华，岁寒彰贞松。坤德无咎誉，非仪两不蒙。茕然遘闵凶，高义古所崇。中材利行之，绰楔留芳踪。卓哉贤母德，激烈乃过中。别嫌谨锱铢，年高兹益恭。至性无矫揉，情挚超凡庸。无所为而为，乃与神明通。有孙立朝端，謇謇盖匪躬。乃知玉泉流，璇源已冲瀜。白岳黄山间，灵气郁葱葱。明灵永不泯，奕世扬休风。

坤德无咎誉，非仪两不蒙。

沅甫弟四十一初度

九载艰难下百城，漫天箕口复纵横。今朝一酌黄花酒，始与阿连庆更生。

陆云入洛正华年，访道寻师志颇坚。惭愧庭阶春意薄，无风吹汝上青天。

访道寻师志颇坚。

几年橐笔逐辛酸，科第尼人寸寸难。一剑须臾龙变化，谁能终古老泥蟠？

庐陵城下总雄师，主将赤心万马知。佳节中秋平剧寇，书生初试大功时。

楚尾吴头暗战尘，江干无土著生民。多君戡定同安郡，上感三光下百神。

濡须已过历阳来，无数金汤一剪开。提挈湖湘良子弟，随风直薄雨花台。

邂逅三才发杀机，王寻百万合重围。昆阳一捷天人悦，谁识中军血染衣！

平吴捷奏入甘泉，正赋周宣六月篇。生缚名王归夜半，秦淮月畔有非烟。

河山策命冠时髦，鲁卫同封异数叨。刮骨箭瘢天鉴否，可怜叔子独贤劳。

左列钟铭右谤书，人间随处有乘除。低头一拜屠羊说，万事浮云过太虚。

已寿斯民复寿身，拂衣归钓五湖春。丹诚磨练堪千劫，不藉良金更铸人。

黄河余润沾三族，白下饥民活万家，千里亲疏齐颂祷，使君眉寿总无涯。

童稚温温无险巇，酒人浩浩少猜疑。与君同讲长生诀，且学婴儿中酒时。

甲子八月二十日，沅甫弟四十一生日，为小诗十三首寿之。往在壬戌四月，沅弟克复巢县、和州、含山等城，余赋诗四首。一时同人以为声调有似铙歌而和之。此诗略仿其体，以征和者。且使儿曹歌以侑觞。国藩识。

题唐本说文木部应莫邵亭孝廉

插架森森多于笋，世上何曾见唐本！莫君一卷殊瑰奇，传写云自元和时。问君此卷有何珍？流传显晦经几人？君言是物少微识，残笺黯黮不能神。豪家但知贵锦袄，陋巷谁复怜綦巾？黟县令君持赠我，始吐光怪干星辰。许书劣存二百字，古镜一扫千里尘。篆文已与流俗殊，解说尤令耳目新。乾嘉老儒耽苍雅，东南严段并绝伦。就中一字百掺讨，诘难蜂起何龂龂？暗与此本相符契，古辙正合今时轮。乃知二徐尚卤莽，诒误几辈空因循。我闻此言神一快，有如枯柳揩马疹。我昔趋朝陪庶尹，颇究六书医顽蠢。四海干戈驱迫忙，十年髀肉消磨尽。却思南阁老祭酒，旧学于我复何有？安得普天息欃枪，归去闭户注《凡将》。

赠吴南屏

春霖飒沓天如簁，大麦菸邑小麦摧。愁颜弥月何曾破？故人飞棹从天来。与君握别才几日，已见新火十钻槐。当时洞庭醑别酒，乾坤战伐正喧豗。沅湘义军参差起，十事欲成九事乖。英豪半藏蜀国血，大地遍种秦时灰。即今南纪风尘靖，乱后遗黎多眚灾。荒村有骨饲狐貉，沃土无人辟蒿莱。筋力登危生理窄，斗粟谁肯易婴孩？三里诛求五里税，关市或逢虎与豺。谬领大藩二千里，疮痍不救胡为哉？羡君高卧君山顶，吞吐湖月无愁猜。世味饱谙肱三折，长吟极望天四隤。招邀轩辕论古乐，湎被屈氏饯余哀。谈经颇折巨儒角，手携皜日照昏霾。翩然一叶忽东下，相见各怜双鬓皑。宁知沧桑阅百变，复此对持掌中杯。苍天可补河可塞，只有好怀不易开。努力且谋千日醉，高谈巢燧讫有邰。

读吴南屏送毛西垣之即墨长歌即题其集

十载乡园独尔思，眼明今日见新诗。常忧大雅终将绝，岂意吾侪睹此奇！木落千山初瘦削，风回大海乍平夷。此中真意凭君会，持似旁人哪得知？

人间肮脏一毛生，与子交期如弟兄。忽出国门骑瘦马，去看东海掣长鲸。放歌一吊田横岛，酾酒还临乐毅城。并入先生诗句里，干戈离别古今情。

游金山观东坡玉带诗

去岁归帆拂金山，咫尺浮图不可攀。今年又剪瓜洲渡，扶携妙友陟屡颜。簿领丛中困桎梏，脱身一试腰脚顽。微风蹙江众皱静，一抹横吞东海宽。耽耽楼观今安在？无情瘦石空巉岏。六飞昔临浮玉顶，御榻霄汉干龙盘。兵火十年变陵谷，道场百亩荒榛菅。颓垣不见螭缠栋，荆扉无复兽啮环。古佛负墙渗秋雨，雏僧无食号夜寒。独余苏公旧法服，腰玉片片留人间。绂佩流传七百祀，天章褒宠同锡鐢。我怀峨岷老尊宿，翱翔人海如凤鸾。扬子江头数来往，几回愉乐几悲酸。北去乌台判死别，南迁岭表绝生还。磨蝎作灾魑魅壮，荆棘塞天行路难。差喜名山藏故物，长倚江月照忠肝。巴陵诗叟抱奇逸，齐盟早歃风骚坛。敛板厌束渊明带，谈经时敧子夏冠。昨来省我钟山麓，今此东游兴未阑。扁舟更欲探瓯越，誓穷人力发天悭。嗟余本志耽丘壑，羁束尘鞅无由删。江山自佳日自富，堪笑纷纷苦不闲。

赠李眉生

倦翩复南翔,重眺钟阜烟。旧游多环萃,群卉正芳鲜。谓可扩吾襟,孤怀乃悄然。非材窃禄位,俯仰惭高天。术业一无成,浩浩送流年。窳惰常废事,识暗或蔽贤。多病无安食,多悔少佳眠。无德居高明,众鬼瞰瑕愆。无学臻衰耄,但为时所镌。谁言所遇顺,抚衷百虑煎。勤子来存访,至论探九渊。郁塞乃过我,神困难为妍。人世多乖迕,圆一缺常千。羲娥驱童卭,举世惜华颠。天命诚足畏,愁思且当捐。

青松生危巘,独立向清昶。风韵夏韶咸,交柯蟠龙象。逸气干层霄,潇洒谢尘坱。庙廊构环材,群工共嗟赏。虹梁皎朱曦,天门信荡荡。岂知咫尺间,歧路多回枉。挽来不能寸,推去或千丈。托根倚峻岩,植基固不广。孤高招烈风,薄俗宁足仗?苍穹富雨露,百昌日夜长。大钧一转旋,恻怆神所奖。聊究庄生旨,齐物寻影响。行止皆有待,还以咨罔两。

题俞荫甫群经平议诸子平议后

圣祖旷千祀,微言久歇绝。六经出燔余,诸老抱残缺。尚赖故训存,历世循旧辙。从宋洎有明,轨途稍歧别。皇朝褒四术,众贤互摽揭。顾阎启前旌,江戴绍休烈。迭兴段与钱,王氏尤奇杰。大儒起淮海,父子相研悦。子史及群经,立训坚于铁。审音明假借,课虚释症结。旁证通百泉,清辞皎初雪。九原如有知,前圣应心折。俞君一何伟,跬步追曩哲。尽发高邮奥,担囊破其镵。君昔趋承明,凤鸾与颃颉。轺车骋嵩洛,康衢误一跌。子云宦不达,草玄更折节。文囿芠天葩,经神供清醱。庞言颇甄排,诸子亦梳抉。复从群贤后,森然立绵葱。嗟余老无成,抚衷恒惙惙!闳才不荐达,高位徒久窃。兹编落吾手,吟览安可辍。

酬王壬秋徐州见赠之作

戒徒事秋搜,理棹及淮甸。尘坱正纷挐,邂逅扶英彦。乖离七易霜,天遣更相见。后车携嘉客,同驰彭城传。轻飔浣素襟,

窳惰常废事,识暗或蔽贤。

审音明假借,课虚释症结。

名论回深眷。自云寻绝学，途轨约三变。侨居蒸水阳，亲知断游燕。闭户自高歌，寒宵百虑战。群圣下窥瞰，忧喜相庆喭。尽抉诸经心，始知老儒贱。探箧出新编，照座光如电。说易烛大幽，笺书祛众眩。旁及庄生旨，抵巇发英眄。大雅久不作，小知各自炫。汉宋互嘲讥，余炎更相煽。迟君绍微言，毫芒辨素绚。高揭姬孔情，洪曦消积霰。湖湘增景光，老怀亦忻忭。

> 大雅久不作，
> 小知各自炫。

忮求诗二首

善莫大于恕，德莫凶于妒。妒者妾妇行，琐琐奚比数。己拙忌人能，己塞忌人遇。己若无事功，忌人得成务。己若无党援，忌人得多助。势位苟相敌，畏逼又相恶。己无好闻望，忌人文名著。己无贤子孙，忌人后嗣裕。争名日夜奔，争利东西鹜。但期一身荣，不惜他人污。闻灾或欣幸，闻祸或悦豫。问渠何以然，不自知其故。尔室神来格，高明鬼所顾。天道常好还，嫉人还自误。幽明丛诟忌，乖气相回互。重者灾汝躬，轻亦减汝祚。我今告后生，悚然大觉悟。终身让人道，曾不失十步；终身祝人善，曾不损尺步。消除嫉妒心，普天零甘露。家家获吉祥，我亦无恐怖。

> 善莫大于恕，
> 德莫凶于妒。

知足天地宽，贪得宇宙隘。岂无过人姿？多欲为患害。在约每思丰，居困常求泰。富求千乘车，贵求万钉带。未得求速偿，既得求勿坏。芬馨比椒兰，磐固方泰岱。求荣不知厌，志亢神愈忲。岁燠有时寒，日明有时晦。时来多善缘，运去生灾怪。诸福不可期，百殃纷来会。片言动招尤，举足便有碍。戚戚抱殷忧，精爽日凋瘵。矫首望八荒，乾坤一何大！安荣无遽欣，患难无遽憝。君看十人中，八九有依赖。人穷多过我，我穷犹可耐。而况处夷途，奚事生嗟忾。于世少所求，俯仰有余快。俟命堪终古，曾不愿乎外。

诗词联语 卷二

联　语

题京都长郡会馆

按：甲辰顺天乡试，周公寿昌中南元。乙巳会试，萧公锦忠殿元，孙公鼎臣朝元。是科湖南八进士，皆长沙府人。又黄公辅相及其侄彭年中贵州进士，原籍醴陵。题名日，在长沙郡馆演剧，公书此联，一时传为美谈。

同科十进士；
庆榜三名元。

题金陵湖南会馆

地仍虎踞龙蟠，洗涤江山，重开宾馆；
人似澧兰沅芷，招邀贤俊，同话乡关。

题湘乡昭忠祠

圣代褒崇迈古今，生而旂常，没而俎豆；
忠臣精气塞天地，下为河岳，上为日星。

题石钟山昭忠祠

巨石咽江声，长鸣今古英雄恨；
崇祠彰战绩，永奠湖湘子弟魂。

题金陵痘神庙

善果证前因，愿斯世无灾无害；
拈花参妙谛，惟神功能发能收。

题李伯相家庙

庭训差同太丘长，子孝孙贤，已迈元方季方而上；

碑文虽逊鲁国公，功高德厚，实在颜庙郭庙之间。

题刘霞仙中丞家庙

孔氏弦歌，鲁国新声闻壁内；
汉家箫鼓，祖廷馀韵在人间。

题湘潭塔忠武祠

将军真天上飞来，五日功成如反掌；
国士本人间杰出，千秋论定许齐肩。

题芜湖靖毅祠

英名百战总成空，泪眼看河山，怜予季保此人民，拓此疆土；
慧业几生磨不尽，痴心说因果，愿来世再为哲弟，亦为纯臣。

题金陵督署官厅

虽贤哲难免过差，愿诸君谠论忠言，常攻吾短；
凡堂属略同师弟，使寮友行修名立，方尽我心。

题湘乡东皋书院

涟水湘山俱有灵，其秀气必钟英哲；
圣贤豪杰都无种，在儒生自识指归。

题扬州何廉昉太史寓宅

按：太史名栻，江阴人。晚年罢官，寄寓扬州，擅禹策之富，以诗酒自豪。

千顷太湖，鸥与陶朱同泛宅；
二分明月，鹤随何逊共移家。

题四川桂湖

自注：癸卯九月，使旋过新都县。张宜亭大令邀游桂湖。湖为明杨升庵旧址，约广三百亩，皆荷花，缘堤皆桂树。张君修葺楼阁不俗。酒罢，因题联语。

五千里秦树蜀山，我原过客；
一万顷荷花秋水，中有诗人。

题瓜州盐栈

两点金焦，劫后山容申旧好；
万家食货，舟中水调似承平。

题江西吴城望湖亭

五夜楼船，曾上孤亭听鼓角；
一尊浊酒，重来此地看湖山。

题江西奉新县九天阁

百战河山，剩此楼头烟树；
九天珠玉，吹成水面文章。

题石钟山观音阁

长笛不吹江月落；
高楼遥吸好云来。

题石钟山昭忠祠内船厅

拍岸涌惊涛，辽海月明闻鹤语；
回澜凭砥柱，沧江云卧有龙吟。

赠孙琴西观察

大笔高名海内外；
君来我去天东南。

赠刘养素观察

组练三千朝踏浪；
貔貅十万夜观书。

赠李竹吾

文涵万古江山气；
道续千年丝竹声。

赠孔觐堂上公

业绍二南，群伦宗主；
道承一贯，累世通家。

赠胡润之宫保

舍己从人，大贤之量；
推心置腹，群彦所归。

赠袁漱六太史

于汉宋间折衷一是；
以江海量翕受群言。

赠彭筱舫太守

两地同心，期为诤友；
八年重见，已有传书。

赠徐石泉孝廉

立千仞巅，等鲁连子；
无片言妄，睎司马公。

赠萧心庄茂才

大笔横飞，颠张醉素；

名山高卧，鹤骨松心。

赠季君梅移居

先德重光，肯堂肯构；
古虞再造，卜宅卜邻。

赠李雨亭寿联

申伯于蕃，诗赓降岳；
益州奉使，士庆聚星。

赠吴莘畲同年

梦泛扁舟镜湖月；
身骑瘦马剑关云。

格言十二首

时贤一石两水；
古法二祖六宗。

养活一团春意思；
撑起两根穷骨头。

禽里还人，静由敬出；
死中求活，淡极乐生。

取人为善，与人为善；
乐以终身，忧以终身。

不为圣贤，便为禽兽；
莫问收获，但问耕耘。

天下断无易处之境遇；

人间那有空闲的光阴。

天下无易境，天下无难境；
终身有乐处，终身有忧处。

战战兢兢，即生时不忘地狱；
坦坦荡荡，虽逆境亦畅天怀。

丈夫当死中图生，祸中求福；
古人有困而修德，穷而著书。

不怨不尤，但反身争个一壁静；
勿忘勿助，看平地长得万丈高。

打仗不慌不忙，先求稳当，次求变化；
办事无声无臭，既要老到，又要精明。

莫苦悔已往愆尤，但求此日行为无惭神鬼；
休预怕后来灾祸，只要暮年心气感召吉祥。

挽胡文忠公林翼太夫人

武昌居天下上游，看郎君新整乾坤，纵横扫荡三千里；
陶母是女中人杰，痛仙驭永辞江汉，感激悲歌百万家。

挽胡文忠公林翼

遗寇在吴中，是先帝与荩臣临终恨事；
荐贤满天下，愿后人补我公未竟勋名。

又代沅甫弟挽前人

少壮剧豪雄，到暮年折节谦虚，但思尽忠补过；
东南名将帅，赖先生苦心调护，联为骨肉弟昆。

挽李文恭公星沅

八州作督，一笑还山，寸草心头春日永；
五岭出师，三冬别母，断藤峡外大星沉。

挽江忠烈公忠源

百战守三城，章贡尤应千世祀；
两年跻八座，江天忽报大星沉。

挽李忠武公续宾

八月妖星，半壁东南摧上将；
九天温诏，再生申甫佐中兴。

挽李勇毅公续宜

我悲难弟，公哭难兄，旧事说三河，真成万古伤情地；
身病在家，心忧在国，弥留当十月，正是两淮平寇时。

挽塔忠武公齐布

大勇却慈祥，论古略同曹武惠；
至诚相许与，有章曾荐郭汾阳。

挽孙文节公铭恩

以文来，以节归，毅魄常留两江上下；
因孝黜，因忠死，苦心可质百世鬼神。

挽袁端敏公甲三

属纩寄箴言，劝我勉为范宣子；
盖棺有定论，何人更议李临淮。

挽刘忠壮公松山

勋业略同马伏波，骨归万里；

精诚差比岳忠武，寿少二龄。

挽马端敏公新贻

范希文先天下而忧，曾无片时逸豫；
来君叔为何人所贼？足令百世悲哀。

挽黄南坡观察冕

伟人事业无恒蹊，任侠而作循良，榷算而平祸乱；
晚岁林泉有至乐，真率以娱耆旧，经纶以付儿孙。

挽潘伊卿观察鸿焘

还家便永诀，痛高堂七十岁倚门倚闾，知九泉定呼憾事；
治水甫成功，念下河亿万姓已饥已溺，拼一死永奠生灵。

挽汤海秋侍御鹏

著书成二十万言，才未尽也；
得谤遍九州四海，名亦随之。

挽陈堇覃给谏岱霖

归路三千指故乡，记否黄鹤晴川，曾上高楼持使节？
去年重九作生日，岂意只鸡斗酒，又来萧寺吊诗魂。

挽梅霖生太史钟澍

万缘今已矣，新诗数卷，浊酒一壶，畴昔绝妙景光，只赢得青枫落月；
孤愤竟何如？百世贻谋，千秋盛业，平生未了心事，都付与流水东风。

挽陈岱云太守源兖

众口铄坚金，谁知烈士丹心苦；
大江漾明月，长照忠臣白骨寒。

挽左青士太守仁初

使青士有年，欲安天下今谁属？
忧苍生成病，未定江南死不归。

挽黎寿民太守福畴

四十年忧患饱经，叹白发早生，襟韵真如古井水；
二千石谋猷初试，只丹心不死，精魂长绕敬亭山。

挽凌荻洲水部玉垣

湖海诗名二十年，身世略同黄仲则；
沅湘故国三千里，魂灵归傍贾长沙。

挽柯小泉京卿椿

目君为承明著作之才，九列交推非独我；
思亲因泣血悲哀而死，万缘前定不由人。

挽向伯常司马师棣

与舒严并称溆浦三贤，同蹶妙年千里足；
念吴楚尚有高堂二老，可怜孝子九原心。

挽刘隐霞司马本杰

五载共兵戈，地下知心王壮武；
万年歆俎豆，沙场归骨马文渊。

挽雷子木太守铎

深殿注丹毫，圣主殊恩记良吏；
围城襄墨守，使君遗爱在长沙。

挽金竺虔明府树荣

对榻京华，忆否夜雨深谈，情同昆弟；

牵丝岭峤，留得春风遗爱，泽及子孙。

挽李秀峰都司开林

期服去官，有犹子能行古礼；
儒官为侠，如先生岂是今人。

<small>李秀峰名下有自注：湖北李寿廷农部名树人之脉叔也。</small>

挽史佩轩都司久立

报国矢孤忠，马革已无尸可裹；
还家剩遗照，鲤庭空有泪长流。

挽凌子巚孝廉玉城

曰归曰归指故乡，岂期露宿风餐，便为异域招魂客；
有弟有弟今诗伯，从此孤儿寡妇，付与天涯急难人。

挽莫邵亭孝廉友芝

京华一见便倾心，当时书肆定交，早钦宿学；
江表十年常聚首，今日酒尊和泪，来吊诗魂。

挽欧阳牧云广文柄铨

晚境颇康娱，数月中、正喜长男趋朝，中男入泮；
高堂犹健在，三年内、那堪穆伯先逝，文伯继亡。

挽谢春池茂才邦翰

春草系诗怀，有人恸哭谢康乐；
秋风埋战骨，无计招魂马伏波。

挽伍海门茂才朝赞

遗蜕竟难寻，碧葬未收苌叔血；
忠魂长不泯，丹忱应作伍胥涛。

挽袁谷怀茂才若瑛

文章哭秋风,途穷江左罗昭谏;
羁愁听夜雨,肠断人间苏子由。

挽张南屏太学楚江

杀贼出奇兵,竟作国殇哀翟义;
捐生完大节,居然家法绍睢阳。

挽欧阳封翁凝祉

梁案尚齐晖,庆洽孙曾,世泽长垂湘水永;
莲湖曾侍坐,宦游南北,遥天痛说岳云颓。

挽易封翁文杰

半载从吾游,令子略同秦少觌;
一乡饮君德,古人可比许文休。

挽郭封翁家彪

江天落德星,有人知是戴安道;
大地埋坚石,看我敬铭苏老泉。

挽黎封翁大泂

前辈闵凶闻,愿苦块节哀,留此身于千秋伟业;
老成遽凋谢,知泉原含笑,有佳儿为三馆名臣。

挽柯封翁华辅

诗卷我曾看,劫后文章多苦语;
老儒天不负,阶前兰桂有奇芬。

挽张封翁国重

湘水照清晖,八口捐生,精魂欲傍蔡忠烈;

睢阳溯祖德，一家殉难，宾从更怜南霁云。

挽程封翁颖之

更无遗憾，看儿孙中外服官，频叨九重芝诰；
频触悲怀，忆畴昔晨昏聚处，相对一局楸枰。

挽刘詹岩殿撰太夫人

七州团练使，八座太夫人，爱日忽颓，乡里荣哀天下羡；
哲嗣名状元，曾孙新进士，文星环绕，高堂福寿古来稀。

挽毛寄云给谏太夫人

诀别夫君十七年，如今泉壤相逢，道有子为黄门给事；
痛哭慈母一千里，尚愿水浆少进，留此身立青史功名。

挽萧汉溪学使太夫人

四年使节甫归程，岂期游子春晖，寸草难留三月景；
八十老翁应破涕，为道文孙秋捷，佳音报与九原人。

挽倪豹岑太守祖太夫人

十载不还朝，日短日长，差同令伯陈情表；
重阳方介寿，旋贺旋吊，遽读泷冈树德碑。

挽史士良太守太夫人

断杼教佳儿，入侍金銮，出纡银印；
牵裾别慈母，云归南浦，月黯西湖。

挽彭雨苍明经太夫人

太学士三千，独有贤郎噪名誉；
高堂年九十，更无孝妇侍晨昏。

挽黄子寿太史太夫人

得见夫子为文学侍从之臣，虽死何恨；

但观人言于父母昆弟无间，其贤可知。

挽袁漱六太史夫人

使节从江右归来，闻夫人一笑成仙，想岳岫千寻，魂依子舍；
皇诰自阙前颁下，忆小女廿年作妇，怅烟云万里，望断姑山。

挽温甫弟

归去来兮，夜月楼台花萼影；
行不得也，楚天风雨鹧鸪声。

挽季洪弟

大地干戈十二年，举室效愚忠，自称家国报恩子；
诸兄离散三千里，音书寄涕泪，同哭天涯急难人。

挽何桂清

雷霆雨露总天恩，早知报国孤忠，惟拚一死；
成败功名皆幻境，即此盖棺论定，亦足千秋。

挽孙芝房继妻

杏林看棣萼双华，春日衔书，犹是倚门健在；
缟索换宫袍五色，秋风碎杵，不堪游子归来。

挽胡文忠公

竭治民治兵治贼之心，丹陛推诚，从病积贤劳，三疏乞休犹未允；
后忠烈忠武忠节而逝，黄泉聚首，知功成皖鄂，百年遗恨定同情。

挽伍海门茂才

生死何奇，且完却一生忠孝；
荣哀毕备，只益增九陛忧劳。

挽伎春燕

未免有情，对酒绿灯红，一别竟伤春去了；
似曾相识，怅梁空泥落，何时重见燕归来。

挽王壮武公鑫

陡惊失万里长城，那堪死后得书，尚题七月初七夜；
已拔作一朝名将，未解生前何意，仅容三十有三年。

墓志铭

墓志铭

卷一

吴君墓志铭

吾邑吴君荣楷,既以道光辛丑成进士,将之官浙江。乃手其先人状,请曰:"吾父母弃养十二年矣。窀穸之事,粗已安吉。尚未有以铭幽室。子其为我铭之。"固辞不获。

按状:先生姓吴氏,讳文深,字致远,湘乡人。曾祖文章,祖太若,父振世,皆以愿谨称。家故饶,振世公既老,携赀客游常德,先生从之行。留明远翁家居。明远,先生兄也。常德去湘乡千余里。逾二年,而振世公卒。邻里无行者,利其有,率众闯然至丧次,叫嚣骧突,杂以胥役。先生鸡斯徒跣,击胸如坏墙,号泣向众曰:"孤儿在此,环顾无功缌之戚,无密友、干仆。若辈不哀吾丧,而迫人于难,是可忍乎?且胥役何为者?孤儿请以泣血,溅县官之庭矣。"众瞠视,各鸟兽散。乃部署丧事,从容扶榇归湘。时先生年十六岁也。既归,事母益谨。然家益落,遂与明远翁经营生计。惟母养特丰,他则皆从俭约。久之,复稍裕。吴氏自鼎革后,谱牒散佚,先生力为倡修。特征详核,数年而成。既又倡修家祠。明远翁捐基地数十亩。先生竭力缔构。夫其拮据漂摇之际,旁午未遑,而能敬宗收族,先其大者,可谓知本矣。道光某年某月某日卒,年八十有四。葬某县,某里,某原,配宋孺人合葬焉。宋孺人少先生十余岁。既来归,尤耐艰勤。振世公之客常德,孺人不逮事也。逮事姑,曲意承欢,如恐失之。性好恤穷困,邻妇纺织无资,则罄所有给之。先是明远翁常外出,有子名荣林者,绝颖异。先生择师督读,视犹己子,遂以成立,为名诸生。已而荣楷兄弟皆从之受业。孺人之视荣林也,不以为侄也,以为师也。邑人咸谓先生之教子,孺人实赞之云。某年月日以疾卒,年六十有一。子二人:长荣楠,邑庠生;次即荣楷。孙光煦,邑庠生;次某,次某。女孙七人。铭曰:

少而御侮豪强伏,长而克家宗族睦,耄而韬光讷且朴。讷乎,朴乎,黑而雌者福乎!斧之,藻之,舟之,方之。夫子之

（旁注：母养特丰,他则俭约。）

协,琴瑟以将之。宰树青青,有桐有梓。我铭诸石,以妥泉宫,以昌其孙子。

彭母曾孺人墓志铭

天道五十年一变,国之运数从之,惟家亦然。当某隆时,不劳而坐获。及其替也,忧危拮据,而无少补救,类非人所为者。昔我少时,乡里家给而人足。农有余粟,士世其业。富者好施与,亲戚存问,岁时馈遗繦属。自余远游以来,每归故里,气象一变。田宅易主,生计各蹙,任恤之风日薄。呜呼!此岂一乡一邑之故哉?

王姑彭孺人,吾祖之伯姊。其冢妇又吾姑也。两世之好,视他戚尤厚已。王姑之未嫁也,事吾曾祖王父母,以孝闻。既适彭宜仁先生,相夫敬,克厥爱,无片言稍许。自吾成童以后,王姑已五十余,其堂上舅姑八十有奇矣。每见王姑奉甘旨,未尝不洁,议酒食,未尝不豫。大而课读劝农,未尝不营虑;小而厕牏洒扫,未尝不躬亲也。盖余所见贤母,无如王姑勤者。早岁物产殷饶,内奉菲薄,外图丰洁。比年以来,稍稍歉绌矣。己亥秋,余将入都供职,走辞王姑。视其庭除,气象不侔。悯其愈勤,又惊其衰,为之泣。王姑亦泣。盖心知其不可复见,而哽咽不能言也。竟以次年春卒。岂不悲哉!

王姑生乾隆二十九年,甲申,十一月十七日。卒于道光二十年,庚子,三月二十三日。寿七十有七。葬湘乡二十四都,西坤山阳,首辛趾乙。子三人:长庆龄,予姑夫也,先孺人二年卒。次庆吉,次庆也,好学能文。孙六人:毓耒,毓梧,毓橘,毓椿,毓杖,毓麓。女一,孙女一人。铭曰:

懿我王姑,既庄以懿。佩管舟觿,德容棣棣。勖哉夫子,俪光侪鸿。五十余载,无遂有终。曷瘁厥躬,言育我鞠。无耻我曇,实繁旨蓄。离离令问,匪迩伊遥。贻泽之荫,何幽不乔。南山峰峷,宰树青青。弗骞弗拜,万代千龄。

> 大而课读劝农,未尝不营虑;小而厕牏洒扫,未尝不躬亲也。

余安人墓志铭

攸县余世校客京师五年，闻母讣，将奔丧。以铭墓之文来请。且曰："世校生不能侍槃匜，殁不能视含殓，是罪人也！先生幸次吾母淑行，以光幽室。"

按状：安人姓谭氏，衡山举人昌明之孙，广西巡检禹门之女。七岁丧母，事继母以孝闻。适攸别驾余君君山，褕顺衷和，翼翼如也。久之，别驾君之汉阳分府任，以家事嘱安人。时堂上舅已弃养，姑老矣，诸子弱小不识事。安人谋初愍终，巨细必躬。祭必虔奉，免羹必时。委诸子于学，朝而躅饎礼师，夕而课男旋课女。课毕而纺绩，而经营钱布。如是者十余年，而精力衰矣。道光辛丑某月某日，以疾卒，春秋六十有七。以某年某月某日，葬某县某里某原。子四人：长世柄。次即世校，廪贡生。次世芳。次生春，县学生。女一，孙九人，某某。

世校之入都也，安人拊其背而诫之，曰："去，去！强饭，乡里龌龊，终不得进取。京师文物殷轸，贤士大夫，绎绎如繁星。汝往勖哉！名自可致，学可染人。道德有轨途可循，而青紫可拾也。往矣，勿吾念！"今世校虽不得爵位，而业日进，声闻日敷，谓非安人之教哉！呜呼！可谓知其大者已。是宜铭。铭曰：

维车有辅员于辐，维矢有房利于镞。维壶有贤，维家之福。光光别驾，亦载其贽。愔愔硕人，既诒斯肆。虽则诒肆，无仪以无踬。无踬于山，曰巢于颠。口卒瘏兮手复胼，凤之雏兮谷之迁。不得反哺兮涕涟涟。铭幽表淑兮，千万年！石不烂，山不骞。

维车有辅，员于辐。

陈岱云妻易安人墓志铭

道光二十四年正月，陈君岱云丧其配易安人，则大戚，哀溢于礼。已而谓国藩曰："子知吾之哀乎？吾祖自康熙间，由茶陵徙长沙，六世百余年，今其存者五人。吾门祚之衰可知也。吾父之没，至今十六年，而死亡相继，凡十三役。吾母之不能一日以欢可知也。吾妻从宦五年，既没而敛，求祖衣无一完者，吾之贫可知也。人之居此世者谓何？吾欲不过哀，得乎？"则又曰："吾妻之贤，子宜有所知，请为铭。"余曰："然，固知之。"

盖安人卒之前一岁，陈君尝大病，余朝夕存问，备得安人侍疾状。他日又得陈君所述，以是颇详。陈君之病凡三阅月矣，安人殚忧极瘁，衣不解带者四十余日，凡可以自致者，无弗致也。久之，则祷于室神，求促其身之龄以益夫寿，犹不应。六月丙戌，乃割臂和药以进。当是时，安人之母弟易光蕙，及陈君之友三数人者皆在，惶愕不知所为。国藩则仰天叹曰："陈氏累世赖以不坠者，独此人耳，而有他乎？"然已无可奈何。明日疾乍平，则皆讶光蕙觇安人衣袖血迹。稍廉得之，不敢以询。又数日，疾渐瘳，乃询之。安人曰："其有之，此不幸事耳！勿复言，伤病者心也。"道微俗薄，举世方尚中庸之说。闻激烈之行，则訾其过中，或以罔济尼之。其果不济，则大快奸者之口。夫忠臣孝子，岂必一一求有济哉？势穷计迫，义不反顾，效死而已矣。其济，天也；不济，于吾心无憾焉耳。安人本醴陵人，居长沙处士昌纲之孙，岁贡生履元之子。以孝谨特为父母所爱。生二十岁矣，而难其适。有王秀才者，自负知人。谓岁贡君曰："茶陵陈某，神仙人也。即择婿，不可失。此子今贫，不能衣食，数年后当为达官。不者，且抉吾目也。"是时陈君之元配没二年矣。既归陈，不逮事舅，以其事父者敬姑，而以事其母者致爱焉。以是得姑欢。凡修所职，皆衷于大体，无巨细必慤。《诗》曰："何有何无，黾勉求之。"兹可谓贤矣！况有至行，足感神明者哉？

至行足以感神明。

安人生于嘉庆某年月日，年三十有一。生子男二人：长远谟；次远济，生四十日而安人卒。女一人。将以某年某月某日，归葬于某县某乡某原。余既重其请，乃先期铭之，以激懦者，亦少塞陈君之悲。陈君名源兖，今为翰林院编修，纂修国史也。铭曰：

民各有天惟所冶，煮我以生托其下。子道、臣道、妻道也，以义擎天譬广厦，其柱苟颓无完瓦。自今无以身代者，有一于此双盖寡。忧劳积剧焉可支，天之所陨非人尸。跖修渊短谁敢訾？铭兹大节贞厥垂，有他淑行以类推。

新化邹君墓志铭

君讳兴愚，字子哲，邹姓。先世由江西再迁至湖南新化居焉。有瑁玉者，以选拔贡生，官永明县教谕。是生祖询，县学生，于君为高祖。曾祖某，祖某，皆不仕。父某，家贫，客游陕西紫阳。族于有先家于是者，遂因其户籍，补紫阳县学廪膳生。生二子，长兴鲁，次即君。君生数岁，而廪膳君卒。依母曾氏，力食仅存，痛绳于学。年十六，仍补县学生。二十五，举道光庚子陕西乡试。甲辰再上公车，不第。叹曰："吾不得禄，饿死无所损，然如吾母何？"益发愤不归，日刻钱以食。为文务极思，同业者或不能究其指。明年乙巳二月，疾作，不得与礼部试，竟以六月九日卒于京师，年三十耳。

馈以财辨义。　　君性戆直，纠友之违，尽言无巽。有馈以财辨义，无小；非其义却之，无大。安贫若天性然。庚子赴省试，其师陈仅资之金，君尽以金奉母，而自囊钱八百，负布被徒步露宿行千里。仅益敬之。仅故为紫阳令，见君文奇之，怜爱如亲戚，月继米赡其家。久之，仅徙官他县，移君家就养官所，而别以资赠君之京师。君且死，泣曰："吾负大恩未报，命也！"遂绝。既卒，其友人江忠源职其后事，其从兄子律归其丧紫阳。将立其兄子隆岱为嗣。而国藩买石先事为铭，铭曰：

是人非蚓，生世实艰。爰有狷者，伯夷是班。有投以币，掷弃如菅。或泰于取，负恩如山。恩不果酬，母不终将。又寡厥配，厥氏维黄。仅遗子息，天其俾臧。吾言可信，纳券于藏。

单县曲史张君墓志铭

　　君讳鼎五，字芗塍，世居浙之萧山。曾祖朝琮，直隶通永道。祖文瑞，山东青州府，海防同知。考学斯，广东主簿。主簿君，兄弟三人：长伟山，次涤三，皆不仕。涤三以子湘崖官汀州知府故，赠官如其子。主簿君官粤，噤不一施，遽卒。君时五岁耳。依母童安人，万里返葬。孤贫亦立，斩焉自修。久之，乃游楚，依从兄黄陂令湘崖。湘崖由楚徙豫，三迁而官汀州知府，君壹从焉。居亡何，荆梁教匪蜂起，蹂躏三省，兵饷靡万万。朝廷议民有输金，县官得除为吏。嘉庆四年，君由是官山东，署沂水县丞，补单县典史。单故多豪右，素慢易尉。君抑桀扶尪，峻拒干谒。伤恤狱囚，痛与粪除，潓其污湿，而时其冻饿。后三十年，君退归。因有流绍兴者，途遇君，匍伏叩头。君错愕，因曰："某单县人也。清狱之惠不敢忘。"宦单十年，叹曰："尉所得为者，吾既为之矣。吾所欲为者，岂尉谓哉！"间竟移病归。而山东旧僚酷慕君，累书招致。乃复薄游齐鲁，传客淮泗之间。至七十二岁，始杜门不出。又一纪，乃考终云。

　　君于孝友若趋利然。初丧父，童安人抚之，积劬仅存，内外无倚，寒饥力学。夙兴，母爨汲，君负薪，恐伤母手，尽拔芒刺，然后之塾。或竟日无所得炊，母子对泣。已而互慰。汀州君以事牵连被劾。君营护奔告，凡四昼夜，行千余里，卒脱汀州君。于是人人翕然，伏君之内行也。道光壬寅十月四日卒。配陈安人，祗顺敦俭，见者师效。子，男子三人：长锡戊，浙江乡试举人。次百揆，以一甲进士通籍，为翰林院编修。次百衢，殇。女子三人，长适某官某，次适某官某，次适某。孙某某，百揆之举于乡，与余同年，相善也。以某年月日葬君某县某原，来征铭。铭曰：

　　析楠作桷蒿作梁，大小易位今古伤。有嘉一慰仁且强，皓首

> 孤贫亦立，斩焉自修。

卑栖不得骧。身之乖时遌厥子,慎终卜臧魂藏此。我最其行垂孔轨,万千亿年无坏毁。

随州李君墓表

道光二十六年某月,随州李君,年八十四,考终于里第。其兄之子,户部主事树人,闻赴京师,将去官持丧。余往吊,语之曰:"于古期功之丧,仕者去职;缌之丧,士不得应举。今子之归,礼也。"树人曰:"岂以为礼?致吾哀尔。"且泣曰:"叔父葬有日,既埋石幽宫,维墓道当别立碣,将揭其行义以视来者,敬以属先生。"则为余缕述,一一甚详。

树人事予甚敬,又以礼请,余其可辞?惟君受性刚介,于事无所不敢。凡所力任,必自于公,或私于己,毫毛不以措意。人所愈悝,当之愈勇。嘉庆初,川楚教匪蜂起,汉、沔、荆、襄蹂躏殆遍。随州之西有环潭者,巨镇也。贼将大掠而窟之。君戒镇家出一人,负薪一束,执长竿笼一炬。临水雁列,竟夕焚薪,火光亘六七里,贼不敢渡,随以不陷。近村有田,久没于水,吏责赋于比邻,民绝苦之。君遍哀诸司,乞蠲无田之赋,竟以得请。其他施于乡者称是。是故邑有举也,非其倡不兴;里有争也,非其解不息。其贵盛也,人皆称愿之。其疾皆奔视;其没也,哭之皆哀云。李氏世,居随州,家微也。君少与其兄某发愤力学,自度终无以大其门,乃去为贾,累致千金,一以资兄宦学,不问。久之,乃为兄纳金县官,得除为丞。稍迁,至云南嵩明州知州,而君亦以武学生,入资为都司。于是诸子翩翩,文学仕进,寖昌大矣。

君讳某,字某。曾祖某,祖某,皆不仕。考某,以嵩明君贵,诰封奉直大夫。子二人:长某,以嵩明君得子迟,与为嗣,后遂不还。次某。孙某某。自嵩明君之殁二十年。君抚诸孤,恩勤备至。树人之官京师,君一资之,如资其兄。其视兄子,不知其非己子。其视己子,不知其非兄之子也。呜呼!自众人论之,彼施于乡者博矣。自知道者观之,独其施于家者,不可能耳!不可能也，则亦不可朽也。

前海宁州知州长沙李君母黄宜人墓志铭

宜人，善化黄君孝职之子，长沙李君天锡之妇。敕赠奉直大夫熙臣府君之妻，而浙江海宁知州象昺之母也。海宁之为良吏，楚之贤者，与浙东西之士庶，莫不知闻。而海宁君曰："非吾之能，繄吾母之勖。"宜人之归李氏，家微也，岁入不足自赡。赠君则奔走以取给。大府之从事，郡县吏之宾客。裘而往葛而不归，朔而寓书再晦而不达，如是以为恒。宜人挈巨省细，壹不假人。督二子入学，晨有责，夕有程。就傅之所需不足，则货田宅资之。海宁以选拔贡生，廷试为县令。每狱成，宜人则询曰："毋已冤乎？"族党有来官所者，则曰："毋贫乎？"即有平反，而馈饫厚，则宜人喜。既无所平反，或馈饫稍廉，则愠见于色。故海宁之发名树绩，虽赠君亦尝曰："宜人之力也。"海宁以道光戊戌奉赠君之丧归葬。宜人虽老，习勤不改。又六年甲辰正月六日，年七十二以卒。即以其年某月日，葬某乡某原。有子二人：长象晟，先十年卒。次即海宁。孙六人，某某。曾孙二人，某某。宜人以道光十四年册立孝全皇后，恩敕封孺人。卒后一年，皇太后七十万寿，天子推恩赐类，乃得诰赠宜人。又二年，乃逮余文其幽，将追事焉。末世称述列女，好道其奇特者，异则异矣，而难为式也。方赠君客游四方，每出，属曰："上吾父母下吾子，以付女。"及宜人侍姑疾三年，无丝毫异志。舅病大渐，赠君自客远归，越夕而遭丧，大恸，不知所为。而宜人于附身之具，已夙严矣。夫其孝子也如彼，而其事亲又如此。此殆庸行无足标绝者与！然而难可几矣。铭曰：

洞庭之南，有贤刺史。龟食筮祥，葬母于此。谁与铭者？涟水曾氏。深刻大书，以诏无止。

晨有责，夕有程。

适朱氏妹墓志

适朱氏妹，吾父之第三女子也。幼而病疴，父母恐不宾于婿，特慎许人。年廿有二矣，友人某告余曰："闻若为女弟择所归。有朱子咏春，愿而敦讷而慈爱。必得佳婿，莫良此子。"

国藩卜之，吉。请于父母而嫁与之。道光十九年十月也。是岁，国藩以初厕词臣，乞假家居。而朱氏之诸昆，亦适有举于乡者。两家父母，大父母，各无恙。里人颇称门祚之盛。亲迎之夕，姻娅族党，会者数百人。越三日，内无长幼，皆以为贤；外无戚疏，皆以为祥。比及反马之期，则舅姑之所职者，悉以委决新妇。妹故明慧，粗解书数。条分件布，咸有节文。由是远近谓朱氏有贤于妇矣。二十六年丙午，以产难卒。凡春秋二十有九，室于朱者八载。有子一人，某。即于九月某甲子，葬于某县某里某山。吾姊妹四人，季者早殇，二长者，并穷约不得怡。独朱氏妹所处稍裕，而少遭痁疾，又离婉厄以死，何命之不淑也。妹卒以八月晦日，不逾月而吾祖母弃养。国藩窃禄京朝，发一家书，而两遭期功之丧，又何痛也！于是，泣识其略，使咏春追埋诸幽，且叙其内外家之系，而声以铭诗，以宣吾悲。铭曰：

有女曾姓圣为宗，父班泮水祖辟雍。两世大夫帝褒封，母江夫人劬且恭，鞠兹惠质艰厥从。嫔朱其先国比莒，纳夫方轨辔如组，君舅镇湘乡所举。铭者母兄涤生父，滥厕朝官无寸补。

满妹碑志

满妹，吾父之第四女子也。吾父生子男女，凡女人，妹班在末。家中人称之"满妹"，取盈数也。生而善谑，旁出捷警，诸昆弟姊妹并坐，虽黠者不能相胜。然归于端静，笑罕至矧。道光十九年正月晦日，以痘殇。明日，吾儿子桢第相继亡。妹生于世十岁，儿三岁也。即日瘗诸居室之背，高嵋山之麓。吾母伤弱女与冢孙，哭之绝痛。间命诸子曰："二殇之葬也，无碑以识之，即坟夷级阤，谁复省顾者？"国藩敬诺。亡何，系官于朝。公有执，私有濡，久不得卒事。越八年，而适朱氏妹徂逝。以其新悲，触其凤疚，怆然不自知何以为人也。于是粗述一二，遗家人植石墓北，且缀之辞，使有垂焉。铭曰：

去家不能三百武，二殇相依宅兹土，狐兔安敢侮！

钱塘丁烈妇墓表

道光二十有七年十月，钱塘丁士元图其五世祖妣，烈妇周安人之墓道，又谱其世系，述其节行，踵吾门而告曰："士元之五世祖妣周氏，南疆绎史，曾以掇之《列女传》者也。实以顺治初殉难，今二百载矣。维茔域有下窆之石，不克宣刻事迹，暴诸道路，惧终将晦湮；且无以兴敕世世子孙。先生，天下之夙于文，如不余屏，请为文扬之墓，是宠施吾族，而厚吾先世以不朽也！"国藩礼辞不获，则谨次丁氏之系，烈妇之畸行与圣朝旌显幽微之义，有颠有委，以激懦者。

其语曰：丁氏之别子，居山阴者，曰"际龙"，世农也。其元孙曰"瑞南"，始为贾杭州，是为烈妇之夫。烈妇生而笃孝，其母患心痛绝急，或称海上方，指血和药可立已。烈妇则尽刺十指，剂血以进，病良已。瑞南既贸迁于杭，家中有无，壹仰烈妇。裁冗而缉匮，赢事而缩食，秩如也。顺治三年，我大清兵下绍兴，土贼乘间四出焚掠。烈妇挈二子奔窜，贼数规之。烈妇度终不得脱，乃以二子付族属之老成者曰："以累若，禭归儿父，吾不可为贼辱！"遂自投水。贼追救之，不殊凡三溺乃绝。年二十有三岁。瑞南在杭闻难奔焉。三日矣，尸不腐，蚊蚋不集。其卒以六月四日，天盛暑也。瑞南悼妻之义死，痛土贼之兽心，曰："孰不可居？又奚为于故里？"遂占籍杭州。前烈妇所挈窜之二子：长曰聘贤，季曰茂卿。至是茂卿始为钱塘人矣。其后百又数载，至乾隆十四年，孙可学上其事于朝，乃蒙恩予旌表。又数载，以可学官某官，赠烈妇为安人。又九十载，至道光二十五年，烈妇之裔孙士元以进士入翰林，丁氏寖寖昌大矣。维明季之乱，匹夫匹妇，蹈死如归者，所在多有。而食禄者，往往濡忍不决，或偷活无几时，旋亦周章就毙等死也。血气之躯，非必久长不敝之物也，彼独须臾不审耳！人固有断不可不慎之须臾。如烈妇之光显，岂须臾也哉？亦且长久焉尔！

> 匹夫匹妇，蹈死如归者，所在多有。

荆门州学正郭君墓铭

物有初阜，或啬其终。有祕于后，而窒其躬。陶公之山，潜蟠册载。双雏云兴，呿腾沧海。持铎再徇，当阳荆门。祁祁学子，如饥授飧。刑狱有箴，扇仁孔永。胡德之遐，光不长炳。八龙冈下，斑竹原中。埋我铭语，载奠幽宫。

善化夏母杨宜人墓志铭

宜人，宁乡县学士杨君开梅之孙，处士应灼之女，善化貤赠奉直大夫，夏君讳某之子妇，赠奉直大夫讳某之配也。宜人在家，则温恭孝岂偏获于亲，择所宜归，莫良夏氏。既归，事舅貤赠君，及姑刘太宜人，逆志而筹之，未命而赴之。甘旨之调，不躬不进。赠君之前所配黄宜人者已早卒，仅遗一女。有兄与嫂亦卒，遗三子。赠君又仍岁多病，家无巨细，壹委宜人，宜人共洁祭祀，斟药礼医，裁赢补绌，公私井井。视前女如己女，不敢毫末替焉；视己子如从子，不敢毫末加焉。督诸子之学，日省而月稽。师塾之馔丰倍其室。就试于有司，出必戒，反必诘。其见录也，悦而不溢；其黜也，敕而不怒。以是诸子皆底于成。道光十七年，次子家泰举于乡。又三年庚子，长子家鼎举焉。又三年癸卯，季子家升继之。又二年乙巳，家泰登名于礼部，主政于吏部。值皇太后七十圣节，天子大孝锡类，遂得覃恩褒封两世。而家鼎亦以是年充景山官学教习。盖自赠君之殁，至是二十年，中间郡县行省之试获隽者，无岁无人。而婚嫁丧纪之役，亦荐至不绝。皆宜人一心营治，而亦以劳瘁甚矣！道光二十六年八月十九日，以疾卒，春秋六十有八。即以其年十二月某日，葬于宁乡黄花塘，凤形山之阳。有子男六人：长次即家鼎、家泰；又次家豫，太学生；又次家谦，早卒；又次即家升也；又次家贲，出嗣从祖兄弟万程后。女二人：长适蒋，前卒；次，适侯。孙男十二：降服孙二人，孙女八，曾孙女二人。宜人宽仁周挚，救困如

（悦而不溢，敕而不怒。）

焚。深达大义,不徇私爱。疾笃,顾言曰:"寄语鼎儿、泰儿,努力当官,无以家为念。"以二子时在京师也,将奔丧,以铭嘱国藩。越二年乃铭之,而追内诸幽。铭曰:

杞恪宾周,别氏维夏。承馥远牟,踵兴达者。宛宛女宗,亦大其间。迪将多子,并骋天衢。诸孤遗经,廿年手泽。彭其群起,下报我特。报以吾职,不告实劳。职之靡负,厥伐斯高。镌于乐石,千世其牢!

祖四世元吉公墓铭

道光岁戊申,家叔父为太高祖考妣置祠宇。其明年,又为修其坟域。乃邮书于京师,命国藩记其源委。国藩于公为六世孙,公之行事,不尽悉。谨按家乘及传闻于祖父者,以表于公之墓道。

公讳应贞,字元吉,迁湘四世祖也。少贫,手致数千金产,室庐数处,尽以予其子,而自置衡邑之靛塘湾田四十亩,以老焉。公没后,子孙岁分其租以为常。至嘉庆岁丁巳,家祖及族长尊三以彰二公,纠族之人,议积一岁之租,以为公清明之祀。今所置圳上之田是也,家叔父所修祠宇在焉。而靛塘湾之田,族之人又于嘉庆壬申议永为公祀田矣。独公之墓未修,族众忧之。家叔父乃慨然任之。纠工不一月竣。距公没时,已八十余年矣。公生于康熙甲戌年二月廿三日辰时,没于乾隆甲申年八月十五日巳时。配刘太孺人,生于康熙乙亥年三月十二日未时,没于乾隆甲申年三月初二日子时,合葬于湘乡大界乡,罗家屋场后之阳。子六人:长楚材,次辅臣,次文炳,次明德,次兼山,次容若。国藩乃公次子辅臣公之元孙也。铭曰:

昔公创业,源远流长。服畴食德,寖炽而昌。菶茏郁积,有耀其光。千秋宰树,终焉允臧。

公之行事,不尽悉,谨按传闻。

国子监学正汉阳刘君墓志铭

道光二十有八年九月十八日,吾友汉阳刘君卒于家,年三十有一。逾月,讣至京师,国藩为位哭于舍旁道院。遂遍告诸友,皆相啼哭,有失声者。明年某月某日,葬于某里某山,刘氏先陇之次。国藩乃为铭,伐石于都下,寓舟浮江,以达于汉。既不及事,则追而埋诸坟之趾。

君之为学,其初熟于德清胡渭、太原阎若璩二家之书,笃嗜若渴,治之三反。既与当世多闻长者游,益得尽窥国朝六七巨儒之绪。所谓方舆、六书、九数之学,及古号能文诗者之法,皆已规得要领。采名人之长义,与己所考证,杂载于书册之眉,旁求秘本钩校,朱墨并下,达旦不休。久之,稍损心气。又再丧妇,遂疾作,不良食饮。君自伤年少羸弱,又所业繁杂,无当于身心。发愤叹曰:"凡吾之所为学者,何为也哉?舍孝弟取与之不讲,而旁骛琐琐,不以慎乎!"于是痛革故常。取濂洛以下切己之说,以意时其离合,而反复之。先是君官国子监学正,薄有禄入。而妇翁邓氏资之数千金,岁益饶给。至是尽反金邓氏,而移疾罢官,将家居食力以为养,盖浩然自得以归。归未数月,而奄及于死,可哀也。始君之归,尝语国藩:"没世之名不足较,君子之学务本焉而已。吾与子敝精于雠校,费日力于文辞,以中材而谋兼人之业,侥幸于身后不知谁何者之誉?自今以往,可一切罢弃,各敦内行。没齿无闻,而哲不复悔。"国藩敬诺。其后君归,果黾勉孝恭,族党大悦。规画家政,条议粗具。而君遽卒,命之永不永不足憾,独其事亲从兄之志之美且坚,而不克竟其事,兹其可悲者也。而国藩之无似,不克践死别之约,以一塞故人地下之望,此又余所深耻而切痛者也!

君讳传莹,字椒云。曾祖良琨,祖方仍,世有隐德。父正柏,以君官封征仕郎。母叶氏封孺人。始娶汤,继娶陈,皆前卒,终娶邓氏。君之反妇家金,邓赞成之。无子,以兄子世圭嗣。君之学业,其考核载于书册之眉者,与其诗、古文皆不以刊布。惟搜得朱子所辑《孟子要略》一书,国藩为校刻行于世,修君志也。铭曰:

并吾之世,江汉之滨,有志于学者一人。其体魄藏于此土,其魂气之陟降,将游乎在天诸大儒之门。敢告三光,幸照护乎

君子之学务本焉而已。

兹坟。

钱塘戴府君墓志铭

钱塘少司马戴君,既葬其亲资政府君王太夫人六年,未有以声诸幽,乃以命其友曾国藩。国藩为谱其系,述其行,纪其恩遇,因及其息,以识其葬。其系曰:周植汤后于宋,幽王时宋公谥戴。后遂以公族为氏。圣与德抉经阐教,袭为通儒。传至南唐,安为银青光禄大夫、上柱国,谥忠恭。子奢,始居新安之隆阜。孙处居上溪口,仍世为徽人。至明崇祯间,有一美者,仕浙江都指挥经历,子孙遂为钱塘人。曾祖永荃,祖承徽,考佳璟,两世皆封朝议大夫。朝议君生四子:长道亨,乡试为举人。次道立,议叙府同知。次道泰。府君讳道峻,字升甫,其季也。王太夫人考曰通泗,赠奉直大夫。其门族自为风气,杭人甲乙目之。其行曰:府君综治群书,不以一流自域,不与横目之民争利,不与逆攫者校曲直。改葬长兄之墓,迎主于家,而时其祭。从父墓崩,易棺而迁葬。又葬其姊之夫,又葬其师之无主后者。少嗜碑碣,继耆古扇,聚以千计。老耆古金,泉、刀、布、币,兼收博考。既寄于三者,乃冥于万物,陶然自娱,不为执必。凡誉毁、穷通、有亡,壹等齐之,终其身不以关于虑也。太夫人操作暇豫,而供具倍于众手,御下无甚色,而仆婢肃然。嫁衣毁于火而无戚容,将死而无哀语。其恩遇曰:府君既补学官弟子,七试于乡而七黜。以子熙贵,敕封儒林郎,诰封朝议大夫。既殁,而熙跻卿贰,国恩例晋资政大夫。太夫人,初封安人,继赠恭人,亦例晋夫人。其息曰男子三人:长即熙,以翰林三直南书房。再视广东学,累官至兵部右侍郎。次曰煦,府学生。明天官算术。次曰焘,议叙府同知。女子四人,皆归士族。孙十一人:有恒,府学生。以恒、之恒,县学生。可恒,如恒,果恒,其恒,斯恒,所恒,自恒,尔恒。孙女三人。曾孙三人:兆登,兆春,兆衡。曾孙女一人。其葬曰:太夫人卒于道光十五年四月十八日,年六十七。明年九月十七日,葬于西湖之三台山麓。越七岁,道光二

> 不与横目之民争利,不与逆攫者校曲直。

十二年三月十七日,而府君卒,春秋七十有三。即以其年十二月十一日,穿太夫人之域而合葬。既固既虔,永贞无纪。铭曰:

钱王湖滨有一士,十年内廷书画史。曾使岭南万里行,又坐枢府统九兵。是为府君之令子,实奉老亲葬于此。既葬六载吾为铭,下告谁何上日星。

跋衍圣公孔恭悫公墓志铭刻本

汉碑载乙瑛、韩勑、史晨数人者,有功于孔林甚巨。而史君二碑,既载其请祠之章,又叙其飨礼之盛;其补墙垣,治渎井,种梓、守冢诸绩,至屡书不一书,功亦夥矣!此碑载恭悫公本以圣人之胄,而其有功孔林,又百倍于前哲。若更得善篆隶者,大书重刻,异世流传,岂仅与史君辈比烈哉?

崇仁谢君墓志铭

君讳廷恩,字拜赓,姓谢氏。少则贫甚,读书裁尽《论语》,遽去而之农,又之商。南入闽,西入蜀,逐物贵贱,转徙常赢。尝与邓氏俱为贾。主计者误以金六百入君,君密归其金,而戒主计者更易簿记。邓氏由是厚德君。远近布闻,人人争欲相倚助矣。亦有天幸!所居恒获,累致巨万,羡辄散之。为县建义仓,构廒四十二间,贮谷万六百石,捐金凡千三百斤。建育婴堂,捐金二千两。家置宗祠,捐谷若干斛。郡县立郡祀庙,捐钱若干缗。学官于新进生,例取束修之资。新进生或贫乏无所出,则又为捐四百万钱。君弱冠孤寒,蛩蛩赤立。商贾所入,尽委义举。苟利于人,不以丝毫自为顾计。苟力所能,劬劳百于人不辞也。自太守、县令争欲致君,君终不一私谒。邑有大役,长官杖任,群目相属,君亦不以他人规我,稍为辟缩。盖行之五十载,靡财不可算,而君年亦七十矣。先是崇仁有黄洲桥,屡修屡毁,以资用浩博,莫敢大兴。至是君出任之,锤石熔金,堰水淘沙,众匠束手,仰君计画,桥成。广一丈九尺,袤四十七丈,费白金六万

商贾所入,尽委义举。

而强。以七十二岁而经始,四载而毕。毕工二载,而君卒。寿七十有七。道光二十一年九月廿四日也。祖亮弼,考上许,并赠中宪大夫。君以急公闻于朝议叙巡检候选。又以子贵,赠中议大夫。配周氏、刘氏,皆赠淑人。子兰阶,候选州同。兰生,进士,工部郎中。兰英,优贡生。兰墀,刑部员外郎。兰馟,县学生。女五人。孙男子十二人。女子九人。以某年某月某日,葬于某乡某原。既葬之几岁,兰墀属予为铭,而追事焉。铭曰:

民之丰约,有尸在天。彼富而吝,终或馁焉。贫而能施,积乃如山。徒手十载,富垺周公。一毫匪义,神鉴厥衷。聚有神监,散有天视。利济宏多,人天骈喜。占毕岂久?仅尽鲁论。因心之矩,綮其经纶。光仪既蛰,奕世承福。载厥徽猷,以愧儒服。

刘母谭孺人墓志铭

国藩不肖,幸得内交于当世之通才硕学,仁人君子,不为不多。而莫夙于里中刘蓉孟容,谊亦莫隆焉。以是襮于人,人亦襮之,以谓两人者,天下之至爱也。自余挂名朝籍,待罪六官,去父母之邦十有四年。孟容之巾屦仪度,不可接于吾之目,其语笑不可际于吾之耳。仅以书问劳遗,然且阔绝,或望甚,私怨喟喟。咸丰二年六月,先太夫人弃养,孟容亦以五月二十八日丧母。国藩匍匐来归,两人者相遇于县门,斩焉对泣。自伤老大,又离凶疚。而是时粤中逆贼,方渡湖而北,联巨舰数十里,旌旗蔽江,讹言雷动。其后遂破汉阳,陷武昌。明年又残九江,掠安庆,入江宁扬州而据之。烽火达于淮、徐,天下震骇。国藩以天子命,治团练于长沙,挟孟容以俱出。苦语穷日夜,相与悲愤追憾,诚不意世变遽已抵此,患气之积,有自来也。五月辛亥,孟容将葬母于乐善里苋冲山之阳,乃不敢自致,谨致其太公之命曰:"四方多难,而陵谷有不可知。汝既获私于曾君,葬有日,宜从曾君谋所以识于葬者。"遂督铭。铭曰:

谭有淑妃,卫姜之姨。仍世不堕,名媛绍之。来室于刘,莫

自伤老大。

逮先姑。继姑曰谢，投温承愉。胡洪胡琐，室事敦我。未匮先防，有置无颇。夫子人杰，是名正宗。畸以平剂，如羽谐宫。广赍穷民，乡亭大悦。身无华御，终年补缀。鱼菽尸祭，蠲饎必躬。孝妇笃敬，遂与天通。笃生五子，长其蓉也。径晞渊骞，吾见亦寡。二仲并殇，化为黄土。次葵、次藩，骖驾如舞。三女婉娩，皆嫁士人。两孙葩茁，玉立振振。长曰培基，幼者培垕。女孙惟四，不书谁某。乾隆辛亥，托生十月。六二春秋，返其大宅。受形之初，万邦太和。毕命之岁，天地干戈。生死盛衰，难究难详。感慨泐铭，以诏茫茫。

湘阴郭府君暨张安人墓志铭

君讳家彪，字春坊，郭氏，湘阴人。生而温约夷愉，与人无竞。不苟为和翕，亦不为介介踔异之行。卒然投之事变，若不克辨其是非曲直也者。及夫群疑劫劫，徐出一言折之，关开节解，风生冰释。虽强辩者，常默然而内自诎也。曾祖遇杰，貤赠奉直大夫。祖熊，贡生，诰赠奉直大夫。考诠世，县学生。世父世遵，县学廪膳生。世遵无子，以诸子家暾为嗣，早世，乃复以君为嗣。家故饶赡，诸父豪宕好施，或日费数十万钱，无所惜。君亦夷然不为有亡顾虑。亲故假贷，每盈其意。或他人相称贷，要君一言为质。及期责偿于君，辄量偿之。又急，则又旅归之。岁中为人理宿逋，率三四役。久之，往往不仇，则毁其约契。会岁大祲，家以中圮。君故夙于淡泊，丰约不以易其度。布衣粝食，萧然自得。益务济人，广储方药。病者踵门求乞，手剂与之。自寻常草木、马勃牛溲以至丹砂钟乳，千岁之苓，尚方之蒉，诸奇珍物，可致与不可卒致，无所不蓄，盖亦无所不施。其尤贫者，辅以羞饵，使人日再问焉。疾革，躬三问焉。君没后，里人刘氏言之，涕泗交颐也。

君生以乾隆五十九年八月廿四日，没以道光庚戌二月十六日，春秋五十有七。配张安人，少君二岁，以道光己酉七月十六日，先君没之七月而卒，春秋五十有四。

（旁注：丰约不易其度。）

张安人柔婉懿恭，既笃既静。长沙举人正旭之孙，永州府儒学训导鹏振之子。自其在室，以逮为妇为母，莫不训式。始时家畋有妇吴氏，早寡，而卞急。姑张太安人性亦严厉，积不相善。张安人既嗣为后，恭以事严姑，而卑以承姒妇。先姑之意，以隆其奉，以推及于姒娣、小姑。无所不隆。诎己之身，以薄其给，以达于己之子若女若妇，无所不薄，上尉下荐，内外融融。闾里亲族，无少长，皆叹以为不可及。睹其诸子贵盛，皆颔首叹以为宜。其殁也，哭之皆哀有余云。子嵩焘，道光丁未科进士，改翰林院庶吉士。咸丰三年以救援江西功，圣恩特授编修。昆焘，道光甲辰恩科举人，宗室官学教习，国子监助教。仑焘，县学生，候选训导。其季曰先樾，早殇。孙六人。咸丰二年壬子岁三月十四日，嵩焘与其弟，奉君之丧，葬于湘西善化杨梅山之原。张安人祔焉。又三年，岁在乙卯，国藩乃叙而铭之。铭曰：

我有执友，翰林郭君。至交金石，天下莫不闻。昔岁在戌，赴告亲丧。征我铭刻，用识幽藏。曾几须臾，岁星周半。大地戈铤，东南涂炭。我以丧归，墨绖即戎。葬不极礼，筮不协从。维郭氏阡，在岳之麓。云合峰环，龟蓍并谷。不肖之嗛，郭宗之祥。诗于坚石，以奠茫茫。

诰封光禄大夫曾府君墓志

咸丰七年二月初四日，我显考曾府君，卒于湘乡里第，春秋六十有八。男国潢、国葆谨视含敛，男国藩降服。男国华，自江西瑞州军营闻讣，男国荃自吉安军营闻讣，皆奔丧来归。天子广锡类之仁，赐银四百两，经理丧事。闰五月初三日癸未，卜葬于二十四都周璧冲山内，从形家言，丙山壬向，去先世旧庐六里而强，去梁江新宅八里而近。

国藩少长至冠，未离亲侧。读书识字，皆我君口授。自窃禄登朝，去乡十有四年。逮待罪戎行，违晨昏者又五年。府君之至言懿行，不可得而尽识。仅从季父骥云所泣问近事，而昆弟、子姓、诸姑、姊妹亦称述音容，往往而悉。其述府君侍先大父疾病，至难能矣。

道光二十六年八月，大父病痿痹，动止不良。明年冬，疾益笃，喑不能言。即有所需，以颐使，以目求。即有苦，蹙额而已。府君朝夕奉事，常先意而得之。夜侍寝处，大父雅不欲频烦惊召，而他仆殊不称意。前后溲益数，一夕六七起。府君时其将起，则进器承之。少间，又如之。听于无声，不失分寸。严寒大溲，则令他人启移手足，而身翼护之。或微沾污，辄涤除，易中衣，拂动甚微。终宵惕息，明旦则季父入侍，奉事一如府君之法。久而诸孙、孙妇、内外长幼感化训习，争取垢污襦袴、浣濯为乐，不知其有臭秽。或挽篮舆，游戏庭中，各有常程。大父病凡三载有奇，府君未尝得一安枕，愈久而弥敬。是时，府君年六十矣。吾曾氏家世微薄，自明以来，无以学业发名者。府君积苦力学，应有司之试十有七，始得补县学生员。不获大施，则发愤教督诸子。国藩以进士入翰林，七迁而为礼部侍郎。历官吏部、兵部、刑部、工部侍郎。遭逢两朝推恩盛典，褒封三世。曾祖讳竞希，诰赠光禄大夫。曾祖妣彭氏，诰赠一品夫人。祖讳玉屏，累赠光禄大夫，祖妣王氏，累赠一品夫人。府君讳麟书，字竹亭，诰封中宪大夫，迭晋荣禄大夫，光禄大夫，妣江氏，诰封一品夫人。小子非材，微府君厚泽，曷克成立，以蒙兹光显！于是泣述一二，并列刻系属敬铭诸幽。若其懿德纯行，直传不朽者，将以俟诸知言君子。铭曰：

西望新居，东望旧庐。此焉适中，群山所都。我先人之灵，其尚妥于斯而永于斯乎！呜呼！

男五人：国藩，配欧阳氏。国潢，监生，候选县丞，配汪氏。国华，监生，即补同知，出继叔父骥云为嗣；配葛氏，妾欧阳氏。国荃，优贡生，同知职衔，配熊氏。国葆，县学生，配邓氏。

女四人：长适王鹏远。次适王家储，婿先卒。次适朱氏，先卒，婿朱丽春。季女殇。

孙八人：纪泽，二品荫生，配贺氏。纪梁，聘魏氏。纪鸿，聘郭氏。纪渠，聘朱氏。纪瑞，聘江氏。纪官，聘欧阳氏。纪湘，聘易氏。纪淞，聘王氏。

孙女九人。

先大夫以咸丰七年丁巳五月，葬周壁冲。至九年己未八月十六日癸丑，改葬于二十九都台洲之猫面脑。自丁巳九月，男国荃复出，治军于吉安；至戊午六月，男国藩复出，治军于浙江，皆以墨绖即戎。而男国华，降服期满，从军皖北，竟殉难于庐江之三河镇。至己未五月，诸子服阕，而男国潢亦治团练于乡。男国葆亦从军于湖北。岁月不居，人事迁变，辄因改葬，补记一二，俾后有考焉。男国荃附记。

先妣江夫人，生于乾隆乙巳年十一月初三日申时。春秋六十有八。咸丰壬子年六月十二日卯时，没于梁江新宅。原厝宅后山内。己未八月同日，改葬于此。与先大夫共一茔域。国荃又记。

刘君季霞墓志铭

君讳蕃，字季霞，吾友刘蓉孟容之弟也。国藩治团练于长沙，提水师自巴陵至九江，及入江西，屯军南康，孟容皆展转相从。三年奔走，夷险共之。季霞常以其太公之命，省孟容于军中。出则美意相迎，讽勉其兄；归则附会吉语，慰安其父。

咸丰四年三月，岳州官军失利，贼犯宁乡，季霞间关至长沙，存问孟容。孟容方以疾先归。其六月，孟容将率舟师渡洞庭而北，季霞复送至省垣。明年八月，又自其家二千里视孟容于南康。中途闻罗君泽南督师自义宁州而西，将扫荡岳鄂之交，规复湖北。孟容亦分领湘右军，从罗君俱西也。季霞与兄会于羊楼峒。时我师远来，新有濠头堡之败。士气初复，料简粮仗，稍与休息。贼据蒲圻县，得以其暇，益筑坚垒，完守备。十月十七日，我师进营白石铺，以蒲圻南门地险而逼，不利仰攻，乃绕道出公安畈，抵城西，驻军铁山。湖北巡抚胡君林翼以师来会。二十一日辛亥，分四路进攻。贼扼险立栅，穿堑数重，枪炮环击不可近。间出悍贼，扬旗跳荡，自辰至午，相持不决。军势少却，季霞从兄督战。进曰："事急矣，贼将乘我。"遂弃所乘马，独步而前。贼遽奔之。季霞发枪毙二贼,又鞭卒之少退者。一贼伏下田,发枪中伤季霞,仆地。孟容舁其弟归营,而自麾众御之。短兵确斗,骁将锐卒伤亡数十人。贼亦大创。我军乘间举火,燔其木栅,烟焰蔽天,五垒齐破。是夕,遂破蒲圻县,克之。孟容还营视其弟,创在脐旁,气息仅属。抚之大恸。季霞徐曰:"兄勿尔,命也!"语讫而绝。春秋二十有五。事闻谕旨追赠知县,照知县例赐恤。

季霞事兄,致严以顺,而风韵各异。孟容于士类,扬清激浊,而季霞不置臧否。孟容稍立崖岸,别白是非,鲜所假借;而季霞脱去畦封,瞑无一语,款诚相接,其臭如兰,以是人乐近之。刘氏世居湘乡之四十都,近岁兵事方殷,有司分都团练。季霞部勒乡人,独严整。丧归自蒲圻,族之少长,远近之耆德,学徒与向者团结之丁壮,会葬送死,哭者至数千人,如丧亲戚。然后知其得众,宿将不及也。

咸丰八年某月某日甲子,葬于乐善里之王湖岭。配孔氏,国子监学录广璠之女。生女一人,无子,以孟容子培屋为嗣。铭曰:

元二之厄,兵气峥嵘。方州大府,鼠却狐惊。提戈杀贼,年少书生。厥少维何?星终两纪。温玉刻苕,翱翔文史。事亲从兄,辟咡而诏。仗剑出门,海飞龙啸。蒲首之山,故垒嵯峨。一儒奋臂,永奠山河。位岂在大?龄岂在多?我铭斯石,万代不磨!

桃源县学教谕孙君墓表

君讳葆恬,字劭吾,孙氏,善化人。祖绳武,岁贡生。考先振,举人,直隶隆平县知县。隆平君无子,有兄曰先捷,县学附生,晚而生君,乃兼以后隆平君。礼律所称"一子承二祧"者也。君生贵重,两翁绝怜之,不欲苦以学业。君曲承欢意,进则奉槃疾趋,嬉游无度;退则颛颛自敕,钻仰群书。本末交修,既治且笃。年十七,补诸生。中式嘉庆己卯科举人。于是赠翁始知君之学之勤，人之所不见也。

道光六年，以大挑选桃源县学教谕。始至学官，弟子或丙夜踽门，曰："愿有谒也。"君呵禁立绝。诸生相戒惕息，不敢近。君稍稍引进，矜其不能。有某生，才而无检，提学使者将除其名。君召而数之曰："若以恶闻于一县，今当痛自艾，扫地自新则生，蹈故则否。"生顿首谢："不敢负。"学使者亦竟不黜生。又数十人，以钱粮浮收，诉县令于上官。刻碑县门，颇劫持之，冀薄敛以宽民力。县令大怒，将名捕致之法。君从容开说，仆碑弛狱，久之壹解。县令邵君以事罚富人钱二十万，输于学宫，阴以乞君，君别藏之。及以忧去官，召诸生使具状，出钱予之，贯则朽矣。在桃源九年，大计卓异，例以知县赴部谒选。君曰："今日令长岂得行其志者？吾上有老亲，又奚为于选人？"道光二十一年四月某甲子，卒官，春秋四十有八。

卒后四年，君之子鼎臣芝房，以道光乙巳科进士，改翰林院庶吉士。君以覃恩，晋赠儒林郎。又二年，次子颐臣以丁未科进士，改兵部主事。又三年，今上即位，晋赠奉直大夫。明年，子观臣中式咸丰辛亥科举人。又明年，又宣宗升祔恩晋赠中宪大夫。是时，粤匪洪杨诸逆方犯湖南，联巨舰浮江而东，荆扬鼎沸。芝房及其两弟归自京师。又二年，颐臣、观臣相继沦逝。又明年，咸丰丁巳十二月某甲子，君之配桂太恭人卒。死丧频仍，家稍替矣。

太恭人李恭任淑，处变不惊。镇篁有卒，诖戕其长官。滨沅州县，汹汹东徙避乱。流贼有自通城窜长沙者，家人亦鸟徙避之。太恭人晏然守静，不为讹言震骇，卒以无事。方从官桃源学署，赠翁县学君实在养。每晨兴，君布席，太恭人进馔。赠翁年几九十，与子妇为辞让者再。太恭人执玉宾宾，恒有婴儿之色。见之者不知其娶妇生孙，子已登科也。太恭人之没，后君十有六载。咸丰九年二月某甲子，芝房奉母合葬于赤江先茔。

先事属友人曾国藩表其墓。国藩因循未即为，而芝房不幸死矣！始君以朴学冲襟，未竟其施，士林惜之。又颐臣、观臣以才子早世，又益惜之。至芝房秉父之训，立朝有风节，著书廪廪近古矣。复以忧死,每加惜焉。君子小人,知与不知,所共悼痛者也。且所谓天者,何也?高高者与人世迥绝,其好恶固当大异于人,不可究诘耶?抑食报有时,迟之又久而后大定耶?以君之积善教子,芝房之所成立如此卓卓,而犹不克显,则将来所谓大定焉者,又可必其尽如人意,而祚之无已乎?于是为镵诸石,揭诸墓道,以俟夫异时观化人者取验焉。

毕君殉难碑记

自楚军之兴,忠武公塔齐布,实始以勇名天下。楚人剽悍者,率低首塔公,亦艳称云南毕君。塔公每临敌,负枪挟弓矢,又令二卒树长矛,执曳马绳竿以从,其为器也四。毕君每临敌,负枪腰五十矢,又令卒手蛇矛,持八尺刀以从,其为器也亦四。塔公跃马飙驰,瞋人追从,从辄反鞭之。毕君怒,马直穿贼阵,戒后者"无得妄从我!"人亦自不敢从也。

毕君名金科,字应侯,云南临沅人。以征开化苗匪功,叙蓝翎外委,署临沅镇标外委。咸丰四年,随副将王国才赴湖北军营,破贼于天门丁司桥,累叙至花翎都司。十一月,国藩檄令随塔公攻围九江。明年正月,贼犯武昌,王国才回军援鄂,毕君遂为塔公所留。其后塔公物故,毕以骁勇冠浔军。

逆酋石达开之寇江西也,连陷瑞州、临江等八府数十州县。毕君所至,常陷阵克捷。旋为他部牵率失利,终不得独录其功。自九江奉檄而南,以五年十二月,破贼于樟树镇。明年二月,军败失之。自南昌而东,以六年五月,破贼于饶州之章田渡。六月,郡城陷,失之。毕君自痛为他部所累,益发愤,募死士再入饶州。誓众曰:"今日上岸破贼不捷,吾不复归舟矣!"一鼓克复府城。饶之耆黎妇孺,见闻者,与不见闻者,皆曰"毕君功也"。由是赏加"呼尔察"巴图鲁名号,补临沅镇都司,升用游击,名誉大振。而忌君者日以次骨飞谋荐谤,迭相污染。君提千余人,当四战之地,索饷不至;又恶忌者出己上,中夜郁郁不自得,常思立奇功以自旌异。会徽、池之贼大至,岁暮,士有饥色。有司

自痛为他部所累,益发愤。

者责君,能破景德镇。军食可图也。君以正月二日出师,初四日骤攻景德镇。入市,乃无一贼,别挈十人,搜剿后街。贼蜂起,从卒亡七人,伤三人。君纵横击刺,践血而出。最后贼以喷筒环攻君于王家洲,陨焉!年二十五岁耳。阅十有八日,前从伤卒三人者,收得遗尸。又三载,咸丰九年,予弟国荃破贼景德镇,凭吊毕君殉难之所。而壮士则既死矣。功名之际,有天有人,在己者几足恃哉?于是伐石以表遗迹,声之铭语,俾行路歌之,以永饶人之思。铭曰:

横目蚩蚩,同出一冶。众雌无雄,谁是健者?塔公首出,次乃毕君。躯干虽小,陈安之伦。匹马斫阵,万夫莫当。人心之贼,一矢或伤。内畏媢嫉,外逼强寇。进退靡依,忍尤丛诟。郁极思伸,矫首舐天。徒飞无翼,或坠于渊。渊则有底,愤则无已。万代千龄,哀此壮士!

林君殉难碑记

呜呼,自余倡率楚师转战荆扬二州之域,其间相从死事者,不可胜道。或贞白无他,誓不相背弃,而慷慨一瞑,志不得少伸,名不襮于当世,爱之而莫能收焉者,尤可悲也。

林君源恩,字秀三,四川达州人。道光丁酉科拔贡生,癸卯顺天乡试举人。咸丰元年,选湖南平江县知县。二年,粤贼洪杨之属围长沙。其冬,浏阳匪徒为乱。明年春,通城匪徒为乱。三县者,皆与平江壤接。君诘奸守隘,如防御水,截然不得蛰溢。江忠烈公才君之为,既保奏以同知直隶州补用,又以书播告士友,道林君堪军旅也。会国藩治舟师,檄君募平江勇五百人以从。四年三月,贼自鄂中南犯,君御之平江九岭,果大捷。同官有忌君者,功不得叙,又别摭他事中之。君悒悒内不能堪,而口独重滞。尝发愤欲一廷辨,宿戒设辞甚具。至则为众所噪害,卒不得发。或反引咎自责。是岁十月,追随国藩于九江军次,造次欲有所申理,亦不竟白也。明年春,檄君治湘军粮台,归自广信。又治塔军门忠武公粮台,又佐理鄱湖水师营务。十一月,又摄理陆军于庐山之麓，姑塘之南。而江西巡抚文公，闻君贤，飞檄调至南昌，付以所新募之平江营者。君在庐山与一二武人为俦，折节内交，武人益不逊。嫚辞侵侮，或称："书生跬步矍矍，焉知战事？"君既痛其狃，又口重滞，卒无以折之。独夜叹曰："丈夫壹死强寇耳，终不返顾矣！"及至南昌，领新军，乃稍自喜。

是时，剧贼石达开犯江西，连陷八府五十余州县。六年丙辰三月，李元度次青率师自湖口南来，君与邓辅纶弥之自南昌而东。两军会于抚州，叠战皆捷，人心始定。贼亦纠合列郡丑类，更番搠战，我军辄却之。又至，又大创之。疲极，不得休息。秋九月，分军出攻崇仁、宜黄。适会援贼大至，君竟以十七日战败，死之。始君尝诫其下曰："好相保，吾与若共命于兹也！"至是，众知君不屈，相从死者三百余人。君殁二岁，咸丰八年四月，官军克复抚州。又明年，国藩师次于此，吊君殉难之所。寻逝者之白骨，邈然其不可复识矣。于是为立石，以表遗迹，缀以铭诗，以告于不知纪极之世之一二君子，以达余之耿耿。铭曰：

胡古胡今，强吞弱伏。佞者刀楣，讷者鱼肉。文吏贼深，武夫悍激。讷者避之，负墙屏息。忽入战场，万马辟易。士固难料，理固难推。灾祥显晦，孰执其机。昔闻人述，言出君口："我不知战，但知无走。"平生久要，临难不苟。大信不盟，坚不锲金。浇俗所侮，鬼神所钦。精魂远矣，北斗帝乡。遗骨莫辨，蔓草茫茫。有欲求之，环此石旁。

（旁注：我不知战，但知无走。）

墓誌銘 卷二

武昌张府君墓表

君讳以诰,字兢安,号经圃,湖北武昌人。生而祗慎鞠躬,容仪几几。与人无疏戚,必先遂其所好,而后己以听之。所遇和顺,则曰:"彼实宥我,余非能善此。"不顺,或有曲艰隐抑,则曰:"我之咎也,彼何罪?"即非礼相加,尤不肖,益泊然避之。即严事我,尤卑贱,尤磐折,与之钧等。远近从之者,洎未尝见其有所抵触拂戾也。

曾祖斯锟,祖维沧,国子监生。考本用,岁贡生,广济县学训导。训导君既以能文鸣于时,生二子:长曰以谟,成嘉庆戊辰进士。君以少子,承父兄之业,折节力学,尤善为制举之文。每拟一篇,目营四海,精骛九天之上,不可得而究也。徐而洗心冥默,若无可言。往往凿险钩深,归诸平淡,无有窕声曼色。坐是屡摈于有司,君亦不少变,以求速化,其为之益勤。自《七经》《孟子》,下逮有宋诸儒者之说,莫不钻研,以是泽其文,训其徒友;亦以是行之于宗族乡党。里有贫不能举婚丧者,别差等周之。宿负逋租,无多寡壹蠲之。乞人有强暴者,群乞拥之山中,将椎杀之。一人寤曰:"此张某家墓地也。张公长者,无以讼事污累长者。"相与徙之他所,主者果大困。于是识者叹君之德,感及于顽族矣。

<small>君德感及于顽族也。</small>

道光四年八月望日,以疾卒,春秋六十有三。配余孺人。子二:善墡,县学生;善準,岁贡生。孙成,县学生;裕铭、裕钧,县学廪生;裕镇、裕钊,道光丙午举人。诸子孙皆以文行绍其家学,而裕钊贤而能古文,日昌大不可量。君以道光十七年三月壬辰,葬于大冶县杉木桥东之张家山。凡二十二岁。咸丰九年裕钊致父之命,乞余表其墓。

自制利以《四书》文取士,强天下不齐之人,一切就琐琐者之绳尺,其道固已隘矣。近世有司,乃并无所谓绳,无所谓尺。若闭目以探瓮中之豆,白黑大小,惟其所值。士之蓄德而不苟于文者，将焉往而不黜哉？余为述一二，以彰君之懿行，亦深讥当世君子，有衡文取士之责者，尚知警焉。

翰林院庶吉士遵义府学教授莫君墓表

君讳与俦，字犹人，一字杰夫，贵州独山人。先世居江南上元县。有名先者，明宏治时，从征都匀苗，因留守家焉。三传至如爵，累官游击，君高祖也。祖嘉能，考强，州学附生。两世皆以君贵，敕封文林郎，翰林院庶吉士。妣皆封孺人。

君少随兄与班读书发闻，兄没，持期服不与有司之试。旋以州学廪生，中嘉庆三年举人，明年己未成进士，改翰林院庶吉士，为纪文达公及洪编修亮吉所器异。六年散馆，改知县，署四川茂州事。徙盐源县知县。县俗，富人好买无征之田，贫人鬻产，售九存一，仍输全赋，久辄逃亡。君按籍责赋富人，而贯其隐占之罪。河西有宁远子税所，府隶横征。君上言"税所非经病民，得裁去"。木里喇吗左所有山，产银铜。郡守徇奸民之求，请布政司符县开矿。君持不可，上状以为"木里喇吗去盐源且二千里，朝廷特羁縻之，非真利其土也。彼土莜粮，不足于食。朝定开厂，暮聚万人，运夫倍之。不幸炉矿寡耗，众散为盗，非土司受其殃，则吾蜀承其敝。且奸民所呈地图，开矿去左所经堂甚远。今得左所人讯之，铜矿得十分二银者，即经堂山也。贪小利，贾大衅，事诚不便"。大吏韪君状，檄君往左所复勘。春暮，铲雪而行。至则矿山者果在其经堂右。其众严兵以待。既瞻君貌，又聆温语，乃皆解甲罗拜，"谢使君幸奠我居，世世不敢忘"行事。县令入土司境，户率钱二百五十，杂市鸡豚百物。居有供，行有馈。君尽却其物，又悬之禁。比还，老幼遮道献酒。其酋项克珠进铜佛为寿，填咽苦不得前。由是举治行卓异，政以大成。充甲子科乡试同考官。以父忧去职，服阕。母张太孺人年七十余矣，遂以终养请。凡事母十有四年，入则牵衣索枣，听于无声；出则生徒云从，多文而栗。

既除母丧，吏部檄之复起。君北行，至襄阳，叹曰："吾壮

> 君尽却其物，
> 又悬之禁。

也，犹不能枉道事人，今能老而诡随耶？"立归，请改教职，选遵义府学教授。遵义之人习闻君名，则争奏就而受业。学舍如蜂房，又不足，乃僦居半城市。旦暮进诸生而诏之："学以尽其下焉者而已上焉者听其自至可也。程朱氏之论，穷神达化，乃不越洒扫应对日用之常。至六艺故训，则国朝专经大师，实迈近古。其称《易》惠氏，《书》阎氏，《诗》陈氏，《礼》江氏，《说文》诂释有段氏、王氏父子。"盖未尝隔三宿不言，言之未尝不津津。听者虽愚滞，未尝不怡如旱苗之得膏雨也。久之，门人郑珍与其第五子友芝遂通许、郑之学，充然西南硕儒矣。

道光二十一年七月二十二日卒官，春秋七十有九。将绝，戒曰："贫不能归葬，葬吾遵义可也。"其明年十二月二日，葬县东青田山。配唐氏，继配李氏。子九人。希芝，次殇；次方芝，州学增生；秀芝、友芝，辛卯科举人；庭芝，拔贡生；瑶芝、生芝，州学附生；祥芝，湖南候补县丞。女七人，孙十一人，曾孙五人。君所为书，有《二南近说》四卷，《仁本事韵》二卷。《诗文杂稿》，为族子携至广西佚去。友芝掇辑，编为四卷。友芝又别记君言行为《过庭碎录》十二卷。既葬十有八年，友芝以书抵国藩，乞为文表其墓。

当乾隆之季，海内矜言考据，宗尚实事求是之说，号曰"汉学"。嘉庆四年，仁宗亲政，大兴朱文正、仪征阮文达，以巨儒为会试总裁，是科进士，如姚文田秋农、王引之伯申、张惠言皋闻、郝懿行兰皋，皆以朴学播闻中外。科目得人，可云极盛。君于是时寂寂无所知名。及君出而为吏，恩信行于异域。退而教授，儒术兴于偏陬。校其所得，与夫同年之炳炳者，孰为多寡？未易遽定也。余为表章一二，士之孤行，而忧无和者，可自壮也。

何君殉难碑记

呜呼！军兴十载，士大夫君子横死者多矣。独吾友何君丹畦，尤深痛不忍闻。自近古以来，未有行善获祸如是之烈者也。

岂不悲哉！

君以咸丰四年五月，由翰林院侍讲上书房行走，出为安徽宁池太广兵备道，时则安庆暨滨江府县沦没贼中。庐州新立行省，亦陷于贼。副都御史袁公军临淮，提督和公、巡抚福公军庐州。君当之官，不克，南渡。袁公欲资君以兵，西会楚师。福公亦具疏留君江北，檄君募勇出征。公私匮乏，沮伤百端。最后得二百余人，率之以西。至霍山，征集溃兵、团勇三千余人，推诚奖励，遂以十月二日大破捻匪李兆受于城东，追至麻埠。又五日，至流波䃥，檄商城、固始团练堵其北，金家寨团丁御其东，而自率所部遏其西。捻党恟惧，李兆受与马超江等相继投诚。挺散协从，远近大说。环三四县，皆输猪、鸡、糇粮、金钱之属，声终宵不绝。

先是，大府帅檄君救援庐江，檄未至而城先陷。至是，奉被劾革职之命，军士怀不能平，虽百姓亦惘惘也。方楚师之出岳州而东也，克武昌，下黄州，破田家镇，水陆电迈，席卷千里。其后，塔齐布、罗泽南两军由黄梅南渡，以围九江。贼循北岸而上，复陷蕲黄，窜武汉。自长淮以南，天柱内外，所在蜂屯。君以孤军流离，西与楚师不相闻，东与庐州大府隔绝。朝不谋夕，啮指誓众。五年正月进攻蕲水，克之。又分军克复英山，又歼剧贼田金爵。大府帅以君西征有效，疏令留驻英山。君出师至是，凡八阅月，仅支现银三百两。士卒及民团相从者，增至三千人，又益以李兆受新降之众，无以为食。居无帐幕，雨无薪材，郭无居民，远近无援，伤亡无以为恤，始什人赋面一斤，继而削减半之。既又半之。而贼来益盛，日提饥卒，转战不得休。五月十二日，军败。徒行泥淖中，乡民或哀而进食。君虽强自振厉，然惫甚，瘘疸发体，气亦少馁矣。李兆受者故反侧持两端，感君忠勤，不忍遽背负。绝粮既久，怪君无以活之，意望甚。又同时降人马超江为匪徒所杀，怨官不能捕诛以抵罪也，则大戚。议为超江复仇，设位受吊，捻党毕集。于是安徽、河南两省，皆以兆受复叛入告，而县令亦悬赏购兆受头千金。兆受益不自安，匍伏诣君，自陈无他。君抚慰稍稍绥定矣，会大府帅有密书抵君，教以图蒉叛贼,毋后人发。为兆受所得。遂阳为置酒高会,而伏兵戕君于英山之小南门。遗骸残毁。同遇难者四十七人。咸丰五年十一月初三日也。

君讳桂珍,字丹畦,云南师宗人。道光甲午科举人,戊戌进士,翰林院编修。丙午,提督贵州学政。旋晋侍讲,入直上书房。数抗疏陈军事得失,推本君德。又采朱子真西山大学之说,傅以己意,引申条例,手缮成帙,随疏奏进。君之意,尝以为圣人者无不可为,功无不可就,独患人不自克,不能竭其心与力之所竟耳。及君出而莅事,饥饿经年,而百战不息。倘所谓自克者耶?竭吾心与力而不遗者耶?卒其获祸如是之烈,而或不免身后之余责。然则为善者,何适而不惧哉!咸丰十年,国藩屯军江北,询君患难驰驱之所,乃立石英山,缀以铭词,俾来者有考焉。铭曰:

饥寒逼身,难顾廉耻。圣主不能安其民,慈母不能抚其子。况于揭竿乌合之徒,亡命归诚之始。倏顺忽逆,朝人暮豕。封豕负途,积疑张弧。锯牙钩爪,殪我闵儒!赤舌烧城,死有余议。群毁所归,天地易位。悠悠之口,难可遽胜。我铭诸石,少待其定。上讯三光,下讯无竟。

邓湘皋先生墓表

先生新化邓氏,讳显鹤,字子立。晚岁学成,远近称为"湘皋先生"。先生自甫掇科名,即已厌薄仕进,惧然有志于古之作者。与同里欧阳绍洛硐东,以诗相厉。客游燕、齐、淮阳、岭南,所至悲愉抑塞,一寓于诗。觑幽刺怪,遏之使平。终岁颛颛,誓不履近人之藩,而又耻不逮古人。每有篇什,辄就硐东与相违覆,引绳落斧,剖晰毫厘。书问三反,或终不得当。交嘲互讼,神囚形瘁。已而窒极得通,则又互慰大欢。以为解此者,天下之至豪也。

先生以嘉庆九年甲子科举于乡。道光六年大挑二等,官宁乡县训导。凡十有三年,引疾归。其遗外时荣,而有事著述,与硐东略同。然硐东持律矜严，体势稍褊；先生则波澜益壮，跌宕昭彰。硐东墙宇自峻，与人少可。先生则阐扬先达，奖宠后进，知之惟恐不尽，传播之惟恐不博且久。用是门庭日广，而纂述亦独多。诗歌所不能表者，益为古文辞以彰显之。其于湖南文献，搜讨尤勤。如饥渴之于食饮，如有大遣随其后，驱迫而为之者。以为洞庭以南，服岭以北，旁薄清绝，屈原、贾谊伤心之地也，通人志士，仍世相望；而文字放佚，湮郁不宣，君子惧焉。于是搜访濒资郡县名流佳什，辑《资江耆旧集》六十四卷。东起漓源，西接黔中，北汇于江，全省之方舆略备。巨制零章，甄采略尽。为《沅湘耆旧集》二百卷，遍求周圣楷《楚宝》一书，匡谬拾遗为《〈楚宝〉增辑考异》四十五卷。绘乡村经纬图，以诏地事。详述永明播越之臣，以旌忠烈。为《宝庆府志》百五十七卷，《武冈州志》三十四卷。衡阳王夫之，明季遗老，《国史儒林传》列于册首，而邦人罕能举其姓名。乃旁求遗书，得五十余种，为校刻者百八十卷。浏阳《欧阳文公元全集》久佚，流俗本编次失伦，为复审补辑若干卷。大儒周子权守邵州，录其微言，副以传谱之属，为《周子遗书》若干卷。所至厘定祀典，褒崇节烈。为《召伯祠从祀诸人录》一卷，《朱子五忠祠传略考正》一卷，《五忠祠续传》一卷，《明季湖南殉节诸人传略》二卷。呜呼！可谓勤矣！

盖千秋者，人与人相续而成焉者也。惟众人甘与草木者伍，腐而腐耳。自稍有智识，即不能无冀于不朽之名。智尤大者，所冀尤远焉。人能宏道，无如命何。或碌碌而有声；或瑰材而蒙诟；或佳恶同、时同、位同，而显晦迥别；或覃思孤诣，而终古无人省录。彼各有幸有不幸，于来者何与？先生乃举湖南之仁人学子，薄技微长，一一掇拾而光大之，将非长逝者之所托命耶？何其厚也！

先生生于乾隆四十二年十二月十六日，卒于咸丰元年闰八月二十五日，春秋七十有五。曾祖元臣。祖胜逵。父长智。妻曹氏，仁厚淑慎，里党钦之。妾何氏。子二：琳，廪贡生，候选训导前卒。琮，道光丁酉科拔贡生，癸卯科举人，父殁后一月，以

盖千秋者，人与人相续而成焉。

毁终。女子三人。孙四：光黼，光缃，光绂，光组。曾孙：大程。自先生以名儒笃行昌其家，群从子姓，皆孝友力学。兄子瑶，尤贤而能文章。先生之书，其不系于湖南文献者，又有《南村草堂诗钞》二十四卷，《文钞》二十卷，《易述》八卷，《毛诗表》二卷。《校勘〈玉篇〉、〈广韵〉札记》二卷，自订《年谱》二卷，瑶皆敬谨弆藏。其未刻者，皆写定，可传于世。

先生内行完粹，教泽在人，瑶所为行状甚详，兹故不著。独著其治诗之精，与其有功于乡先哲者，揭于墓道，以式乡邦而讯异世。

季弟事恒墓志铭

同治元年十一月十八日丙寅，我季弟殁于金陵军中。逾月，丧过安庆，国藩设次哭奠如礼，遣之反葬。弟名国葆，字季洪，后更名贞幹，字事恒。少则落落，自将脱去町畦，视人世毁誉及书史，褒讥媺恶，不甚厝意，不随众为疑信。时或诘难参伍，大破群惑。尝应县试及学政试，再冠其曹。已而厌薄举业，不肯竟学。咸丰三年，国藩奉诏讨贼，召募水陆诸军。季弟挈六百人以从。提督杨载福、侍郎彭玉麟，始皆客季弟所，为僚佐。季亟荐此二人为英毅非常器，己愿下之。四年三月，岳州兵败。季又亟白诸将无罪，己愿独坐之。其后，杨彭二人果以水师雄视东南，而诸将亦次第登用，掇取高官大名。独季弟黯黮归去，筑室紫田山中，柴门绝人事，身与世若两不相收。

八年十月，母弟国华战殁三河，季则大恸，誓出杀贼，以报兄仇而雪前耻。鄂帅胡文忠公方广求将材，命季分领千人，自黄州建旆而东。十年正月，连克太湖、潜山，三月，始与叔弟国荃会师以围安庆。十一年八月，克之。明年，为今皇帝元年，弟以正月师次三山。三山者，宣池群贼四萃之区。军入援绝，寇十倍我。乃以计招降三县义民之陷贼者，噢咻而厉使之，得四千人，编伍约法，用破鲁港，克繁昌，下南陵、芜湖。而国荃亦以是时克东西梁山，徇和州、当途，夺采石。兄弟复会师，进薄金陵之

不随众为疑信。

雨花台。江东久虐于兵，沴疫繁兴，将士物故相属。弟病亦屡濒于危，定议假归养疾。适以援贼大至，强起战守四十六日，贼退，而疾甚，不可复治矣。

季弟初以功叙儒学训导，加国子监学正衔。克复安庆，晋秩同知，赏戴花翎。厥后，连克繁昌三县，天子虽以国藩前有辞赏之奏，犹特赐"迅勇"巴图鲁名号。至大破援贼，晋阶知府。命下而弟不及见矣。事闻，遂追赠按察使，照军营病故例议恤。诏书谓朝廷早欲擢用，特以国藩恳辞，留以有待。呜呼！圣主之于臣家，恩宠不訾。独惜国家欲大用吾弟，与吾弟欲得当以报国，两相须于微莫之中，而卒不克少待以竟厥志。呜呼！兹所谓命焉者非耶！

季弟生以道光八年九月二十日，春秋三十有五。曾祖讳竟希，妣彭氏。祖讳玉屏，妣王氏。父讳麟书，妣江氏。三代皆封光禄大夫，妣皆一品夫人。配邓氏，先弟十月卒。兄弟五人，自仲氏国潢外，四人者皆从事戎行。季无子，以国潢子纪渠嗣。同治二年某月某日甲子，葬于某里某山之阳。辄叙次事状，系以铭语，以写吾哀。铭曰：

智足以定危乱，而名誉不并于时贤。忠足以结主知，而褒宠不逮于生前。仁足以周部曲，而妻孥不获食其德。识足以祛群疑，而文采不能伸其说。呜呼予季！缺憾孔多。天乎人乎？归咎谁何？矢坚贞而无怨，倘弥久而不磨。

闽浙总督季公墓志铭

公讳芝昌，字云书，号仙九，姓季氏。道光之末，咸丰之初，公以正卿，内知枢密，外督封疆。朝廷亟以大事相属，而公嗛然自以为不足。海内贤士，亦第宗其文章，而若忘其政事之美。公于文，裁量完密，宫徵锵鸣，当世叹为台阁夷怿之音，而又忘其营度之苦。至其身世，备历诸艰，则知者尤少也。

季氏世家江阴。公曾祖讳憎。祖讳熙，岁贡生，累叶穷约。至考，讳麟、字晴郊者，始以拔贡、举人，官钜鹿县知县。嘉庆十四年,公侍王父从钜鹿君于官所,又迎妇于卫辉。妇翁为王苏侨峤以翰林出守大郡。两家皆科第名宦,政声溢于河朔,寖寖光大矣。无何,岁贡君卒于钜鹿。钜鹿君坐不身捕妖民褫职,遣戍新疆。逾年,没于戍所。公所生长子既殇,又殇一女,又殇次子。而钜鹿君有官逋,簿责益急,籍家产输之官。亲知不相省录,胥吏侵侮,殆无人理。厥后,以道光元年举顺天乡试。三年,考取国子监学正学禄。薄宦京师,生事日绌。盖至十二年,成一甲三名进士,而公子困厄,余二十载矣。既以魏科改翰林院编修。明年散馆,则大为宣宗所褒,御书"魁"字于卷之傅别,而大臣亦自登公首选。旋又以大考翰詹列高等,简授山东学政。任满还京,充戊戌会试同考官。明年,己亥大考,复列高等,奉使江西主考、浙江学政。累迁至内阁学士,兼礼部侍郎。由是举朝慕公遇合之隆,台省耆宿交口称公诗赋,以讽勉后进。侪辈敛衽,皆以为不及。高才未达,皆传钞而模范之。虽天子亦以君臣文字契合为足乐也。

公在浙,丁母忧。道光二十三年,服阕入都,与考试差。翼日召对,宣宗嘉叹公文,以谓"他人竭蹶喘汗有不能到,汝则沛乎有余。譬之于射,汝穿杨百中矣。"语毕大笑。公且感且悚,退而以"不失鹄"名其斋。是岁,擢礼部、吏部侍郎,督学安徽。公益兢兢,恐无以育才厚俗,上负主知。二十六年,受代还朝。明年,充会试知贡举,殿试读卷官,经筵讲官。衡文之事,无役不从。四方学徒,翰林新进,辐辏造门请业。而上察公忠谨廉介,可任艰巨,不复欲以校文角艺相属。盖科目取士既久,至争声律一字之得失,而置军国于不问。

<small>忠谨廉介,可任艰巨。</small>

宣宗晚岁,远览唐季明末之陋,恤焉思有以易之,亦预忧治安之不可深恃也。二十八年,命公为仓场侍郎。是冬,命偕定郡王载铨查办长芦盐务,及天津所属仓库。二十九年,命偕大学士耆英查询东南两河冗员浮费。又命公驰赴浙江厘剔盐务,清查仓库。凡政有奸弊丛杂,辄属公梳抉而廓清之。公昼夜稽核,不吴不扬,尽得要领,而于人无所乖迕。使浙未返,有诏简授山西巡抚。甫至晋,又内召为军机大臣。三十年,宣宗升遐,与诸王大

臣受遗辅政。文宗继序，益欲以艰大付公。会广西军兴，南服不靖，遂命公总督闽浙。公钩校官书，发旧牍与新事杂治，废寝忘食。未几，疾作，陈请开缺，勿许。咸丰二年病益剧。屡疏乞退。温旨慰留。最后，十一月，诏许回籍调理。三年正月，返苏之常熟家焉。二月，金陵沦陷，贼乃日炽。公闻之大痛。自以朝廷重臣，出莅海疆，不能济弱扶倾，副圣主倚畀之意。而时事糜烂，又不克力疾强起，以效尺寸。往往独夜悲泣，或为诗歌以鸣积郁。至咸丰六年，而得偏痹之症。十年，苏常失陷，挈家北渡。又闻九月淀园之变，益忧愤内伤，不复可支矣。是岁十一月三十日，薨于通州，春秋七十。

自公之贵，三代皆赠光禄大夫，如公官。曾祖妣赵氏，祖妣赵氏，妣史氏，皆赠一品夫人。妻王夫人，妾郭恭人，皆前卒。妾吴氏，公没后自裁以殉。旌表如例。子念贻，道光庚戌进士，翰林院编修，加四品卿衔。女二人，长适翰林院编修陈彝，次适钜野县知县张彭年。孙纶全、邦桢。曾孙厚垫、厚基、厚镕。公卒时，渴葬通州城东。同治四年八月十八日，始卜葬于江阴长山南麓。当公在闽引疾，方怪宏才若彼，重任如此，何遽谦让勇退。及归田数载，而忧国乃更甚于当官之时。而当世之自以为能负荷非常者，覆辙相属，乃不忍闻。然后知君子欿然之抱，诚不易量度哉！呜呼！是可铭已。铭曰：

两社贞卜，实启季宗。世阀休德，集于我公。十韬一襏，积塞乃通。发为宏篇，藻火笙镛。辎轩四出，使节落旄。冥索章句，尽拔其豪。靡干不采，何埴不陶？天子日咨，时有屯蹇。道有平颇，著在前典。良臣斡之，天回斗转。敛此鸿文，谋奠乾坤。入笔天枢，出帅海滨。锄奸诘蠹，万绪交纷。每况弥恭，若虚若无。让贤避位，长往江湖。心摧形瘁，与世同瘝。我贡春官，出公门下。斯铸斯熔，或跃于冶。岱宗云颓，有陨如泻。纪绩埋幽，用诏来者。

仁和邵君墓志铭

位西，仁和邵氏，讳懿辰。与国藩交二十余年矣。咸丰十年二月，贼入杭州，五日而复。七月，位西访余祁门军次。语余以城破时，尽室陷贼中，贼退，乃挈家东徙绍兴。老母考终，粗得尽礼，欲乞师以援两浙。不果，遂别去。明年十一月，杭州再陷，位西之妻余恭人，二子顺年、顺国，转徙沪上。余闻而迎致之安庆。顺年语余以城破时，尽室饥困，其父麾家人出避，图延宗祀，亦诡词自称将出，遂泣别不复相闻。国藩心知位西，烈士也，必不苟免。其家固知之，以无定向，不敢发丧。同治三年二月，杭州克复。顺年奔哭周询，具得三日不食，骂贼遇害状，实以十一年十二月朔日殉难。于是始除次执丧，赴告远近。浙江巡抚上其事，天子下诏褒邮，然后知亲在则避，亲没则死。贤者遭难，如是其不苟也。

位西之学，初以安溪李文贞公、桐城方侍郎为则，摈斥近世汉学家言。为文章，务先义理，不事缛色繁声，旁征杂引，以追时好。厥后，以举人仕京师，为内阁中书、刑部员外郎，入直军机处。与上元梅曾亮伯言、临桂朱琦伯韩数辈游处。博览国故朝章，其文益奥美盘折。亦颇采异己之说以自广。询访高才秀士，折节造请，交誉互证，酣恣而不厌，狎习而弥虔。然位西性故戆直，往往面折人短。以谓"书籍所无，公何得漫尔？"不应，再纠焉；犹不获，三谏焉。无问新故、疏戚、贵贱、时否，一切矗额相绳，人不能堪。终以此取戾于世。大学士琦善公在狱，尝发十九事难之。大学士赛尚阿公，视师广西，手疏"七不可"诤之。诸公贵人病其峭直，由是龉焉，不得安其位。

> 为文章，务先义理。

咸丰四年，坐济宁防河无效，吏议镌职。位西既罢归，则大覃思经籍，撰著《尚书通义》《教经通义》，诗、古文若干卷。饥饿围城之中，犹著《礼经通论》，诵声锵然，彻于巷外。乱后仅得《礼经》一卷，文三十余首，刻之淮安。盖不能什之一二，余则散佚矣。

位西之曾祖王父宝勤，王父又曾，父宗贽，本生父凤仪，世著清德。有兄懿藩，早丧，无子，以顺年后之。有女二人。顺年归自杭州，未得父尸，大痛遘疾。同治四年六月十三日，没于金陵。余恭人少而刲股疗亲，晚而事姑有声。既痛其夫，又悲其子，七月十二日亦卒。呜呼，伤已！国藩于是命顺国与其堉郑兴仪，具位西衣冠，葬之西湖二龙山，以余恭人及顺年祔。顺年之妻伊氏，前死贼中。至是，亦以衣冠祔葬。铭曰：

城有时而为湖，海有时而成田。物固有非常之变，乌可以常理测彼昊天。善不必福久矣，曾不自夫子而始然。愍东南之大戾，仁圣与蝼蚁而同捐。著述盡其荡尽，仅吊煨烬之残编。文之精者不复存，存者又未必果传。独其耿耿不磨之志，与日星而长悬。魂无远而不之，魄则依妻子以全。庶上为神祇所许，而下为百世学者之所怜。

江忠烈公神道碑

公讳忠源，号岷樵，新宁江氏。曾祖登佐，太学生。祖献鹏。父上景，岁贡生。母陈太夫人，生子四，公其长也。少而豁朗英峙，以县学附生，选为道光十七年丁酉科拔贡生。旋中是科乡举。久客京师，以大挑得教职，与曾国藩、陈源兖、郭嵩焘、冯卓怀数辈友善。尝从容语国藩："新宁有青莲教匪，乱端兆矣。"既归二年，而复至京。余戏诘公："青莲会匪竟如何？何久无验也？"公具道家居时，阴戒所亲，无得染彼教。团结丁壮，密缮兵仗，事发有以御之。逮再归，而果有雷再浩之变。公部署夙定，一战破焚其巢，诱贼党缚再浩，磔之。湖广总督上其功，赏戴蓝翎，以知县用。公入都谒选，又语国藩："前事虽定，而大吏姑息，不肯痛诛余党，难犹未已。"逾年，而复有李沅发之变。又逾年，而广西群盗蜂起。洪秀全、杨秀清之徒出，大乱作矣。

公为县令浙江岁余。咸丰元年，丁家艰归。大学士赛尚阿公督师广西，驰疏调公赴粤。既至，则大为副都统乌兰泰公所宾敬。事无巨细，必再谘而后行；人无疏戚贵贱，必察公意向而薄厚之。叙公之劳，请擢同知直隶州，换戴花翎。公亦竭诚赞画，募楚勇五百人助战。湖南乡勇出境讨贼，自此始也。乌公慷慨负气，与提督向公荣，积有违言。公以书晓譬，乌公礼之下已甚，冀感动向公，卒不能得。逮围贼于永安，复代为一书抵向公，力谏围师缺隅之说，请合围而尽歼之，又不能得。因引疾归。归而永安贼出，大败官军，遂至桂林。公闻警，募勇倍道赴援，将终佐乌公以平岭表。未至，而乌公阵没，自是独领一队。贼中往往指目江家军矣。既解广西之围，旋大捷于簑衣渡。贼不得掠舟而北，衡永以安。贼攻长沙，公与力争南门天心阁，筑坚垒，据要害，长沙以完。贼之渡洞庭而东也，实惟咸丰二年十月之杪，旌旗帆樯，蔽江而下。公痛时事之益坏，怨吾谋之不见纳，怅然不复欲东。巡抚张公亮基亦奏公留守湖南。是冬，破贼目晏仲武于巴陵，剿平征义堂会匪于浏阳。明年春，署湖北按察使，剪叛民刘立简于通城，膊陈北斗于崇阳，皆以疲卒千余，荡寇数万。天子褒叹。由是有"帮办江南军务"之命。

公拜疏将赴金陵，中途闻广济宋关佑为乱，移师讨之。事甫定，而朝廷命公速救凤阳。不数日而江西巡抚檄公速援南昌。公曰："金陵、凤阳，虽有朝命，然残破之区，效迟而事易。江西虽无朝命，然完善之土，祸急而事难。吾当先其难者。"遂挈师由九江踔四百里，奄入南昌。翌日贼至，则设施略备，上下恃以无恐。贼昼夜环攻，阙地十道，分扰旁郡，以眩我谋，终不得穷公方略。凡九十余日而围解。上嘉公功，赏二品顶戴，赐翎管、班指诸物。厥后，田家镇失利，上疏自劾。诏旨虽许镌四级，然旋有安徽巡抚之命，又诏公："楚皖一体，当相缓急为去留，不必拘于成命。"盖圣主倚公办贼，不复中制。而海内企踵喁喁，亦咸知非公莫属也。公以为武昌差足自保，庐州新立行省，危在旦夕。法宜经营淮南，以分吴楚贼势。遂拜疏自鄂之皖，襏雨而行，将卒终岁奔命，道病，公亦病。至六安病甚，六安吏民遮道请留，不许。舁疾，竟达庐州。部分未定而贼大至。公设策应敌，一如守长沙、南昌时。而城无见粮，药铅罄竭。元从之士，不满千人。诸军屯四十里外，观望莫救。公弟忠浚自楚来援，为贼所梗，咫尺不得通问。公病益困，不食数日矣。城陷，发愤投水死。咸丰三年十二月十七日也，春秋四十有二。越八日，募人入贼中，负公尸以出。事闻，天子震悼，追赠总督，赐祭葬。命庐州及湖南、江西皆立专祠,褒公三代如其官,予谥忠烈。

咸丰五年,刘公长佑间关归公丧新宁。六年某月,葬于某里,某山。公弟三人,仲即忠洑,以兵事积功至道员,历官安徽、四川布政使。次忠济,战功最伟,殉难岳州,予谥壮节。次忠淑,县学附生,保叙知府。夫人陈氏无子,以弟子孝椿为嗣。妾杨氏,公既没而生子孝棠。

国藩昔与公以学行相切磨。文宗御极,荐公以应求贤之诏。公尝疏请三省造舟,练习水师。又尝寓书国藩,坚嘱广置炮船,肃清江面,以弭巨祸。其后国藩专力水军,幸而有成,从公谋也。自公之薨,忠浚等数乞余文表公墓道。大义相许,神人共鉴,余其敢让!军兴以来,死事者多矣。或邂逅及难,而幸厕忠义之林,何可胜道。当公赴江西之急,有诏令至金陵。及赴庐州之急,有诏且留楚中。宜可少安,以惜有用之身。而公必蹈危地,甘死如饴。但求无疚于神明。岂所谓皎然不欺者耶?呜呼,忠已!余既揭其用兵始末,乃并述他行义声之铭诗,用告异世治国闻者。铭曰:

儒文侠武,道不并张。命世英哲,乃兼厥长。惟公之兴,颓俗实匡。明明如月,肝胆芬芳。有师邓君,有友邹子。卧病长安,朝夕在视。亦有曾生,燕南旅死。谋归三丧,反葬万里。两以躬致,义泣鬼神。近古之侠,孰与比伦。作宰吴越,风教露养。秀水振饥,翼民以长。苏其枯齿,衣以文襮。儒吏之风,并时无两。蕴此两美,风雷入怀。砰然变化,阴阖阳开。宜戡大难,重奠九垓。半驾而税,天乎人哉!楚师东征,倏逾十秋。三十万人,金甲貔貅。死者半之,白骨嵩丘。人怀忠愤,如报私仇。千磨百折,有进无休。终殄元恶,尽复名城。天河荡秽,海宇再清。公创其始,不观其成。九原可作,慰以兹铭。

张君树程墓志铭

君讳善准,字树程,号平泉,晚更自号愚公,武昌张氏。考讳以诰,国藩尝表其墓,既详其世矣。君孕育前徽,出入造次不离古先之训。既补县学生员，以制举之文，震燿于时。主学政者，每嗟赏之，举以为群士式。君顾不以自意，独有志于朴学之途。笃好浚仪王氏《困学纪闻》、昆山顾氏《日知录》二书。删取其要，别为一编，手写数通，亟绎而不厌，博览而弥深。前所谓举业者，渐高简而不谐于众，遂为岁贡生以终。与之游者，但见其于科目仕宦，穷通得丧，丰约毁誉，泊乎未有以干其虑也。及闻时政安危，贤不肖进退当否，乃忧之乐之，如其家事，则相与怵焉起敬。

粤贼之起，贤人君子，往往殉难。或阖门同尽。君闻辄悼痛，语及卓行奇节，则泫然泣下，如丧周亲。一夕，篝灯读书，忽甚悲失声。举家惊起，趋视，君方手一编，顾曰："有传胡巡抚祭李帅文至者，余读之，不觉哀而一号耳。"胡巡抚者，益阳胡文忠公林翼。李帅者，湘乡李忠武公续宾，时方战没三河，天下所共伤也。自是兵事利钝，家人相戒，不敢以闻。间里过从，相与遣怀望治，道吉语以忘忧，君一接以恭谨。遇耆长，怡声酬对，如恐伤之。自敌以下，褒能奖善，温温致敬，终不以有故而加慢。姻好或有患难疾疢，早夜省视，匍匐护持，时其有无，而周济焉。人咸谓君为慈惠之师，缓急可倚仗矣。然君性实刚介，嫉恶如仇。深恨昏墨之吏，暨士人居家耆财利、与贾竖竞锱铢者。以谓天下大乱，端由此辈。意不快，则昌言诛责，唾而斥之。或以书抵友朋，其语绝痛。又尝戒其子裕钊："汝才薄，慎无求仕。苟仕，慎无为身家谋。居民上而黩货，是穿窬也，神不福矣。"闻者懔懔，然后知君之德，不得仅以仁厚名也。

> 不以有故而加慢。

同治三年十二月十日，卒于家。春秋六十有九。所著有《史学提要续编》六卷。妻金氏，秉礼习劳，俭而泽物。子二人：长裕锴。次即裕钊，举人，积学能文。女子二人。孙几人，某某。某年月日，葬君于某县某山。裕钊来征铭。铭曰：

讷讷哲人，斯须绳矩。遇事激发，刚亦不吐。恻恤忠良，有涕如雨。讥贬奸贪，有舌如斧。能好能恶，是谓至仁。邈然物外，未侵一尘。樊口之南，重湖之滨。藏骨黄壤，垂范千春。

新宁刘君墓碑铭

君讳时华,字廷材,号宝泉,先世自江西徙湖南之新宁。曾祖有义。祖儒禹,府学增生。父世贵,太学生。家贫,为商贾,化居以自给。君生有至性,不忍其父久劳市廛,乃跪请曰:"大人宜少休。兄学且有成,弟弱,儿愿代父劳而服贾矣。"遂游资于江汉之间,量物度时,广取而节用。后人而往,先人而归。家用阜康,亲以大悦。父病,在视终宵。医者言痰咸可生,淡则死。君辄以手承痰尝之,味淡,因大哭。父没,母亦前卒,则推其所以事父者,以事继母。归自武昌,继母不怿,长跪自陈迟归之咎。继母病,服劳达旦。营治药物,必自其手,不自他人。继母没,则推其所以事亲者,以事长兄,而蓄季弟。兄病,调护年余。兄卒,弟后卒,则又推恩以恤其嫠,以鞠其孤子。厥后两家孤儿皆成立。两嫠皆旌表于朝。寿皆七十、八十。涕泣颂君之德不敢忘云。新宁,山邑也,僻在楚南,黔粤之交,巨岭层峦,穹窿杂袭,郁挠而不得少舒,自古未闻伟人杰士出于其间,亦乏甲乙科第。居民治生纤啬,有唐魏之风。独君与江太公一峰,轻财好义,不屑于自殖。江君之子,谥忠烈者,仕至安徽巡抚,而君之子荫渠,今为直隶总督,并有勋伐,为时名臣。盖褊陋之俗一变,而山川之气昌矣。当君初贾异县,颇求饶益,以娱亲心。既而经纪有方,智足以扩其业,利足以仁其三族。所得资财,随手散去。壹以济物为功,息耗都不訾省。乡里除道成梁,捐金钱惟恐不赡,施药疗疾,惟恐不周。尝遇益阳大水,买小舟拯百人,藁葬数百人。新宁大饥,饩邻里亲旧粟,日半升,全活无算。又尝修育婴堂,建忠义节孝祠,皆县中前此所无,自君创之。城东北有义冢,岁岁常以冬春培其阤茔,而植其仆碑。城南有义塾,器物缺乏,常于君家取给焉。人或谓君:"岁入几何?施诸人者什七,而自谋不及什三,后将难继。何不颇买田宅为子孙稍立基业?"君笑谓:"家有薄田,自足供疏食,焉用多为?吾以人情为田,以培养士类为种。耕不计年,获不计世,庸讵知留贻子孙者,不更大乎?"逮君没,而门内鼎兴。君子四人:长名长佑,即荫渠也,以拔贡生,历官广西巡抚,两广总督,直隶总督,加兵部尚书衔。次长佐,某官。次长伸、长健,某官。孙某某。曾孙永祚、永祺。天子褒长佑功,赠君暨君之祖父皆为光禄大夫。君配郑氏暨祖妣某氏,妣李氏、曾氏,皆为一品夫人。盖君言于是果验。为善之报,抑何捷也!郑太夫人恭俭宽仁,悉秉夫教。姒妇、娣妇寡居,敬之,终身有恩纪。君卒以道光三十年六月十四日,寿六十有一。太夫人先三日卒,寿五十有九。是岁十二月,某甲子,合葬新宁西乡杨溪村之鸾岭。昔道光丁未、戊申间,江忠烈公尝为余称道荫渠之贤,兼述其世德。及荫渠入京,闻亲之讣,求余文铭其墓。展转兵间,久疏文字,越今十有七年,始得表而铭之。铭曰:

举世奔利,独行抱义。庸德庸言,感格天地。外救饥溺,内抚诸孤。仁心难慊,百忧一愉。孰云不显,在幽弥馨。孰云无报,如影随形。神觌在室,奇福在庭。郎君崛起,为国干城。削平寇乱,鼎祭钟铭。自天锡宠,褒荣先陇。夫彝之南,万山环拱。我表其阡,来者钦竦。

户部员外郎彭君墓表

君讳永思,号两峰,世居湖南长沙。少而峻整自将,忧恂缜栗,呐呐如不能语。事至,则剖晰毫厘,枝分缕解,辨穷万变,而断以片言。长老往往惊异,以为吏才,天所授也。年三十二,以嘉庆五年庚申举于乡。十四年己巳成进士,即用知县。明年署云南嵩明州知州,断狱八百,民誉翔洽。徙补楚雄县。楚雄故附郭剧邑,君至,一以治嵩明者治之。讼牒入,立判纸尾,期以某日质讯。出则听民遮道自言,停舆研鞫。前者辞穷,后者大畏。或就逆旅,操笔定谳。且判且诘,决遣如神。尤善为离参之法。离参者,如欲知豆价,则先以麦问甲,次以稻问乙,次以粱问丙。离其事,异其人,而旁参之,然后进退以定豆价,百不失一。君用此术多奇中,他人效之,亦不能得民情伪也。大吏以君既政成，常使兼听邻县之讼。大姚有薛继贤者杀人，狱成。省中复核，则诡辞翻异。问官数易，爰书数十易，终不能决。君讯之七昼夜，卒以参鞫其子，乃得情实，论决如律。某官解饷银至省，发封则失银，而得数石。以狱属君，君察石有虫啮痕，非道途间物，因问辇运之卒："宁觉驮负左右欹乎？颇忆欹侧始何日乎？"卒对："某日过某店，始觉右欹。"君自省返楚雄，挟此狱与卒与石俱行，途中杂采群石较之，皆不类。至某店，得石与虫啮者类。一鞫而伏，遂抵旅店主人于法。五侯神者，不知所起，淫祀也。土民与江西客商争祀，拘讼数十年。君以黩祭宿狱，终无已时。令舁神像至县庭，取笔判八字曰："尔像不灭，讼端不绝。"立饬吏卒捽而毁之。两造相顾愕眙而散。盖君之明而能断，类如此。嘉庆十七年，大姚令上变，告乌龙口有众数千，啸聚为乱。郡守夜召君问策，君立与区画，草数书抵旁县，戒勿轻动。遣数人伪与贼昵者，风使解散。而潜发轻兵掩捕，擒七十人，罪数人，而事定。于是远近又叹君才堪济变也。在滇六年，凡三署大姚，四署广通，两署南安州，再为乡试同考官。上官方以治行卓异荐君，而君以父命，不乐久为吏，遂援例改就京职，官户部员外郎，贵州司行走，兼管广东司，议蠲逋赋，厘定蓰政，多所匡赞。道光二年丁家艰，归。自是山居二十载，养母教子，收族振贫，祭田义渡，凡诸善举，皇然如有失而急图之。陶然与贩夫农父相狎，自忘其为宰官之身。人亦忘之，亦愈敬之。道光二十二年八月二十一日，以疾卒，春秋七十有四。曾祖从美。祖必化，貤赠奉直大夫。考胜桂，诰封奉政大夫，以五世同堂，获旌于朝。祖妣氏范，妣氏黄，皆封宜人。君之配黄恭人，以贤孝特为舅姑所倚。尝一从夫云南官舍，而未及从宦京师。凡综理彭氏家政七十余年，敕始慜终，内外秩秩。室靡弃物，里无违言。姒妇有先亡者，叔早逝者，抚其诸子女。公早寡者，抚其孤甥，曲有恩纪。齿逾八十，犹篝灯纺绩不倦。同治元年闰八月二日告终，盖九十有六矣！子申甫，道光乙未科举人，候选通判。妇陶氏，安化文毅公女也。女三，皆适士人。孙树森，同治甲子科举人。孙四：志本，序本，丰本，孚本。孙女十二。申甫以道光壬寅九月某甲子，葬君子长沙之文家段莲花台。同治壬戌闰八月某甲子，葬恭人于木鱼山，坟垅相望，约二百步而近。属国藩表其墓，于是叙述大节，而缀以铭。铭曰：

流水不腐，古传斯语。贤侯之明，积勤所补。寿母之寿，本诸劳苦。居上而逸，天所不许。降福者天，宰天者人。治狱阴德，恒大厥门。科名赓续，有子有孙。更千万祀，长裕后昆。

罗忠节公神道碑铭

公讳泽南，字仲岳，号罗山，湘乡罗氏。咸丰四五年间，公以诸生提兵破贼，屡建大勋。朝野叹仰，以为名将。而不知其平生志事裕于学者久矣。公之学，其大者，以为天地万物，本吾一体，量不周于六合，泽不被于匹夫，亏辱莫大焉。凛降衷之大原，思主静以研幾，于是乎宗张子而著《西铭讲义》一卷，宗周子而著《太极衍义》一卷。幼仪不慎，则居敬无基；异说不辨，则谬以千里。于是乎宗朱子而著《小学韵语》一卷、《姚江学辨》二卷。严义利之闲，穷阴阳之变，旁及州城形势，百家述作，靡不研讨。于是乎有《读孟子札记》二卷，《周易本义衍言》若干卷，《皇舆要览》若干卷，诗文集八卷。其为说虽多，而其本躬修以保四海，未尝不同归也。始公家世贫甚，曾祖王父曰阮，王父拱诗，皆以公贵，赠通奉大夫。父嘉旦，公没后，赏加头品顶戴。曾祖王母、萧氏，王母贺氏，母萧氏，皆赠夫人。公少就学，王父屡典衣市米，节缩于家，专饷于塾。年十九，即借课徒，取资自给。丧其母，又丧其兄，旋丧王父。十年之中，连遭期功之戚，十有一。尝以试罢，徒步夜归，家人以岁饥不能具食，妻以连哭三子丧明。公益自刻厉，不忧门庭多故，而忧所学不能拔俗而入圣。不耻生事之艰，而耻无术以济天下。其后年逾三十，乃补学官附生。逾四十，乃以廪生举孝廉方正。假馆四方，穷年汲汲，与其徒讲论濂、洛、关、闽之绪，箪口焦思，大畅厥旨。未几兵事起，湘中书生多拯大难，立勋名，大率公弟子也。咸丰二年，粤贼攻围长沙，县令召公练乡勇，以备不虞。省城解围。明年春，巡抚张公亮基檄公带勇至长沙。维时国藩奉命督治团练，因与公讲求束伍技击之法，晨夕训练，击土寇于桂东，擒逆党于衡山。其夏，贼围江西省城，乃益募湘勇二千，辅以新宁之勇，镇筸之兵，檄公赴援南昌。湘军越境讨贼，自此始矣。既解南昌之围，复破贼于安福，归及衡州，歼土匪于永兴。四年春，湖北之贼大举南侵，官军失利于岳阳，克捷于湘潭。提督塔齐布公追贼至岳州，余檄公与李公续宾佐之。公扼大桥，以遏其冲。凡七战，而群贼溃，岳州平。乘胜逐北，连复三县。将攻武昌，公手一图，就余决策。师出两路：以塔公进洪山一路；而自请攻花园一路，当其坚者。如其策，果克武昌、汉阳两城。贼既东奔，追及于兴国，大膊于田家镇。公提卒二千，御数十倍之寇，蹙之江滨，挂石坠崖死者万计。而水师亦断横江铁锁，燔贼舟数千。当是时，公名震天下。前此累功保至道员花翎，至是有宁绍台道之命，加按察使衔。既而引兵北渡，克广济、黄梅，赏"叶普铿额"巴图鲁名号。又引兵南渡，攻围九江，进规湖口，贼坚守不可遽下。适会水师分兵入宫亭湖。江上之军不利，而湖北诸军屡败，贼自黄梅长驱西上，武昌再陷。公太息深忧，叹世变之未已也，益讨部众而申儆之，或解说《周易》以自遣云。时别贼陷饶州、弋阳。公入江西援剿，大战弋阳，克之。贼陷广信，又战信州，克之。又以其间收复德兴、景德镇。东路甫定，而义宁复陷。公军渡湖汉而西。至则示形杭口，而暗进鳌岭，屯高峰以瞰敌，设三伏以要之。四战而贼大燔。义宁既克，有诏加布政使衔。公以书抵国藩，具论吴楚形势：欲取九江、湖口，法当先图武昌；欲取武昌，法当先清岳鄂之交。于是驰疏以公回援武汉。朝廷嘉焉。遂略通城，克崇阳，挫衄于濠头堡，大捷于蒲圻。将达武昌，巡抚胡文忠公欢迎劳问，凡事咨而后行。城外贼垒，铲除略尽，殄灭有绪矣。公以雾中搏战，中枪子伤，创甚。咸丰六年三月初八日，卒于军，春秋五十。事闻，天子震悼，照巡抚例赐恤。二子皆赏给举人，三省建立专祠，予谥忠节。公在军四载，论数省安危，皆视为一家骨肉之事，与其所注《西铭》之指相符。其临阵审固乃发，亦本主静察几之说。而行军好相度山川脉络，又其讲求舆图之效。君子是以知公之功所蓄积者夙者，非天幸也。配张氏，诰封夫人。妾周氏。子兆作，配胡氏。兆升，配曾氏，国藩第三女也。余与公以学行相勖，又相从于金革，申之以婚姻。乃摭其大节，铭诸墓道。铭曰：

渐车之涧，积潦纵横。崇朝即涸，卷势收声。大江西来，其源万里。泽溥寰区，不矜厥美。无本者竭，有本者昌。罗公渊默，所蓄孔长。洞澈天人，潜睎往圣。一物未康，终亏吾性。提师苦战，荆扬二州。斧彼凶竖，为民复仇。矫矫学徒，相从征讨。朝出鏖兵，暮归讲道。洛闽之术，近世所捐。姚江事业，或迈前贤。公慎其趋，既辨其诡。仍立丰功，一雪斯耻。大本内植，伟绩外充。兹谓豪杰，百世可宗。

苗先簏墓志铭

君讳夔，字先簏，肃宁苗氏。自幼读书，即异常童。不好为科举文艺，而窃耆六书形声之学，读许氏《说文》若有夙悟。精研而力索，滞解而趣昭。已又得顾处士炎武《音学五书》，慕之弥笃，曰："吾守此终身矣！"年二十余，纂撰《毛诗韵订》，继又撰《广籀》一书，授徒穷乡，制艺试帖之属，不中有司程度，学子稍稍引去。君益冥心孤往，孑焉寡俦。间之河间城外，得汉时君子馆砖，又得开元瓦子献王墓旁。私独欣喜，以为神者饷我，以慰寂寞。久之，道光十年，县令王君闻而敬异，聘异主讲翼经书院。明年，为学使沈侍郎维镛所知，举辛卯科优贡生。高邮大儒王氏念孙父子闻君之说，礼先于君，遂与畅论音学源流。由是誉望日隆，督学使者争欲致之幕下，与共衡校。初随编修汪君振基，衡文山西，继随祁文瑞公寯藻，衡文江苏。所至甄拔宿儒，周览山水。又以其暇，编摩撰述，从事于其所谓声韵之学。道光二十一年，祁公还京师，乃醵金刻君所著《说文声订》若干卷，《说文声读表》七卷，《毛诗韵订》十卷，《建首字读》一卷。君以为许叔重遗书，多有为后人妄删，或附益者，乃订正《说文声类》八百余事。顾氏《音学》所立古音表十部，宏纲已具，然犹病其太密。而戈麻既杂西音，不应别立一部。于是并耕清及蒸登于东冬部，并歌戈于支脂部，定以七部。隐括群经之韵。书出，识者叹其精审。又数年，侍读冯君誉骥视学山东，国藩荐君偕往。役未毕，而先归。于是君亦齿衰而倦游矣。道光之末，京师讲小学者，卿贰则祁公及元和吴公钟骏，庶僚则道州何绍基子贞，平定张穆石舟，晋江陈庆镛颂南，武陵胡焯光伯，光泽何秋涛愿船。君既习于祁公，又与诸君倾抱写诚，契合无间。子贞尝命工图己及石舟及君三人貌，蓑笠而处田间。盖三人者，皆同年优贡，又皆有逸士之风，谓宜与负耒者伍也。君既泊然无营，暇则徒步造访诸君，与辨论前世音学，暨近人江、戴、段、孔诸家部分之多寡，意指之得失，襃讥亭决，穷日夜不倦。间亦过余剧谈。归自山东，余从容问："东士亦有研究《说文》者乎？有得见吾子著述者乎？"曰："有之。""何以知之？"曰："吾书中有自称'夔按'云者，东人，称引及焉。曾不知夔之为谁氏名也。"则相与拊掌大笑。君徐又曰："吾家有戆僮，昨者日晏，吾责'竖子何不具食？'僮辄报以'钱物罄矣，欲以何具？'吾柔声谢之。僮乃不逊，竟去。吾今方躬治爨耳。"则又相与大笑。盖君处困约，有以自怡如此。他日，君又语余曰："吾穷于世久矣。甘之若饴，死无所恨。独平生著书，尚有数种未及刊刻，不能无耿耿于怀。"自余咸丰初出京，展转兵间，至同治七年重入都门，昔之与君游者，十人盖八九死。君之嗣子玉璞来告，君以咸丰七年五月初七日逝矣，春秋七十有五。抱君所著书曰《说文声读考》者，曰《集韵经存》者，曰《韵补正》者，曰《经韵钩沈》者，述君遗命，谓当送国藩观览，且以铭墓之文相属。君且死，戒其子"必葬我众书丛中"。其子乃择君生平尤嗜之书纳诸棺中以徇。呜呼！斯亦笃古之征已！铭曰：

视以多歧而瞽，听以杂奏而聋。技之精者，不能两工。苦思专一，可与天通。课形而得声，勘异而得同。黜陟百氏，惟许君是崇。胡学之旁达，而遇之不丰？抱此孤赏，永奠幽宫。

君处困约，有以自怡如此。

李忠武公神道碑铭

公讳续宾，字迪庵，湘乡李氏。湘军之兴，威震海内。创之者罗忠节公泽南，大之者，公也。咸丰三年，贼围江西省城。国藩募湘勇三千往援。公随忠节公以行。初至失利，右营主者战殁，公代领其众。自是忠节公将中营，公将右营，所向有功。在江西克复太和、安福，归至湖南，克复永兴。明年，粤贼犯岳州，忠武公塔齐布率师御之。余檄忠节公与公助之，所部仅千人耳。贼众数十倍。塔公控其东，湘军扼其西。盛暑麈兵，出奇制胜。凡两旬而岳州平，转战而北，连下三城。八月进攻武昌、汉阳，克之。十月，大战于田家镇，破之。田家镇者，江流盘折逼隘之处。其南岸为半壁山，峭壁斗绝。贼以铁锁横江，万舟翔集，气锐甚。公手刃怯卒三人，士皆殊死战，连破贼垒。而水师亦乘机断铁锁，焚贼舟。好事者至摩崖以纪绩。公前以累功，保至直隶州知州，至是记名以知府用，赏给"挚勇"巴图鲁名号。旋有安庆府之命矣。先是湖南水师中江而下，陆师趋江之南岸。湖北陆师趋江之北岸。南军屡捷，群寇蜂屯北岸。于是公辈引兵北渡，扫荡广济、黄梅之贼。既又南渡，会攻九江郡城之贼。城坚不可遽下，又议分兵先剿湖口、梅家洲之贼。无何累攻不克，水师失利，北军挠败。金陵逆渠益纵群凶西上，武昌、汉阳再陷，南军孤立浔阳。国藩以为大戚，公亦深忧之。痛世乱之靡有届也。五年二月，信州告警，公与忠节公自浔驰援，迭克广信府城及弋阳等四县。东路甫定，遂建西援武昌之议，大捷于义宁，小挫于通山，下崇阳，略通城，趾羊楼峒，捣蒲圻，掇咸宁，次第戡定。乃以十一月杪，师次武昌。巡抚胡文忠公林翼大喜，事无巨细，唯忠节公与公言是听。忠节挈持大纲，其战守机宜，胥公主之。公含宏渊默，大让无形，稠人广坐，终日不发一言。遇贼则以人当其脆，而己当其坚。粮仗则予人以善者，而已取其窳者。士卒归心，远近慕悦。咸丰六年三月，忠节公中枪不起。公接统全军，众志愈厉。铲平城外悍贼之垒，却剧寇石达开来援之

（含宏渊默，大让无形。）

众。周城掘堑，引江水入湖，困以长围。十一月再克武昌、汉阳。天子伟其功，赏加布政使衔，记名以按察使用。未几，提兵而东，再薄九江。九江贼酋林启荣者，坚忍得众，内与小池口、湖口、梅家洲诸城首尾相捄，外与皖庐之贼互为声援。公既掘长堑以围浔，又分军援剿江北，舟载奇兵，夜袭湖口之背。迟明水师至而陆军伏发，立克两城。事闻，拜浙江布政使。明年四月，卒克九江，殄灭无遗，天下快之。赏穿黄马褂，加巡抚衔。公每建一功，晋一秩，数省官民，欢抃称道，若宠荣之在躬，或歌诵战状以为乐。传播中外，浙人仕京朝者，疏请敕公东兵以救浙难。而胡文忠公以皖中糜烂，请留公军图皖而固鄂，天子许之。公乃整旅入皖逾月，连下潜山、太湖、桐城、舒城四县。师次三河，毁贼九垒。而逆酋陈玉成等，四面来援，截我粮路。我军锐气日泄，师少而半溃。公力战终日，自度事不可为，夜半怒马陷阵，死之。咸丰八年十月初十日也。诸将坚守营垒，又三日而俱败。又六日，而桐城守兵亦败。前后死者殆六千人，无苟活者。疏入，文宗震悼。手诏曰："惜我良将，不克令终！尚冀其忠灵不昧，他年生申甫以佐予也。"追赠总督，湖北、江西、安徽、湖南立祠，予谥忠武，赏骑都尉兼一云骑尉，世职。公之先人，世有令德。曾祖本桂，祖诗白，皆以公贵赠荣禄大夫。父登胜，公没后特恩加封光禄大夫。曾祖妣张氏、贺氏、王氏，祖妣戴氏，母萧氏，皆封一品夫人。

公端凝敦笃，爱人不尚美言，而意溢于色，色余于辞。虽他军之将士，逃难之流民，皆归之若父兄。闻其死，哭之皆恸，至不忍闻。同治二年，朝廷遣官赐祭。三年，克复金陵，推恩有功之臣，赏二等轻车都尉，世职。配谢夫人。子三：其二殇亡。光久钦赐举人，引见，赏六部员外郎。又以兼袭二世职，并为男爵。孙二人，某某。咸丰九年葬公于湘乡，四十三都黄牸冲星子山之阳。同治八年某月某日，改葬某乡某山，丐余文其墓道之碑。余既粗叙战绩，乃兼述其懿德而系以铭。铭曰：

器有洪纤，因材而就。次者学成，大者天授。岳岳李公，表里完好。匪琢匪追，动合大道。罗公讲学，远绍洛闽。公分其绪，抠衣恂恂。出而御寇，戎马艰辛。入而问道，克己求仁。谁侮谁尤？责躬独厚。胸劈众流，曾不出口。负重含污，浩如山薮。险趋人先，利居众后。岂无赢财？不皁我私。不忍己饱，而人独饥。分饷诸军，苏槁嘘骶。返自浔阳，少憩武昌。将请于朝，觐亲还湘。王事有严，离局匪遑。斯愿不遂，茹涕暗伤。遣将分兵，助我东征。择良而予，出以至诚。四分五剖，精锐星散。自携部曲，疲羸居半。损己济物，近古无伦。终焉师燔，以仁陨身。行类大愚，乃动鬼神。公功久著，烂若三辰。德或不显，考此铭文。

李勇毅公神道碑铭

公讳续宜，字克让，号希庵。兄弟五人。忠武公讳续宾，次居四，公其季也。余既铭忠武公之墓，兹不复具其家世。公少好深湛之思，强探力索，洞彻幽微。师事罗忠节公泽南，常以躬行不逮为耻。咸丰三年，罗公募勇援救江西，公遂参军事。以功累晋知县、同知，赏戴花翎。而名顾不显。六年冬，湘军再克武昌、汉阳。巡抚胡文忠公奏公有劳，特为兄续宾所掩耳。有诏以知府选用，赏加道衔。既而随兄围攻九江。明年以事省余瑞州军中。遂偕诸将围攻瑞州。会皖北群贼上窜蕲黄，公乃自瑞挈千七百人回救湖北。师至黄州，与胡文忠公并辔谋野，周览形势。自巴河、蕲水、广济、黄梅六战，破贼垒无算，遂会克小池口。由是公之威名与忠武公差颉颃矣。公率所部既集九江，忠武公乃得以其间分兵克复湖口，连下彭泽、小孤、梅家洲诸城。公又以偏师却湖口之贼，御窜陷麻城、黄安之寇。忠武公乃得专力破灭九江，皆公之助也。湖北事已大定，胡文忠公以皖中久困水火，奏请敕忠武公廓清皖北，而留公以固楚疆。天子亦南忧江淮，绝重李氏昆季矣。无几何而有舒城、三河之变，忠武公殉难，将士死者六七千人，天惊地岌。公在黄州，哀迫之际，经纬万端。入则损食悲咽，出则拊循溃卒。思乡者遣归，愿留者编伍。哺粟赐衣，接以温语。差讨诸将之罪，而简用其良。部署粗定，适胡文忠公以母丧，奉诏起复，相与申儆简练，而湘军复振。明年夏，剧贼石达开窜扰湖南，围攻宝庆。公时新奉荆宜施道之命，统兵自鄂援湘，朝廷壮之。师抵长沙，进自资水之西，四战而解宝庆之围，围中官军三万，与饥困之民一时得苏。众声大和，论功赏加布政使衔。当是时，余与胡公方议并力规取安庆省城。余弟国荃与将军多隆阿，分围安庆、桐城。公自湖南东还，驻军两路之中，曰青草塥者。大败逆酋陈玉成于挂车河，布陈之广，近世罕闻。旋拜安徽按察使。十一年，又有安徽巡抚之命。公具疏，以谓："逆酋图解安庆之围，悉锐西窜，必犯湖北，以攻我之所必救。湖北为众军根本，臣宜提师回援，不能遽受皖抚之事。"比公驰抵武昌，而贼已犯黄州、德安两府五县。其别贼自江西至者，又陷兴国、大冶等县。公经营七月，始将列城恢复，安庆亦借以告克。而胡公薨于位。文宗亦晏驾，八音遏矣。今上嗣位，褒安庆功，赏穿黄马褂，调补湖北巡抚。既又命移抚安徽。公初莅安庆，继驻六安，屡奉密诏，以苗沛霖叛服无常，询问剿抚机宜。公复疏，谓："苗沛霖官至道员，公犯不韪，围抚臣于寿州，陷其城，屠其众，乃复诡言求抚，此岂足信？不过假称反正，号召近县，养成羽翼。若正彼叛逆之名，人人得而诛之。而宽其党羽，使为我用，彼势日孤，终成禽耳。"天子韪之。公又以时解颍州之围，克霍丘之城。绥抚各圩，阴散逆党。选任贤吏，安民垦田，功绩渐彰矣。诏授为钦差大臣。而公适闻讣丁母忧，不克受事。朝廷命仍署理巡抚。三疏陈谢，始奉命赏假百日，回籍治丧。公既以苦思遘病，彻夜不寐。夙患咯血，至是增剧。归里后，六奉诏旨起复，墨绖视师。公以哀慕未忘，而婴疾转笃，请假四十日调养。既而舆疾就道，又请假四月，并开巡抚之缺。朝廷鉴其至诚，所请未尝不许。而以淮南事棘，又未尝不敦促上道。诏召相衔。至冬初再疏自陈病状，公亦自知不起。遂以同治二年十月二十八日，卒于家，春秋四十有一。敕照总督例赐恤。三省建立专祠，予谥勇毅。配彭氏。子光英，特赏直隶州知州。同治三年某月某甲子，葬某处某山。八年某月某甲子改葬某山。公与忠武公皆负重名，淡于荣利，昆弟同之。忠武好盖覆人过，

宽其党羽，使为我用。

公则嫉恶稍严。忠武战必身先，骁果缜密；公则规画大计，而不甚校一战之利。至其临阵，百审一发，发无不捷，成功一也。余不详叙战状，而略述公言，以缀之铭。铭曰：

凡战有机，鬼神翕辟。静如山寒，终日阒寂。动若电飞，百霆齐击。蓄势宜久，气器宜淳。此公之言，吾耳所聆。凡公勋绩，好谋乃成。博筹多算，终格神明。匪直战事，学道亦然。精思力践，诚可达天。立功虽伟，公不自贤。立德未竟，赍志九泉。我铭昭之，永诏万年。

唐确慎公墓志铭

公讳鉴，号镜海，唐氏。先世自江西丰城徙居湖南之善化。四传至讳焕者，以举人官至山东平度州知州，公之祖也。生子仲冕以进士即用知县，官至陕西布政使，公之父也。平度君以子贵，诰赠通奉大夫。配李氏、谭氏，俱封夫人。谭夫人没而葬于山东之肥城。布政君及配宁夫人皆踵葬肥城。公以父命，徙籍山东，故又为肥城人焉。少而迈异精勤，嗜学如渴，以廪生入赀为临湘县训导。嘉庆十二年举于乡，十四年成进士，改翰林院庶吉士。又二年，授职检讨；又六年，补浙江道监察御史，充甲戌科会试同考官，戊寅科顺天乡试同考官。坐论淮盐引地一疏，吏议镌级，以六部员外郎降补。会宣宗登极，诏中外大臣各举所知。诸城刘文恭公镮之荐公，由是有广西知府之命。厥后再为平乐府知府，一为安徽宁池太广道，量移江安十府粮道，拜山西按察使，迁贵州按察使，擢浙江布政使，迁江宁布政使。扬历于外，盖二十年。其守平乐也，亭平民猺之狱而解其仇，屡磔剧盗，境内肃然。是时布政君解组东归，侨居金陵。公闻母病，即引疾去官，省亲江南。既遭内外之艰，皆北葬肥城，庐墓读礼。服阕，以例仍发广西，再守平乐。道光十二年，广东、湖南生猺为乱，公出防边圉，内讥奸宄，往来富川、贺县，安抚熟猺，兽扰而儿蓄之。设立五原学舍，延师教读，群猺大悦。擒郡中煽乱者谭于先等十余人，立斩以徇；而贳其胁从千余，火其名籍，一无所问。其按察贵州也，平反疑狱，归美令长，曰："非吾能正之，某县尹来省自易之耳。"其在江宁，拯灾修废，百度毕张。时总督陶文毅公澍寝疾，公代行使院政事，文牍如山，宾僚填咽，昧爽而勤职，丙夜而不休，忘寝辍餐，形神交瘁。而言者乃劾其多病近药，废搁公事，又杂撼他端以相訾毁。朝廷遣使者按问，率无左验。宣宗知公端谨，一切弗论。忌者或惮其方严。未几，内召为太常侍卿。道光二十年四月也。公潜研性道，宗尚洛闽诸贤，所至以是敕其躬，亦以牖于人，亦时时论者以垂于后。在翰林时，著有《朱子年谱考异》《省身日课》《畿辅水利》等书。在广西著《读易反身录》，居丧著《读礼小事记》。官平乐时，延纳人士入署，亲与讲授。设立义塾，诲诱寒畯。官贵州时亦如之，官江宁亦如之。及入为九卿，又著《易牖》《学案小识》等书，扶掖贤俊，倡导正学。时如今相国倭仁艮峰、侍郎吴廷栋竹如、侍御窦垿兰泉、何文贞公桂珍辈，皆从公考德问业。国藩亦追陪几杖，商榷古今。观其陋室危坐，精思力践，年近七十，斯须必敬。盖先儒坚苦者亚，时贤殆不逮也。已而致仕南归，主讲金陵书院。文宗践阼，有诏召公赴阙。凡进对十有五次，中外利弊无所不罄。谕旨以其力陈衰老，不复强之服官，令还江南，矜式多士。公至金陵，学徒益盛。以贼犯湖南，急欲归展先茔。咸丰三年，乃自浙还湘，卜居于宁乡之善岭山，深衣疏食，泊然自怡。晚岁著《读易识》，编次《朱子全集》，别为义例，以发紫阳之蕴。十一年辛酉正月十八日疾卒，春秋八十有四。其家函封遗疏，邮寄东流军中，国藩以闻。天子轸悼，予谥确慎。配王氏、杨氏，皆封夫人，前卒。无子，以弟子尔藻嗣。女四人，适某某。孙男三人，某某。孙女三人。某年月日，葬公某县某乡某山。又八年，国藩始追为之铭。铭曰：

　　俗学徇时，行与名钓。孰捐其华，而练其要？唐公翼翼，与世殊趋。惧明戒旦，笃信程朱。有讥其隘，或讽以迂。浩然不顾，履我康衢。显皇初政，诏征国老。造膝前陈，嘉谟要道。愿致吾君，上跻轩昊。进退以礼，敛兹宏抱。宦游所至，我求童蒙；晚居京国，群彦景从。何才不育，有金皆熔。以善孳善，偕

> 陋室危坐，精思力践。

之大同。播此芬韵，昭示无穷。

欧阳府君墓志铭

先生讳凝祉，初名鳌，晚易今名，字福田，欧阳氏。先世自江西徙居衡阳。曾祖天鼎，祖心璈，父顺源，并有清德。曾祖妣氏刘，治家严肃。祖妣氏蔡、妣氏蔡均以节孝旌表于朝，国藩所作《欧阳氏姑妇节孝家传》者也。先生生三岁而孤，恪遵母训，跬步必谨。母或戒之，无触忤人，即终身不以言色加人。或戒以慎无耽酒，即没齿不近杯勺。稍长，巍然自厉于学，不假董督，日埤月增。既入为学官弟子，旋补廪膳生，远近归仰，交币迎致。适馆课徒凡四十年，主讲莲湖书院者又十年，门下生著籍数百人。其高第者，与之稽经讲艺，兼及敕躬之道，成物之方。其不帅教，则诃求觼责，屏斥门墙之外。初虽怨望，后常悔憾，自愧不为良师所齿。从之游者，恒守绳矩，虽垂老而惮之如初。先生疏于治生，临财则辨别精审，若将浼焉。一岁中学徒束修之资不足自给，往往随事散去。少以孤童为叔父成材所养，晚节竭力赒之。宗祀不足于资，先捐金以成之。议为衡阳裁减钱漕浮费，有啖以利而尼其事，峻辞却之，事成而合邑德之。其它人事问遗，率常谢绝。人谓先生少贬其节，可致饶裕。先生独谓"取舍有义，神明难欺。吾心所不许者，天道亦不与也"。道光末，以岁贡生候选训导。同治初诰封奉直大夫。配邱氏，诰封宜人。子二人：柄铨，廪贡生，候选训导。柄钧，光禄寺署正。女子二，长者归于国藩，次适彭治官。孙六人：定果，湖北候补同知直隶州。定楸，候选县丞。定枚，府学生员。定枢，定楫，定干。孙女五人。曾孙二人。同治八年五月初九日疾卒，春秋八十有四。自七十以后，不复授徒远方，家居课孙，细字抄书，讲论不倦。同治六年，岁在丁卯。孙定枚入学为附生。先生以嘉庆丁卯入学授室，至是六十年矣。乃用昔者成婚之日，燕客受贺，远近叹美。夫妇既皆八十，而先生之伯兄八十有五，暇辄过从，相与道幼时琐语以为欢，自诩为家门之祥，人亦祥之。夫其孝友雍雍，

取舍有义，神明难欺。

敦善不怠，殆所谓无怍于天人者，复奚憾于其死耶？呜呼！可铭也已。铭曰：

衡西两世，贞节之门，实生令德，孝子孝孙。上承兹训，下启后昆。位岂须显，身蹇道尊。名岂须震，多士崇信。小叩大鸣，甄陶群俊。奖诱自宽，坛宇自峻。七十硕师，还山娱老。耄而从兄，推梨让枣。亦有孙曾，质文完好。金籯匪贵，一经是宝。家有休征，英彦辈兴。门有上瑞，和气薰蒸。其休其瑞，人世同称。若考隐德，吾铭可凭。

翰林院侍读学士丁君墓志铭

君讳善庆，字伊辅，号养斋，丁氏。世居清泉之白沙里。幼孤，从母刘太淑人育于外王父刘文恪公家。自少而好恶欣戚不主于己，惟母志之从，长亦如之，终身亦如之。久处京师，寄籍宛平，由顺天府学生中式道光壬午科举人。明年癸未成进士，选翰林院庶吉士，散馆授编修。其历阶为国子监司业、詹事府右中允、左中允、右庶子、翰林院侍讲学士。其任职为国史馆总撰、庶常馆提调、文渊阁校理、奏办院事、日讲起居注官。其使事为戊子科贵州乡试正考官、辛卯科广东乡试正考官、乙未科会试同考官、其秋顺天乡试同考官。丙申以后，迭为广西学政。君虽暗然自敛，无所矜异。宣宗尝从容问"翰林中孰为笃学"，曹文正公举君以对。天子既异之，在廷名卿耆德亦多称叹，以为令仆之器，岁月可冀。君以母老，怀思乡里。归自广西，遂解官养亲于长沙。早岁事母，执爨必躬，淅米必洁，至是益加谨焉。母或加餐，辄喜，述诸人以为至幸。或有馈赐，辄丰其好货，端篚而将之。或体中不适，则忧皇如不终日。或意有不怿，则长跪引咎，既解乃起。或将他适，则先于其所往，百物毕赍，所欲立应。室无纤埃，庭无高语，一身肃戒，举家兢兢。宦游余财，为其弟某所耗。君则经营置产，以覆弟短而悦母心。舅氏刘若珪谪官远戍，君又倾其前产以赎舅罪，而慰母于地下。盖毕生孺慕，自顺亲外，不知天地更有何事也。母没数年，而广西寇贼大起。咸丰二年秋，攻围长沙。君矢死坚守，寓书其弟曰："城陷，弟收吾骨于桂树旁井中矣。"日夜令其子驯巡警周垣。驯以劳致疾，妻蔡氏刲股疗之不愈，遂卒。君乃曰："儿致身卫国，妇刲肉救夫，吾门之祥也。吾母幸而考终，吾身若家皆可殉难，尚何惜哉！"贼退，则趣治战船以济水师，立共武社，使诸生与众练卒肄习火器。事上，议叙加三品衔。论者谓谨厚如君，乃能临危应变如是，为不可测也。同治八年六月十五日卒于家，春秋八十。其年十一月十六日，葬于北关外洪山渡飨堂坑庄山之阳。曾祖某，祖某，父某，皆赠中宪大夫。曾祖妣氏某，祖妣氏某，赠恭人。妣氏刘累封恭人，晋赠淑人，旌表节孝。配陶氏，继配周氏。妾吕氏，生子驯，早卒，乃以弟之子骅为后。妾廖氏，生子骙。女六人。孙四人：焯、焕、煊、煋，皆骅出；焕复出为驯后。女孙二人。君之学详于治经，尤嗜《易》《春秋》，著有《左氏兵论》。主讲岳麓书院二十余年，以洛闽正轨陶铸群弟子，亦颇参阴德感应之说，警发愚蒙。生徒翼翼，无敢轶逾法度，庶几以身教者。铭曰：

不斫不奢，不揭己以为崇。公以校士，毅以即戎。勇以辞禄位，而诚以启群蒙。皆以仁孝为之本，本立而用自不穷。老成逝矣，康此幽宫。

郭依永墓志铭

依永，名刚基，一名立篯，姓郭氏。吾友筠仙中丞嵩焘之子，而国藩之第四女婿也。少而羸弱善病，就学数岁，犹戒其师无过督责。年十四五，筠仙奉命巡抚广东，依永从亲于南海使院，逊志研求，学以大进。其后从亲还湘，益有慕乎古人述作之林。自场屋经义律赋试帖，以至唐人楷法、名家绘画，皆窥其藩而究其趣，而于古近体诗为之尤勤。同治七年，以试艺冠其曹，补县学生员。父兄或诏以专事科举之业，而于诗姑辍焉。依永以为志广途远，安能敦敦独事举业。退辄矫首长吟，丛稿满室。有龙光辅树棠者、老僧东林者，年皆六十，与为忘年交。时时相从倡和不厌。或骑骏马，挟一僮，薄暮游古寺，觅句以归，用是自适。依永之诗，嵯峨萧瑟，如秋声夜起，万汇伤怀；又如阅尽陵谷千变，了知身世之无足控抟者。长老皆怪名门少年，不应有此。东林亦尝诘之。依永则自谓吾每为诗，百感中来，不可遏抑。竟以同治八年十二月四日病卒，年才二十有一。曾祖某，祖某，皆以筠仙贵，诰赠荣禄大夫。曾祖妣氏某，祖妣氏某，妣氏陈，皆诰赠一品夫人。子二：本含，本谋。女生月余而殇。疾革，援例为员外郎。同治九年某月某日某甲子，将以品官礼葬于某县某山。呜呼！衰龄而哭子，仁慧而不寿，皆人世所谓不幸。然圣贤有遭之者矣，岂天之所可否，与人间所称善恶祸福，其说绝不类耶？抑人事纷纭万变，造物者都不瞽省，一任其殃庆颠倒、漫无区别耶？天人感应之故，自昔久无定论。依永之生，其诗已颇知一得丧、齐彭殇之旨。今其既死，殆将沛然而大觉矣。于是述吾所闻，为之铭辞以质幽邈，亦塞筠仙之悲。铭曰：

吾闻君子之畏天命，有如孝子之事庭闱。苟遭祸谪，敬受不疑。恭若申生，顺若伯奇。又闻道家之言，与化推移。纵心任运，有若委衣。虽宗旨之各别，要安命而无违。览依永之诗篇，似多见道之词。胡含愁而郁郁，岂其中有不自持？修德之报或爽，虽神圣不能测其微。主之人者为吾能为，主之天者吾安敢与知？等死生于昼夜，信长短之有涯。存者抑情而复礼，逝者奠魄而永绥。

大界墓表

王考府君以道光二十九年十月四日弃养，倏历二十三年。当初葬时，吾父以书抵京师，命国藩为文，纪述先德，揭诸墓道。国藩窃观王考府君威仪言论，实有雄伟非常之概，而终老山林，曾无奇遇重事，一发其意。其型于家、式于乡邑者，又率依乎中道，无峻绝可惊之行。独其生平雅言，有足垂训来叶者，敢敬述一二，以示后昆。府君之言曰："吾少耽游惰，往还湘潭市肆，与裘马少年相逐，或日高酣寝。长老有讥以浮薄，将覆其家者。

余闻而立起自责，货马徒行。自是终身未明而起。余年三十五，始讲求农事。居枕高嵋山下，垅峻如梯，田小如瓦。吾凿石决壤，开十数畛而通为一，然后耕夫易于从事。吾昕宵行水，听虫鸟鸣声以知节候，观露上禾颠以为乐。种蔬半畦，晨而耘，吾任之；夕而粪，庸保任之。入而饲豕，出而养鱼，彼此杂职之。凡菜茹手植而手撷者，其味弥甘；凡物亲历艰苦而得者，食之弥安也。吾宗自元明居衡阳之庙山，久无祠宇。吾谋之宗族诸老，建立祠堂，岁以十月致祭。自国初迁居湘乡，至吾曾祖元吉公，基业始宏。吾又谋之宗族，别立祀典，岁以三月致祭。世人礼神徼福，求诸幽邈。吾以为神之陟降，莫亲于祖考，故独隆于生我一本之祀，而他祀姑阙焉。后世虽贫，礼不可隳；**子孙虽愚，家祭不可简也**。吾早岁失学，壮而引为深耻，既令子孙出就名师，又好宾接文士，候望音尘，常愿通材宿儒，接迹吾门，此心乃快。其次，老成端士敬礼不怠，其下泛应群伦。至于巫医、僧徒、堪舆、星命之流，吾屏斥之惟恐不远。旧姻穷乏，遇之惟恐不隆。识者观一门宾客之雅正疏数，而卜家之兴败，理无爽者。乡党戚好，吉则贺，丧则吊，有疾则问，人道之常也，吾必践焉，必躬焉。财不足以及物，吾以力助焉。邻里讼争，吾尝居间以解两家之纷。其尤无状者，厉辞诘责，势若霆摧而理如的破，悍夫往往神沮。或具樽酒通殷勤，一笑散去。君子居下，则排一方之难；在上，则息万物之嚣。其道一耳。津梁道途，废坏不治者，孤嫠衰疾无告者，量吾力之所能，随时图之，不无小补。**若必待富而后谋，则天下终无可成之事**。"盖府君平昔所恒言者如此。国藩既稔闻之吾父，暨叔父又传述而告诫数数矣。府君讳玉屏，号星冈。声如洪钟，见者惮慑；而温良博爱，物无不尽之情。其卒也，远近感唏，或涕泣不能自休。配我祖妣王太夫人，孝恭雍穆，娣姒钦其所为，自酒浆缝纫以至礼宾承祭，经纪百端，曲有仪法。虔事夫子，卑诎已甚，时逢愠怒，则竦息减食，甘受折辱以回眷睐。年逾七十，犹检校内政，丝粟不遗。其于子妇孙曾，群从外姻，童幼仆妪，皆思有惠逮之。权量多寡，物薄而意长，阅时而再施。太夫人道光二十六年九月十八日卒，春秋八十，葬于木兜冲。其后三年，而府君卒，春秋七十有六，葬于八斗冲，迁太夫人之柩祔焉。其后十年，为咸丰九年己未十二月，均改葬于大界。府君之先，六世祖曰孟学，初迁湘乡者也。曾祖曰元吉，别立祀典者也。祖曰辅臣，考曰竟希。曾祖妣氏曰刘，祖妣氏曰蒋、曰刘，妣氏曰彭。以国藩忝窃禄位，府君初貤封中宪大夫，后累赠为光禄大夫、大学士、两江总督。祖妣初封恭人，后累赠为一品夫人。圣朝推恩，追而上之，竟希公累赠光禄大夫，妣彭氏亦赠一品夫人。府君生吾父兄弟三人，仲父上台早卒，季父骥云无子，以吾弟国华为嗣。孙五人。军兴以来，惟国潢治团练于乡，四人者皆托身兵间。国华、贞干没于军，国藩与国荃遂以微功列封疆而膺高爵，而高年及见吾祖者，咸谓吾兄弟威重智略，不逮府君远甚也。其风采亦可想已。曾孙七人，玄孙七人，凡兹安居足食，列于显荣者，繄维祖德是赖。于是叙其大致，表于斯阡，令后嗣无忘彝训，亦使过者考求事实，知有众征，无虚美云。

台洲墓表

呜呼！惟我先考先妣，既改葬于台洲之十三年，小子国藩，始克表于墓道。先考府君讳麟书，号竹亭。平生劬劳于学，课徒传业者盖二十有余年。国藩愚陋，自八岁侍府君于家塾，晨夕讲授，指画耳提，不达则再诏之，已而三复之。或携诸途，呼诸枕，重叩其所宿惑者，必通彻乃已。其视他学僮亦然。其后教诸少子亦然。尝曰："吾固钝拙，训告尔辈钝者，不以为烦苦也。"府君既累困于学政之试，厥后挈国藩以就试。父子徒步橐笔以干有司，又久不遇。至道光十二年，始得补县学生员。府君于是年四十有三，应小试者十七役矣。吾曾氏由衡阳至湘乡，五六百载，曾无人与于科目秀才之列。至是乃若创获，何其难也。自国初徙湘乡，累世力农。至我王考星冈府君，乃大以不学为耻，讲求礼制，宾接文士，教督我考府君，穷年磨厉，期于有成。王考气象尊严，凛然难犯。其责府君也尤峻，往往稠人广坐，壮声诃

乃大以不学为耻

斥。或有所不快于他人，亦痛绳长子。竟日嗃嗃，诘数愆尤。间作激宕之辞，以为岂少我耶？举家耸惧，府君则起敬起孝，屏气负墙，踧踖徐进，愉色如初。王考暮年大病，痿痹瘖哑，起居造次，必依府君，暂离则不怡，有请则如响。然后知夙昔之备责府君，盖望之厚而爱之笃，特非众人所能喻耳。咸丰二年，粤贼窜湘，攻围长沙，府君率乡人修治团练，戒子弟，讲阵法，习技击。未几，国藩奔母丧回籍，奉命督办湖南团练。明年，又奉命治舟师，援剿湖北。府君僻在穷乡，志存军国。初令季子国葆募勇讨贼，既又令三子国华、四子国荃，募勇北征鄂，东征豫章，粗有成效。而府君遽以咸丰七年二月四日弃养。阅一年，而国华殉难于三河。又四年，而国葆病没于金陵。朝廷褒恤，并予美谥。而国藩与国荃遂克复安庆、江宁两省。虽事有天幸，然亦赖先人之教，尽驱诸子执戈赴敌之所致也。初，国藩以道光间官京师，恭遇覃恩，封王考暨府君皆为中宪大夫，祖妣暨先母皆为恭人。逮咸丰间，四遇覃恩，又得封赠，三代皆为光禄大夫，妣皆一品夫人。今上嗣位，四遇覃恩，又以战绩，兄弟谬膺封爵。于是曾祖府君儒胜，王考府君玉屏，暨府君，皆封为大学士、两江总督一等侯爵；曾祖妣氏彭，祖妣氏王，先妣氏江，仍封一品夫人。呜呼！叨荣至矣！江太夫人为湘乡处士沛霖公女，来嫔曾门，事舅姑四十余年，饎爨必躬，在视必恪，宾祭之仪，百方检饬。有子男五人，女四人，尺布寸缕，皆一手拮据。或以人众家贫为虑，太夫人曰："某业读，某业耕，某业工贾。吾劳于内，诸儿劳于外，岂忧贫哉？"每好作自强之言，亦或谐语以解劬苦。咸丰二年六月十二日疾卒，九月二十二日葬于下腰里宅后。府君以七年闰五月初三日葬于周壁冲，至九年八月某日并改葬于台洲之猫面脑。府君有弟二人，仲曰上台，年二十有四而没。府君视病年余，营治医药，旁皇达旦。季曰骥云，推甘让善，老而弥恭。无子，以国华为之嗣。后府君三年而没。女四人者，其二先卒，其二继逝。诸子今存者，惟国藩与国潢、国荃三人。诸孙七人，曾孙七人。于是略述梗概，以著先人懿德，垂荫无穷。而小子才薄能鲜，忝窃高位，兢兢焉惟不克负荷是惧云。

僻在穷乡，志存军国。

忝窃高位，兢兢，惟不克负荷是惧。

罗君伯宜墓志铭

君讳萱，字伯宜，湘潭罗氏，处士某某之孙，吾友候选内阁中书汝怀研生甫之子也。少而颖特旁通。饫闻庭训，多所开解。咸丰四年，国藩率师自岳州逐贼东下，强挈君以俱东。是岁克武昌，破田家镇，攻九江，舟师不利于湖口。明年，国藩至南昌，重立水军，进屯南康，视陆师于湖口，吊忠武公塔齐布于浔阳。君辗转相从，跬步必偕。余或口占书疏，君辄操笔写录。或危急之际，君甘心同命，而外则美言相温。诸将或轻重不得，辄为之通怀，使各当其意以去。又明年，群寇环集江西，陷没五十余城，诸军多坏散。乃授卒三千人，令君领之赴敌。初战建昌，继攻抚州，既又会捣瑞州，君之躬临行阵，自此始也。其后湖南援师四至，江西稍稍解严。君以久役，请急还湘。国藩亦以咸丰七年丁忧去职。君既暂脱兵间，则假馆以课学僮；制造诗词，以酬胜侣；作蝇头细字，以与古人校离合于豪芒；负箧走场屋，以竞得失于有司漠然若不知有世变者。未几，骆文忠公秉章檄办湘潭团练。刘总兵培元招致鼎澧，又招至衢州，与谋军事。君稍规大计，不肯久留，自浙西旋，省余于安庆。又省其从兄逢元于当途军次，亦不欲久居。会所亲黎福畤没于泾县，君遂扶其丧及其孤嫠以归。同治二年，广东巡抚郭公嵩焘招君至粤，属以创立水师，君又逊谢而归。每归，从事文艺，与诸生比肩就秋试如初。久之，佐某君治威信军，又自领一队，曰威震军，防御粤贼，事定散去。盖自是君亦倦游，不复有意于兵事矣。七年冬，记名按察使黄君润昌征苗贵州，要君偕行。君慨然曰："是足与有为，吾所敬也，吾不可以已。"八年正月至黔，师比有功，遂克镇远、府卫两城。道员邓君子垣提督荣君维善两军来会，迭克关寨，欲遂由施秉以达于黄平，气锐甚。师至小瓮谷陇，以道隘菁深，为贼所困，君与文武将弁十八人者皆死。三月二十二日也。呜呼！君之于戎事，亟就之，亟去之；天于君之勋名，若成之，若吝之。乃卒不得一当，而委骨于荒徼绝壑之中，果何为耶？倘所谓命焉者非耶？事闻，谕旨照按察使阵亡例赐恤。赠太常寺卿衔，世袭云骑尉、恩骑尉罔替。君幼有夙慧，二岁能识"风""鬻"两字。自真草法书，古文诗辞，以至科举之业，俱有义法。既入学，为优行生。从军累岁，叙功至同知直隶州，加知府衔。其论吏治军政，皆贯彻古谊而不戾于时。向使得守一官，统一军，与当世之成名者校，何渠不如耶？然终于不得借手以一伸其志。此君子有陶铸人才之责者之咎，国藩所以内疚而尤惜之也。铭曰：

孰推焉而屡起？孰尼焉而屡止？孰子以飞跃之资，而不假以升斗之水？出跃马而横戈，入稽经而诹史。亦何慊乎时贤？胡亨于彼而屯于此？终效命于蛮陬，长赍志其何已。盖怜才者之悲，而窃位者之耻。

宁津庞君墓志铭

君姓庞氏，讳朋，字君锡，以字行，更字百朋。先世有自昌黎迁河间之宁津者，遂为宁津县人。大考复还，考自诚，皆以君子际云贵，诰赠通奉大夫。祖妣孙氏，妣李氏，皆赠夫人。君少而笃行敏学，事父母存得其欢心，殁能尽礼。有兄四人，以父命析居。君所应得资产，皆择取劣下者，又稍稍推其所有，以全友爱。读群经及诸子书，能得要领，手录口诵，锲镂疲歜而自勉不衰。尤耆宋儒程子朱子之说，顾躬行何如，不为空论。屡试辄黜。最后仪征吴文节公视学直隶，乃识君，以为绩学之士，擢置上第，补邑增生。君既不屑为速化之术，不得以其所学襮之于世，则择后生俊颖有志之材，锻厉而淬濯之，范成其器。出君门下者，率有闻于乡里。而君之子秉彝训，被知于有司，通籍而仕者二人。当咸丰癸丑之岁，粤匪渡河北窜，畿辅被扰。运河以西，郡县骚动，咸欲团结乡勇，各固境圉。君建议阻运河而守，可省劲兵数万，筹画垂定，会邻邑爽约，计以不行。然宁津终得保全者，资君所训练乡兵万人之力。由是远近人知君不独学优行高，又有应变戡乱之略也。际云仕京师，仕热河，数迎养。君耽于田园之乐，到官所，未几辄复旋里。年七十有六，以咸丰九年

（边注：盖怜才者之悲，而窃位者之耻。）

（边注：知君不独学优行高，又有应变戡乱之略。）

己未三月初五日卒于家。同治九年庚午，诰赠通奉大夫，如其子际云官。娶同邑宋氏，专静煦愿，天性俭勤，事舅姑事夫，里之人称曰贤妇。教成其子，服官中外，所在著绩，人曰太夫人之诲实然。称为贤母，以子际云贵，累封一品夫人，就养扬州，逾月，终于扬州公廨，实同治九年十一月初八日，寿九十。距通奉公卒时，十有一年矣。子三人：际韶力耕不仕。际咸举人，官户部主事。际云由翰林改官刑部，以军功洊擢江南盐巡道，权两淮都转盐运使司。女子二人，适杨惠琇、李万仓。孙二人：作霖、泽銮。孙女十八，嫁者七人。先是，江苏巡抚丁公之母某太夫人将以九十生日称觞，先一日而卒。际云在扬州，亦将以十一月十四日肆筵娱宾，为母宋太夫人寿，而太夫人先六日卒。江南之人皆谓两太夫人德称其福，而微以不得旅进祝嘏为歉。夫寿至九十，有贤子孙，此人间所不多觏。两太夫人可以无憾，岂藉一二日之宴乐以为荣观哉？独国藩重奉朝命，莅两江，疏陈衰年多疾，不任艰剧，不宜久占高位。既不得清，则私恃友朋之同官江南者，匡余之不逮而共底于治。今丁庞二公，先后以母忧去职，或南踰岭峤，或北归燕蓟，于余心不能无离别之怆尔！际云于咸丰丁未，考觉罗官学教习。庚戌考国子监学正，余皆阅取其文，故执挚于余。又馆余家，教余子者数年，同官江南亦数年。为余言通奉公太夫人之德甚悉，将以明年扶柩还里，豫来乞铭。铭曰：

通奉之阡，祔者夫人。孝视其事亲，共视其事昆，行视其所身，学视其所尊。慈惠感人，视诸其邻。种德敛福，视其子孙。其永不朽，视兹铭文。

遵义黎君墓志铭

君讳恺，字雨耕，晚自号石头山人，遵义黎氏。曾祖国柄。祖正训，廪贡生。考安理，举人，山东长山县知县。长山君二子，长曰恂，字雪楼，云南大姚县知县。君其次也。雪楼厚重寡言，气盖一世；君则倜傥通易，周览群书。兄弟间自为师友。长山君少遭不造，备历艰险，既见二子之成，乃大欢慰。二子翼翼趋承，食必佐馂，醑必奉桊，应唯犹婴儿也。嘉庆十八年，逆贼林清等倡乱，内煽京师，外起滑县，河南北、山东、直隶震动。时长山君仕山东，雪楼侍于官所。讹言四起，或告于贵州曰："长山破矣，县令殉城死矣，雪楼殉父矣。亲属都无存者，仅存两孺子，漂转吴楚间去矣。"君于时奉母杨太宜人在家，闻则北望号痛，请于母，刻日戒途，赴山东之难。至长山，则阖门故无恙，传者妄也。由是远近以孝归之。君曰："父兄得全，幸也。庸有称乎？"雪楼之自桐乡以忧归也，家居十五六年，君晨夕造请，进止雍雍。语或不合，亦敬应之，而徐理之，终无所忤。雪楼尝病喉痹，绝言与食。君午夜祷于宗祏，泣曰："我不及兄，兄不可死！必死者，请以我代。"喉亦旋愈。其敬嫂也如严其兄，其训群从如教其子，盖历久而不改，至其终身，亦卒不少懈。居京师，有友曾某之丧，新尸狰厉，虽其兄亦畏恶不敢近。君就举而敛之，必恪必躬，见者感叹。君少而善病，长山君雅不欲强之学，而博涉多通，窥见百家要指，以县学生中式道光乙酉科举人，十五年乙未大挑二等，补贵阳府开州训导。二十二年十二月辛卯，以疾卒官，春秋五十有五。卒之日，囊无十金之蓄。士无识不识，莫不惜君之位不称其德，又不获耆寿以昌其教泽也，嗛焉若有憾于天地。至其孝友笃行，餍于人人之心者，则诚服而更无遗憾。然则君之自省与后之论世者，亦可以无憾已。君配张氏。妾吴氏、刘氏。子四人：庶焘，咸丰辛亥科举人。庶蕃，壬子科举人，候选知州。庶昌，以诸生献策阙廷，天子褒嘉，特授知县，候补直隶州知州。庶诫。女五人，皆适士族。孙四人。孙女五人。咸丰七年四月，葬君于河西小青槲林。其后阅十五年，庶昌乞余追为之铭。铭曰：

贤圣盛业，岂贵高名。其道甚迩，事亲从兄。穆穆硕儒，黔南之特。韬敛英奇，以修内则。闻变趋庭，万里戴星。祷疾身代，感彻百灵。胡诚不格？何施不普？化彼枭狼，泽以甘雨。生徒济济，饬尔五常。白华孔絜，馨我胶庠。亦有贤嗣，文行并卓。埋石兹丘，永贞乔岳。

海宁州训导钱君墓表

君讳泰吉，字辅宜，号警石。先世本何氏，明洪武中，有依海盐钱翁鞠育者，遂承钱姓。厥后徙居嘉兴，代有闻人。至文端公而益大。文端公讳陈群，以侍郎予告特加刑部尚书，晋赠太傅，君曾祖也。祖汝恧，早卒。本生祖汝恭，安庆府同知。父复，大兴县知县。君少而苦学，潜心孤往。从兄曰仪吉者，字衎石，博通群籍，早有高名，君事之师友之间，兄弟常以纯儒相勉。盖自弱冠后，远近已盛称"嘉兴钱氏二石"云。衎石以翰林改官户部，擢御史给事中，久处京师，其后客游广东、汴梁。君则以廪贡为海宁州训导者，近三十年，与给谏君离多合少，而书问丛沓，咨询学术，动逾数千言。自周秦诸子、马班群史、许郑诂训、杜马典章、洛闽之渊源、唐宋名贤之诗古文辞，以及目录、校雠、金石、书画、方志、杂说，一孔半枝，无所不询，盖亦无所不辨。或献一疑而诘难十返，或尚论前哲，评骘时流，杂以嘲诙鄙谚，穷极理趣。故二石家书，蔚然天下之至文也。给谏晚而搜刻经说，刊正讹谬。君自中年，即好校古书，假人善本及先辈评点之册，写而注之眉端。如《史记》《前后汉书》《晋书》《集韵》《元文类》《礼记集说》等编，皆勘校数周，一字之舛，旁求众证。尝著《曝书杂记》以发其凡。嘉庆中，海内犹尚考据之说，尊汉而黜宋，先博览而后躬行。独桐城姚氏鼐，恪守程朱，孤行不惑，宗主义理，不薄考据。而二石风指乃与姚氏相近，其论文亦颇法姚氏。尝称以为字体故训者，汉儒之小学也；曲礼少仪者，宋儒之小学也。二者皆扶植基本，而宋重明伦，于道为尤尊。兄弟相与修饬人纪，诵述先德。给谏辑《庐江钱氏艺文略》，君则撰《清芬世守录》，皆表一门之懿行，以播方馨而诒典则。先是文端公尝进呈其母画册，高宗赐题十诗，发还原册，并书"清芬世守"四字。逮文端公致仕还乡，高宗寄赐册卷诗篇，累数千首。君撰辑此录，具载君臣赓和，旷古无伦。又记钱氏十余世翰墨，及名公巨儒题咏，上以著祖宗文献之盛，下以勖后人孝友于弗替。其叙轶事，述彝训，恳恳乎惧来叶之遗堕。有味哉，其言之也！咸丰庚申辛酉之际，粤贼纵横浙中，君辗转播迁，最后由江西以达安庆，国藩乃获与相见。以漂泊兵间，偷得骨肉完聚也，则为之破颜一喜。语及世事沧桑，丘墓成毁不可知，则又蠡焉以悲。其明岁，同治二年十一月二十日，卒于安庆旅舍。将殁，犹以先世文字之责未能及身整理为恨。足以知其志之所存已。君配胡氏，诰封恭人。子二：长炳森，道光甲辰举人，出为冢兄学源后，前卒。次应溥，以拔贡官吏部主事、军机处行走，加四品卿衔。君以子贵，累封朝议大夫。女六人。孙七人。孙女三人。君所著，又有《学职禾人考》《海昌备志》《甘泉乡人稿》。乱后板毁，仅有存者。古今才智之士，常思大有为于世，其立言常雄骏自喜。若文章不求雄骏，而但求平淡；德业不求施于世，而但求善于一身一家。此殆非智者愉快事也？具无所不能之才，敛之又敛，弥晦焉而弥愉快，则其自得于中者必大矣。夫自得之学，惟君其庶几哉！

刘忠壮公墓志铭

君讳松山，字寿卿。少而沈雄豁达，通晓家人生事，亲长称誉，以谓"足昌吾门"。咸丰壬子、癸丑之间，粤贼度岭北犯，围长沙，陷武昌。吾邑二三贤俊，召募丁壮，激扬家声，毅然有讨贼之志。君实隶王壮武公鑫部下，号曰"老湘营"。转战湖南北、江西诸省，历有名绩。王公既殁，则从张忠毅公运兰战于江西饶信诸郡，追余寇于闽边，别击逆党于广东、广西。才望日彰，超越辈流矣。咸丰十年，余檄老湘军及鲍超之师，防剿宣、歙，攻牢保危，蹀血二年，始克徽州宁国两府。张忠毅以疾归里，君乃与易紫桥分领老湘营之半，自持枢柄，坚守宁国、泾县等城，屡却巨敌，以底于江浙大定。同治四年，国藩奉命攻讨捻贼。捻贼者，始于安徽、河南，而蔓延于秦、楚、燕、齐者也。其叛乱稍后于粤匪，而枭悍略同；其部队少于粤匪，而骁骑逾万，剽疾过之。湘中士卒，贯战江滨，未习车骑驮运之劳，不乐北征，奖之而不劝，痛之而不服。君独感奋请前，部卒不愿北渡者，杀数人而事定。师至临淮，易紫桥病归。

定安谨按：公此文系壬申岁正月作，属稿仅三百余字，病发辍笔，距易箦时仅数日耳。文虽未完，不敢轻废，谨依元稿录出，以见珍重手泽之意。

寿序

壽序 卷一

朱心垣先生五十六寿序

久而弥挚者，
屈指无几人。

　　于余为兄弟行，结交最少，久而弥挚者，屈指无几人也，则有若朱啸山富春。于余为父执，又早器余，余爱慕而不敢侮者，亦无几人也，则有若姻伯心垣先生。啸山为先生冢嗣，其交余也，先生实令之也。先是先生与家严君同学，互相掖重，两家世好既笃，重之以婚姻，故余知先生特详。前岁丙申，先生年五十，啸山谋称觞，乞余以言侑爵。先生曰："是何为者？传曰'恒言不称老'，今吾方托堂上之荫，将不以礼处我乎？抑以谀词诬我乎？且古者下寿六十，今吾犹未也。"固请不获。又数年，啸山举于乡，偕余北上，从容谓曰："吾父所以固辞颂祷者，善则归亲，义不得专也。今吾欲丐子文，为寒门作家庆图，使吾父上有以承祖父母欢，下有以自娱，而即以为吾父寿，可乎？"余曰："可。"昔董召南隐居孝义，昌黎韩子为诗记其事；姚氏三瑞堂世以孝称，东坡亦作诗美之。今君欲以娱重闱者娱其亲，是孝子等而上之之义也。贤哉！吾不能以诗寿先生，请觇陈君家天伦之乐，以娱先生之志。

科名宦达，显
扬之资。

　　"今夫科名宦达，岂以宠身，亦借为显扬之资也。先生以第一人补弟子员，再踬场屋，遂弃举业，其天怀恬淡，视青紫不值一映耳。乃其督课子侄，则锐意进取，惟恐后时。讨论史事，旁及制艺书学，皆得窾郤而勖以法度。在先生，岂徒欲弋取时荣哉？不过欲博膝之下欢，使老人闻之曰：'阿孙才，今试已列前茅矣；阿孙能，可以与贤书选矣。'因而鼓舞后进，怡然忘老。此其可娱者，一也。君家田园足以自给，先生周视原野物土之宜，稻粱之外，杂莳嘉蔬。种秫二顷，获以酿酒，名曰延龄，杀鸡佐之。但以奉亲，不以劝客，有余则庋置焉。门外方塘，广可百亩，旁置小艇，宜钓宜网。当春种鱼，秋则取之，以强半供甘旨，其他则请所与子姓醉饱，波及群下。其可娱者，又一也。

　　"君家早岁颇有外侮，自先生综家政，敬宗收族，祖免以下，一视同仁。闾里细民，强梗者锄之，不肖者劝之，贫无告者周恤之，竭力之所胜而不德焉。比来一境怗然。曩时箕舌之怨，雀角之争，皆以潜消，而高堂暮齿亦得晏安无患。其可娱者，又一也。抑闻之：夫妻好合，兄弟既翕，父母其顺矣。先生早占炊臼，续以鸾胶，不闻有遇虐后母之事，非刑于之道乎？方凤台先生之以计偕入都也，先生曰：'予弟行役，不可以劳门闾之望。丈夫何惮万里哉！'乃杖策送弟北征，而卫以俱返，不贤而能之乎？迩年以来，弟侄能文者，先生为之延师课读；肄武者，为之料量鱼服竹闭之具，使之皆得成名。以故床笫之间秩如也，昆弟翼翼如也，寝门之内诉诉如也。此甚可娱者一也。又先生熟于形家之言，往为大母卜佳城，备极劳瘁，终乃永臧。今腰脚尚健，暇则陟层岭，披蒙茸，裹粮而从一奚。游览既审，归而告于堂上曰：'某水某山，大人所经历也，有佳兆，当贵至彻侯。某宅某田，大人所钓弋之所也，居之后必昌。'因与指画形势，兼诵撼龙疑龙之经，而堂上亦倾听不倦，或佯诺之，微笑其幻渺。此亦可娱之一端也。

"夫天伦之乐，岂有形哉？日用优游之地，行之而不著，习矣而不察，道路传为盛谈，或油然兴感。而当境者行其心之所安，视为固有而不足怪。以先生之德之遇，凡所谓可以自娱，即以娱亲者，皆已自得之而自忘之。不知此中真乐，虽三公不足以易也。却老延年之道，有进于此乎？啸山归述吾言，酌而祝焉可也。"啸山拜曰："善"。

遂书以为之序。

田昆圃先生六十寿序

道光某年月，为我年伯昆圃先生六十初度。其嗣君敬堂同年，丐余以文为寿，且曰："古者称寿，不必揽揆之辰；寿人以序，抑非古也。然震川归氏、望溪方氏尝为之，是或有道焉。"余曰："然。寿序犹昔之赠序云尔。赠言之义，粗者论事，精者明道，旌其所已能，而蕲其所未至。是故称人之善，而识小以遗

粗者论事，精者明道。

巨,不明也;溢而饰之,不信也;述先德而过其实,是不以君子之道事其亲者也;为人友而不相勖以君子者,不忠也。今子所以寿亲者,于意云何?"敬堂曰:"吾父固好质言。凡生平庸行、众人所恒称道者,不足为君述。吾父早岁以课徒为业,迄今几四十年。尝曰:'塾师卤莽塞责,误人子弟不浅,吾不敢也。'戊戌,雨三幸成进士,选庶常。吾父书来,戒以初登仕版,勿轻干人。"於戏!安得此有道之言乎?

盖自秦氏燔群籍,教泽荡然。汉武帝始立《五经》于学宫,使诸生各崇本师,置博士,举明经,而圣言乃绝而复续。明太祖以制艺取士,并立程朱之义,使天下翕然尊尚,而圣贤之精蕴始照灼于幽明。二君者,盖见夫学校之不可复,故定为功令,使人以此为禄利之途,而阴以尊儒术而阐大义。由今言之,明圣道于煨烬之余,而炳若日星,表宋儒之精理,使僻陬下士皆得闻道者,不得不归功于二君。然使人以诗书为干泽之具,援饰经术而荡弃廉耻者,又未始非二君以启之也。今世之士,自束发受书,即以干禄为鹄,惴惴焉恐不媚悦于主司。得矣,又挟其术以钓誉而徼福。禄利无尽境,则干人无穷期。下以此求,上以此应。学者以此学,教者以此教,所从来久矣。百步之矢,视其所发,差若毫厘,谬以千里。振古君子多途,未有不自不干人始者也。小人亦多途,未有不自不干人始者也。今先生之诫子,首不在轻干人,则平日之立教,所谓不误人子弟者,概可知矣。出处取与之间,士大夫或置焉不讲。而乡里老师耆儒,往往以教其家,绳其门徒。吾父课徒山中,亦有年所,每诫小子,辄曰:"俭约者不求人。"与先生辞旨略同。而吾党郭君雨三,亦得父训以成名。当交相毖勉,力求所以自立者,以图无忝所生。不然,先生不欲误人子弟,而吾辈一离膝下,乃反自误其身。日愒月玩,委弃而不克自振,终且不免于干人也。吾言不足以重先生,而犹不敢谀词欺吾友。是或为先生之所许乎?敢以为长者寿。

朱玉声先生七十三寿序

天可补,海可填,南山可移,日月既往,不可复追。其过如驷，其去如矢，虽有大智神勇，莫可谁何。夸父之追日，鲁阳之挥戈，陶士行之惜阴，有以哉！有以哉！

余与朱尧阶以道光十年论交于长沙，当时相见恨晚。曾几须臾，遂阅一终一星终矣。前岁戊戌，余乞假旋里，值玉声先生七十诞辰，尧阶以寿亲之文见属。余忻然不辞。迁延未报，一诺三年。甚哉，光阴之迁流如此，其足畏也。人固可自暇逸哉？以余玩愒时日，有言不践，学问不加进，而尧阶不务显扬之实，徒欲以祝史徽言娱亲志，二者均非先生之所许也，何足以为先生寿？虽然，吾与尧阶交旧矣，不可不略抒固陋，表先生之暗修，以征其所以延龄之由，以卜将来无量之福，以慰吾尧阶，以勖吾尧阶也。

盖先生则可谓不自暇逸者矣。先生少失怙，既冠，又失恃。家故贫，破屋数椽。兄弟谋析产，先生以其稍完者付诸昆，而指其隙地一弓自予。去之贾，不数年致千金。已而散去。又如是，又散去，屡裕屡绌，晏如也。先生有嫂早寡，穷不能自存。乃为之谋生计，抚孤儿，终节妇之世，无衣食虑。复出资，为之表其节，闻于有司，与其大母并建总坊。尤慷慨好义。宗族中有不能自赡者，伙之必给；有没不能终葬具者，周之必无缺礼。子侄有游惰无常职者，掖之培之，视其材必俾有成。他如联族谱，建支祠，治祖茔，置祭产，凡事关本原之大者，经之营之，有废必举，有初必终。故其所以屡绌者，人皆知之，为其急公也，为其义也。其所以屡裕者，人或不知。传曰："民生在勤，勤则不匮。"先生之所为常致充盈、绰绰有余者，勤而已矣，不自暇逸而已矣。计自少壮以洎今日，拮扰飘摇，几无虚日。今夫天恢恢大圆，终古磨旋。今夫山终古常峙，海终古常流，其盛大而生物不测，由其不贰。不贰故不息，不息故久。夫人也亦若是焉矣。守其朴者完其素，劳其力者贞而固。户枢不敝，磨铁不蚀，胥是道也。以先生之不自暇逸而得康强逢吉，又何疑乎？又何疑乎？

余与尧阶相友以心，相砭以道义。今尧阶幸得啜菽饮水，承欢膝下；而余一官鲍系，既不能拾遗补阙，有丝毫裨益于时，又不能归侍晨昏，又不得奉板舆以迎养。余自是有羁旅之感矣。

相友以心，相砭以道义。

《风》有《陟岵》之章，《雅》有《四牡》之什，皆以行役在外，睠怀门闾。孔子曰："父母之年，不可不知也。"愿吾尧阶佩玦管，调滑甘，爱光阴如拱璧，舞彩服如婴儿。由是而后，先生乐孙曾之蕃昌，欣琴瑟之静好，耄耋期颐，怡然忘老。则尧阶庶不负读书之志，不忝于盛德大业耳。君子进德修业，欲及时也。时乎！时乎！事亲者可或忽乎！此所以勖尧阶，以慰尧阶，而即以为先生寿者尔。

王翰城刺史五十寿序

古无生日之礼。《颜氏家训》称："江南风俗，是日有供顿声乐。"盖此礼始于齐梁之间。后世自贵逮贱，无不崇饰，开筵称寿，习以为典。癸卯夏，王君翰城将出牧冀宁，即于是秋五十寿辰，同人或谋祝之。翰城曰："非古也。"其友人曾国藩亦曰："非古也。"虽然，子将别矣，不可无以赠子。

盖古者四十而仕，五十服官政。服政云者，为大夫以长人，布政得自专也。古者建官无冗，立法无繁，故任人靡不专，而事靡不理。后世天下之事萃于六曹。六曹之属无虑千计。法令日密，吏胥便之。每事至吏，以意讨例，官则睨吏意以行。吏颐使，则官可之；吏目止，则官否之；属官所左，卿长亦左之。事无定见，惟众之随。故近日服官得专政者，内惟枢府，外惟牧令。枢府数人，或意见各歧，则得专者尤莫如牧令也。牧令朝行一政，朝及于民。福民，则我实福之也；殃民，则我实殃之也。然牧令或不贤，往往不自为政。上则伺大府之喜怒，下则时胥徒之向背，虽欲自专而有所不能。翰城读书四十余年，今以服政之日，为天子之刺史，吾知其能自专矣。夫为刺史而得自专，而不为大府与胥徒钳制者，岂徒然哉？其殆必有所以矣。翰城勉乎哉！他日闻有供顿声乐，跻堂而称寿者，必天子所付托刺史之百姓也。子行矣，吾以是赠，即以为祝焉。

牧令朝行一政，朝及于民。

王荫之之母寿序

寿序,非古也。明归太仆数鄙之而数为之,以为昆山之俗,张此尤盛。闾巷之上,狃于习而不求其说。立言者虽知其事微薄,而不忍拒孝养者之请,牵率以从事,宜也。当是时,吾同年王君荫之以其母王太安人之寿,属予为序云。荫之,知言者也,不宜循世俗故事以娱其亲。仲尼曰:"麻冕,礼也。今也纯俭,吾从众。"积习染人,甚于丹青久矣。虽为父母者,亦皆以生日为庆,以文字道其生平为祥。人子因而顺之,不亦可夫?

先是,赠君琴雅先生之弃养,荫之与其仲氏皆未冠,季尚毁齿耳。内而饘粥零杂,外而官租私逋,皆太安人搘画之。赠君以诺名。乡里宿负,故无券主者,以是弛责。太安人曰:"夫子信者也,是固然无疑。"立货别业尽偿之。赠君疾革,命曰:"虽饥寒,毋令吾儿废学。"家故微也,又岁经水潦,益流落。太安人力支之,卒不令诸子迁业。初服舅姑之服,继服夫之服,哀毁至矣,皆节以礼。丧女子者四,丧子妇者五,悲伤之余,亦以礼裁之。盖荫之为余述者如此。《易》曰:"地道无成,而代有终。"方赠君顾命谆谆,岂必后嗣果自成立。今荫之通籍,为天子近臣,文章尔雅,率诸弟子姓为淳朴之学,所谓代终非耶!国家以大器储词臣,不龁之以吏事,使之优游成德,以养公辅之望,至深厚也。以国藩之不肖,谬厕斯任,无足言矣。如荫之者,要当博观约守,仔肩天下,而后无忝是职。不然,彼太安人时时称赠君之末命以相申儆者,岂徒在禄仕通显也哉?欧阳公之母常述父训以教子,卒为有宋名臣。彼何人也?吾何畏彼哉?荫之诚能日进不息,太安人当益顾之乱志,怡然忘老矣。余承荫之之命,终不敢以世俗之义为长者诵也。于是为道其大焉者。

> 夫子信者也,是固然无疑。

江小帆之母寿序

古者设科有目。如汉曰贤良方正,曰直言极谏,曰军谋宏远,曰淳厚质直。唐曰秀才,曰明经,曰进士,曰明法,曰明字,曰明算。若此者不一其称,惟人主之所欲而因时命名,所谓目也。明初尽革前制,取士止进士一科,则有科而无目矣。既成进士,天子亲策于廷,临轩唱第,分甲授职。一甲止三人,曰状元、榜眼、探花,制所定也。士大夫称为鼎甲云。进取之途既隘,天下魁杰瑰玮之士,莫不甘心于专科,搤腕以求所谓鼎甲者。而已巴蜀滇黔,西南万里,或数百年而不得一人,盖其难也。慈父母之于子,总角则祝之,而令子顺孙,承欢堂上,亦无先于此者。至于今五百年矣。

进取之途既隘。

　　同年友江君小帆,故吾楚郴人也,徙居四川之大竹。道光戊戌以第三人及第。四川之鼎甲实自小帆始。而小帆退然贬抑,躬躬不足。问之,曰:"母教也。"余曰:"何如?"则尽述太安人之贤,及赠君春湖先生之德而再诵焉。且曰:"余母今年六十矣。吾子娴古文义法,其为我诠次太安人懿行,略仿今世之寿叙,而益以箴言勖余,使吾母欢慰,而吾亦奉以为事亲之则可乎?"余曰:"可。"

　　盖江氏之自楚而蜀,家微矣。赠君之与昆弟析居,受田仅三亩耳,而折偿宿负者略半。赠君力贫绩学,授读乡里,稍佐饔飧。太安人茹蔬藜藿,以精洁羞舅姑,而以其恶者自御。小帆儿时,尝随太安人锄豆于北原,拾木棉于西涧之陂。每语及此,未尝不太息禄养之已晚也。嘉庆庚申、辛酉之间,四川遭教匪之乱,乡邻依堡寨以居。贼来恃堡为固,去还家事耕作。太安人提挈子女,裹糗粮,与赠君奔窜于风雨溪谷之中,其事尤艰阻,卒以无恐。小帆既官编修,太安人就养京师,而赠君道卒长安。哀毁之余,毫发尽礼,与前服舅姑之服略同。计太安人数十年中,困于贫,厄于兵,颠沛于丧事,而亦以劳矣。传所谓动心忍性,生于忧患,其不信然耶!

动心忍性,生于忧患。

　　士大夫由科第通籍,太抵先人茹其辛而后人食其报。如小帆之掇取巍科,三持文衡以词赋受圣主特达之知,岂不可知其所自邪?自古举士之法,未有三百年不变者。帝不沿乐,王不袭礼,物穷则易,固其理也。经义取士,亦已久矣。议者多谓帖括道卑，难收得人之效。小帆勉旃，益务通经达用，使天下后世谓伟人某某者，未尝不出制艺之科也。既以塞辨者之口，又有以慰高堂无穷之望。事亲之则，不当如是乎？太安人闻之，其必不訾吾言矣。遂书以为序。

易问斋之母寿诗序

古者以言相赠处。至六朝、唐人朋知分隔，为饯送诗，动累卷帙，于是别为序以冠其端。昌黎韩氏，为此体尤繁。间或无诗而徒有序，于义为已乖矣。元明以来，始有所谓寿序者。夫人之生，饥食而渴饮，积日而成年。苟不已，必且增至六十、七十。又不已，则至大耋、期颐。彼特累日较多耳，非有绝特不可几之理也。胡序之云？而为此体者，又率称功颂德，累牍不休。无书而名曰序，无故而谀人以言，是皆文体之诡，不可不辨也。

道光乙巳六月，为易柳恭人七十诞辰。嗣君问斋郎中，征求士大夫之诗至数十篇，而嘱余为序其简端。问斋其能辨文体者矣。余读诸君诗，知恭人事赠君先生，岂非所谓代有终者哉？初，先生以长且贤，理家事，无剧易必躬，占毕之业稍弃矣。恭人来归，一代任焉，米盐凌杂，不复关白，先生由是得专精举子业。嘉庆戊午举于乡，戊辰遂成进士。盖内顾无忧，壹志以底于成，恭人之力也。先生官陕西，恭人以舅姑春秋高，留侍养，不随之官所。既而太夫人就养秦中，恭人又留治家务。既而先生移官山东，恭人仍留里居。计先生宦游三十余年，而恭人仅一入秦，再之山东之郯，不过三年耳。妇人类以从官为荣，乡里齱齵，不足自适。一旦朱幨翟蔮，称为命妇。入则鼎食，出则武夫前呼，侍女如云，此常情所最称意。恭人恬然不以为荣，独习劳居僻乡为先生经画家政。败絮敝革，储以待用，甘精粝以自菲。岁时亲戚承问无缺。药饵余粮，全活贫弱下户，躬操作以率先子妇。此其识有过人者。以视拥象舆以命妇自炫，颐使侍婢俯仰如神者，其贤否当有辨也。诗人之祝女子曰"无非无仪"，易此而以才能自诩，则于道为悖矣。如恭人者，所事不出闺阃，所行不

躬操作以率先子妇，此其识有过人者。

越庸德，独其相夫以发名成业，而不慕从官之荣，此有人所难能，而其他盖可知矣。余故揭其大者著于篇。若其称述懿行，颂祷繁祉，则诸君之诗实详，故不及云。

何傅岩先生七十寿序

国藩读《诗》，至《常棣》之篇而叹曰：旨哉，仁人之言也！朋友平居宴乐，有急则掉臂不顾。兄弟，天性也，非至不仁，可以手足而胡越乎？同年友何君丹溪官编修，其兄璜溪，官武昌同知。兄弟相敬爱，至笃无已。他日，余谓丹溪曰："子之亲，未耄也。二君者皆不迎养，于义谓何？"则告曰："吾大父母之弃养，吾父七龄耳，实依两世父以生。世父长曰晴澜，次曰云岩。吾父曰傅岩，事两兄维虔，谋必咨，出必告，有财必归之，有疾侍药必躬，至以身祷。云岩世父下世，事寡嫂尤恭。今吾父母之不肯就养官所，徒以长兄、寡嫂在耳。"余闻之悚然。当吾世而犹有严于弟道如此者乎？又二年，而所谓长兄、寡嫂者相继逝。璜溪执期之丧既除，因卓荐入见天子，遂乞假南归，躬迎二亲，养于武昌官舍。又明年，丙午春，为傅岩先生及张太恭人七十诞辰，同年生谋所以寿者，属予为颂祷之言。

丹溪曰："子毋效世俗人。世俗所谓寿序，至陋而非古。子但略述吾亲实行，使吾昆弟子姓有所法而向善，而吾亲亦将顾而忘老足矣，勿虚谀也。"余曰："子之亲云何？"曰："吾父年十八补县学生，嘉庆癸酉以选拔贡入成均。凡试于乡十六役不得售。异时苗匪寇邻县，世父率乡勇出堵贼。吾父守城，书檄调遣，胥出一手。事平，县令暨监司适主乡试闱事，欲因以私报，力谢之。教人以立品敦伦为先，前后从游千余人。课徒所得余金，则尽刊印世所谓《感应篇注案》者，以劝愚民。吾母以不逮事舅姑为恨，事夫之兄如严上，事姒妇如姑。盖体吾父友恭之诚如此。"

古者大功同财，自秦人子壮出分，后世沿以为俗，兄弟有视如途人者矣。而为之妇者，伺其夫之旨而加刻焉。片语之隙，荆棘丛生，累世不能泯其嫌。夫一木之枝，或荣或悴，常也。而常

古者大功同财。

人之情，睹他人之荣，则以为分隔，于己无与；睹兄弟之荣，以其切近则相妒，相妒则争。而荣者之视悴者漠然而疏，望望焉若将浼己。盖三物之教不行，而俗之偷也久矣。先生以次子嗣仲兄后，顾不肯随二子之官，终不令己独荣，而兄与寡嫂独落莫。此其足以激薄俗为何如？而其用心之仁厚，岂有极哉？余为揭其大者，俾璜溪兄弟守此无忒，则先生与太恭人所以娱老者，或亦在此。即以为长者寿可也。

郭璧斋先生六十寿序

庄子曰："木以不材自全，雁以材自保，我其处材不材之间乎？"旨哉斯言，可以寿世矣。虽然，抑有未尽也。此其中有天焉！魁岸之材，有深自韬匿者，去健羡，识止足，天乃使之驰驱后先，殚精竭力而不能自怡；有锐意进取者，天或反厄之，使之蓄其光采，以昌其后而永其年。迹似厄之，实则厚之。材，钧也，或显而吝，或晦而光，非人所能自处也，天也。

我年伯璧斋先生，天之处以殆厚矣哉！先生少读书，有大志。既冠，补博士弟子员，旋以优等食饩。屡踬场屋，贡入成均。试京兆，仍绌。权当阳校官数月，儒术济济，翕然景从。其居乡也，外和而中直，不恶而人畏之。优伶杂剧，至不敢入境。谚曰："桃李无言，下自成蹊。"直其表而影曲者，吾未之闻也。先生孝友可以施于政，尊行可以加人。课徒而得，与校而士慕附，处于乡而不肖知劝，此天予以有用之材也。使得所藉手，舞长袖而回旋，其展布当何如？顾乃踬踬棘闱，连不得志。前岁乙未，恭遇覃恩，臣僚得荣其亲。维时先生之冢嗣观亭前辈，既由翰林官西曹，两世封赠如例。而先生犹以有事秋试，迁延不得请。于是先生橐笔乡闱，十余役矣。从游之士得其口讲指画，或皆扶摇直上。而观亭前辈昆仲皆得庭训，而翔步词林，后先辉映。独先生黜抑良久，曾不一聘骐骥之足，固可解乎？夫以先生之德之能，于科名何与轻重？其达观内外，何尝不睨青紫如糠粃？然终不自画，诚欲有所白于时，而又恶夫庸庸者，一蹶而不复振，乃借恬退之名，以文陋而售其巧。故思有以厉之耳。以志则如彼，以遇则如此，此岂尽有司之咎哉？盖所谓天也。天者，可知而不可知，无可据而自有权衡。昆山之玉，邓林之大木，生非不材也。贡之廊庙，非不贵也。凿之琢之，寻斧纵之，剖其璞，伤其本，向之润泽而轮囷者者，荡然无余。天欲厚之，则不如韫于石而光愈远；丛之丰草之中而荫愈广，而枝愈蕃。向使先生假鸿渐之羽，激昂云路，扬厉中外，讵不快于志而裨益于时？而所发既宏，所积渐薄，天与于前，或靳于后。精神有时而竭，福荫有时而单，是亦琢玉斫木之说也。谓能优游林泉，颐神弥性，如今日也乎？谓能泽流似续，光大门阀，如今日也乎？

本年某月，先生六十寿辰。次嗣君雨山，与余为同年友，谬相知爱。将称觞介寿，嘱余以言侑爵。吾闻君子之事亲也，可以无所不至。独称其亲之善，则不敢溢词以邻于诬。君子之于友也，可以无所不至，道扬世德，则不敢虚述以近于谀。余悉先生嘉言笃行稔矣。今欲敷陈盛美，颂祷庞祺，深惧其谀也，故不具论。第论天之生材，此丰彼啬，大有权衡。以征先生所以延年受祉之由，亦使观亭前辈昆仲知今日之蜚声腾实，其郁积者有自非一朝一夕之故也。钦念哉！钦念哉！小子窃禄于朝，盖吾父之混迹名场，撼顿不得伸，亦有年矣。持是以思，则先生之缉熙纯嘏，天之厚之，正未有艾耳。质之先生，或以斯言为不谬耶？

金殿珊先生六十寿序

往余读韩退之《符读书城南》诗，私怪彼不以圣贤之道教子，而诱之以公卿禄位，何其陋也。既伏思之，古今之所以设科取士，何为也哉？岂不欲得明先王忠孝之道而力行之者，与之共天位乎？道莫备于群经，故汉唐重明经之选。而明及我朝，皆以经义试士，操其文以券其行，庶几忠孝之彦之或出乎此。是上之人法固未尝不良，而意图未尝不美。即为人父母者，冀其子以文行上达于朝廷，斯亦天理人情之至。然则退之之志，其亦未可深讥矣。世衰而俗敝，应举者不揆君公求士之本义，苟以猎取浮荣。少壮而违父母之养，穷老而不归，眈眈于王畿势要之场。未仕则发愤忘家，既仕则迎妻子与共安乐，而父母以衰晚之年，与子妇幼孙旷隔，音书阔疏，享封诰之虚名，受枯寂寒饥之实祸，虽疾病厄苦，不忍告闻，以恐其子。而为子者冥然不以介怀，方借口于赵苞贼母、温峤绝裾之义。夫彼既恝弃其亲，尚何有于君国？本先拨矣，国家亦安贵此丧失良知之人，而岁举数千百辈以靡无穷之禄糈哉？故吾尝曰："朝廷以忠孝求士未为失，而士之应之大相悖也。父母以仕宦望子未为失，而子之于亲大相悖也。噫！此岂细故也哉？"

吾乡金殿珊先生官翰林十载，宦况绝迫隘，力贫节用，岁寄少资以佐甘旨。既奉父讳，哀毁灭性。服阕矣，依母徐太恭人，不复欲仕。久之，嗣君可亭侍讲举于乡，徐太恭人强先生携子北上，乃襆被独行，留贤配杨恭人养姑维谨。道光戊戌，可亭以第二人及第。先生曰："儿辈幸有立，吾亲老矣。"即告养归，与其弟承欢左右，晷刻不离。於戏！先生其可谓无负朝廷之求，无忝父母之所期者矣。

岁丁未，为先生六十寿辰。先岁，可亭以陕甘学使任满受代，乃书告国藩曰："仆将以瓜代之际，乞假省亲，幸蒙天子锡类之恩，得捧诰轴归献堂上。吾父母诞辰，洗爵上寿，子若叙述吾意，使吾亲欢娱而尽醻，贶莫大焉！"又别纸述先生官侍御，直声震世。家居训课生徒，周恤族党。恭人歉岁购婢赈穷，丰岁择配遣之诸善行甚悉。余都不具论，独著其拳拳爱亲之意，俾可亭守此而不失。使吾乡后进应举之士，知舍此则悖乎朝廷之本义，虽得之不足为荣，庶以救末俗之偷。而国藩守官八年，不克归侍晨昏，又以志余之抱惭，而不能自克也。先生及恭人闻之，倘肯为尽一觞乎？

陈岱云太守为母生日宴集宾僚诗序

《易》曰："雷出地奋，先王以作乐崇德。"盖古者虽有艰大厄塞，圣人穷力毕精，削除荒类，人心夷悦，而后作乐以宣幽滞。譬若春雷奋发，而秋冬之沉痼蔽塞于地中，固已久矣。故曰："患难所以开圣，忧劳所以兴国。"古之通义也。至夫贤达之起卿大夫之家，莫不以然。其初类有非常之撼顿，颠蹶战兢，仅而得全。疢疾生其德术，荼蘗坚其筋骨。是故安而思危，乐而不荒，如彼其自克也，岂偶然哉？

故安而思危，
乐而不荒。

茶陵陈岱云太守，成童而丧父。事无巨细，壹操于母刘太恭人。家故微也，又多奇闵，药医不绝于室，期功之丧不绝于门。樵无缕、盎无储者，数数然也。方太守就傅于外，天盛寒，家惟二衾：一实以棉，一单衾耳。太恭人不忍子以窭冻为人所诟，强以棉衾予太守，而自以单衾拥二幼子。太守不忍母寒而己独温，则虚衾而终不御。太恭人亦终不以酷穷而令子废学。居无何，太守以进士通籍为翰林，而家之艰于谋食如故，而太恭人之勤约自刻亦如故。

道光二十四五年，天子以海氛初靖，亟思振兴吏治，以修内而攘外，特简近臣以守要郡。乙巳仲冬，太守用是有吉安之命。明年，量移广信，于是禄入稍丰，寖寖怡裕矣。其年十一月，为太恭人六十生日。太守开阁觞客，韵以丝竹，本省之僚属，所部之士民，与他邦之客游兹土者凡若干人；为诗歌上寿者，凡若干篇。乃书抵京师，嘱国藩序之。夫阳不可盈，乐不可极。故礼主静而乐主反，胜则流矣。太守思前者慈母支持之艰，与今者天子简用之重，将必有穆然深念者，是则承欢之大者欤！

唐镜海先生七十生日同人寄怀诗序

善化唐太常先生以道光丙午致仕还湘。明年，年七十矣。五月七日，实初度之辰。六安吴君廷栋始为寄怀诗，略寓诗人戬穀俾臧之义。既而师宗窦君垿及某君某君皆踵为之。凡得诗若干首，大抵惜继见之不可常，颂长者之多祉。先生之姊子黄君兆麟与其弟倬，命国藩为之序。窃尝观古之君子，其载德而荷道者，必有人焉帅而掖之，而后后者有所阶而进；必有人焉辅而翼之，而后前者有所托而传。水非水而不续，人非人而不承。盖桐乡张

水非水不续，
人非人不承。

考夫先生之兴，则有凌渝安、何商隐、沈石长诸子为之附；太仓陆道威先生之起，则有盛圣传、陈确庵、江药园诸子为之与。二先生之为道，至寂寞也；而诸子者相从于太羹元音之际，殆于遁世不见称而无怨，彼各有其志尔。唐先生之内召为太常卿也，以道光庚子僦屋于内城之西南，分听事四之一为读书之室，衺得周尺之步，广半步耳。自国藩之修候，或月一至，或再三至，未尝不见先生手一编，危坐其中。他人见者亦然。此所谓寂寞者非邪？民之情，好声利而恶淡泊。浅者趋死禄仕，深者博文多艺，猎取浮誉，亦足以降其好胜之私。先生为外吏二十年，萧然无资积以自存，即当世之所谓迂阔。而其为学也，又惟自治其身心之急，或不沾沾于文艺之短长。以故士之骛才技而竞声称者，亦罕过而勤焉。而吴、窦诸君子独相寻于澹泊，究道而考德，凤参而莫造。既其违离，而作为诗歌以抒怀想。斯岂曩者凌渝安、何商隐及沈、盛、陈、江之畴邪？何其笃也！自明代以来，年齿至五十以上，则人多为诗以祝之，谀媚殆于亡等。又有所谓寿序者，余昔书归有光文集，已痛诋其陋，其他则又不足讥。今诸君子既舍声利而别有所尚，而其为诗又约旨敛辞，颂无溢量，岂不本末并茂，不与人人同科者哉？于是毕读而序之。世有达于文体之君子，庶终览焉。

> 究道而考德，凤参而莫造。

寿序 卷二

黄矩卿师之父母寿序

国家岁值大庆，必推恩群下，褒及所生。而吾师昆明少司马黄公，以乙巳覃恩，得封我太公通奉大夫，太母太夫人。越二年丁未，太公寿八十，太母亦七十有四。是岁春初，天子以海内清晏，太和翔洽，必有人瑞以润色休嘉，诏问一二品大臣有亲年八十以上者，有司以闻。于是协揆潍县陈公、司马江宁何公、仓场侍郎新城陈公之母，司空滨州杜公之父及吾师之父母，并以遐龄，上彻天听，赉劳有差。其三月，为太公揽揆之辰。黄公称觞京邸，以扬家庆，而铭君恩。门下士相与言曰："陈何诸公仅有母，杜公仅有父，因其所庆或触所恤。独吾师以名儒位九列，而二亲大年，宾敬不衰。计德度祉，当世无双。吾辈宜以文纪其盛，且遥致私忱于太公，若鞠躬奉觯者。"乃以诿国藩。国藩伏思，自宋景濂以寿文入集，厥后踵为之者，大抵甄叙行能，终以谀颂。虽以归有光、方苞之博通，不能洗此陋习。夫无故而叙述人之生平事迹，与无故而贡人以誉，二者皆达于文者之所讥也。惟因事而致其敬，相与为辞，以示不忘，则古多有之。其为辞也，贵约而韵，质而不蔓，君子尚焉。吾师自总角以逮服官，壹秉庭训。其初入学，则督之以讨源之功，先本而后华。及视学四川，无日不面戒之：弊孔之难塞，士之十拔而虞一失。官京朝，无时不寓书而申儆之：富贵之靡常，职思之不可须臾隙。故吾师仕卿贰而不骄，年五十而恂恂有弟子之色，未始非庭闱警敕之所致也。今太公太母岿然为天下大老，亲见其子为圣主所毗，道德文章，冠冕人伦，其娱乐盖可度而知。而吾辈出门下者，独摭其教子之大节为之祝词，以托于因事致敬之义。此固吾师所深愿，谅亦太公所许而不甚敦者已。于是及门各献祝辞，而国藩为之唱，且为序之。诗曰：

我皇膺运，膏流滂溥。诞降醇耆，庞眉俣俣。实育公狐，陈何与杜。维我黄公，有恃有怙。怙也园绮，恃则孟桓。帝褒厥德，天露有溥。春回南诏，日永长安。仙酝三爵，僚采同欢。

文小南之父七十生日寿诗序

道光二十有七年五月上旬，为衡山荻堂文先生七十生日。嗣君小南以农部入赞枢垣，先二岁，迎养京师。至期将觞宾于邸第，以博堂上一日之欢。于是乡之人官辇下者，各为诗篇以致颂祷。奚斯歌鲁，麦丘献齐，幼之祝长与下之祝上，其谊一也。既成册，以授国藩而嘱序焉。窃尝维人之所以久视于世，大端有二：一者所践甚厚，居能移气，传所称"取精多，用物宏"，亦自足延历岁年，彼得之天焉者也。一者履孝蹈友，至行纯备，其精力不使敝于亡等之欲；其惠气所迓，亦自以贞于永久。此古守身之君子所从事者也。外是二者，则滔滔凡民，天下皆是。贸焉以生，慒焉以长，积日既多，亦不得不谓之修龄。要之，无讥焉耳。先生总角孤露，公私赤立。非自营不得晏食，非自愤不得就学。其所践之不厚，而不克一日为贸焉以生之凡民，亦可知矣。先生茹艰溃苦，痛绳于学。奉母之教，事有命虽大不濡，过有敕虽细不贰。既而饩于学官，贡于成均。母王太宜人每告人曰："吾寡居四十年，所堪报地下者，有子克家耳。"方赠君琴台翁之弃养，先生甫四岁，有弟二龄耳。先生既绩学发名，而弟郁悒不得伸，又以脱略损资产。及其逝也，先生尽偿其责，恤其嫠，而再以己之嗣焉。由此观之，所谓履孝蹈友、至行纯备者非耶？《洪范》曰："不协于极，不罹于咎，皇则受之。"曰："予攸好德，女则锡之福。"如先生之孝友淳备，岂直不协吉、不罹咎之谓哉？殆所称好德而宜锡以福者矣。然则先生迪嘉离祉，而小南之食报无涯，又何疑哉？国藩固亦凡民之贸焉生、慒焉长者。因缘际遇，忽不自知所践之已厚。尘埃扰扰，敝精从欲；每睹先生之容，未尝不内恧而兴企也。故于乡人之为祝诗，辄为推明致此之由，又以卜方来享年之未有屆。为序其略如此，亦别为诗以附于后。诗曰：

昔我妇翁，衡之欧阳。屡道先生，宜表宜坊。我来日下，实

> 所践甚厚，居能移气。履孝蹈友，至行纯备。

> 尘埃扰扰，敝精从欲。

交哲嗣。修谒长者，渊乎玉粹。强圉之岁，星焕南弧。下烛兰厄，朗映中枢。大斗分颁，众宾醉止。各摛祝辞，用介繁祉。

何母廖夫人八十生日诗序

　　道光二十有七年六月上旬，吾乡道州何母廖夫人八十生辰。宫太保文安公之良配也。先期乡之人语国藩曰："子夙陋明季文士遇人生日，辄以谀词相混，为不达于属文之律，既闻其说矣。窃闻古者因事致敬，则相与为辞，以笃不忘。鲁侯作闷宫，奚斯有颂；晋献文子成室，张老有祷。施之少者，有冠礼三加之辞；施之老者，有祝鲠祝噎之谊。及敦彝款识，亦往往祈以永命万年。盖前以表德音，后以敕方来，诗人之教也。今太和翔洽，人瑞蕃臻，而夫人以淳朴之德，克享遐龄；乡之人相与作为祝辞，托诸因事致敬之义，不亦可乎！"国藩曰："其可。虽然，君子于其所尊敬，不敢为溢量之语。故诗人《戬谷》《俾臧》诸篇，其称之也质，其祈愿也无奢。今吾人欲托兹义，则摛辞之敛侈，可勿审诸？"盖夫人之归何氏，家微也。文安公陋巷孤贫，贸力以食。昼而授徒，宵而自绳于学。春而出，长至而不归。家中有无，壹委夫人。夫人缀畸缉断，公私井井。厚其亲以及其所爱，无或不丰。坚忍其身，以及其子，无或不啬。尝挛生二子，越三日而襁儿出汲，即子贞编修与其仲弟也。又尝负儿入山采薪，竹萌拂左目，迄亦废视。艰穷之境，殆非人履。而夫人泰然无不自得。迨文安公及第，以命服迎之入都，而守约帅初不变。既而公位尚书，天子倚如柱石，屡司文柄，门下士且盈千。编修昆季先后列甲乙科，诸孙蔚然兴矣。而夫人卒帅初不变，非布衣不御，非粗粝不甘。盖余得之见闻者如此。夫称述艰难以慰膺者而饫无穷，君子之义也。贡人以谀而长溢志，亦非君子所宜出也。以文安公创业之勒，而夫人承之之不易，推察受福离祉之由，亦岂惟型吾乡哉！虽风天下可矣。然则撰拟祝诗，附诸古义，以博长者之娱，而与编修昆季相劝勉者，宜在于此，不得在彼。于是乡之人各赋一诗，别缮为册，而国藩和之，且次其语而为之叙。诗曰：

九疑南奥，有濂一溪。在宋嘉祐，大贤所栖。阅祀七百，闳儒缵烈。光辅圣清，为天喉舌。虽是闳儒，遭家未肥。舒屯倚困，爰有淑妃。宛宛女宗，亦班亦姞。百蘗在尝，曰甘如蜜。台星虽闷，婺女孔明。晖泽四蒦，宜曜宜康。亦有似君，三馆之特。开阁觞宾，以声母德。有酒如池，有羞孔时。四筵尽醰，各补笙诗。

黎樾乔之兄六十寿序

国家岁逢大庆，嘉与臣下，既褒扬其所生，又令私其尤戚者。得推已所宜膺之封以貤封之。所以广仁播谊，至无已也。道光二十五年，皇太后七十万寿。天子大孝锡类，凡一命以上，无不得曲展私亲。吾乡黎樾乔侍御，既荣其先人，因谢己所宜膺者，貤封其伯兄梅村先生为中宪大夫，兄嫂为恭人。明年，函锦轴赍至其家。又明年，梅村君六十生日，侍御谋所以笃兄欢者，乃放苏氏兄弟以诗相寿之义，自为一篇，以寓祈祷。又丐乡人之老于文者各赋一章，为老人光悦。既缮册，以授国藩而命序焉。且言曰："吾兄天性朴诚，少依王父，娴笃幼仪。王父弃养，虽卯也，哀毁如成人。及事二亲，虽老也，爱慕如婴儿。亲有所欲，不以贫而不致；诸弟有所求，不以琐而不谋。与人无贤愚，一饮以和。里有争构，一谕以理。初若难释，徐亦枝开节解，怗然各退。故自家之子姓，乡邻之众寡，无不沐其诚，服其直。所之亦之焉，有役则趋焉。吾嫂陈恭人只顺劬恭，群女师慕。"盖侍御为余述者如此。近世以来，士大夫相与为县遁之言。县遁者，设与之论东方，则泛称西事以应之。又变而之北，或亦而之南。将东矣，则诡辞以遁之，虚悬其语而四无所薄，终不使其机牙一相抵触。友朋会合，咨寒而问暄，同唯而共诺，漠然不能相仁。臣下入告，则择其进无所拂、退无所伤者言之。一有不安，终不敢言。一时率为孤县善遁之习。背怨向利，所从来深已。往者辛丑、壬寅之际，海国不恬，侍御日夜忧维，倾智倒虑，思效片语以补万一。国藩颇感其诚，又嘉其直。今即侍御所称梅村君者观之,以里巷雀鼠之小怨,无关于己之端,且竭诚以行直道如此,况于身有言责而目击艰大者乎?昔司马相如让巴蜀之民不能急公冒义,而归咎于父兄之教不先。然则侍御慷慨朴质之风,亦可知其所自来矣。君之仁于乡者如彼,教其弟子以施于邦国者又如此。其造福于物,盖未有量。岂论区区一身之康强久视者哉!余善侍御之寿其兄有道,既推明其所以,而因以旁及乎薄俗之不可常,使览者有警焉。

曹颖生侍御之继母七十寿序

往余读《后汉书·列女传》,窃怪范氏自夸体大思精,而不达于修史之义。盖司马氏创立纪传,以为天地之所以不敝者,独赖有伟人焉以经纬之。故备载圣君贤相,瑰智玮材。谓若而人者,皆以伦次乾坤,法戒来叶。而范氏乃取数女子厕其间,于经世之旨何与焉?且其所载,如桓孟之流,皆门内庸行,无绝特可惊之迹,抑又不足述。私蓄此疑久矣。既而思之,天下者,合亿万家以成天下者也。一家之中,男职外,女职内,其轻重略相等。而女子所处,往往有艰难迫隘。处之曲当,即日用饮食之恒,虽神圣当之,不能越乎其轨。然则妇女有可称述,固不能听其幽隐而不彰。则范氏立篇之意,诚亦不为无见也。同年友曹颖生侍御之继母李太恭人,未笄而归赠公禹川先生。归五年而寡处。赠公之仕江西,旅橐如洒。其殁也,责负如山。太恭人尽彻服御,壹偿宿逋。既归榇,堂上老姑年八十矣。欲以夫丧入告,则重伤姑心,乃诡称迁官远郡。外则箴帨事姑,内则椎胸茹痛。其视侍御兄弟,戒敕而违严,逾所生者倍焉。愿望而慰喜,逾自得者倍焉。侍御为词臣,无日不厉以本原之学。官谏垣,巡视辇毂,无日不申儆之,以君恩之不易,案牍之不可以漫虑。国藩尝即是求之,岂所谓门内庸行,无绝特可惊者耶?抑艰难迫隘,处之曲当,神圣不能越其轨者耶?今年春,为太恭人六十生日。乡之后进,年家之子,相与作为祝诗以致祈祷,而命国藩序其端。

末世称诵女史,好道其奇特者,或有刲臂徇身之事,骇人听

男职外,女职内,其轻重略相等。

睹。而苦节之妇，贞持数十年，冰蘖百端，兢兢细务，反不得与彼激烈者速一日之声誉。参观并论，久暂难易，较然可辨。自范氏创立女传，厥后晋魏诸史皆踵为之，率以奇特相胜。苟以新耳目而止，而门内庸行，恭俭劬苦，反或置而不道。使高者慕义而过激，常者无称而不知劝，而后知范氏之识犹有见于古圣人正家之大原，而未可深为讥议也。余既承同人之属，为叙述其厓略，而因以明夫至庸至难之道，不事畸异，为修史传列女者训焉。

杨母张孺人七十寿序

予既与湘潭袁漱六编修为笃古之交，又申之以婚姻，于是通知其内外戚好与其贤懿长者之行。岁在戊申某月，为编修之妻之母杨母张孺人七十生日。编修来告曰："往予家居，岁时庆燕则鞠腾捧觞为尊者寿。今官挂朝籍，而外姑既耄，不克前献一尊，于心嗛焉。拟为诗一章，遥展私忱，祝其强饮强食，深长难老。使妻之兄弟歌之，以侑其亲。子如韪余，则请为叙述作诗之意而并致之。"对曰："敬诺。"编修遂言曰："外姑，吾邑张顾堂先生之孙，幼随祖父汾州同知任。张，故巨室也。年二十，归我外舅武陵杨介亭先生。先生之父云斋公官邠州知州，外舅姑并侍官所。邠州君之为政，挈巨厘细，秋毫必躬，倾身从公。凡私家之务，外焉委之介亭先生，内焉委其贤配刘太宜人，而外姑实赞襄之矣。外姑贯姑之劳，代夫之劬，先众手而作，后一家而息。饮馔旨甘，非亲调不以进；囊箧琐杂，非手镭不以告。由是阖署疏戚必是之为倚，仆婢必是之为服。邠州君既罢官，家湘潭，旋捐馆舍。介亭先生以哀毁得心疾，或旬岁不省人事。而刘太宜人亦以年迈羸弱，不时疾作。外姑两侍汤药，夙严莫戒，既烦且殆。未几，而太宜人弃养，介亭先生亦贞疾不瘳，沈废二十余年。外姑饬性笃终，毕虑自支。自药饵以及诸奇珍产，凡可以卫夫之病，亡所不致。自己身以及子女之耆，凡所以损家之故，亡所不啬。盖其行谊之称于人者，大率类此。"国藩窃观世禄之家，习佚崇奢，安坐而不事事，其端多起于妇人。孺人以张氏之子，室

世禄之家，习佚崇奢，安坐而不事事，其端多起于妇人。

于杨氏。张氏屡叶承明，青赤之绶数十。孺人祖父皆为外吏。叔父经田巡抚贵州，憩田守衢州，慧田官教谕，而杨氏以宰相尚书之后，华毂高盖，世不绝人。孺人内外名家，履丰荐盛，其势宜日即骄靡。乃惇谨朴懿，壹法乎贫薄远虑者之所为，可谓秉心塞渊，较然拔乎尘滓者也。其膺多福，不亦宜乎！编修之为是诗，亦颇表其履泰思约之德，而推原其寿康之由。故余为叙述大凡，亦以忝居婚媾之末，欲使吾家女子，闻此风范，知所效法焉。

曹西垣同年之父母寿序

予自道光乙未，以公车应礼部征，即与同年友曹君西垣相善。时则有若郑君敦谨、邹君振杰、金君树荣、王君永时、邓君庭楠数辈，皆朝夕聚处，醉饱欢虞，意气丰盛。明年，各报罢归去。又二年戊戌，予成进士，假归一载而后还朝。西垣亦再返再上，不常处京师。然予与西垣未尝匝岁而不相遇，在京师未尝五日而不见，见未尝不深语，未尝偶有射志也。夫人情多溺于所同，而蔽其所不见。与野人道岩廊缨绂，则茫然而骇。与世禄之子语米盐艰苦之事，则倦听而思卧。予与西垣皆贫士也。自先世忠厚之积，田家耕织之劬，闾里岁时问遗之状，两家大率相类。故常抵掌称道，弥琐细而弥津津焉。西垣之称其亲霁楼先生也，以为勤无隙休，俭无毛弃。推让昆弟，却肥而取瘠；教督孙子，多苛而少贯。称其母柳太孺人也，以为奉事舅姑，勺水必亲尝；鞠育五子，寸缕必手制。皆与吾父母之行，若合符契。以是西垣于诸同年中尤昵好矣。窃尝慨夫世之驰逐于名位者，营营焉而未有已时，予壹不知其指归谓何。方寸之口，一日之需无几，七尺之躯，一岁之靡无几；不必名位而后能给也。而人皆曰："为荣亲计。"夫亲之所赖于子者，定省甘旨，疾痛苛痒，请席请衽，亦不必名位而后能给也。求而不得，远游迟滞，而父母之年加老焉。至于衰耄，而心思一见其子而口不言者，往往然也，人坐不察耳。国藩窃禄冒利，去家十年。即西垣羁留京辇，亦越七载于兹。此又吾两人所每怀内疚，而未敢须臾忘者也。岁在戊申，西

※ 情多溺于所同，而蔽其所不见。

垣以教习宗室子弟期满,天子用为县令,将归觐其亲。适直先生及太孺人六十寿辰,同年郑邹诸君咸为诗赠送,而嘱国藩序之。予乃追溯夫历年之交契,因概论事亲之道,在此不在彼者,以勖西垣安居而弗出,而志予之愧焉。霁楼先生及柳太孺人闻之,其将陶然而尽一觞也夫!

王静庵同年之母七十寿序

国藩尝读《孝经》,窃叹仲尼所称之孝,与今之为人子者之从事,则不侔矣。其言自天子以至庶人,其为道各不同。盖古者诸侯世国,大夫世家,士之子恒为士,农之子恒为农。贵有常尊,贱有定等,是以人各安其分而事其亲,而无敢妄干。后世以制科爵人,或布衣旦莫而至公卿。于是人子咸恩以禄仕尊其亲,而父母亦惟恐其子终身庶人,而亟望其进取。徼幸躁竞之徒,皆得借口于荣亲之说。此今之言孝,与古之道异者一矣。《经》又曰:"立身行道,显名于后世。"古之所谓名者,有孝悌之实,达乎州巷,播乎上下,称其内行无亏焉尔。后世轻德术而右文艺,虽有曾闵之行,不敌帖括之工、之驰誉速也。一艺之能,一文之善,至薄也。而国人称愿,父母亦嘉许焉。否则闻誉不著,父母不忻。此今之言孝,与古之道异者二矣。居今之日而悖俗从古,不藉禄与名而悦其亲者,虽贤者有所不能。贤者之异于众人,独能于禄与名之外,别敦古人之至行,以自力于门以内而已。同年友王君静庵,惇朴而愿懿,自其少时,闻望已倾辈流。既成进士,官水曹。所谓禄与名亦既兼得,而其内行,肫焉常若不足。奉母杨太宜人在官,夙问而莫勤,言謦而行惕。每食,母以将子,子以慈母,未尝不展转温劭;每寝,未尝不再三周察。为予称太宜人之德,自相夫教子以及娣姒、仆婢、澣濯、刀匕之微,未尝纤末而不述。言及赠君东堂先生之遗事,未尝不鸣噎。语太宜人少岁饥寒龟勉之状,未尝不茹唶无穷也。余以是敬之。处今之世,竞逐于声利之场,而其所事壹合乎《孝经》之道,固吾静庵之自厉乎?抑太宜人之敕于子而施于家者,有以轶乎恒俗万万

立身行道,显名于后世。

矣。今岁十一月，为太宜人七十生日。同人多为祝诗，嘱国藩叙其端。余以素钦静庵之至行，不敢以末议陈长者之前。因概论夫古今言孝之变，以勖静庵，亦以自策于隐微焉。

孙鼎庵先生六十寿序

程子有言："科举之学，不患妨功，但患夺志。"盖学者之始业于制举之文也，未尝不稽经辨义，求肖于圣人之言，以得有司之一当。其志犹射者之在鹄，无恶于君子也。其后熏心仕宦，外以印绶餍其心目，内习一切苟得之术。犹挟寸饵以钓巨鱼，既得则并其纶竿而弃之。曩时稽经辨义之志，则大为累累若若者之所夺。此先儒所用为慨然也。通州孙鼎庵先生，阜学而绩文。其于《六经》之蕴，百氏精义之说，亦既轹其庭而据其席矣。乃屡应举而不售，十进于省试，五上于春官，仅而得偿，一似汲汲于科举者。及其既得，则绝意仕宦，去之唯恐浼焉。其所求者，正鹄反身之道；而所弃者，纷华溺心之场。是岂非志定不夺之君子，轶于末流万万者哉？人之意量相去，什佰千万，至不齐也。钧是试于科目也，或争荣一时，偷以攫取富贵；或谋虑深远，为积累无穷之计。各蓄所怀，若背驰焉。先生之先人自高祖以下，两世成名进士，官中外各有声。先生念非发愤特达，则无以趾前美而启后光。于是既自绳于学，复笃敕其子。先日出而兴，后鸡鸣而息。寝有诫，食有警。迨甲午岁与嗣君兰检学士同举于乡，而刻厉不改。既而学士官词曹，屡操文柄，门下士以百数，而先生犹不改。又数年，以甲辰得隽礼部，投绂归去，高卧林下，宜可少弛矣。而自绳以课孙者，卒帅初而不改。窥其意，以为不得有司者之甄采，终无以验吾学之果成与否。而子弟少年桀骜之气，非绳之以帖括繁重之业，终无以内于程范，而上绍累叶诗书之泽。于此见先生之意量为何如，岂与夫寻常试于科目者比并而论短长哉！今年十月，为先生六十生日。同人各为祝诗，汇书成帙，嘱国藩序其端。余与学士同登乙科，又忝翰林后辈，幼承庭训，闻家大人之论，急于科举而淡于仕宦者，又与先生之识趣相类。故

寝有诫，食有警。

掇其大者著于篇，冀以博长者之欢娱。若其刑于家而式于乡，醇德穆行，所以昭令问而膺多福者，杂见于同人诗歌中，非甚绪要，遂不及云。

江岷樵之父母寿序

道光二十有九年春正月，吾友江君岷樵以县令之官浙江。将行，告别于常所交知，其色若欿焉内疚。或问之曰："得百里而长之，以子之才，行子之志，天下之至裕也；吴越湖山，天下之至怡也。而子欿焉疚者，何也？"岷樵曰："古者学而入官，非以官学也。吾智行短浅，无以泽人，一负疚。吾父今岁年齿七十，吾母六十七矣，舍晨昏之养，而从事簿书；其或不职，又诒之羞，二负疚。抱此二者，吾奚以自克！"于是交知感其意，既以言赠别，又别为歌诗，致祝于封翁一峰先生与陈太孺人，愿长者眉寿无替，以尉荐游子孺慕之心。既编次成册，乃嘱国藩序其端。盖先生之少，则贫乏甚矣。无田以为赖，乃授徒而内其执贽之仪。口敝而手疲，昕警而夕戒。终岁之入，以十之六仰事堂上，而中分其四，半以为俯畜之需，半以急乡里之义。举邑中立宾兴会，以赡寒士省试之资，行乡约以歼妖贼之反侧，皆先生发之。其赴义也，蹈人之所不敢为；而其自奉也，极世之所不能堪。太孺人承阙缉匮，壹秉夫志。或累岁食粥，而舅姑甘旨甚渥也。国藩与岷樵知好以来，为余称述者数数矣。人情莫不耽逸而恶劳，**饕富贵而羞贫贱**。至学道之君子不然：或忍饥甘冻，窭于原颜，而其中坦然有以自愉；或峨冠曳绶，呵前卫后，而忧思展转，若旦夕不能自安者。彼各有其志也。南面而君一邑，息动而雷震，颐指而风行。仆从一怒，百姓重足。识者固当自惕，不当自意。而浙水东西，自辛壬海上之役，创夷未复。有司者又刮其脂而吮其血，譬若医者抚积瘵之人，有不蹙頞而思所振之，岂情也哉？岷樵自被命以后，诹贤而访友，思其不逮而虞其堕职，惴惴焉内疚无已。此与先生之安贫自乐，其志趣同耶？否耶？吾闻岷樵之需次入京师也，先生嘱曰："吾不愿女以美官博封诰，无

> 人情莫不耽逸而恶劳，饕富贵而羞贫贱。

使百姓唾骂吾夫妇足矣。"于此，见君子之教子，视世俗相去何如？而岷樵所以娱亲而养志者，宜何道之从哉？诸君子之为诗，依于古人戬穀难老之谊，所以祝祷先生与太孺人，至周且厚。余乃略述先生平日学道之意，以期岷樵之笃信而谨守，而因以博长者之欢娱。凡居官而言养亲者，览吾斯文，亦将有所兴起焉。

陈仲鸾同年之父母七十寿序

天之生贤人也，大抵以刚直葆其本真。其回枉柔靡者，常滑其自然之性，而无以全其纯固之天。即幸而苟延，精理已销，恒干仅存，君子谓之免焉而已。国藩尝采辑国朝诸儒言行本末，若孙夏峰、顾亭林、黄梨洲、王而农、梅勿庵之徒，皆硕德贞隐，年登耄耋，而皆秉刚直之性。寸衷之所执，万夫非之而不可动，三光晦、五岳震而不可夺。故常全其至健之质，跻之大寿而神不衰。不似世俗孱懦竖子，依违濡忍，偷为一切，不可久长者也。同年生陈君仲鸾，与余交十余年。每相与议论平生，慷慨不挠。或品第当世人伦，意所不可，睥睨讥切，无所复忌。同人或谓仲鸾居吏部曹司，身处卑冗，更事未深，宜其嚣嚣不诎。若移置要地，稍稍练习文法，亦且破觚而为圆矣。既而仲鸾果以考第入直军机。而戆直发愤，芒角森然，曾不减其曩者之旧。吾乃私怪生民刚直之性，其禀之有厚有薄，未可以一概度量也。间辄与仲鸾语家世之详，及太公太母之行。仲鸾为余言，封翁荫召先生，生而伉爽，屡经艰险，履之如夷。遇人有心所不许，虽豪贵人，必唾弃之。即心之所许，虽孤嫠卑贱，必引而翼之。愈穷厄，愈礼敬与钧。自亲族、州闾，皆服其诚信。远近纷难，就之决遣。凡所论断，久而辄应。封母高太恭人，祗顺惇笃，尊尚节义，盖皆有刚直之风。然后知仲鸾之激烈不阿，虽受性独厚，亦其禀之庭闱者，岁渐月染，涵濡之久而不自知也。人固视乎所习：朝有媕娿之老，则群下相习于诡随；家有骨鲠之长，则子弟相习于矩镬。倡而为风，效而成俗，匪一身之为利害也。今年八月，为先生暨太宜人七十生日。年家之子，同官之良，咸称觞仲鸾之邸

第，作为诗篇，以祝难老。嘱国藩为之序。余乃略述平昔与仲鸾言论大指，以著先生之节概。因推国初诸儒以刚直而享大年者，为先生致善祷之谊，亦使世之君子，闻之而有所警焉！